LOÏC
BIENASSIS

MIT EINEM VORWORT VON
FRANÇOIS-RÉGIS
GAUDRY

Die große Geschichte der FRANZÖSISCHEN KÜCHE

CHRISTIAN

Inhalt

Von der Nouvelle Cuisine *bis heute*

Vorwort

Sein allererstes Mal in meiner Radiosendung *On Va Déguster* auf dem Sender France Inter war am 9. Februar 2020. Loïc Bienassis war zu Gast in einer Folge, die sich mit Schmorgerichten beschäftigte. Zwischen zwei delikaten Happen, die er aus den Töpfen unseres zweiten Gastes und Chefkochs Jean Sévègnes geangelt hatte, ließ Loïc die Bombe platzen: »Es mag den Menschen im Burgund nicht gefallen, aber das Bœuf bourguignon ist alles andere als burgundisch!« Und anhand von Archivmaterial sowie kulinarischen Abhandlungen belegte er, dass besagtes Gericht in Wirklichkeit der Pariser Bourgeoisie entstammt. In Dijon sorgte die Enthüllung für Bauchgrimmen und Zähneknirschen; uns in der Redaktion trug sie jede Menge E-Mails unseres Publikums ein, das uns bezichtigte, Paris zu sehr als Nabel der Welt zu kolportieren. Diese Anekdote sagt alles über meinen Freund Loïc: Sobald er auf das Thema »Essen« zu sprechen kommt, ist es ihm eine diebische Freude, die vielen honigsüßen Legenden zu entzaubern, mit denen die Geschichte unserer Esskultur gespickt ist. Nicht aus Freude an der Provokation, sondern aus Interesse an der reinen Wahrheit!

Und es geht weiter: Die Tatin-Schwestern haben ihre Tarte zufällig erfunden? Falsch! Katharina von Medici kam aus ihrer Heimat Italien mit Makronen, Eiscreme, Frangipane und Artischocken im Gepäck? Blödsinn! Viele Male ist Loïc in die Studios von Radio France zurückgekehrt, um mit einem Mythos nach dem anderen aufzuräumen. So wurde er schließlich zum Kolumnisten und Historiker des gesamten Teams. Seine Rolle in der Sendung ist mehr denn je die eines gelehrten Feinschmeckers, der die kleinen Anekdoten und die große Kulturgeschichte der französischen Küche mit Witz, Gelehrsamkeit und mit der ständigen Bereitschaft erzählt, den Dingen auf den Grund zu gehen – ohne zu vergessen, auch den Töpfen und Pfannen auf den Grund zu gehen!

Denn Loïc ist ein wahrer Kenner, der Nougat, Cassoulet und Aioli mit derselben Begeisterung verspeist wie er sie studiert. Er ist ein Intellektueller, der mit vollem Munde spricht, was ihn für mich zu einem »Kumpanen« macht, mit dem ich im ursprünglichen Sinne des Wortes jeder Zeit gern das Brot teile – und so manches Projekt! Mit der gleichen Gründlichkeit hat er an sämtlichen Bänden meiner Enzyklopädie für die *Gourmet-Bibeln* (Frankreich, Italien und Paris) mitgearbeitet, darüber hinaus war er Co-Kurator der Ausstellung *Paris Capitale de la Gastronomie* in der Conciergerie im Jahr 2023.

Ausgestattet mit einem solchen Führungszeugnis können Sie sich getrost auf dieses wunderbare Buch stürzen. »Blindlings« hätte ich fast gesagt, doch wäre es schade, die Augen zu verschließen angesichts der Fülle an Illustrationen und historischen Dokumenten, die jedes Kapitel zu bieten hat. Es ist ein Genuss, sich seine Berichte, Anekdoten, Einsichten und Klarstellungen auf der Zunge zergehen zu lassen, über die Geschichte Vatels, das große Bankett von 1378, das Café Anglais, den Bûche de Noël, die Nouvelle Cuisine ... So viele Jahrhunderte und prominente Persönlichkeiten, so viele Kultgerichte und pikante Fakten, vereint zu einem opulenten Festmahl! Ich bin sicher, Sie werden diesen mit Delikatem und Wissenswertem gespickten Leckerbissen genauso genießen wie ich.

François-Régis Gaudry,
Produzent und Moderator von *On Va Déguster* auf France Inter;
Autor der Bestseller *Gourmet-Bibel Italien* und *Gourmet-Bibel Frankreich*

Einführung

Beginnen wir dieses Buch mit einem Zitat von Maurice-Edmond Sailland, alias Curnonsky, einer der feinsten und zugleich schärfsten Zungen des 20. Jh., dessen Definition der französischen Kochkunst aus dem Jahr 1925 den Kern dieses Buches auf den Punkt bringt:

> »Unserer Auffassung nach lassen sich in der französischen Kochkunst vier verschiedene Schulen ausmachen oder vielmehr vier ›Stile‹, die sich im Übrigen als gleichermaßen verdienstvoll erwiesen haben. Da ist zunächst die *Grande Cuisine*, die Traditionen bewahrt und von wissenschaftlichen Erkenntnissen profitiert, die die Jahrhunderte gezeitigt haben, die reiche und erlesene Küche, die immer nach Perfektion strebt (…)«
>
> Die *Bürgerliche Küche*, der Stolz alter französischer Familien, die kultivierte, gepflegte und gediegene Küche, die man im Privaten genießt …, die Küche der großen Meisterköche, die wissen, dass sich gutes Essen nicht improvisieren lässt (…).
>
> Die *regionale Küche*, die Küche unserer Gasthöfe und Hotels in der Provinz. Unvergleichlich in ihrer Vielfalt und Originalität.
>
> Und schließlich die *Bäuerliche Küche*, einfach, geradeheraus und gesund, die Küche eines einzigen Gerichts, das jedoch eine komplette Mahlzeit darstellt. (…)
>
> Es gibt leider noch eine fünfte: die schlechte Küche.«

So würden wir es heute sicher nicht mehr formulieren, doch als *Die große Geschichte der französischen Küche* entstand, geschah dies mit der Absicht, diesen vier »Stilen« – den fünften lassen wir unter den Tisch fallen – gründlich auf den Zahn zu fühlen: So betrachten wir jene Persönlichkeiten, die unsere Küche seit dem Mittelalter geprägt haben, die Orte, an denen sie gestaltet wurde und erblühte, wir betrachten die Praktiken und Bräuche, die sie geformt haben und immer noch beeinflussen. So fassen wir das Rohprodukt, das auf dem Acker gedeiht oder sich auf der Weide tummelt, ins Auge, bis zum Tellergericht und zur Kultur des gedeckten Tischs.

»Kochkunst« versteht sich hier in einem weit gefassten Sinne, in Anlehnung an die Definition in einer Entschließung des Europäischen Parlaments vom 12. März 2014: »Die Esskultur ist eine der wichtigsten kulturellen Ausdrucksformen des Menschen. Der Begriff umfasst nicht nur die ›Haute Cuisine‹, sondern sämtliche kulinarische Ausdrucksformen der verschiedenen Regionen und sozialen Schichten, einschließlich der Küche nach lokaler Tradition.« Deshalb geht es hier ebenso um die Pariser Kuttelhändler im Zeitalter der Aufklärung wie um Paul Bocuse, um Bistros und Bouillons wie um César Ritz und François Vatel. Übrigens herrschte zwischen all diesen Welten reger Austausch.

Ich wende mich diesem Thema als Historiker zu. In diesem Buch pendelt die Geschichte der französischen Küche zwischen dem Allgemeinen und dem Besonderen – zwischen Kochkunst und Geschichten von Rezepten, die Geschichte des Restaurants und Geschichten über Restaurants, die Geschichte der Konditorkunst und Geschichten aus der Konditorei ... Getragen wird das Ganze von umfangreichen Recherchen und intensiver Lektüre; eine akribische Arbeit, um nicht noch einmal das zu schreiben, was bereits geschrieben wurde.

Für Anekdoten gibt es dabei viel Raum, denn sie sind das Salz in der Suppe und machen den Charme eines jeden kulinarischen Werkes aus. Gnadenlos rücken wir allzu oft kolportierten Legenden auf den Leib. So viele Autoren haben sich bereits mit dieser Thematik befasst und ihrer Fantasie freien Lauf gelassen. Wir wollen nichts beschönigen und werden auch mit Fakten begeistern und unterhalten!

Das Vorhaben ist ambitioniert, keine Frage, daher ist die Auswahl essenziell. Neben Themen, die unbedingt dabei sein mussten – unvorstellbar, einen Escoffier oder das Baguette zu unterschlagen – spielten dabei verschiedene Überlegungen eine Rolle: Das eine Thema erhielt den Zuschlag, weil die Materie besonders gut dokumentiert ist, ein anderes, weil es ständig vernachlässigt wurde, und wieder ein anderes, weil es die Gelegenheit bot, mit Irrtümern aufzuräumen, die allzu oft wiederholt wurden.

Allgemeine Darstellungen und Fallstudien wechseln sich im Verlaufe des gesamten Buches ständig ab. Wir haben uns bemüht, unsere Ausführungen mit ausreichend »Fleisch« zu unterfüttern und anhand zahlreicher Beispiele konkret zu veranschaulichen. Wie entsteht eine regionale Spezialität? Warum schreibt ein Koch Geschichte? Wie verfolgt und versteht man den Werdegang eines Rezeptes? Dieser Ansatz führte dazu, dass jeder Abschnitt des Buches, wenngleich es als Ganzes gedacht ist, für sich gelesen werden kann. Und ohne das Naschen verherrlichen zu wollen, laden wir Sie ein, nach Herzenslust von unseren Knabberstücken zu kosten. Hauptsache, Sie stillen Ihren Appetit auf lehrreiche und unterhaltsame Kost.

Die Küche des *Mittelalters*

Kochen im Mittelalter

Um den Charakter einer Küche zu verstehen und zu definieren, greift man gern auf Kochbücher zurück. Eine unvollkommene Quelle, gewiss, die durch andere ergänzt werden muss – Buchführung, archäologisches Inventar, literarische Texte, Ikonografie –, dennoch ist sie unverzichtbar, will man erfahren, wie die Menschen ihre Nahrung zubereiteten, welche Zutaten sie verwendeten und welcher Techniken sie sich bedienten. Allerdings setzen uns diese Bücher lediglich über die Haute Cuisine ins Bild, in deren Genuss nur eine winzige Minderheit der Gesellschaft kam.

Miniatur aus dem *Decamerone* von Boccacio, 15. Jh.

Kulinarische Handschriften

Im späten 13. Jh. entstanden in vielen Teilen Europas kulinarische Handschriften. Manche dieser Texte meist unbekannter Urheberschaft enthielten nur wenige Rezepte, die bedeutendsten jedoch bis zu 200. Man darf sich jedoch keine Kochbücher im modernen Sinne vorstellen, vielmehr waren diese Schriften Teil umfangreicher Textsammlungen in einem Band. Im französischen Kontext sind etwa 15 Manuskripte überliefert. Zu den bekanntesten zählen die Rezeptsammlung *Le Viandier* von Taillevent, der am weitesten verbreitete Text seiner Art, dessen erste Fassung spätestens 1320 erschien, sowie der uns bekannte und auf etwa 1393 datierte *Ménagier de Paris* (Anonym) und *Du fait de cuisine* (1420) von Maître Chiquart, Chefkoch am Hofe des Herzogs von Savoyen.

Eine säurebetonte Küche

Die Küche des Mittelalters muss uns heute exotisch anmuten. Sie zeichnete sich durch eine ausgeprägte Säure aus, ein Merkmal, das in den französischen Quellen im Vergleich zu anderen Kulturräumen ganz besonders hervorsticht. Fast 90 Prozent der insgesamt 60 Saucen im *Ménagier de Paris* sowie in einem Manuskript des *Viandier* aus dem 15. Jh. enthalten Essig oder Verjus. Eine Säure, die umso intensiver gewesen sein muss, als sie ohne fetthaltiges Element daherkam. Öl und Butter fehlten in Saucen, wurden selten durch andere Fette kompensiert. In lediglich fünf Prozent der Saucen im *Viandier* und 20 Prozent im *Ménagier* kamen sie zum Einsatz. Im 15. Jh. übernahmen süßsaure Aromen; Zucker war in Rezeptbüchern definitiv auf dem Vormarsch.

Hypocras

Das älteste Rezept für Hypocras findet sich in einer englischen Abhandlung aus dem späten 15. Jh. Der Würzwein wurde in ganz Europa wegen seiner heilkräftigen Eigenschaften, aber auch zu feierlichen Anlässen geschätzt. Die Rezeptur variierte, Grundlage war jedoch immer ein mit Zucker oder Honig gesüßter und mit Gewürzen (allen voran Zimt) versetzter Wein. Weißer Hypocras wurde zumeist zu Beginn eines Mahls serviert, während der rote den Schlusspunkt setzte. Hypocras wurde noch in der Renaissance und darüber hinaus getrunken.

Jede Menge Gewürze

Neben ihrem Hang zur Säure machte die mittelalterliche Küche ausgiebig Gebrauch von Gewürzen, ähnlich wie in anderen europäischen Esskulturen der damaligen Zeit. In Rezeptsammlungen finden Gewürze in gut drei Vierteln der Zubereitungen Verwendung – und zwar in jeder Speisenkategorie. Daraus ergab sich ein eindrucksvoller Reigen: Ingwer, Zimt und Zimtblüte, Kardamom, Koriander, Kubeben-Pfeffer, Kreuzkümmel, Galgant, Gewürznelken, Paradieskörner (Guineapfeffer), Muskatblüte/-nuss, Pfeffer, Langer Pfeffer, Safran, Sandelholz, Sumach, Zucker (der als Gewürz galt) und Zitwerwurzel (weiße Kurkuma), ein Gewürz, das wir heute gar nicht mehr kennen. Mit Ausnahme von Safran kamen die Gewürze vom anderen Ende der Welt: Indien, Sri Lanka, Indonesien und, im Falle des Guineapfeffers, aus dem subtropischen Afrika.

Wie aromatisch diese Gewürze noch waren, nachdem sie Tausende von Kilometern zurückgelegt hatten, bleibt fraglich … Eines ist sicher: Sie dienten nicht dazu, den Geschmack von überreifem Fleisch zu kaschieren, wie eine im 20. Jh. entstandene Legende fälschlicherweise behauptet. Vielmehr waren Gewürze Mittel der sozialen Abgrenzung, ein kostspieliges Statussymbol, deren allgemein anerkannten medizinischen Effekte die Vorstellung eines märchenhaft-bunten Orients beflügelte.

Gewürze dienten nicht wie häufig behauptet dazu, den Geschmack von überreifem Fleisch zu kaschieren.

Miniatur aus dem Stundenbuch der Margarete von Orléans, 15. Jh.

Fette und magere Tage

Die Ernährung der Menschen im Mittelalter stand ganz im Zeichen der religiösen Verpflichtungen und folgte dem Kirchenjahr. Zwar gab es im Christentum des 14./15. Jh.

Pasteten

Pasteten spielen eine bedeutende Rolle in der Küche des Mittelalters. Der Begriff umfasste eine Vielzahl von in Teig gehüllten Zubereitungen, süß oder herzhaft, die aus Fleisch, Gemüse oder Früchten bestanden.

Es gab zwei große Gruppen. Neben den *pâtés* wären da die *tourtes*, die grundsätzlich rund geformt waren. Zunächst die Fleischpasteten, deren dicker, nur aus Wasser und Mehl bestehender Teig nicht mitgegessen wurde. Die nach dem Backen extrem harte Teigkruste hatte in erster Linie Schutzfunktion, damit das Fleisch nicht direkter Hitze ausgesetzt und die Zubereitung länger haltbar war.

In die zweite Gruppe fielen Pasteten mit essbarer Teighülle, die mit Hackfleisch gefüllt, raffinierter und aufwendiger gestaltet waren.

keine Nahrungstabus, doch war das Jahr mit Fastentagen gespickt. Meist waren das Frei- oder Samstage, an denen der Verzehr von Fleisch verboten war. Zur Fastenzeit kamen noch der Aschermittwoch und der Karfreitag dazu, an denen Eier, tierische Fette, Sahne und Käse tabu waren. Insgesamt zählte das Jahr fast 150 enthaltsame Tage, sehr Gottesfürchtige brachten es sogar auf mehr als 200 Tage. Wohlhabendere fanden daher häufig in Rezeptbüchern »abgespeckte« Versionen der Fleischgerichte – eine wahre Küche der Enthaltsamkeit.

Die mittelalterliche Küche basierte auch auf Humoralmedizin, der zufolge Temperament und Gesundheitszustand eines Menschen durch das Gleichgewicht bzw. Ungleichgewicht der Körpersäfte bestimmt werden: Blut (warm/feucht), gelbe Galle (heiß/trocken), schwarze Galle (kalt/trocken) und Schleim (kalt/feucht). Die Nahrungsaufnahme zielte darauf ab, die Balance dieser Säfte zu erhalten oder wiederherzustellen. Jedes Nahrungsmittel wurde entsprechend seinen Qualitäten – kalt/warm, trocken/feucht – klassifiziert. Diese Ernährungslehre ist ein Schlüssel zum grundlegenden Verständnis der mittelalterlichen Küche. So galten zum Beispiel die als heiß/trocken eingestuften Gewürze als verdauungsfördernd. Eine weitere Lesart bot die *Scala Naturae* (»Kette der Wesen«). Das kosmologische Ordnungsprinzip wurde durch mittelalterliche Vorstellungen geprägt und bestimmte den symbolischen Wert der Lebensmittel. Demnach nahm Feuer den höchsten Platz ein, gefolgt von Luft, Wasser und Erde. Dadurch ergab sich eine Rangordnung: Vögel standen an der Spitze, das in der Erde wachsende Knollen- und Wurzelgemüse ganz unten. Unter den Pflanzen genossen die in den Himmel ragenden Obstbäume das höchste Ansehen, das Schwein wurde gering geschätzt. Großes Geflügel – Kraniche, Fasane, Rebhühner, Schwäne, Pfauen – genoss auf herrschaftlichen Tafeln am meisten Prestige.

Mahlzeiten und Speisenfolge

Eine Einschätzung der tatsächlich konsumierten Mengen zu treffen, ist äußerst schwierig. Nehmen wir Guillaume de Murol, einen Adligen aus der Auvergne, von dem recht genaue Buchhaltungsunterlagen für Ende des 15. Jh. vorliegen. Ihre Auswertung ergab, dass in seinem Schloss pro Tag und Person Folgendes konsumiert wurde: 1300 g Brot, 2 l Wein, 450 g Fleisch (an Nichtfastentagen), 75 g Käse, 13,5 g Butter, wenig Gemüse und Obst und Gewürze.

Trotz ihrer scheinbaren Genauigkeit vermitteln diese Durchschnittswerte nur eine ungefähre Vorstellung von den tatsächlich konsumierten Mengen. Wie gern würden Geschichtsforschende den Lebensweg der Nahrungsmittel heute rekonstruieren können, welche Einkäufe in welchen Mengen und für wen genau getätigt und für welche Gerichte und Mahlzeiten die Produkte verwendet wurden. Doch Quellen erlauben dies nur in beschränktem Maße. So weiß man zwar, dass Brot überall in großen Mengen gekauft wurde, doch lässt sich nicht feststellen, wie groß die Ration all derer war, die im Hause einer hochrangigen Persönlichkeit lebten, vom Prinzen oder Gutsherrn bis zum einfachen Diener. Sicherlich wurde es teils auch an Hunde verfüttert.

Miniatur aus dem *Tacuinum sanitatis*, Anbau von Dill, 15. Jh.

Die Rezeptbücher geben – neben anderen Quellen – Aufschluss über den Aufbau der Mahlzeiten. Die der Elite bestanden aus *assiettes* (Tellern). Es wurde eine Auswahl an Speisen aufgetragen, beim nächsten Gang durch eine weitere ersetzt: der *service à la française*. Die Anzahl der Gänge war nicht vorgeschrieben, was die Betrachtung mit fünf Jh. Distanz nicht gerade erleichtert. Dennoch wollen wir es wagen, den Ablauf eines typischen *dîner* (Mittagessen) im adeligen Hause zu skizzieren.

Es begann mit einer Art Vorspeise: Diese konnte vielseitig sein, eventuell sogar etwas Süßes, Süßwein und Früchte, häufig auch Wurstauswahl und Teigwaren wie Pasteten. Es folgte der Suppengang, bei dem nicht zwingend nur flüssige Speisen serviert wurden. Er umfasste Ragouts, Eintöpfe, Suppen, *brouets* (Fleischbrühen), Platten mit gekochtem Gemüse und gekochtes Fleisch in einer Sauce, mit oder ohne Gemüsegarnitur. Es folgte der Braten, Herzstück des Mahls. *Rôtissage* galt als edelste Zubereitungsart. Geflügel und Federwild wurden als Braten bevorzugt. Begleitet wurde es von warmen oder kalten Pasteten sowie von Salaten, Saucen und saucenhaltigen Zubereitungen – etwa Blanc-Mangers und *cretonnées* (dicke Suppe mit knusprigem Speck).

Anschließend konnte ein *entremets* (Zwischengericht, häufig auch mit Gemüse) folgen, ein schwerlich zu definierender Gang. Mit dem Dessert nahm das Mahl seinen Fortgang; serviert wurden Süßspeisen wie Flans, *darioles* und Früchte, aber auch Herzhaftes wie Pasteten und Fleisch kamen auf den Tisch. Schließlich ging das Schlemmen mit dem *issue* zu Ende, bei dem *métiers* (Waffeln), Oublies (S. 23) und Hypocras gereicht wurden, bevor der *boute-hors* mit Digestif oder gewürztem Wein abschloss.

Ablauf eines aristokratischen Mahls

Zunächst drapierte man lange Bretter in einem großen Speisesaal auf Böcke und bedeckte sie mit Tischdecken. Die Verteilung der Plätze bei feierlichen Anlässen folgte der herrschenden Hierarchie. Hohe Persönlichkeiten konnten demzufolge auch unter einem abgesonderten Baldachin speisen und verfügten über extra Bedienstete für den Service. Ein Knappe war insbesondere für das Tranchieren des Fleischs zuständig. Es ist anzunehmen, dass sich die Rangordnung auch auf die Speisen selbst bezog, so hatten höhergestellte Gäste Anspruch auf eine größere Auswahl an Gerichten, einen umfangreicheren Service und die feineren Speisen.

Die mittelalterliche Tafel selbst war recht schmucklos. Auf einer Anrichte wurde das Prunkgeschirr zur Schau gestellt. Alltagsgeschirr bestand aus Edelmetall, war jedoch relativ schlicht gehalten. Dekor waren die *nefs de table*, schiffsförmige Tafelaufsätze, die vor hochrangigen Persönlichkeiten platziert wurden. Selbst manch einfacher Gutsherr besaß sie. Karl der Kühne ließ 1468 anlässlich seiner Hochzeit erstaunliche 31 dieser Schiffspokale anfertigen, die aus Gold oder vergoldetem Silber bestanden und bis zu mehr als einen Meter lang waren. Sie enthielten Besteck, Servietten und personalisierte Trinkhörner.

Dabei teilten sich immer zwei Tischnachbarn einen Trinkbecher und den *talloir*, eine Platte, auf der eine dicke Scheibe altes Brot lag. Darauf wurden Fleisch und Fisch, gebraten oder gegrillt, samt Sauce platziert. Die für die eher flüssigen Speisen bestimmten Schalen wurden gewöhnlich in individueller Form serviert. Das primäre Besteck war das Messer und die Gäste brachten durchaus ihr eigenes mit.

Entremets

Im Mittelalter bezeichnete der Begriff viele Elemente eines Mahls, die bisweilen rein dekorativ waren, etwa Tafelschmuck von teils spektakulärer Gestaltung oder auch Darbietungen für Bankette. Oder es handelte sich um integrierte Dekoration (etwa lebende Vögel in einer Torte versteckt). Das Entremets unterbrach die übliche Speisenabfolge. Im 16. Jh. verengte sich die Bedeutung des Begriffs auf Gerichte, die in der französischen Speisenfolge nach dem Braten und vor den Früchten serviert wurden. Sie konnten süß oder salzig sein.

Diese Definition hielt sich bis ins 19. Jh., etwa auf einer Speisekarte von 1850: warmes Gemüse, Rührei, Makkaroni, aber auch Süßes wie Gelees und Meringen als Entremets. Heute bezeichnet Entremets vor allem süße Speisen, die oft dem Dessert entsprechen. Der Entremetier der Küchenmannschaft ist nach wie vor für Suppen, Gemüse, Eierspeisen und Teigwaren zuständig.

Taillevent: der erste Starkoch

Guillaume Tirel, genannt Taillevent, ist zweifellos der berühmteste Koch des Mittelalters. Er war eine außergewöhnliche Persönlichkeit, sowohl was seine Laufbahn und seinen Ruhm anbetrifft, als auch – die logische Konsequenz – die Menge an Informationen, die wir über ihn haben. Von den Köchen des Mittelalters ist oft nur der Name bekannt, entnommen aus Buchhaltungsdokumenten oder amtlichen Verzeichnissen, bei Taillevent hingegen sind wir in der Lage, sein Leben in allen Details zu rekonstruieren!

Frontispiz von *Le Viandier* (Ausgabe von 1495)

In 20 Jahren zum Königskoch

Über Geburtsort und frühe Kindheit ist nichts bekannt; vermutlich entstammte Taillevent dem niederen normannischen Adel. Sein Name taucht erstmals 1326 auf einer Liste von Bediensteten der französischen Königin Jeanne d'Evreux, Gemahlin König Karls IV., auf. Taillevent war einer der vier Küchenjungen. Man stelle sich einen zehn bis 15 Jahre jungen Knaben vor, der je nach anstehender Aufgabe mal hier und mal da herumflitzte. In dieser Zeit erwarb er sich auch seinen Spitznamen, der ihn ein Leben lang begleiten sollte. Im Jahr 1330 erwähnte ihn ein anderes Dokument als »Küchendiener« der Johanna von Burgund, Königin von Frankreich und Ehefrau von Philipp VI., dem Nachfolger Karls IV. Er kletterte weiter die Karriereleiter hinauf und wurde 1346 als Koch des Königs erwähnt oder, um das Vokabular jener Zeit zu bemühen, als *queux* in der *cuisine bouche*: Koch in der für die Tafel des Monarchen zuständigen Küche.

Im Dienste dreier Könige

Johann der Gute saß seit fünf Jahren auf dem Thron, als Taillevent im Jahr 1355 seine Talente im Palais von dessen Sohn Karl entfaltete, offenbar zu seiner Zufriedenheit, da er auch nach dessen Thronbesteigung im Jahre 1364 in seinen Diensten blieb. Vielleicht bereits zu diesem Zeitpunkt, spätestens aber 1378, stieg er zum Chefkoch auf und übernahm die Leitung der königlichen Küche. Der Tod seines Förderers im Jahr 1380 beendete seine Karriere mitnichten. Taillevent wurde unter Karl VI. zum Truchsess, obersten Aufseher über die königliche Tafel, befördert. Ihm oblag es, die Küchenarbeit zu überwachen und Vorräte zu organisieren, ein hoch angesehenes Hofamt – weniger handwerkliches Arbeiten –, welches normalerweise Adligen vorbehalten ist. Noch 1392, drei Jahre vor seinem Tod, im Alter von mindestens 80 Jahren übte er dieses Amt aus. Die Erfolgsgeschichte Taillevents beschränkte sich nicht auf seine glanzvolle Karriere, sie trug auch gesellschaftlich und materiell Früchte. Vom späteren König Karl V. empfing er mehrfach beträchtliche Zuwendungen, so zum Beispiel 1361, als er mit 100 Goldfranken in Paris eine Wohnung erwarb und »näher bei ihm und zu Diensten« sein sollte. Bis zu seinem Tod hatte sich Taillevent als Waffensergeant des Königs keinen geringen Wohlstand erarbeitet; er besaß ein Haus in Saint-Germain-en-Laye und zwei weitere in Paris.

Seine kulinarische Abhandlung?

Dass Taillevent in die Geschichte einging, ist in erster Linie seinem Wirken als Kochbuchautor zu verdanken. Mit ihm wurde erstmals der Name – hier der Spitzname – eines Vertreters der Zunft in Zusammenhang mit einer kulinarischen Abhandlung erwähnt. Diese bereits zu Lebzeiten erfolgte namentliche Zuschreibung belegt das hohe Ansehen, das er damals genoss, und *Le Viandier* war der wichtigste Motor für seine posthume Berühmtheit. Tatsächlich kommt Taillevent als Verfasser gar nicht infrage, dessen ältestes bekanntes Manuskript bereits spätestens Anfang des 14. Jh. entstand, doch ist nicht ausgeschlossen, dass er bei späteren Versionen zumindest Hand anlegte.

Der Titel *Le Viandier* leitete sich von *viandes* (altfranzösisch für »Nahrungsmittel«) ab. Eine überarbeitete Version der Sammlung wurde wahrscheinlich im Jahre 1486 als erstes Kochbuch in Frankreich gedruckt. Bis 1615 wurde es unter verschiedenen Titeln – *Le cuisinier Taillevent*, *Le livre de Taillevant grant cuisinier du Roy de France* … – rund 30-mal neu aufgelegt. Danach kam Taillevent aus der Mode und geriet in Vergessenheit, bis er im 19. Jh. dank der Arbeit einiger bibliophiler Gelehrter seine Auferstehung feierte. Chronisten und Gastrosophen nahmen nun wieder häufiger Bezug auf den »Maître Queux« von Karl V., und auf den Speisekarten fanden sich wieder Gerichte »à la Taillevent«. Im Jahr 1946 eröffnete André Vrinat in der Rue Saint-George in Paris das Restaurant Le Taillevent, dem eine große Zukunft bevorstehen sollte, und 2006 zog die Hotelfachschule Lycée Hôtelier Jean-Quarré auf den Boulevard Raspail. Seitdem nennt es sich Lycée des métiers de l'hôtelerie Guillaume-Tirel.

Die Moral von der Geschichte: Für Ruhm über den Tod hinaus muss ein Koch zur Feder greifen. Dass Tirel es wohl nie getan hat, war zumindest in diesem Fall belanglos.

Der Viandier

Acht Manuskripte des *Viandiers* waren bis ins 20. Jh. überliefert, zwei wurden im Zweiten Weltkrieg zerstört, mindestens vier weitere gelten seit dem späten Mittelalter als verschollen. Der älteste dieser Texte, eine fast zwei Meter lange Schriftrolle, die in Sitten in der Kantonsbibliothek Wallis aufbewahrt wird, entstand 1250–1320. Die 140 Rezepte finden sich in verschiedenen Versionen des *Viandiers* wieder, deren Inhalt jedoch je nach Ergänzungen, Änderungen und Übernahmen ganz erheblich variiert. Mittelmäßige wie hochwertige Manuskripte beschränkten sich auf eine einfache Auswahl von Rezepten.

Die im Besitz der Bibliothèque nationale de France befindliche Sammlung, die erste, die in der Einleitung Taillevent als Urheber nennt, entstand in der zweiten Hälfte des 15. Jh. Nur 80 der 230 Rezepte aus der ersten bekannten Ausgabe des *Viandiers*, die um 1486 gedruckt wurde, stammen aus früheren bekannten Manuskripten, was das Werk zu einem Zeugnis der Küche des späten 15. Jh. macht.

Blanc-mangers

Blanc-manger (»Mandelsulz«) ist einer der großen Stars der mittelalterlichen Tafel. Er war an allen europäischen Höfen bei Festessen zugegen und wird in sämtlichen kulinarischen Handschriften unter vielerlei Namen erwähnt: *Blamanger, Blamenser, Biancomangiare, Manjar blanco, Menjar, blanco, Mamjar braquo* …

Eine Großfamilie der Speisen

Bei Blanc-manger handelte es sich nicht um ein einziges Rezept, sondern um eine ganze Gruppe von Speisen, die nicht einmal die Farbe gemein hatten. Zwar wurden zumeist helle Zutaten verwendet, doch deren Möglichkeiten waren immens: Reis oder Reismehl, Milch, Mandeln oder Mandelmilch, Gelees aus hellem Fleisch wie Kapaun oder Kalb. Manche Blanc-mangers waren süß (niemanden hätte der Gedanke geschreckt, Geflügel zu süßen), einige wenige waren pikant gewürzt. Dazu die fastentauglichen Versionen aus weißfleischigem Fisch.

Ein Forscher vertritt die Hypothese, der Begriff habe nichts mit der Farbe zu tun, sondern gehe auf das altfranzösische *blant* zurück (vom lateinischen *blandus*, spätere Bedeutung: »lindernd«) für eine leicht verdauliche Zubereitung. Tatsächlich wurde Blanc-manger gern Kranken empfohlen, wie im *Viandier* von 1486, wo es aus zerriebenem Kapaunfleisch, geschälten und gemahlenen Mandeln sowie Brühe bestand. Blanc-manger wurde in einem der ältesten bekannten Rezepte (um 1300) mit Safran gefärbt. Im *Libro de arte coquinaria*, einem italienischen Kochbuch von Maestro Martino aus dem 15. Jh., wurden verschiedene Varianten von Blanc-manger vorgestellt, deren einzige Gemeinsamkeit in der Verwendung von Rosenwasser bestand. Eine Kapaun-Version konnte auch gelb eingefärbt sein:

> »Willst du, dass die Speise zwei Farben hat, nimm eine gelbe Farbe und füge Verjus hinzu, damit sie saurer ist als die weiße. […] Und wenn du zwei Kapaune hast, bedeckst du den einen mit der weißen, den anderen mit der gelben Farbe.«

Im *Viandier* oder bei Chiquart (*Du fait de cuisine*, 1420) erfährt man, wie man ein Blanc-manger aus vier Farben in einer einzigen Speise zusammenstellt, ein Blanc-manger aus Gold, Azur, Rot und Silber. Welch ein Anblick!

Tausend Rezepte

Die heute seltene Bezeichnung Blanc-manger wurde über Jahrhunderte hinweg verwendet. La Varennes Version (*Le Cuisinier françois*, 1651) war ein Gelee aus Kalbsbrühe,

Links: Miniatur aus dem *Tacuinum sanitatis*, 15. Jh.

Rechts: Bankettszene (Miniatur, Guillaume de Machaut, um 1350)

Hühnerbrühe und Milch, das mit Zitronenzesten und Mandeln gewürzt sowie anschließend gesüßt wurde.

Alexandre Dumas war sich im *Grand dictionnaire de cuisine* (1873) des »altüberlieferten Rezepts« sicher; die Basis seines Blanc-manger bestand aus zerstoßenen Mandeln, verrührt mit einer entfetteten Kraftbrühe. Er mischte Geflügelbrust oder Kalbfleisch unter, seihte die Mischung ab und gab sie in einen Tiegel, wo sie gesüßt gelierte.

In der zweiten Auflage seines *Guide culinaire* (1907) sieht Auguste Escoffier schwarz für den Blanc-manger: »Blanc-manger wird nur noch selten zubereitet; bedauerlich, denn gut zubereitet ist es eines der besten Entremets, die man servieren kann.« Und sogleich dekliniert er Variationen durch. Doch auch für ihn wirft die Bezeichnung Fragen auf:

> »Folgerichtig und um seiner Bezeichnung zu entsprechen, müsste Blanc-manger stets von strahlendem Weiß sein. Doch die Urbedeutung ist lange verloren. Das Adjektiv und das Nomen, aus denen der Begriff besteht, sind verschmolzen und stellen nur noch einen Gattungsbegriff dar, der sich auch auf farbige Zubereitungen beziehen kann. Vom Standpunkt der französischen Sprache und der offenkundigen Erklärung aus betrachtet, ist der Fehler so alt – immerhin datiert er vor Carême –, dass man darauf verzichten kann, ihn zu korrigieren.«

Trotz Escoffiers Befürchtungen ist dieses Entremets nicht im Dunkel der Geschichte verschwunden. Jean-François Piège kreierte kürzlich Blanc-manger mit schwarzer Trüffel als Neuinterpretation des Œuf cocotte [gebackenes Ofen-Ei]. Nicht zu vergessen Blanc-manger mit Kokos, das beliebte Antillen-Dessert. Auch heute verbirgt sich hinter »Blanc-manger« ein Kosmos von Speisen.

Die mittelalterliche Küche liebte das Spiel mit den Farben.

Galimafrée

Der zugegebenermaßen heute nicht sehr gebräuchliche Begriff »Galimafrée« bezeichnet laut dem Trésor de la langue française »ein wenig appetitliches Gericht aus verschiedenen Resten, eine gehaltvolle Mahlzeit, unverdauliche schwere Kost.« Bereits 1873 vermerkt Émile Littré diese Bedeutung für Galimafrée als Bezeichnung für »ein schlecht zubereitetes, unappetitliches Gericht«. Doch womit hat Galimafrée das verdient?

Die Entstehung eines Rezeptes

Im *Ménagier de Paris* (1393) ist das erste Rezept dokumentiert – »Galimafrée oder faule Sauce« – es ist das erste Mal, dass dieser Begriff, dessen etymologischer Ursprung unbekannt ist, überhaupt erwähnt wird:

> Senf, Ingwerpulver, etwas Essig und das Fett einer Karpfenbrühe zum Kochen bringen. Ist die Sauce für einen Kapaun bestimmt, nehme man anstelle der fetten Karpfenbrühe Verjus, Essig und Kapaunfett.

Miniatur, 15. Jh.

Das zweite Rezept, das uns vorliegt, stammt aus dem ersten in Frankreich gedruckten Kochbuch, dem *Viandier* aus dem Jahr 1486. Es ähnelt dem ersten, wenngleich es sich dort nicht mehr um eine Sauce handelte, sondern um ein Gericht aus Kapaun oder anderem Geflügel, das in Schmalz oder Gänsefett gebraten und dann mit Wein, Verjus, Ingwerpulver und Sauce cameline vollendet wurde.

Mitte des 16. Jh. hat Galimafrée im *Livre fort excellent di cuysine (LF)* nicht mehr viel mit ihrer Vorgängerin gemein, als nunmehr eine fein gehackte Lammkeule mit Zwiebeln, die mit Verjus, Butter und einem weißen Pulver aus mit Stärke gebleichtem Ingwer langsam geschmort wird.

Ganz wie sie uns gefällt

Das Wesen dieses feinen Haschees führte seit dem 16. Jh. sicherlich dazu, dass der Begriff »Galimafrée« für alle erdenklichen Zubereitungen aus gemischten Fleischsorten verwendet wurde. Eine kulinarische Bedeutung, die dazu einen übertragenen Sinn hervorgebracht hat. So kündigte etwa Montaigne in seinen *Essais* (1580) zur Eröffnung des Kapitels »Über Namen« an, dass er sich mit *»une galimafrée de divers articles«*, also einem Potpourri an Themen, befassen werde.

So ist es nicht verwunderlich, dass das erste Wörterbuch der Académie française aus dem Jahr 1694 Galimafrée als »eine Art Frikassee aus verschiedenen Fleischresten« definiert. Ein 1767 veröffentlichtes *Dictionnaire portatif de cuisine, d'office et de distillation* verweist dementsprechend allgemeiner gehalten: »Bezeichnung für verschiedenerlei

Fleischreste, die zusammen geschmort werden«, gemeint ist in Stücke zerkleinertes Fleisch. Doch enthält es auch ein Rezept, das mit jenem aus dem *LF* vergleichbar ist.

Im darauffolgenden Jh., im Jahr 1853, machte sich Louis-Eustache Audot in seinem Bestseller *La Cuisinière de la campagne et de la ville* den Spaß, ein kleines Kapitel über die »Gotische Küche« einzufügen. Darin enthalten ist auch ein Rezept für Galimafrée – tatsächlich eher zeitgenössisch anmutend – und ein weiteres für *Galimafrée à la moscovite* (»Moskauer Art«). Die Auswahl ist aufschlussreich; Audots Zubereitung ist ganz und gar nicht mittelalterlich. In dem abwertend verstandenen Begriff spiegelt sich vielmehr die Verachtung, die viele gegenüber der Küche des Mittelalters empfanden.

Ungeliebte Küche des Mittelalters

So liest man immer wieder, dass die französische Kochkunst im 17. Jh. oder gar erst im 19. Jh. entstanden sei, als wäre die Haute Cuisine der vorausgegangenen Jahrhunderte weder fein noch ausgefeilt genug gewesen. Dieses Vorurteil hat eine lange Tradition. Im besten Fall ignorierten die Autoren, die sich seit dem 18. Jh. mit der Geschichte der Kochkunst befassten, das Mittelalter, im schlimmsten Fall brachten sie ihre Abscheu gegenüber den Essgewohnheiten im 13. bis 15. Jh. zum Ausdruck.

Der Gelehrte Alfred Franklin interessierte sich sehr für diese Fragen. Er führte 1888 aus, dass unsere Vorfahren »nichts von der Verfeinerung des Kochhandwerks verstanden« und sie »nicht einmal davor zurückschreckten, das gesamte Mahl in einem Geschirr anzuhäufen und diesen grässlichen Mischmasch auch noch Speise zu nennen«. Diese harsche Aussage, bei der man sich fragen mag, worauf sie sich bezog, zitierte in den 1960er-Jahren der Historiker Fernand Baudel und schlug in dieselbe Kerbe, indem er behauptete, vor Ende des 15. Jh. hätte es »keine feine Küche« gegeben. Weder *pièce montées* [turmhohe Patisserie] noch als Engel verkleidete Kinder, die an Schnüren vom Himmel hinabsteigen oder ähnlich Prahlerisches lässt er als qualitativ gelten.

Derartige Vorurteile lassen sich heute noch nur schwer aus der Welt schaffen, trotz der zeitgenössischen Begeisterung für die Nachstellung von historischen Banketten und mittelalterlichen Festen.

Miniatur aus dem *Decamerone*, Boccaccio, 15. Jh.

Sauce cameline

Die Sauce der mittelalterlichen Küche schlechthin, man findet sie in zahllosen Abhandlungen in unterschiedlichen Variationen. Hier die Version aus dem *Modus viaticorum preparandorum et salsarum*, einer Handschrift aus dem Languedoc aus dem späten 14. Jh.:

»Für eine Sauce cameline nimmst du Ingwer, Pfeffer, Zimt, Nelken und etwas geröstetes Brot, zermahlst alles mit etwas Salz und verdünnst mit Essig und gutem Wein.«

Man nimmt an, dass sich *cameline* auf das »kamelfarbene« Beige der Sauce bezog, für das Zimt und Röstbrot verantwortlich waren. Laut *Ménagier de Paris* (1393) konnte man Sauce cameline direkt beim *saucier* kaufen.

Exotische Aromen und die Natur der mittelalterlichen Küche gelangen heute immer mehr ins Zentrum der Aufmerksamkeit.

Das große Bankett von Karl V.

Am Montag, dem 4. Januar 1378, betritt erstmals ein Kaiser des Heiligen Römischen Reichs, die zweitwichtigste Persönlichkeit der Christenheit, die Stadt Paris. Karl IV. und sein Sohn Wenzel, »römisch-deutscher König«, werden von Karl V., König von Frankreich (und Neffe des Kaisers), empfangen. Der Souverän tut dies mit der allergrößten Ehrerweisung, insbesondere mit zahlreichen Feierlichkeiten, wie aus einer Reihe von Quellen hervorgeht.

Das Dreikönigsessen

An den Festlichkeiten des 4. und 5. Januar nimmt nur Wenzel teil, der Kaiser selbst leidet an der Gicht. Erst am 6. Januar, dem Tag der Erscheinung des Herrn, kann er an dem ihm zu Ehren gegebenen *dîner* (Mittagessen) teilnehmen. Es ist der kulinarische Höhepunkt des Gipfeltreffens. Dieses *dîner*, die zur Feier eines Gastes abgehaltene große Tafel des Tages, findet im Palais de la Cité statt, von dem heute nur noch die Conciergerie und die Sainte-Chapelle erhalten sind. Der Grand-Salle, mit 1785 m² der größte Saal im Abendland, bietet einen prächtigen Rahmen: zwei getäfelte, durch eine Säulenreihe getrennte Schiffe, Wände und Säulen geschmückt mit vielfarbigen Statuen französischer Könige. Er ist festlich illuminiert, mit Wandteppichen und Vorhängen dekoriert. Kostbares Tafelgeschirr ist auf Anrichten ausgestellt, ganz wie es sich geziemt – die *Grandes Chroniques de France* notieren »drei Weinanrichten, reich verziert und mit Tafelgeschirr geschmückt«. An der Ehrentafel, einem unverrückbaren schwarzen Marmortisch im Grand-Salle, sitzt Karl V., zu seiner Rechten, auf dem prominentesten Platz, der Kaiser, zu seiner Linken der römisch-deutsche König. Sie alle sitzen unter einem mit Lilien verzierten Baldachin. Der Erzbischof von Reims zur Rechten des Kaisers und die Bischöfe von Braunsberg, Paris und Beauvais zur Linken Wenzels komplettieren die Tafelrunde. Vier weitere Ehrentische sind eingedeckt, es nehmen mindestens 800 Personen am Bankett teil.

Ein Drei-Gänge-Menü

Das Menü dieses Festes ist überliefert, was äußerst selten vorkommt. Unterteilt in drei »Speisen« (Gänge):

ERSTE SPEISE

Weiße *porée* [dicke Suppe], *pois coulés* [Art Erbsenpüree]
Gesalzene Gans und dickes grobes Fleisch auf vielerlei Art
Austern-Civet
Brühe voller Fleisch
Soringue [Ragout] mit Aal
Salmine [Ragout] von Kapaunen

ZWEITE SPEISE

Braten auf verschiedenerlei Art
Fleisch von gebratenen Brachsen
Lachsrücken

Im Jahr 1378 gab König Karl V. zu Ehren von Kaiser Karl IV. ein prächtiges Bankett (Miniatur, *Grandes Chroniques de France*).

Tieule [Art Fleischpastete]
Brouet fullé [mit Mehl gebundene gemüselastige Suppe]
See- und Süßwasserfische in großer Menge und auf vielerlei Art serviert
Eine azurblaue Brühe über Fisch
Eine gelbliche Brühe über Kapaun
Aal in schlammbrauner Sauce [aus Röstbrot]
Gefüllte Schwäne, bedeckt mit Blattgold
Brühe in dreierlei Farben: hell, dunkelblau und rötlich
Lothringer Teigtaschen gefüllt mit in Wein mariniertem Fleisch

Dritte Speise
Gefülltes und gebräuntes Kaninchen
Bohnen
Speckmilch
Rosé
Brühe von grünlicher Farbe
Süße Tartes, gefüllt mit heißer Sauce
Weißes Mandelgebäck
Pilgerkapaune *à la dodine* [in cremiger Sauce geschmort]
Parma-Pastete
Espimbèche (Art Ragout mit Meerbarben oder Austern und Zimtsauce)
Gelee
Gefüllte Hammelschulter und Fleischstücke

Der Aufbau des Mahls

Man beginnt durchaus klassisch mit Suppen, darunter Brühe, *porée* (dicklich, wie Gemüsepüree), *soringue d'anguille*, also Aalragout. Den zweiten Gang, den Braten, begleiten zahlreiche Beilagen unterschiedlichster Art, was jedoch nichts Außergewöhnliches ist.

Die dritte »Speise« kombiniert Fleisch und Süßes, ein Eklektizismus, noch nichts Ungewöhnliches, der durch Wegfall eines Ganges jedoch betont wird. Tatsächlich wurde entschieden, das Mahl zur Schonung des leidenden Kaisers abzukürzen.

Einige Bezeichnungen werfen Fragen auf – ganz zu schweigen von der Schwierigkeit, die Originalquelle zu entziffern –, doch nicht wenige finden sich im »Klassiker« *Le Viandier* von Taillevent wieder. Letzterer war als Leiter der königlichen

Darstellung des großen Banketts von 1378 von Jeann Fouquet (Miniatur, *Grandes Chroniques de France*, um 1460)

Küche sicherlich mit am Werk. Es handelte sich um Luxusküche, die dem Geschmack der Zeit und erst recht dem des französischen Hofes entsprach.

Das Entremets als Spektakel

Schließlich, als weiterer Höhepunkt des Festes, kommen die Gäste in den Genuss zweier spektakulärer Entremets. Man inszenierte eine Nachstellung des ersten Kreuzzuges. In der ersten Szene durchquerte ein Schiff den Raum, bewegt durch im Inneren versteckte Träger – als ob es über das Mittelmeer in Richtung Heiliges Land glitt. In der zweiten Szene gingen die Kreuzfahrer von Bord und erstürmten unter der Führung von Gottfried von Bouillon das mit Minarett und Soldaten nachgestellte Jerusalem. Über dieses theaterwürdige Schauspiel ist nur wenig bekannt, seine Pracht steht außer Zweifel.

Pilger-Kapaune

Du fait de cuisine de maître Chiquart ist ein kulinarisches Traktat, das um 1420 von Amiczo Chiquart, Koch in Diensten des Herzogs von Savoyen Amadeus VIII., verfasst wurde. Es enthält ein Rezept für Pilger-Kapaun, für das jeder gebratene Kapaun mit einem Neunauge oder, in dessen Ermangelung, mit einem Aal »gegürtet oder umschlossen« wird. Eine Speise der Haute Cuisine, die auf dem Menü des Banketts vom 6. Januar 1378 stand. Das in den kulinarischen Abhandlungen des Mittelalters häufig erwähnte Neunauge war den Vermögenden vorbehalten.

Die Straßenküche – eine andere Geschichte der Esskultur

Die Geschichte der französischen Küche ist auch eine Geschichte der »Nahrung für das Volk«. So manchem volkstümlichen Gericht gelang es im Laufe der Zeit, die feinsten Tafeln zu erobern. Die Berührungspunkte in der Ernährung zwischen Reich und Arm waren zahlreicher, als man annehmen würde.

Pariser Spezialitäten »to go«

Im 14./15. Jh. war es gang und gäbe, in Tavernen oder Gasthäusern zu essen oder sich mit fertig zubereiteten Speisen zu versorgen. Die »Straßenkost« bestand zunächst noch aus verschiedenen Brotsorten, die man bei den *talemeliers*, wie die Bäcker damals genannt wurden, kaufen konnte (der Begriff *boulanger* setzte sich gerade erst durch). Darunter waren auch einige teurere Brote, die eher einer Delikatesse gleichkamen, wie die briocheähnlichen *fouaces*, gehaltvoll angereichert mit Eiern oder Butter. Diese Luxusbrote waren dementsprechend an sich schon Kuchen.

Bäckereien boten noch andere Backwaren dieser Art an, etwa *échaudés*, die erst gebrüht und dann gebacken wurden, oder *flamiche*, eine Art Quarkkuchen. *Boulangers* war es sogar gestattet, Fleisch- und Fischpasteten herzustellen, was nicht ohne Reibereien mit der Konditorzunft blieb, die sich ebenfalls mit in Teig Gehülltem hervortat.

Eine Einkaufsstraße im Mittelalter (Miniatur, 15. Jh.)

Ein Oublies-Händler

Unverzichtbare Oublies

Viele Bäcker hatten sich auf eine einzige Gebäcksorte spezialisiert. So stellten die *oubloyeurs* ausschließlich *oublies* her, ein leichtes Gebäck, das in einem mit zwei langen Griffen versehenen Waffeleisen direkt im Feuer gebacken wurde. Eine Quelle aus dem Jahr 1397 unterscheidet zwischen *grandes oublies*, *oublies de supplication* und *oublies d'esterels*. Worin der Unterschied genau bestand, ist nicht mit Sicherheit zu bestimmen. Die *oublies de supplications* (wörtlich: »der Bittgesuche«) waren vermutlich schwerer und dicker, auch *oublies renforcées* (»verstärkt«) genannt. Obwohl sie weitverbreitet waren, ist kein Rezept für *oublies* aus dem Mittelalter überliefert. Das erste belegte Rezept stammt aus dem *Thresor de santé* (1607):

> »Für *Oublies* rühre man feines Mehl mit Wasser, Wein, Eiern und Zucker oder Honig an. Man backe sie zwischen zwei Eisen, doch bevor man sie herauszieht, falte man sie heiß um einen runden Stock. Man kann auch Sauerteig hinzugeben.«

Patissier-Kostüm von Nicolas de Larmession, 17. Jh.

Backwaren

Konditor war der wichtigste Berufsstand; er war erste Anlaufstelle fürs »Streetfood« jener Zeit und bot mehr oder weniger ausgeklügelte Snacks an, süßer und auch herzhafter Natur.

Patissiers boten auch eine breite Palette weiterer Speisen an, deren genaue Beschaffenheit wir nicht immer kennen: Fleisch- und Fischpasteten, Tartes, *rissoles* (gefüllte, frittierte Teigtaschen) mit Kalbs- und Schweinefleisch, *darioles* (Flan), *talmouses* (mit Frischkäse gefülltes Gebäck), *échaudés* (pochiertes Gebäck), *ratons* (Crêpes-Art), *casse-museaux* (Käseküchlein) ...

Kuchenhändler im 18. Jh.

Kleine Pasteten

Ein perfektes Beispiel für den billigen Imbiss »zum Mitnehmen« waren die kleinen Pasteten im Paris des Mittelalters, ohne dass man genau sagen könnte, woraus sie eigentlich bestanden. Vielleicht gibt das folgende Rezept Aufschluss.

PASTETE MIT HEISSER SAUCE

»Man nehme den Kern der Lende und schneide ihn in zarte Zungen, das Fett darüber wird gehackt. Für die Sauce werde dunkles Brot kräftig geröstet, dann in Verjus und Essig eingeweicht und durch ein Seihtuch passiert. Und die Gewürze, die dazugehören sind: Ingwer, Nelken, Langer Pfeffer, Paradieskörner, Muskatnuss zu gleichen Teilen, nur soll die Nelke die anderen Gewürze nicht überdecken; und man lasse die Sauce in einer eisernen Pfanne kochen, und wenn die Pastete gar ist, nehme man das Fett heraus, gieße die Sauce hinein und lasse sie im Ofen kochen.«
Le Viandier, Paris, 1486

Konditor war sicherlich der wichtigste Berufsstand; er war erste Anlaufstelle fürs Streetfood jener Zeit und bot mehr oder weniger ausgeklügelte Snacks an.

Eine Galettes-Händlerin in Paris, um 1850 (Kupferstich, Philibert-Louis Debucourt)

Austernverkäuferin, Rue Montorgueil, Paris, um 1831 (Zeichnung, Opiz)

Crêpes- und Beignets-Händlerin, um 1815 (Kupferstich, Adrien Jolly)

Fliegende Händler

Die Händler hatten sich spezialisiert. So gab es *fouaciers*, *eschaudeurs* oder *nieules*-Macher, wobei Letztere eine besonders feine *oublies* anboten. Diese Spezialisierung war vor allem das Werk der zahllosen Hausierer, deren Rufe durch die engen Gassen der Stadt schallten – Knoblauchsauce oder Senf, Zwiebeln, Spinat oder Rüben, Austern oder Heringe, Kleingebäck oder Kuchen. Diese Art des Handels war so verbreitet, dass ab dem 13. Jh. Lieder und Gedichte diese Tiraden aufgriffen und ein literarisches Genre entstand, das 600 Jahre überdauern sollte:

Huile de noix, ou aux cerneaux,
Vinaigre qui est bon et beau,
Vinaigre de moutarde y a.
Dieu! A il point de lie là?
J'ai cerises, ou au verjus.
Et à la porée [purée] ça jus.
Et y a œufs, ou aux poriaus [poireaux]
Chauds pâtés y a, chauds gâteaux
Et y a poisson de Bondies.
Chaudes oublies renforcées,
Galettes chaudes, échaudés,
Roinssoles [rissoles]; ça denrée aux dés.
(*Crieries de Paris*, Guillaume de La Villeneuve, um 1265)

Im Ancien Régime

Händlerinnen unterschiedlichster Waren waren untrennbar mit Straßenkost verbunden, allen voran die *tripière* (Kuttelhändlerin). Vom 16. bis 18. Jh. waren Kutteln die Kost der Armen. Nach der Schlachtung ging das Fleisch an den Metzger, während Innereien einen anderen Weg nahmen. In Paris wurden Kutteln in der Seine gewaschen, bevor man sie über Nacht kochte. Dann verkauften die *tripières* sie stückweise, ebenso wie anderes »Minderwertiges« wie Leber, Füße, Köpfe und Schafszungen. Die Frauen tauchten an jeder Straßenecke auf und boten auch Kutteln für den sofortigen Verzehr an. Dazu garten sie Kuttelstreifen in riesigen Kupferkesseln.

»Regrattières«

Mit diesen »Restehändlerinnen« dringen wir noch tiefer in ein kulinarisches Reich vor, das es heute nicht mehr gibt. Um es zu begreifen, muss man an der Spitze der gesellschaftlichen Hierarchie beginnen: Die Wohlhabendsten wahrten auch kulinarisch ihren sozialen Rang, nicht nur durch die Qualität der Speisen, sondern auch, indem sie keine Kosten scheuten. Diese Verschwendungssucht zeigte sich insbesondere in der Speisenfolge mit zahlreichen Gerichten, die bei jedem Gang aufgetragen wurden und die zu Unmengen an Resten führten.

Skandalöse Verschwendung? Mitnichten, denn das Personal erhielt gemäß einer durchaus zulässigen und sogar verträglichen Praxis ein Recht auf »Desserte«, den Serviertisch (also die Reste). So fanden sie sich auch auf dem Markt wieder, wo sie an die *regrattières* verkauft wurden, die sie aufgehübscht weiterverkauften. Schriftsteller Sébastien Mercier spricht von »abscheulichen Speisen«, »Abfällen der Bediensteten«, auf »verkrüppelten Tellern«:

> »Von Küchenjungen verschmäht, sind sie vorbestimmt, in den Mägen der Armen zu landen, die so mager sind wie die Küchenjungen fett. Sie scharren sie kreuz und quer zusammen und verkaufen sie an die *régrattières*, die sie der Luft aussetzen.« (*Tableaux de Paris*, V, 1783, S. 148)

Wursthändlerin Ende des 18. Jh. (Stich, Carle Vernet)

Eine »Plaisir«-Händlerin im 18. Jh.

Ein lärmendes Gewerbe

Die Straßenküche folgte kulinarischen Trends. So traten mit der Einbürgerung der Kartoffel Ende des 18. Jh. in Frankreich spezialisierte Händlerinnen auf den Plan, die Kartoffeln in speziellen Kesseln kunstvoll dämpften. Die Straßen waren überfüllt mit Händlern und Händlerinnen. Ein Trubel, der Mercier verzweifeln ließ:

> »Die kleinen Leute sind von Natur aus Schreihälse; ein Gekreische von schockierender Dissonanz. Von allen Seiten ertönt heiseres, schrilles, ohrenbetäubendes Geschrei: Hier gibt's, Makrele, sie lebt ja noch, hier kommt sie, hier kommt sie! Heringe, eiskalt, frische Heringe! Gebackene Kartoffeln, heiß aus dem Ofen! Heiß! Heiß! Hier gibt's kalte Kuchen. Hier kommt das Pläsier der Damen, welch ein Pläsier! Das sind *croquets* [Kleingebäck aus Mandeln, Zucker und Eiweiß]. Auf zum Kahn, zum Kahn, zum Fischhändler! Da gibt's Austern. *Portugais*! *Portugais*! Hier gibt's Orangen. [...] Nein, es gibt keine Stadt auf der Welt, in der die Straßenschreier eine schrillere, durchdringendere Stimme haben.«

Ein pulsierendes 19. Jh.

Diese Kakofonie der Marktschreier setzte sich bis ins 19. Jh. fort. Komponist und Musikschriftsteller Georg Kastner zeichnet in *Les Voix de Paris* (1857) ein lebendiges Bild des Trubels. Er beschreibt den Brioche-Händler, den vorbeifahrenden Karren samt Pfefferkuchen und *croquets*: »Ausgezeichnetes *pain d'epic*, ausgezeichnete *crrroquets*!« Ein anderer ruft: *échaudés*, schöne *échaudés*!«, und wieder ein anderer: »Schaut euch diese köstlichen Kuchen aus Nanterre an!« Wer sie einmal probiert hat, so Kastner, lässt künftig die Finger davon, der beißende Geschmack der ranzigen Butter hatte ihn kuriert. »*À s'l'moss; l'moss, moss à cinq*«, was ein cleveres Kind zu übersetzen weiß: »Fünf Sous das Stück!«

Die Händlerinnen der *plaisirs*, wie die *oublies* nunmehr heißen, sind stets zugegen: »*Voilà l'plaisir, mesdames! Voilà l'plaisir!*« (»Das reinste Vergnügen, meine Damen!«). An Feiertagen ziehen einige mobile Metzger durch die Stadt, um mit ihren Würsten und Boudins den Heißhunger zu stillen. Nicht zu vergessen die Obsthändler, die Pfirsiche aus Corbeil, Feigen und vieles mehr feilbieten.

Beste Reste

Das Angebot blieb reichhaltig. Die Bäuche der Ärmsten fanden Trost bei Anbietern von Pommes frites, eine spannende Neuheit. Dazu Suppe und geröstete Maronen. Auch Verwertungen gingen neue Wege. Nicht mehr adelige Tafeln waren Restequelle, sondern Institute, Ministerien und Botschaften oder Restaurants. Der »Schmuckhändler«, oder »Sammler von Lebensmittelwracks«, wie es ein Journalist formulierte, machte die Runde. Er sammelte, präparierte und verzierte die Teller mit Fleisch, Fisch, Gemüse, Wurstwaren, Pasteten ... unzählige bunt zusammengewürfelte Kreationen ...

Pommes-frites-Händlerin im 19. Jh. (Zeichnung von Pierre Vidal).

Langsames Aussterben

Fast Food und Streetfood von einst sollte langsam verschwinden, genau wie Kutteln, die sich ab dem 19. Jh. auf der Straße rarmachten und fortan nur in billigen Schenken serviert wurden. Dort konnte man sie *à la mode de Caen* (wie in Caen) bestellen. Bereits vor dem Ersten Weltkrieg verzeichnete die Presse weniger Pommes-frites-Händler. Die letzten traten Ende der 1960er-Jahre ab.

Heutzutage ist diese schillernde kulinarische Welt für uns kaum noch vorstellbar. Selbst die heute in Mode gekommenen Food Trucks können nicht die leiseste Ahnung von jenen trubeligen Zeiten mit zahlreichen Angeboten des Straßenverkaufs heraufbeschwören.

Die Küche der Renaissance

Kochen in der Renaissance

Wollen wir etwas über die französische Küche dieser Epoche erfahren, so stoßen wir auf ein großes Hindernis: kaum publizierte Kochbücher. Das erste in der westlichen Welt gedruckte kulinarische Werk war De Honesta voluptate von Bartolomeo Platina, das in den frühen 1470er-Jahren in Rom erschien. In Frankreich kam um 1486 der Viandier von Taillevent heraus, durch neue Rezepte ergänzt; er kann als zuverlässiges Zeugnis des Zeitgeschmacks gelten. Es dauerte noch, bis 1540 das Livre de cuysine tres utile et proffitable (»Das sehr nützliche und gewinnbringende Kochbuch«, Paris) erschien, das 1542 in Lyon als Livre fort excellent de cuysine (LF) nachgedruckt wurde, teils bis zu 20-mal. Das Interesse an Kochbüchern hatte kaum nachgelassen, wurde der Viandier 1486–1536 ganze 13-mal nachgedruckt. Doch bis 1651 erschien kein einziges wirklich neues Werk.

Das Erbe des Mittelalters

Entgegen der weitverbreiteten Meinung hat die Renaissance die französische Küche keineswegs revolutioniert, vielmehr handelte es sich um eine Fortführung mittelalterlicher Praktiken. Das zeigt sich besonders in der Beständigkeit der Aromen. Gewürze in den Gerichten waren nach wie vor allgegenwärtig. In mehr als einem Drittel der Rezepte stößt man auf Ingwer, und die *menues épices*, eine Gewürzmischung, die meist aus Ingwer, Pfeffer, Zimt, Muskatnuss und Nelken bestand, kam in fast jedem vierten Gericht zum Einsatz. Zimt und Nelken wurden in jedem fünften Rezept verwendet, Safran kaum seltener. Auch der saure Geschmack war nicht aus der Mode gekommen. Säuerliche Früchte wanderten in die Hälfte der Rezepte – helle Weintrauben, Verjus, Stachelbeeren – Essig in jedes fünfte, Wein in jedes vierte Rezept.

Kontinuität herrschte auch bei den Techniken. Für die Zubereitung von Saucen kamen die gleichen Verfahren und auch Bindemittel zum Einsatz. Fleischsaft wurde mit getrockneten oder gerösteten Semmelbröseln, Eigelb, Hühnerleber, gemahlenen Mandeln ... angedickt. Bei der Speisenfolge herrschte ebenfalls Beständigkeit. Das *LF* führt elf Menüs auf; auch dort ist kein wirklicher Bruch mit der vorherigen Epoche zu erkennen. Immer häufiger fällt »Service« für die Abfolge eines Essens.

Neuartiger Einsatz von Zucker

Doch gab es auch Innovationen, zum Beispiel mehr Zucker, was sich ab der ersten Hälfte des 15. Jh. abzeichnete und im 16. Jh. einen Höhepunkt fand: 18 Prozent der Rezepte im *Viandier* (1486) und ein Drittel der Rezepte im *LF* verlangen Zucker, selbst für Gerichte wie Hammelfüße oder Forelle. Oft wird empfohlen, die Speise vor dem Servieren zu süßen – man solle sie mit »reichlich Zucker bestreuen«, bevor man die Tarte mit Rindermark den Gästen präsentiert, oder »in reichem Maße Zucker« unter Gewürze mischen, die gebratenen Kapaun begleiten.

Auf dem Vormarsch: Fett

Nach Butter verlangen 27 Prozent der Rezepte – im *Viandier* (1486) taucht Butter in 7,6 Prozent der Rezepte auf, in der mittelalterlichen Version in weniger als 2 Prozent. Sie wird hauptsächlich für »magere« (fastentaugliche) Zubereitungen wie Fisch, Gemüse und Eier verwendet, sonst griff man zu Speck. Die Verwendung von (tierischer) Butter war bislang mit fastentauglicher Kost unvereinbar.

Obst & Gemüse

Vermehrt pflanzliche Kost war ebenfalls ein Trend. Das *LF* ist in dieser Hinsicht zwar nicht sehr überzeugend, wenngleich es 29 verschiedene Gemüsesorten enthält, gegenüber 24 in Abhandlungen des 14/15. Jh. Andere Texte und Autoren liefern uns hier Hintergründe. Ronsard zum Beispiel, dessen Gedichte wiederholt Aprikosen, Artischocken, Spargel, Erdbeeren, Melonen Pastinaken und Salate besingen. Oder Brantôme (ca. 1540–1614), der in *Das Leben der galanten Damen* schrieb:

> »[…] denn zu diesen neuen Früchten aus Feld und Garten kommen noch die Pasteten hinzu, die man seit einiger Zeit erfunden hat. Sie sind reichlich mit Pistazien, Piniennüssen und andern erhitzenden Apotheker-Drogen versetzt, ganz besonders aber mit Kamm und Hoden des Hahnes […] wie die guten Blattstängel der Artischocken, die, roh oder gekocht, sehr die Begierde steigern, bis zu den kleinen erhitzenden Disteln, wovon die Esel fressen und brünstiger werden; denn im Sommer sind die Disteln hart und erst der Winter macht sie weich und schmackhaft, so dass man davon in neuerer Zeit sehr gute Salate macht.« (Übersetzung: Willy Alexander Kastner, 1904)

Fälschlicherweise wird oft der italienische Einfluss auf die französische Haute Cuisine der Renaissance geltend gemacht. Auf die bis dahin ungekannte Wertschätzung für Obst und Gemüse trifft dies wohl tatsächlich zu.

Walderdbeeren wuchsen in Europa bereits, doch die »moderne« Erdbeere stammt aus amerikanischen Varietäten, die im 18. Jh. eingeführt wurden. *Stillleben mit Walderdbeeren* von Adriaen Coorte, 17. Jh.

Die Tischkultur

Auch dieser Bereich unterliegt Innovationen. Der Teller lässt sich nicht exakt datieren, er koexistierte bereits lange Zeit mit dem mittelalterlichen *tranchoir*, einem gedrechselten Holzbrett. Er setzte sich in der ersten Hälfte des 17. Jh. durch. Im Jahr 1538 gab Franz I. beim Antwerpener Goldschmied George Vezeler ein Dutzend Teller »im flämischen Stil« in Auftrag, doch lassen archäologische Funde die Tellernutzung in Frankreich bereits im 15. Jh. vermuten.

Eine zweite bemerkenswerte Neuerung war das *cadenas*, ein kleines Tablett mit verschließbarem Kästchen darauf, in dem sich Besteck, Salz und Pfeffer u.Ä. befand. Das erste Exemplar, von dem wir Kenntnis haben, wurde 1551 von Heinrich II. beim italienischen Goldschmied Ascanio de Mari in Auftrag gegeben. Und von der Gabel heißt es oft, Katharina von Medici habe sie in Frankreich eingeführt (S. 34). Im 15. Jh. war sie beim italienischen Adel verbreitet. Auch in Frankreich fasste die Gabel Fuß, jedoch langsam. Im 18. Jh. trat sie auf dem europäischen Kontinent den Siegeszug an.

Die Kunst der guten Manieren

Häufig wird das Benimmbuch *De Civilitate* von Erasmus von Rotterdam (1530) herangezogen, um damalige Anstandsregeln zu veranschaulichen. Es stellt keinen tatsächlichen Bruch zu mittelalterlichen Werken dar, die bereits Diskretion, Zurückhaltung und gute Körperbeherrschung predigten. Drei Jahrhunderte lang wurde es immer wieder adaptiert, kopiert und nachgeahmt. Es empfahl, nicht zu große Stücke zu genießen und sorgfältig zu kauen, Salz mit dem Messer aufzunehmen, beim Kauen die Lippen zu verschließen bzw. nicht mit vollem Mund zu sprechen oder zu trinken, sich vor dem Trinken den Mund abzuwischen und nicht in den Zähnen zu bohren. So ist der Text von den Gepflogenheiten jener Zeit geprägt, wie dem gemeinsamen Glas oder dem Fehlen der Gabel, doch haben viele Empfehlungen bis heute Gültigkeit.

Importe aus Amerika

Mit der Entdeckung Amerikas gelangten bis dahin unbekannte Obst- und Gemüsesorten nach Europa. Die Liste der Neuzugänge ist lang. Heute sind sie aus den Küchen Europas nicht mehr wegzudenken: Ananas, Avocados, Erdnusskerne, Kakao, Kürbisse, Zucchini, Maracujas, Guaven, Bohnen, Mais, Mangos, Cashew- und Pekannusskerne, Papayas, Chili- und Paprikaschoten, Kartoffeln, Tomaten, Topinambur, Vanille … So spektakulär sich dieses Liste auch liest, die französische Küche der Renaissance ließ sich durch die Ankunft dieser Produkte keineswegs aus der Ruhe bringen. Vielmehr zog sich ihre Einbürgerung langsam dahin.

Pute und Truthahn

Der von Christoph Kolumbus auf seiner vierten Expedition (1502) entdeckte Truthahn fand, anders als die meisten Lebensmittel, in Frankreich und anderen Teilen Europas rasch großen Anklang. Rabelais erwähnte das Geflügel in *Gargantua* (1534 oder 1535) als *poules d'Inde* (»Hühner aus Indien«). Der Vogel fand flugs seinen Platz im Staraufgebot des großen Federviehs, das die Eliten seit dem Mittelalter goutierten. Die Luxusspeise gelangte erst im 19. Jh. als Weihnachtsbraten auf den Tisch.

Chilischoten und Paprika

Bereits von seiner ersten Reise (August 1492 bis März 1493) brachte Kolumbus von den Antillen Chilischoten mit. Wahrscheinlich handelte es ich dabei um die Varietät *Capiscum frutescens*. Ihre Verwandte, der kurz darauf eingeführte *Capiscum annuum*, wurde in den Gärten auf der iberischen Halbinsel schnell heimisch. Auch für das einfache Volk waren die Schoten erschwinglich.

Auf der anderen Seite der Pyrenäen (Baskenland, Languedoc und Provence) gewannen Chilis ab dem 18. Jh. an Boden, doch in Rezeptbüchern – insbesondere jenen aus Paris – wurden sie hochmütig ignoriert. André Viard war der Erste, der 1806 Chilis verwendete. Etwa ein Dutzend Zubereitungen in seiner Enzyklopädie *Cuisinier impérial* enthalten scharfe Chilischoten, allen voran seine *karis* (Currys) oder Speisen *à l'indienne* (»auf indische Art«).

Dennoch führten die Schoten in der französischen Küche lange Zeit ein Schattendasein. Die verwandte Gemüsepaprika entfachte noch weniger Begeisterung.

Die Tomate

In Frankreich entzückte die Tomate zunächst als Zierpflanze, deren gelbe Blütenknospen ihr den Namen *pomme d'or* (»Goldapfel«) eintrugen. In eingemachter Form dienten Tomaten ab dem 17. Jh. als Würzmittel, dank der säuerlichen Note der nicht ganz reif geernteten Früchte, waren sie

Bildtafeln von Paprika-und Tomatenpflanzen (16. Jh.)

bestens für diesen Zweck geeignet. Im Laufe des 18. Jh. eroberte sie die Gemüsegärten Frankreichs, blieb jedoch wie die ausschließlich im Süden konsumierte Gemüsepaprika in den kulinarischen Abhandlungen unerwähnt. Einmal mehr war es André Viard, der sie zu Ehren brachte. Sein *Cuisinier impérial* (1806) nennt die Tomatensauce als möglichen Begleiter zu vielerlei Fleisch und Innereien, darunter Ochsenschwanz, Rinderrippe, Rinderfilet, Kalbshirn und Schafszunge. In Saucenform wurde der Verzehr des Liebesapfels zu einer alltäglichen Sache, doch litt er noch Jahrzehnte unter seinem Status als einfaches regionales Erzeugnis und typisches Nahrungsmittel Südfrankreichs.

Tafel aus dem *Mira calligraphiae monumenta* (16. Jh.) mit Lilie, Tomate, Kürbis und Ackerwinde

Der Mais

Mais, damals geläufig als der »indische Weizen«, wurde in Spanien seit Beginn des 16. Jh. angebaut. Er breitete sich langsam im Südwesten Frankreichs aus, zuerst im Baskenland und im Béarn. Im Osten Frankreichs erreichte er Mitte des 16. Jh. die Bresse. Erst in der ersten Hälfte des 19. Jh. gelangte er ins südliche Pariser Becken. Mais war bäuerliche Kost und wurde vorwiegend als Brei und Fladen zubereitet, die Haute Cuisine verschmähte ihn. Im 18. Jh. nahmen sich einige wenige Autoren seiner an, in Essig eingelegt und als Würzmittel. Im darauffolgenden Jh. öffnete sich die Tür einen Spaltbreit. In seiner *Nouvelle Cuisine bourgeoise* (1878) verwendete Urbain Dubois Mais in fünf seiner Rezepte, darunter als Maismehlbrei für Kinder und zwei Gerichte als »Fremdländische Küche«.

Die Kartoffel

Die ursprünglich aus Peru stammende Kartoffel breitete sich in Europa mit von Land zu Land sehr unterschiedlicher Geschwindigkeit aus. Frankreich blieb lange standhaft. Ab Mitte des 17. Jh. war die Kartoffel im Elsass und in den Vogesen präsent, später drang sie auch in weniger begünstigte Gegenden vor, etwa Gebirgsregionen wie die Dauphiné. Die großen Getreideanbaugebiete ignorierten die Kartoffel bis zum 19. Jh.

Wie dem Mais zeigte die französische Haute Cuisine auch dieser Arme-Leute-Kost die kalte Schulter. *Les Soupers de la Cour* von Menon aus dem Jahr 1755 würdigte als erstes Werk die Kartoffel, wenn auch nur mit einem einzigen Rezept: in Wasser gekocht, anschließend geschält und in einer »würzigen weißen Sauce oder einer Senfsauce« serviert. Während der Französischen Revolution erschien *La Cuisinière républicaine* (1794–1795), ein Büchlein, das in die einfache Zubereitung der Knolle einführte. Es wird einer Madame Mérigot zugeschrieben, doch richtete es sich an das einfache Volk. Der Ritterschlag erfolgte einmal mehr 1806 in *Le Cuisinier impérial* von Viard mit acht Kartoffelrezepten. Nun war der Aufstieg der Knolle nicht mehr aufzuhalten, im 19. Jh. avancierte sie zu einer unverzichtbaren Zutat, auf dem Esstisch der kleinen Leute wie auf den vornehmen Tafeln.

Kolumbus brachte Chili der Antillen von seiner ersten Reise dorthin mit.

Katharina von Medici und kulinarische Legenden

Eine Anfang der 2000er-Jahre erschienene Biografie von Jean-François Solnon über Katharina von Medici unterstrich erneut die Bedeutung der Regentin für die Geschichte der französischen Esskultur. So soll die französische Küche ihr die Erneuerung verdanken. Sie brachte Köche, Sauciers und Patissiers aus Italien mit, bis dahin unbekannte Gemüsesorten eroberten Hof und Stadt (mit Artischocken, Brokkoli, Erbsen, Tomaten). Man erfreute sich an Fruchtsorbets und neuen Süßwaren. Bald gewann Pasta das Herz Frankreichs.

Porträt der Katharina von Medici (1519–1589)

Ein hartnäckiger Mythos

Als Katharina 1533 am Hof von Franz I. einzog, wurde sie jedoch mitnichten von ihren Meisterköchen begleitet. Mit kulinarischen Errungenschaften oder Importen wird sie durch nichts in Verbindung gebracht. Wenn es Anleihen aus Italien gab, so äußerten sich diese in schleichenden Veränderungen, die sich unauffällig vollzogen, nicht in radikalen Neuerungen. Anders als man meinen könnte, bezog die französische Küche der Renaissance ihre Inspiration folglich nicht aus Italien.

Im 18. Jh. nahm diese Legende Gestalt an. Urheber könnte Nicolas Delamare gewesen sein, der im dritten Band seines *Traité de la police* (1719) seinem Missfallen gegenüber Gewürzen Ausdruck verlieh und den unter Heinrich II. aufkommenden Tafelluxus verurteilt: »Die große Zahl der Italiener, die Katharina von Medici folgten, trug sehr dazu bei, indem sie die Gebräuche ihres Landes mitbrachten.« Dies war der Grundstein für den italienischen Mythos. Die langen historischen Vorreden in den Kochbüchern von François Marin *Le Dons de Comus* (1739) und *La Suite des Dons de Comus* (1742) untermauerten dieses Konstrukt.

Katharina von Medici wird nicht erwähnt, doch werden die Italienischen Kriege als eine Zeit beschrieben, in der die Franzosen die »Köstlichkeiten der Tafel« entdeckten.

Zehn Jahre später schlägt die *Encyclopédie* in dieselbe Kerbe: Der möglicherweise von Diderot stammende Artikel »Würzen« (1751) hält sich nicht mit Feinheiten auf:

> »Erst unter der Regentschaft von Heinrich dem Zweiten wurden fähige Köche zu wichtigen Persönlichkeiten. Dies ist eine der Schuldigkeiten, die wir gegenüber dieser Schar wollüstiger Italiener haben, die Katharina von Medici an den Hof folgten.«

Der Artikel »Küche« (1754) des Chevalier de Jaucourt geht noch weiter. Ihm zufolge haben die Italiener »die Franzosen mit der guten Küche bekannt gemacht«, unter Heinrich II. »kamen die Köche von jenseits der Berge nach Frankreich, und es ist eine der geringsten Schuldigkeiten, die wir dieser Horde verderbter Italiener verdanken, die am Hofe der Katharina von Medici dienten.« Jaucourt fährt fort:

> »Von da an [...], so scheint es, gab es für sie [die Franzosen] nichts Schmeichelhafteres, als zu sehen, wie der Geschmack ihrer Küche den anderer Königreiche an Opulenz übertrifft und konkurrenzlos von Nord nach Süd herrscht.«

19. Jh.: Hommage der Gastronomen

Was liegt näher, als Katharina von Medici, die »Giftmischerin«, als die Leitfigur einer Küche zu beschwören, die als Kunst der Täuschung gilt? Diese Version herrschte vor, bis sie Feinschmecker des frühen 19. Jh. wieder aufgriffen, jedoch anders als ihre Vorgänger:

> »Es waren die Italiener, die uns mit dieser Wissenschaft bekannt machten, die von Montaigne (mag es den Kritikern gefallen oder nicht) als *science de gueule* (»Wissenschaft der Leckermäulerei«), von Lamotte-le-Vayer als *gastrologie* und von der modernen Chemie als *science culinaire* (»Wissenschaft der Kochkunst«) bezeichnet wurde.
>
> Zunächst sah sie sich Hindernissen und Verfolgung gegenüber; mehrere unserer Könige versuchten ihre Verbreitung durch Erlasse zu verhindern, doch schließlich, unter Heinrich II., triumphierten sie über das Gesetz und im Gefolge von Katharina von Medici kamen die Köche von jenseits der Berge nach Frankreich, um sich hier niederzulassen.
>
> Dies ist keine geringe Schuld, die wir gegenüber dieser berühmten Königin haben.« Gasterman, Introduction à l'histoire de la gourmandise, *Journal des gourmands et des belles*, Mai 1807

Nebenraum der Küche, Lager und *office* für vorbereitende Arbeiten. Radierung aus *Opera di Bartolomeo Scappi* (1570)

Als diese Zeilen geschrieben wurden, war die Geschichte noch arm an Details, doch das sollte sich schon bald ändern. Aus dem Nichts tauchten die Namen von Köchen auf, in die Welt gesetzt von fantasiebegabten Köpfen: Popelini als Erfinder des Brandteiges, Patilla, Schöpfer der Pastillage, Berini, das verkannte kulinarische Genie – lauter Persönlichkeiten, die nie existiert haben.

Von Büchern bis zu Artikeln, von kulinarischen Abhandlungen bis hin zu Romanen, die französische Schuld wurde immer größer. Für Brillat-Savarin gelangte das

Speiseeis zweifellos dank Katharina nach Frankreich (*Physiologie des Geschmacks*, 1825). Was macht es da, dass die Königin ihr Leben lang kein einziges Eis geschleckt hat, ebenso wenig wie ihre Zeitgenossen.

Die berühmte irische Schriftstellerin Lady Morgan lobte die Herrscherin 1841 dafür, dass sie der Süßwarenbranche zu neuen Höhen verholfen habe. Nach und nach wurden Katharina und ihre Landsleute in einem Atemzug mit der Erfindung oder Einführung einer Vielzahl von Leckereien genannt – kandierte Früchte, Konfitüren, Meringen, Marzipan, Liköre, Sabayon ...

Einige italienische Eindringlinge

Es geht mir nicht darum, den »italienischen Mythos« rundweg zu negieren. So tauchte die Gabel, die zuerst von den Eliten auf dem Stiefel verwendet wurde, tatsächlich bereits im 16. Jh. in Frankreich auf, wurde jedoch kaum verwendet und setzte sich erst im 18. Jh. in ganz Europa durch. Doch ist es angesichts dieser Zeitspanne wirklich zulässig, dieses Utensil zu dem Beweis par excellence für die Übernahme italienischer Essgewohnheiten zu machen?

Der italienische Einfluss könnte sich in verschiedenen Bereichen bemerkbar gemacht haben. So wird beispielsweise vermutet, dass die Vorliebe für Gemüse, die sich im 16. Jh. in der französischen Küche abzuzeichnen begann, ihren Ausgang jenseits der Berge nahm. Tatsächlich überquerten damals diverse pflanzliche Produkte die Alpen wie Artischocken, Salate, Schwarzwurzeln, Blumenkohl und Brokkoli.

Eine Verbreitung, die sowohl auf die geografische Durchlässigkeit – Pflanzen wandern von den südlichen Randgebieten des Königreichs nordwärts – als auch auf andere Formen des Austauschs zurückzuführen ist, etwa auf den Versand von Saatgut oder die Anstellung italienischer Gärtner durch den französischen Adel. Zu Letzteren gehört Pacello da Mercogliano, der von Karl VIII. engagiert wurde und der sein Talent bis zu seinem Tod im Jahr 1534 in den Dienst der Krone stellte, vor allem in den Schlössern von Blois und Amboise.

Der Mythos entsprang wohl eher einem Bauchgefühl. Man konnte sich schlichtweg nicht vorstellen, dass das Italien der Renaissance, in dem Prunk und guter Geschmack vorherrschten, jenes Italien, das die Künste so schwungvoll wiederbelebte, ausgerechnet zur Blüte einer dieser Künste – der Kochkunst – nichts Bedeutendes beigetragen haben sollte. Basierend auf dieser Annahme wusste eine lange Reihe von Autoren den Quellen Dinge zu entlocken, die sie im Grunde jedoch nicht hergaben.

Einige Obst- und Gemüsesorten kamen aus Italien nach Frankreich, zum Beispiel Artischocken.

Frangipane

Den Wust an Anekdoten zu durchschauen, die sich um den Ursprung von Frangipane ranken, ist schwierig. Eines steht jedoch zweifelsfrei fest: Der Begriff bezog sich ursprünglich auf parfümierte Handschuhe. In einem Brief vom Mai 1634 pries der Schriftsteller Guez de Balzac das hohe Ansehen der »Frangipani-Handschuhe«, die mit einem vom Marquis Pompeo Frangipani, Feldmarschall im Dienste Ludwigs XIII., entwickelten Duftstoff getränkt waren.

Woraus bestand er? Das bleibt ein Rätsel. Der Begriff eroberte schnell die Küche. Im Jahr 1651 lieferte *Le Cuisinier françois* von La Varenne das Rezept für eine *tourte de franchipanne*, die aus zwei aufeinandergelegten Tortenböden, gefüllt mit einer Pistazien- und Mandelcreme, bestand. Das Fazit La Varennes lässt uns allerdings ratlos zurück: »Sie können die *tourte de franchipanne* auch mit jeder anderen Art von Creme zubereiten.« Und tatsächlich ändern sich die Cremes von einem Kochbuch zum nächsten (Mandeln kommen nicht vor), ebenso wie die Art der Teigböden. Schwer zu sagen also, was sich alles hinter diesem Begriff verbirgt.

Das heutige Rezept für »Frangipane« setzte sich erst im 20. Jh., also sehr viel später durch. Die Creme ist somit eine urfranzösische Zubereitung, die nur ihren Namen der erlauchten römischen Familie Frangipani verdankt.

Die Vorliebe für Gemüse, die sich im 16. Jh. in der französischen Küche abzuzeichnen begann, dürfte ihren Ursprung jenseits der Berge gehabt haben.

Ein Fest für die Königin

Während des Ancien Régime war es in den Städten des Königreichs üblich, den neuen Herrscher und seine Familie mit einem »feierlichen Einzug« samt großem Pomp zu empfangen. Die Stadtbehörden setzten beträchtliche Mittel ein, um den Herrscher zu empfangen, mit Umzügen, Ansprachen, Aufführungen und prunkvollen Geschenken, oft in Form von Goldschmiedearbeiten. Bei dem zeremoniellen Akt spielte das Essen eine essenzielle Rolle, wie der Einzug von Heinrich II. und Katharina von Medici in Paris zeigt.

Bankett am Hofe der Katharina von Medici (Jean Cousin zugeschriebene Zeichnung, 16. Jh.)

Paris in Feierlaune

Am 16. Juni 1549 ist Paris Schauplatz eines Spektakels, des triumphalen Einzugs von König Heinrich II. Dieser hätte schon zwei Jahre zuvor über die Bühne gehen sollen, als der Sohn von Franz I. den Thron bestieg, doch diplomatische und militärische Verwicklungen hatten dies verhindert.

An diesem Tag nun putzte sich die Hauptstadt prächtig heraus, um ihren Herrscher zu empfangen. Nicht weniger als 15000 Menschen umfasste die Prozession.

Zwei Tage später, am 18. Juni, ist Katharina von Medici, Königin von Frankreich, an der Reihe und zieht ihrerseits mit großem Pomp in die Stadt ein. Für den 19. Juni organisiert die Stadtverwaltung ein Fest zu ihren Ehren. Nach dem Besuch einer feierlichen Messe in Notre-Dame nimmt die Königin samt Gefolge eine provisorische Treppe zum angrenzenden Bischofspalast. Aufgrund von Bauarbeiten im Rathaus haben die Stadträte beschlossen, dort zu feiern. Sie betritt den »Großen Saal«, der mit Gemälden und Dekor geschmückt ist, angefertigt auf Kosten der Stadt als ein Zeichen der Ehrerbietung.

Katharina nimmt, umgeben von Prinzessinnen, an der Ehrentafel Platz. Der *prévôt des marchands* (Vogt, eine Art Bürgermeister im Paris des Ancien Régime) übernimmt, assistiert von Beamten der Herrscherin, die Rolle des Maître d'hôtel. Die Damen des Gefolges und die Ehefrauen der *échevins* (Schöffen des Vogts) nehmen Platz. Die Schöffen und verschiedene städtische Beamte bedienen die Gäste, unterstützt von Kindern »aus gutem Hause«. Einige Herrschaften, darunter König Heinrich II. selbst, sind als diskrete Zuschauer anwesend und wachen im Hintergrund über den Ablauf des Damenbanketts.

Einkaufsliste fürs Bankett

Dank eines Rechnungsbuches mit allen Einkäufen für die vornehme Gesellschaft haben wir eine Vorstellung davon, was alles verzehrt wurde. Die Mengen sind beeindruckend, doch wissen wir nicht, wie viele Personen tatsächlich anwesend waren. Zu den Getränken: Weinhändler Guillaume Pensier lieferte 6 *muids* Clairet (Bordeaux-Rotwein) und 3 *muids* Weißwein (1740 bzw. 870 l Wein).

Die Rôtisseure Jehan Langlois und Blaise de Sallebrusse bereiteten 1207 Geflügelposten zu: 30 Pfauen, 33 Fasane, 21 Schwäne, 9 Kraniche, 33 Löffler, 33 Nacht-, 33 Seiden-, 33 Graureiher ... Ein perfektes Beispiel für die breite Palette an Geflügel, das im 16. Jh. (und auch zuvor) auf den Tisch kam, eine für den modernen Leser höchst exotisch anmutende Liste. Hinzu kamen einige Vierbeiner: 30 Zicklein, 6 Schweine, 33 Hasen und 66 Kaninchen.

Rezept für Darioles

Für das Bankett zu Ehren der Katharina von Medici wurden *darioles de crème* zubereitet, ein klassisches Gebäck und eine Art Cremetörtchen, das seit dem Mittelalter verbreitet war. Hier das Rezept aus *Le Livre fort excellent de cuysine* (1542):

SOMMER-DARIOLES

Man nehme 1 l gute Sahne oder gute gereifte und sämige Milch. Dazu gebe man Butter und 6 Eigelbe, Salz, Zucker, gemahlenen Zimt und etwas gemahlenen Safran hinzu. Alles durch ein Seihtuch passieren. Einen dünn ausgerollten Teig [in Souffléförmchen] im Ofen bräunen, dann löffle man die Creme hinein und rühre sie um, bevor sie im Ofen gebacken wird. Man serviere die Darioles heiß und mit Zucker bestreut.

Einiges Fleisch war für den Suppentopf bestimmt, anderes wurde zu Pasteten verarbeitet. Das ist erstaunlich, da Rotisseure eigentlich nur mit »pariertem, gespicktem Fleisch, mit Fell oder Federn, das gebraten und für den menschlichen Verzehr präpariert wird« handelten.

Und schließlich fertigte Pierre Moreau, als Patissier zuständig für die Teigzubereitungen, seinerseits 1047 »Werke« an, darunter 40 *gâteaux en croissant* (hörnchenförmiges Gebäck), 40 Rehpasteten, 40 Wachtelpasteten mit Hypocras (S. 11), 40 Artischockenpasteten, 40 Waffelzubereitungen, 40-mal kleines Blätterteiggebäck, 40 Dattelpasteten, 40 Mailänder Tartes, 40 *tartes sèches* (dünne Tartes) ...

Diese Liste stellt kein Menü dar, sondern führt Namen von Zubereitungen auf, deren genaue Rezepte jedoch kaum bekannt sind. Es handelte sich um Backwaren, die in der Renaissance zum Auftakt, zum Abschluss, ja sogar zum Braten serviert werden konnten.

Gewürze & Süßwaren

Für die weitere Versorgung wurden die Händler Jehan Depardieu und Jehan Marnel herangezogen. Sie lieferten Obst, Gemüse und weitere für ihre Zubereitung erforderliche Zutaten, einige waren für den Rohverzehr bestimmt: zwölf Dutzend Artischocken, drei Dutzend Käse, Butter, Mandeln, Gurken, Aprikosen, Dicke Bohnen, Süßkirschen, Kräuter (Salbei, Petersilie, Sauerampfer). Gewürze und

Eine Küche aus dem 16. Jh. Aus *Opera di Bartolomeo Scappi* (1570)

Geflügel, Fleisch und Gemüse bilden das bevorstehende Bankett (Joachim Bueckelar, 1566).

Zucker, für das damalige Küchenhandwerk unverzichtbare Elemente, wurden von einem *épicier-apothicaire* (»Apotheker-Krämer«) namens Pierre Siguir geliefert; das waren: 1 Pfund zerstoßener Ingwer, 8 Unzen gemahlene Muskatnuss, 4 Unzen gemahlene Gewürznelken, 1 Unze gemahlener Safran, 2 Laib Zucker à 19½ Pfund …

Einige weitere Präparate der Apotheker-Krämer-Meister waren flüssig, etwa Rosen- oder Moschuswasser und der Hypocras (s. 11), andere waren unerlässlich für die Herstellung von Süßwaren: »vier Pfund lange, goldene Zimtstangen zum Bestreuen von Gelees und Konfitüren […] Moschus-Dragees« sowie Rosen-Dragees, Orangeat, kandierte Pinienkerne. Letztere wurden zum Abschluss verzehrt. Auf das Bankett folgten ein Ball und anschließend ein Imbiss mit »so vielen Sorten Dragees und anderem Konfekt, dass man nicht wusste, was man nehmen sollte«.

Schließlich wurde Katharina als krönender Abschluss dieser Abfolge von Vergnügungen ein Set »zweifach vergoldetes Silbergeschirr« als Geschenk überreicht. Die Stadt hatte keine Kosten gescheut, um vor der Königin in bestem Licht zu erscheinen, so wie es in allen Städten des Königreichs anlässlich solcher Zeremonien Brauch war.

Gewürze hatten in der Küche der Renaissance einen hohen Stellenwert (Paolo Antonio Barbieri, *Der Gewürzladen*, 17. Jh.).

Gewürze und Zucker, für das damalige Küchenhandwerk unverzichtbar, wurden von einem Apotheker-Krämer namens Pierre Siguir angeliefert.

Nostradamus und Konfitüre

Nostradamus' *Traité des confitures*, gedruckt 1555, ist vermutlich das wichtigste französische Werk über die Kunst der *confisage*, der Süßwarenherstellung. Doch sollte man es nicht nur als Rezeptbuch für Gourmands betrachten, sondern nicht weniger, wenn nicht sogar in erster Linie, als ein Traktat über Apotheker.

Eine Apotheke im 16. Jh. (Stich, 16. Jh.)

Medikament vs. Delikatesse

Seit Ende des Mittelalters waren Konfitüren und Süßigkeiten im gesamten Abendland fester Bestandteil jeder gehobeneren Feierlichkeit. Ab dem 14. Jh. stieg der Verbrauch an Rohrzucker unter den europäischen Eliten stetig an. Durch die wachsende Produktion von Rohrzucker im westlichen Mittelmeerraum, insbesondere auf Sizilien und in der Region Valencia, konnte die Versorgung Nordeuropas, Deutschlands und Südfrankreichs jedoch somit sichergestellt werden.

Dies hatte zur Folge, dass Zucker nicht mehr ausschließlich zu therapeutischen Zwecken, insbesondere zur Verdauung, konsumiert wurde, sondern als Genussmittel diente, wenngleich er ein Luxusprodukt blieb. Diese Leckereien für die Elite nahmen immer vielfältigere Formen an: kandierte Dragees, Marzipan, Konfitüren, Quittenbrot, kandierte Früchte und Fruchtschalen ... Süßigkeiten, die logischerweise nach den Mahlzeiten serviert wurden, zumal sie in dem Ruf standen, die Verdauung anzuregen. Noch im 14. Jh. deckten sich die Könige Frankreichs bei den *épiciers-apothicaires* (Apotheker-Krämer) mit ihren süßen »Medikamenten« ein oder ließen sie von ihren eigenen Apothekern herstellen.

Das Traktat von Nostradamus

Als 1311 die *épiciers-apothicaires*, also die Innung »Apotheker-Krämer« gegründet wurde, definierten die Statuten ausdrücklich gezuckerte »Konfitüre« als eine ihrer Spezialitäten – und Privilegien. Nicht ungewöhnlich also, dass Michel de Nostredame, ein umtriebiger Apotheker und Arzt, 1555 das *Excellent et moult utile opuscule à tous nécessaire qui desirent avoir connoissance de plusieurs exquises receptes* veröffentlichte. Eine erste Ausgabe war möglicherweise bereits 1552 erschienen.

Nostradamus ging zweifellos nicht als Experte für Süßigkeiten in die Geschichte ein, doch erfreute sich das Werk im 16. Jh. in den Buchhandlungen eines größeren Erfolges als seine Prophezeiungen aus demselben Jahr. Der erste Teil beschäftigte sich mit Schminke und Düften, der zweite mit Konfitüren. Der Begriff *confiture* umfasste damals alle Zubereitungen, bei denen eine Speise in einem Saft oder einer Flüssigkeit insbesondere zu Konservierungszwecken

»eingekocht« bzw. »kandiert« und durchtränkt wurde. Das Werk enthielt 30 Rezepte: »um die Schale und das Fruchtfleisch von Zitronen mit Zucker zu kandieren«, für Kirschkonfitüre und -gelée, um Schalen von Orangen in Zucker und Honig zu kandieren, oder um Defrutum, einen eingekochten Traubenmost, Rosensirup (Abführmittel), Ingwerkonfitüre, Quittengelee, kandierte Birnen … herzustellen.

Wozu dienten die Produkte?

Bezeichnenderweise gehen therapeutische Betrachtungen stets mit aromatischen Überlegungen einher. Bereits der Titel eines Rezeptes verweist auf die doppelte Perspektive: »zum Kandieren von Kürbisfleisch, *cocordat* oder *carabassat* genannt, eine kühlende Konfitüre, die erfrischend und von gutem Geschmack ist.«

Das Werk steht im Licht der Humoral-Diätetik, jede Speise soll zur Balance der Körpersäfte beitragen. Jedes Nahrungsmittel wird entsprechend der ihm zugeschriebenen Eigenschaften – warm, kalt, trocken, feucht – begriffen, auch mit Zucker kandierter Kopfsalat:

> »Sie haben dann eine vollendete Konfitüre, die in Zeiten heftig aufwallender Hitze die überheizten Körperpartien kühlt. Bei wiederkehrendem oder andauerndem Fieber fühlt sich der Einnehmende munter. Ist man nachts recht durstig, löscht sie den Durst und lässt den Kranken gut schlafen.«

Selbst eine »Marzipantorte« war nicht nur Leckerei. Dafür wurde Mandelpaste auf Oublies (S. 23) gestrichen, nach der Hälfte der Backzeit mit einer Melange aus Zucker, Eiweiß und Orangensaft bedeckt. »Der Genesung dienend und zu jeder Stunde delikat«, versicherte Nostradamus.

Diese bivalente Auffassung von Zucker hielt sich bis ins 17. Jh. Dann ließen Apotheker vom Zucker und seinen Zubereitungen ab. Die Krämer indessen rissen sich darum. Im Jahr 1675 stellte Savar (*Le Parfait négociant*) fest, dass sich einige Krämer auf Konfitüren, Dragees und »alle Arten von Zuckerteigen« spezialisiert hatten.

Auch Familien mit einem gewissen Wohlstand fertigten das therapeutische Naschwerk an, während sich in großen Adelshäusern der von der Küche getrennte und für das Dessert zuständige *office* um das Süße kümmerte.

Die Quittenpaste

»Wie man *cotignac* macht, eine einzigartige Substanz von gutem Geschmack und so zuträglich wie keine andere […]:

Nimm zwölf Quitten und backe sie im Ofen […]. Wenn sie gut gebraten und durchgegart sind, nimm sie heraus und schäle sie vorsichtig. Dann drücke sie durch ein neues, dichtes Tuch, kräftig gestrafft, damit möglichst viel davon hindurchkommt. Wenn du siehst, dass alles gut durchpassiert ist, nimm das Fleisch und wiege es. Sind es vier Pfund, gib drei Pfund Zucker hinzu. Das alles koche in einer Pfanne über Kohlen. […] Um zu sehen, ob es gar ist, gebe etwas davon auf eine Zinnplatte und schau, ob das Fleisch fest ist und sich leicht abziehen lässt, ohne an dem Geschirr zu kleben.«

Cotignac ist ein relativ festes Quittengelee. Es heißt, Franz I. war verrückt danach, was durchaus möglich, aber durch keine Quelle verbürgt ist. Quittenpaste wird seit der Antike hergestellt und war sowohl im Mittelalter als auch in der Neuzeit ein Klassiker der französischen Confiserie – und der Arzneimittellehre.

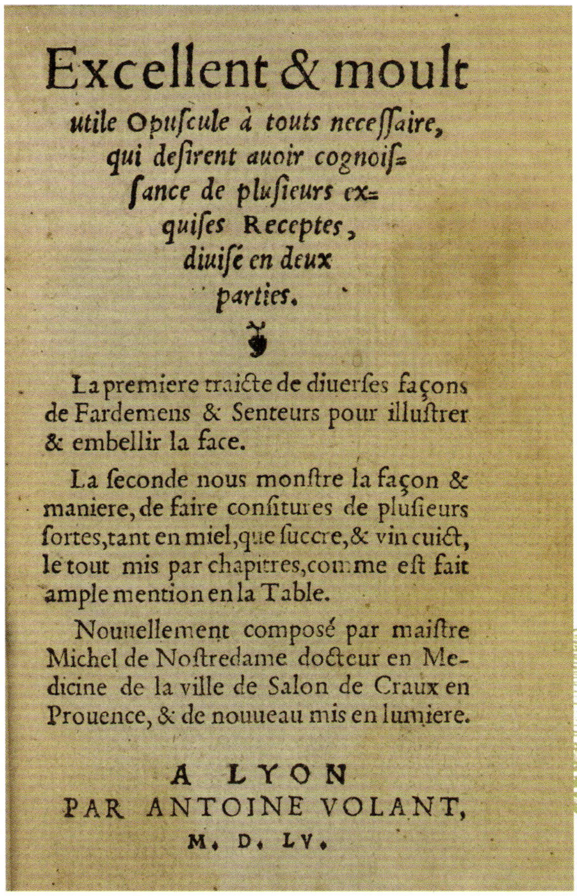

Excellent & moult
utile Opuſcule à touts neceſſaire,
qui deſirent auoir cognoiſ-
ſance de pluſieurs ex-
quiſes Receptes,
diuiſé en deux
parties.

La premiere traicte de diuerſes façons de Fardemens & Senteurs pour illuſtrer & embellir la face.

La ſeconde nous monſtre la façon & maniere, de faire confitures de pluſieurs ſortes, tant en miel, que ſuccre, & vin cuict, le tout mis par chapitres, comme eſt fait ample mention en la Table.

Nouuellement composé par maiſtre Michel de Noſtredame docteur en Medicine de la ville de Salon de Craux en Prouence, & de nouueau mis en lumiere.

A LYON
PAR ANTOINE VOLANT,
M. D. LV.

Titelseite des *Excellent et moult utile opuscule à tous nécessaire qui desirent avoir connoissance de plusieurs exquises receptes* (1555) von Nostradamus

17./18. Jh.:
Neue geschmackliche Vielfalt

Die Erneuerung der französischen Küche

Im Jahr 1651 erschien *Le cuisinier françois* von François Pierre de La Varenne, das erste in Frankreich veröffentlichte Kochbuch seit einem Jahrhundert. Die Publikation bringt eine neue, originelle und ganz andere Küche ans Licht als sie die Köche der Renaissance zelebrierten. La Varenne war nicht der Erfinder dieser Küche, vielmehr spiegelt sein Werk eine Entwicklung wider, die sich über mehr als 100 Jahre erstreckte.

Gewürze & Aromaten

Der erste Eindruck ist, dass die Köche des 17. und 18. Jh. weniger exzessiven Gebrauch von exotischen Gewürzen machten. Nicht, dass sie vollkommen aus den französischen Küchen verschwunden wären, doch wurden sie wohl in geringeren Mengen verwendet.

Vor allem aber wandelte sich die Palette der eingesetzten Substanzen. Der heute handelsübliche runde Pfeffer, der in den kulinarischen Abhandlungen des Mittelalters noch aussortiert wurde, erfreute sich in der Neuzeit großer Beliebtheit – in *Le cuisinier royal et bourgeois* (1691) von François Massialot ist Pfeffer in mehr als der Hälfte der Rezepte vertreten. Gewürznelken tauchen in 20 bis 30 Prozent der Rezepte aus dem 17./18. Jh. auf.

Zwei Gewürze, die übrigens seither eine feste Größe in der französischen Küche sind. Dagegen verschwanden viele der von Taillevent und seinen Kollegen noch hochgeschätzten Gewürze aus den Kochbüchern der Moderne: Kardamom, Galgant, Muskatblüte, Langer Pfeffer und Safran waren nicht mehr gefragt, Zimt und Ingwer zogen sich in das Reich der Patisserie zurück. Heimische Kräuter und Aromaten gewannen dagegen an Bedeutung, darunter Petersilie, Kerbel, Estragon, Thymian, Lorbeer und die Vertreter der Gattung *Allium* wie Knoblauch, Zwiebeln und Schalotten.

Auch vom in früheren Jahrhunderten so geschätzten säuerlichen Geschmack wendete sich die französische Küche ab. Er verschwand nicht völlig, im Gegenteil, Wein, Verjus, oder Essig sowie Knoblauch, Zwiebeln und Zitrusfrüchte wurden weiterhin in Hülle und Fülle verwendet. Doch wo sie in der mittelalterlichen Küche noch kraftvoll zum Ausdruck kamen, wurden sie nun durch Fette gezähmt.

Zuckrig oder gesalzen

Ein weiteres wichtiges Merkmal der neuen Ausrichtung war die Trennung von süß und salzig; auch sie sollte in den kommenden Jahrhunderten für die französische Esskultur wegweisend sein. Gesüßte Fisch- und Fleischgerichte gehörten im 17. und 18. Jh. mehr und mehr der Geschichte an. La Varenne scheute sich zwar nicht, Hase, Rehkitz oder Rinderzunge mit süßen Saucen zu servieren, doch war diese Art der Kombination auf dem Rückzug, während die Verwendung von Zucker in Kombination mit Eiern und Milchprodukten beständig zunahm.

Eine weitere bemerkenswerte Entwicklung, die man zuvor nur erahnen konnte, war die steigende Beliebtheit von Gemüse. Die Historiker Jean-Louis Flandrin und Philip Hyman werteten 16 französische Kochbücher mit 11353 Rezepttiteln aus, die zwischen Anfang des 14. bis Mitte des 18. Jh. erschienen sind. Fazit: In

Die Familie des Herzogs von Penthièvre beim Genuss einer Trinkschokolade im Jahr 1768 (Jean-Baptiste Charpentier, *La Tasse de chocolat*, 1768)

9 Prozent der Rezepttitel älterer Werke ist Gemüse mit 24 verschiedenen Sorten vertreten, gegenüber mehr als 20 Prozent bei 57 Sorten im 18. Jh. Von diesem Aufschwung profitierte Pflanzliches (Artischocken, Kardonen und Spargel) sowie Pilze. Gemüse war in mittelalterlichen Kochbüchern kaum oder gar nicht vertreten.

Alles in Butter!

Ein sich bereits Mitte des 16. Jh. deutlich abzeichnender Trend: Fast die Hälfte der Saucen im *Cuisinier françois* enthielt Butter oder Öl. Eine fettlastigere Küche setzte sich durch. Vorbei war es mit den leichtgewichtigen Zubereitungen des Mittelalters. Butter wurde zu eine der prägenden Zutaten der französischen Küche. Sie diente zum Braten und Bräunen und war »die Seele der Patisserie«, so François Marin 1742 in *La Suite des Dons de Comus*.

Vor allem aber etablierten sich die reichhaltigen, mit Butter gebundenen Saucen als eines der grundlegenden Merkmale der französischen Küche. *Roux*, die Mehlschwitze, die sich als grundlegende Technik zur Bindung von Saucen durchsetzen sollte, wurde erfunden. Zur Erinnerung an das heutige Standardprozedere: Bei dem Verfahren wird Mehl in Fett angeschwitzt und anschließend zum Binden von Saucen verwendet. *Roux* taucht erstmals im Jahr 1651 im *Cuisinier françois* in einem Rezept für Truthahn mit Himbeeren auf.

Dass diese neue Art der Saucenzubereitung auch mit dem Aufkommen des *potager*, eines gemauerten Ofens, zu tun haben könnte, erscheint naheliegend. Dieser bereits im Mittelalter bekannte Vorläufer des modernen Herdes setzte sich dann ab dem 18. Jh. in den Küchen der Aristokratie endgültig durch. Der *potager* wurde hauptsächlich für die Zubereitung von Suppen – daher die Bezeichnung – sowie Ragouts und Saucen verwendet. Doch auch für geschmorte Zubereitungen spielte er eine wichtige Rolle.

Der *potager* hatte die Form einer hüfthohen, gelegentlich mit Keramikfliesen oder Steinplatten versehenen Ebene, in die Öffnungen mit Rosten eingelassen waren, auf die das Gargeschirr gestellt wurde. Darunter befand sich die Feuerstelle, die der Koch mit Glut aus dem Kamin anheizte.

Der moderne Kochtopf, ein an den *potager* angepasstes Gargeschirr, kam ebenfalls bereits im 17. Jh. auf.

Runde Deckelschüssel (Ecuelle) und Tablett, Weichporzellan mit lapisblauem Muster, mehrfarbig glasiertes und vergoldetes Dekor, Manufaktur Vincennes, um 1752

Deckelschüssel und Tablett aus Weichporzellan, bemalt von Pierre-Antoine Méreaud, Sèvres, 1764

Die Speisenfolge

Diese Epoche wird vielfach als der Höhepunkt des *service à la française* bezeichnet. Bei jedem Gang wurden sämtliche Gerichte gleichzeitig aufgetragen und laut Vorgaben des Maître d'hôtel platziert. Zahlreiche Abhandlungen enthielten exakte Pläne, wie die Speisen möglichst perfekt symmetrisch auf dem Tisch anzuordnen waren. Auch hier ist die Entwicklung zum 16. Jh. deutlich erkennbar.

Den ersten Gang bildeten (flüssigere) Suppen. Als zweiter Gang folgten Entrées, wobei Suppe und Vorspeisen oft kombiniert serviert wurden. Zu Entrées gehörten Fleischgerichte, warme Pasteten ... Dann der Braten, der Mittelpunkt des Mahls, Lamm, Geflügel, Wild, zubereitet am Spieß. Selbst an fastenfreien Tagen war Fisch eine Option.

Saucen und Salate gehörten zur Begleitung, wobei »Salate« aus Portulak, Kapern, Sardellen, Bitterorangen und Gewürzgurken bestehen konnten. Entremets (Zwischengerichte) markierten den vierten Gang. Ende des 17. Jh. kamen die Hors-d'œuvres auf, die den Entrées folgten, aber auch als deren Teil serviert werden konnten. Später gesellten sich die *relevés* hinzu, die wohl Suppen ablösten und aus Vorspeisen am Spieß mit Sauce bestanden.

Die Kunst der gedeckten Tafel

Der maßlos elaborierte *service à la française* prägte auch die Tischkultur. Da es darum ging, dem Auge zu schmeicheln, musste das Tafelgeschirr strahlen. In seinem *Nouveau traité de la cuisine* (1739) erklärte Menon, wie der erste Gang eines Abendessens für 25 Personen aussehen könnte: ein Tafelaufsatz mittig mit zwei seitlichen Blumengestecken – zwei große Entrées daneben – zwei *pots à ouille* (Terrinen) an beiden Enden – zwei *pots à ouille* an den Flanken – vier Hors-d'œuvres mit Gebäck an vier Tafelecken – vier Hors-d'œuvres *de boudinailles* (mit Schweinefleisch) an vier Ecken des Gebäcks – Suppen an vier Ecken der *boudinailles* – Hors-d'œuvres an vier Ecken der Suppen – Hors-d'œuvres, um die zweite und dritte Masche des Geflechts zu schließen – zwölf Hors-d'œuvres mit Austern mittig. Die *pots à oille* (für herzhaftes Ragout) und die weiteren Speisen wurden um den Tafelaufsatz aufgebaut, der den

Tafelaufsatz, von Goldschmied François-Thomas Germain, 1764

Teeservice, Weichporzellan, Sèvres, 1765–1770

Mittelpunkt der Symmetrie bildet, ein Goldschmiedeobjekt, das Accessoires beherbergt – Zuckerspender, Pfefferstreuer, Essigfläschchen, Salzstreuer …

Im Jahr 1700 brachte das goldene Tafelgeschirr von Ludwig XIV. 170 Kilogramm auf die Waage, mit Platten hauptsächlich aus vergoldetem und reinem Silber. Die immer raffiniertere Vielfalt an Gabeln, Löffeln und Messern begann sich 1650–1660 zu entwickeln, so gab es für jeden Zweck andere Löffel – *cuillères à café*, *à entremets*, *à ragoût* … Dieser Trend sollte sich noch verstärken. Unter Ludwig XV. entstand das Tafelservice wie wir es heute verstehen. Man beachte, dass Karaffen sowie Gläser auf den Buffets arrangiert blieben; es war Aufgabe der Diener, durstigen Gästen das Glas zu reichen.

Im 18. Jh. etablierte sich Porzellan als große Neuheit auf den europäischen Tafeln. Die Porzellanmanufaktur in Vincennes, die 1740 eröffnet und 1756 nach Sèvres verlegt wurde, spezialisierte sich zunächst auf die Herstellung von Weichporzellan aus Ton und Fritte. Zwei Jahre später, nachdem Johann Friedrich Böttger 1708 in Sachsen das Geheimnis des echten Porzellans (Mischung aus Quarz und Kaolin) gelüftet hatte, wurde die Manufaktur in Meißen gegründet. Sèvres begann 1769 mit der Herstellung von Hartporzellan. Weich- und Hartporzellan wurden auch für imposante Tischdekorationen verwendet.

Im 18. Jh. eroberte das Porzellan die Tafeln Europas. Sèvres begann 1769 mit der Herstellung von Hartparozellan.

Kaffee & Kakao

Im 17. Jh. wurden Kaffee und Schokolade in Frankreich eingeführt, doch erst im darauffolgenden Jh. wurden sie zu einem festen Bestandteil der guten Gesellschaft. Die dramatische Folge war ein Dreieckshandel, da die Produkte, die auf den Plantagen der amerikanischen Kolonien mithilfe der Zwangsarbeit afrikanischer Sklaven angebaut wurden, wachsender europäischer Nachfrage unterlagen.

Kaffee aus dem Nahen Osten entwickelte sich in den damals immer zahlreicher werdenden literarischen Salons und Cafés in Paris zum Modegetränk. Einrichtungen wie das berühmte Procope waren im Zeitalter der Aufklärung intellektuelle Treffpunkte. Schokolade wiederum gelangte Anfang des 17. Jh. über Spanien nach Frankreich. Angesichts ihres hohen Preises blieb sie zunächst den Eliten vorbehalten. In flüssiger Form wurde Schokolade oft durch Zucker, Vanille und Gewürze ergänzt.

Ludwig XIV. trug seinerseits zur Popularität bei, indem er die Schokolade in Versailles »hoffähig« machte. Apotheken empfahlen sie wegen ihrer angeblichen therapeutischen Wirkung auch als Heilmittel. Schokolade und vor allem Kaffee wurde im Laufe des 18. Jh. allmählich für immer mehr Menschen erschwinglich. Diese wachsende Beliebtheit markiert einen Wandel in den Trinkgewohnheiten und kündigt das Aufkommen einer Kultur der stimulierenden Getränke an, die im folgenden Jh. zu einem unverzichtbaren Bestandteil des französischen Alltags wurden.

Bereits 1691 stellte Massialot in seinem Werk *Le Cuisinier royal et bourgeois* ein Rinderragout mit Schokolade vor, ein Beleg, dass sie nicht nur als Getränk, sondern auch als Würzmittel diente. In seinem *Nouveau Traité de la Cuisine* (1739) schlägt Menon Zubereitungen wie Schokoladencreme und Schokoladen-Velouté vor. In *La Nouvelle Cuisine* (1742) finden sich Schokoladen-Tartelettes und in *Les Soupers de la Cour* (1755) stellt er Rezepte für Zwischengerichte wie Tourte de chocolat und Tartelettes de chocolat sowie Desserts wie Äpfel mit Schokolade vor. *Le Manuel des Officiers de bouche* (Menon, 1759) bietet verschiedene Rezepte mit Schokolade, darunter Eis, Tartelettes, Beignets und für zahllose Cremespeisen.

Wer war Vatel?

Ein Mann, der allein durch seinen Tod Berühmtheit erlangte. François Vatel wurde Mitte der 1620er-Jahre in Allaines (Picardie) als Sohn einer wohlhabenden Bauernfamilie geboren. In seinen Zwanzigern übernahm er die hoch angesehene Stellung des Haushofmeisters bei Nicolas Fouquet, dem Finanzminister. Er war u. a. für die Organisation der Bankette und Empfänge des Ministers zuständig. So führte er bei dem berühmten Festmahl auf Schloss Vaux-le-Vicomte im August 1661 Regie, von dem fälschlicherweise behauptet wird, es habe Fouquets Sturz besiegelt.

Am Schloss Chantilly

Nach einem Aufenthalt im Ausland tauchte Vatel 1667 als Hofmeister beim Prinzen von Condé wieder auf. Wie für sein früheres Amt hatte er 1671 die Feierlichkeiten anlässlich des Besuches Ludwigs XIV. auf Schloss Chantilly zu beaufsichtigen. Ein Ereignis, von dem wir fast ausschließlich wegen eines Briefes der Madame de Sévigné wissen. Anders gesagt: Ihr verdankt Vatel seinen Ruhm.
Die Vorbereitungen sind gewaltig, für fast 2000 Personen. Tage zuvor schreibt die Marquise de Sévigné: »Vier Mahlzeiten sind gefordert; an 25 Tafeln werden fünf Gänge serviert, unzählige weitere gar nicht mitgerechnet.« Doch als am 23. April der Hofstaat eintrifft, ist alles bereit.

Die Sonne scheint, im Garten sind Zelte errichtet. Beim Abendessen dann die ersten Misstöne, es fehlen mehrere Braten. »Monsieur, ich werde diesen Affront nicht überleben; ich habe Ehre und Ruf zu verlieren.« Sévigné schildert einen erschöpften, überarbeiteten Mann – »Mir schwirrt der Kopf, seit zwölf Nächten habe ich nicht geschlafen«, soll er sich beklagt haben. Zweiter Dolchstoß, bislang noch symbolischer Art: Das Feuerwerk wird später durch einen stark bewölkten Himmel getrübt.

François Vatels Freitod

Der nächste Tag ist ein fleischloser Freitag. Vatel möchte Seefisch anbieten und ist für den Fang von der Tide abhängig. Eiligst entsendet er zu den Häfen zwischen Seine und Somme. Man kann sich lebhaft vorstellen, wie er auf Lachs, Meerforelle, Seezunge, Steinbutt, Barbe, Kliesche und Rochen wartet. Um vier Uhr morgens trifft eine Ladung Fisch ein, doch viel zu wenig. Der verzweifelte Maître d'hôtel ist sich sicher, dass keine weitere Lieferung folgen wird.

> »Vatel geht hinauf in sein Zimmer, legt seinen Degen an die Tür und stößt ihn durchs Herz, doch erst beim dritten Versuch fällt er tot um. Unterdessen kommt

Haushofmeister François Vatel soll sich eigenhändig erdolcht haben, weil der Fisch ausblieb.

der Fisch, von allen Seiten. Wir suchen Vatel, damit er ihn in Empfang nimmt. Wir gehen hinauf zu seinem Zimmer, klopfen an, treten die Tür ein und finden ihn ertrunken in seinem eigenen Blut.«

Ein Drama, das die Gemüter bewegt? Keineswegs, glaubt man der Schilderung der Madame de Sévigné, denn die Festlichkeiten gehen weiter, als wäre nichts geschehen.

Vatel: Mythos oder Wirklichkeit?

Aufräumen mit gängigen Irrtümern: Vatel war kein Koch, sondern ein Maître d'hôtel, eine Art Oberkellner, er hinterließ keine Rezepte, kein kulinarisches Werk, auch die Gastrosophen jener Zeit verloren kein Wort über ihn. Allein die Briefe der Marquise de Sévigné hielten die Erinnerungen an den wortkargen Perfektionisten wach.

Das 19. Jh. sorgte dafür, dass Vatel in die Annalen der französischen Gourmetgeschichte aufgenommen wurde – häufig als Koch. Im Jahre 1801 brachte Joseph Berchoux in seinem Epos *La Gastronomie* die Texte der Marquise de Sévigné in Versform. Antonin Carême würdigte Vatel mit einem Aphorismus: »Der französische Koch wird in seiner Arbeit von einer untrennbar mit der Kochkunst verbundenen Frage der Ehre getrieben: Dem Zeugnis des Todes des großen Vatel.« (*L'art de la cuisine française au XIXe siècle*, 1833). Dazu stellte er drei seiner Rezepte unter die Schirmherrschaft des Helden: *palais de boeuf à la Vatel, turbot en maigre à la Vatel* und *cabillaud en maigre à la Vatel* (Rindgaumen, Fasten-Steinbutt & Kabeljau à la Vatel). Carême liebte es, große Persönlichkeiten zu bemühen, um seine ornamentale Küche mit Symbolik zu versehen.Hier war er es, der Vatel adelte. Denn à la Vatel blieb ein Zeichen der Ehrerbietung gegenüber einer zur Leitfigur gewordenen Persönlichkeit. Der *Große Larousse Gastronomique* (2008) definiert die Vatel-Suppe als »eine Consommé mit Seezungen-Fumet, garniert mit Eierstich, Krebs-Coulis und Seezungenfilet«. 1886 erschien *La cuisine de nos pères* mit Vatel-Rezepten, zwei Jahre später eine Fortsetzung mit Fisch. Überflüssig zu sagen, dass man eine Definition der Grundsätze vergeblich sucht. Restaurants haben sich seinen Namen ebenso zu eigen gemacht wie eine global operierende Pariser Gruppe von Hotelfachschulen. »Vatel« steht heute noch für hohe Ansprüche und Exzellenz.

Stillleben mit Fischen und Meeresfrüchten, 17. Jh.

Erfinder der Crème Chantilly?

Mitnichten. Die Legende hat wohl Konditor Pierre Lacam Ende des 19. Jh. in die Welt gesetzt; sie entbehrt jeder Grundlage. Spätestens seit dem 16. Jh. findet man in kulinarischen Abhandlungen Zubereitungen mit gesüßtem Schlagrahm, etwa die *lattemelle* in den *Banchetti* von Cristoforo di Messibugo, einem 1549 in Ferrara gedruckten Werk, oder den *neige* in *L'Ouverture de cuisine* von Lancelot de Casteaus, das 1604 in Lüttich erschien. Menon soll der Erste gewesen sein, der die Bezeichnung »Chantilly« 1750 in *La science du maître d'hôtel* verwendete. Sein *fromage à la chantilly* war eine Eisspeise aus gesüßter und mit Zitrone aromatisierter Schlagsahne. Die Bezeichnung – man findet auch *à la Gentilly* – wurde auf diese Art geeister Speisen angewandt, bevor sich vermutlich ab Ende des 18. Jh. die »Crème à la Chantilly« als das durchsetzte, was sie bis heute ist – gesüßte Schlagsahne.

Der Name Vatel steht heute noch für hohe Ansprüche und Exzellenz.

Paris empfängt Ludwig XIV.

Im November 1686 unterzog sich Ludwig der XIV. wegen einer Analfistel einer Operation. Zwei Monate später war er wieder völlig hergestellt und beschloss, zur Feier seiner Genesung nach Paris zu reisen. Am 30. Januar 1687 besuchte er erstmals seit dem Einzug seines Hofes in Versailles die Hauptstadt.

Ein »dîner« in der Stadt

Der Tag beginnt mit einer Dankesmesse in Notre-Dame, wo die königliche Kutsche gegen Mittag eintrifft. Nach der Zeremonie begibt sich der König zum Pariser Rathaus, wo er zu Mittag speist, damals noch *dîner* genannt. Dieses wird systematisch geplant. Ludwig XIV. unterrichtet seinen ersten Maître d'hôtel über seine Wünsche; dieser berät und unterstützt die Stadträte. Die Vorbereitungen werden mit Windeseile vorangetrieben, der Herrscher ließ den Stadtbehörden nur wenige Tage Vorlauf. Das Rathaus muss sich dem gewachsen zeigen.

Man dekoriert, stellt Kronleuchter auf, stützt stellenweise sogar den Boden ab, aus Angst vor einer Katastrophe durch zu große Menschenmassen. Im mit Wandteppichen geschmückten Grand-Salle werden Anrichten platziert, auf denen das kostbare Tafelgeschirr, insbesondere das der Stadt aus vergoldetem Silber zur Schau gestellt wird. Nahe der Tür entsteht ein kleines »Amphitheater« für die 24 Violinen und Oboen des Königs, die während der gesamten Feierlichkeiten spielen sollen.

Das Festmahl für Ludwig XIV. im Großen Thronsaal des Hôtel de Ville (Zeichnung von Pierre Lepautre, 1687)

Die hufeisenförmig angeordnete Tafel des Monarchen ist etwa elf Meter lang. Ludwig XIV. sitzt unter einem Baldachin, umgeben von 54 Tischgenossen, die königliche Familie ist fast komplett. Zu seiner Rechten in dieser Reihenfolge: der Dauphin (Thronfolger), Monsieur (des Königs Bruder), der Herzog von Chartres (sein Neffe), Mademoiselle d'Orléans (seine Tante) … Zu seiner Linken: Madame la Dauphine (Gattin des Thronfolgers), Madame, Mademoiselle (Nichte des Herrschers) … In zwei weiteren Räumen werden vier Tische mit je 25 Gedecken für verschiedene Persönlichkeiten und das Gefolge des Monarchen hergerichtet.

Ein Ballett der Speisen

Den Service übernehmen die städtischen Beamten, der König selbst wird von ihrem Obersten, dem Vogt von Paris (Henri de Fourcy) bedient. Es ist ein wahres Ballett der Speisen. Der Service erfolgt von innerhalb der Tafel in drei Reihen. Die Speisen werden von den Bogenschützen der Stadt hereingetragen und dem Maître d'hôtel übergeben, der sie vor den König platziert. Damit keine Fehler passieren, war eine Generalprobe erforderlich. Jeweils drei Gänge folgen aufeinander – Suppen–Entrées–Hors-d'œuvres; Braten–Entremets–Salate; Obst. Der erste Gang an der königlichen Tafel umfasst 21 große Suppen, 22 große Entrées und 64 kleine Suppen, ergänzt durch ebenso viele Hors-d'œuvres; der zweite bietet 22 große und 22 kleine Braten, 21 große

Weinbrunnen & Brot

Bei den von der Pariser Stadtverwaltung zu Ehren der Könige veranstalteten Banketten wurden immer auch Speisen verteilt. Dieses Mahl machte da keine Ausnahme:

»Man beschloss, dass es zwei Orte oder Anlaufstellen geben sollte – eine im Rathaus, eine außerhalb – die mit Flaschen des besten Weines, Brot, Pasteten jeder Art, Schinken, kaltem Fleisch und Rinderzungen angefüllt waren, und dass jeweils drei Personen vom Morgen bis zum Abend an alle, die darum baten, Brot, Wein und Fleisch verteilten. Auf der Place de Grève wurden vier Stellen abgesteckt, die für die Brunnen ausgestattet wurden, aus denen von morgens bis abends Wein fließen sollte und aus denen den Menschen ununterbrochen Brot zugeworfen wurde.«
Mercure Galant, Februar 1687

Zwischengerichte, 36 Salate und 12 Saucen; das »Obst« in drei Reihen angeordnet.

Die mittlere Reihe besteht aus 29 großen Fruchtquadraten, eine weitere aus 56 Porzellanschalen mit »trockener und flüssiger« Konfitüre (»trockene« ist Kandiertes), die in den Lücken durch Teller mit *cornets* (dünne gerollte Waffeln) und Kompott ergänzt werden. Die dritte Reihe besteht aus 33 Untertassen mit Likören. Es ist nicht bekannt, welche Art von Speisen im Einzelnen serviert wurden, doch sind auf Darstellungen des Festmahls Spanferkel und Geflügel zu erkennen.

Gemälde von Alexandre François Desportes (*Stillleben mit Silber*, 1720) mit prunkvoller Zurschaustellung der Buffets in fürstlichen und königlichen Speisesälen, die aus symmetrisch angeordneten Objekten bestanden

Das Dessert

Als sich der König von der Tafel erhebt, nimmt er aus den Händen des Vogts seine Serviette entgegen und begibt sich in das für ihn vorbereitete Gemach. Die Zeitschrift *Mercure Galant* berichtet, dass man in jenem Moment das Dessert »all jenen überließ, die davon nehmen wollten«, ein offensichtlich üblicher Brauch.

Zum Abschluss dieses Augenblicks grüßt der König am Fenster die Menge, dankt und lobt die Schöffen, schreitet die Treppe hinunter und verlässt in der Kutsche die von Menschen bevölkerte Place de Grève. Sein Weg führt zur Place des Victoires, wo er ein Bronzestandbild betrachtet, das ihn selbst, den von einer Viktoria gekrönten König darstellt. Anschließend begibt er sich zur Place Louis-le-Grand, der heutigen Place Vendôme.

Das Bankett war eine der Zurschaustellungen, bei denen die Stadt dem Monarchen die Treue schwor. Damit erneuerten sie die jahrhundertealte Tradition, die königliche Macht durch die städtischen Eliten zu empfangen, die Garanten für die Stellung der Stadt innerhalb des Königreichs waren. Für den König selbst war die öffentliche Demonstration seines Appetits auch Gelegenheit, seine vollständige Genesung unter Beweis zu stellen.

Auf Darstellungen des Festmahls sind Spanferkel und Geflügel zu erkennen.

Choisy und erste moderne Menüs

Die Speisekarten von Choisy (die zwischen 1744 und 1763 entstanden und die Mahlzeiten Ludwigs XV. in dem Schloss dokumentieren) lassen sich sowohl als absolute Innovation wie auch als Ergebnis einer langen Geschichte betrachten. In jedem Fall handelt es sich um eine außergewöhnliche Reihe von Dokumenten, die ersten, bis heute erhaltenen modernen Speisekarten, die für den Tisch bestimmt waren und nicht als Arbeitsunterlage dienten.

Ein Bankett fällt nicht vom Himmel

Man neigt zu der Annahme, dass im Mittelalter der Maître d'hôtel nach Absprache – mit seinem Herrn, dessen Arzt, dem Küchenpersonal? – schriftlich eine Liste von Speisen erstellte, die den Köchen als eine Art Fahrplan diente. Es war also ein Dokument, das nicht für Gäste bestimmt war, sondern für die planende und ausführende Mannschaft. In manchen Fällen sind uns solche Listen als Teil anderer Dokumente überliefert. Eine Vorgehensweise, die übrigens auch für die alltäglichen Mahlzeiten gegolten haben muss, über die wenig bekannt ist und die natürlich nicht nur in Frankreich üblich war. Ein Menü zu kreieren wurde 1735 von Vincent La Chapelle (*Le Cuisinier moderne*) als eine der zu beherrschenden Fähigkeiten eines Maître d'hôtel genannt – erstmals fiel damit in einer kulinarischen Abhandlung der Begriff »Menü«:

> »Ein Maître d'hôtel muss wissen, wie man ein Menü zusammenstellt und den Service all der Tische organisiert, die der Herr zu haben wünscht; auch muss er die Feinheiten jeder Art von Entrée, Suppe, Braten und Zwischengericht kennen, sonst wird er nicht in der Lage sein, ein Menü in der geforderten Vollendung zu erstellen. Und zu diesem Zweck muss er ein guter Küchen- oder Office-Angestellter gewesen sein, ohne das er nie ein Menü zu erstellen in der Lage sein wird, es sei denn, er greift auf die Bediensteten aus Küche und Office zurück.«

Likörkübel

Von der Liste zur Menükarte

Wann tauchten diese Listen erstmals auf den Esstischen auf, sodass die Gäste bereits zu Beginn des Mahls wussten, was sie erwartete? Bei einem 1476 von der wohlhabenden Florentiner Familie Salutati ausgerichteten Essen notierte ein Teilnehmer Folgendes: »Auf dem Tisch lag jeweils zwischen zwei Gästen eine Liste, auf der alle Weine vermerkt waren, und jeder bat darum, den Wein zu trinken, der ihm am besten schmeckte.« Gab es derlei Listen auch für Speisen? Jedoch erwähnte niemand die Existenz dieses unbedeutenden Objekts.

Im November 1663 zumindest notierte der berühmte Tagebuchautor Samuel Pepys anlässlich des großen Mahls, das der Lord Mayor alljährlich in der Guildhall (Londoner Rathaus) gab, ohne im Geringsten überrascht zu sein, dass sich unter den Salzfässern eines jeden Tisches »eine

Terrinen-Paar mit doppeltem Boden vom Goldschmied
Thomas Germain, 1728–1729

Speisekarte [*bill of fare*] befand; am Ende der Tafel warteten die Diener, die die Speisen auftragen würden.«

Choisy und die Geburt der Speisekarte

Ludwig XV. erwarb das Schloss Choisy südöstlich von Paris, das nur wenige Wegstunden von Versailles entfernt lag, im Jahr 1739. Kurz nach dem Kauf weilte er dort erstmals. Er schätzte dieses »Landhaus« überaus, das er ständig verschönerte und erweiterte, und verbrachte dort gewöhnlich ein- bis dreimal im Monat drei Tage. Hier konnte er der lästigen Versailler Etikette entfliehen, in den nahegelegenen Wäldern von Verrières und Sénart jagen und sich der Gestaltung der Gärten widmen.

Suppenterrine mit Deckel von Thomas Germain, 1744–1750

Die berühmten Menüs von Choisy sind zum größten Teil in einer Reihe von Textsammlungen mit dem Titel *Voyages du Roy au château de Choisy, avec les logements de la cour et les menus de la table de Sa Majesté* enthalten, die heute in verschiedenen Einrichtungen aufbewahrt werden. Eine unvollständige Sammlung (1744–1759). Für jede »Reise« wurden eine Liste der Gäste, maximal etwa 30, und die verschiedenen Speisekarten der Mahlzeiten zusammengestellt, die während des Aufenthaltes eingenommen wurden. Meistens handelte es sich um die Abendessen, die im Speisesaal des Schlosses stattfanden.

Ludwig XV. erwarb Schloss Choisy südöstlich von Paris, das nur wenige Wegstunden von Versailles entfernt lag, im Jahr 1739.

Die Menüs wurden von François-Pierre Brain de Sainte-Marie (1692–1777) verfasst, einem Angestellten der königlichen Möbelkammer. 333 dieser Übersichten waren von rechteckigem Format von 26 × 19 cm Größe und teilweise von Hand mit geometrischen oder floralen Motiven und Ornamenten verziert. Ab dem Jahr 1757 kennen wir auch runde Speisekarten, insgesamt 82. Die Kreise waren in Viertel unterteilt, die jeweils einem Gang entsprachen. Drehte man die Karte unter einem abdeckenden Papier weiter, kam nacheinander der Inhalt eines jeden Gangs zum Vorschein. »Obst« – das Dessert – sowie Getränke waren nicht aufgeführt.

Die Tafel des Königs

Ob jedem Gast eine dieser Speisekarten zur Verfügung stand oder sich der König das Vergnügen machte, sie den Gästen vorzulesen, ist nicht bekannt. Die Struktur des Menüs war in seiner Gestaltung nicht freier als es damals im Adel üblich war. Kunsthistorikerin Sandrine Krikorian stellte in einer umfassenden Korpusstudie Berechnungen an, die uns ein recht genaues Bild über die Essgewohnheiten am Hofe und den persönlichen Geschmack des Herrschers vermitteln.

So stellte sie bei 10 Prozent der servierten Speisen einen beachtlichen Anteil an Säugetieren (Schaf, Lamm, Rind, Schwein) fest, vor allem bei den Hors-d'œuvres und den Entrées. Schweinefleisch spielte jedoch nur eine untergeordnete Rolle, wenngleich am 2. August 1759 »Schweinsfüße à la Choisy« aufgetragen wurden. Geflügel schlug mit 16,5 Prozent der Gerichte zu Buche, häufig als Braten, Wildbret mit 11 Prozent, wobei Rebhühner an der Spitze lagen, vor Hasen und Kaninchen, gefolgt von Tauben, Fasanen und Wachteln.

Fisch nahm nur einen geringen Anteil ein, da die »Früchte« des Wassers zwangsläufig die fleischlosen Menüs an Fastentagen und die Mahlzeiten am Freitag und Samstag dominierten. Seezunge war der am häufigsten servierte Fisch (gebraten, gefüllt, mit feinen Kräutern), weit dahinter lag ein Trio aus Karpfen, oft in Court-Bouillon »blau« gekocht, Hecht und Lachs. Es folgten Hering, Makrele, Alse und Aal. Auch Austern waren beliebt. Eierspeisen waren ebenfalls eine gängige Wahl, als Hors-d'œuvre und Entrée, oft in Form von Omeletts und in einer Vielzahl weiterer Variationen – ausgesprochen beliebt waren Eier mit Sauerampfer. Beim Gemüse führte (Blumen-)Kohl die Rangliste an, gefolgt von Artischocken, Spargel, Gurken, Rüben, Kopfsalat, Erbsen … Pilze waren in zahlreichen Gerichten vertreten, wobei Trüffel weit vor den *mousserons* (Knoblauchschwindlingen) und Morcheln lag.

Schließlich fanden sich in den Aufzeichnungen auch *appellations d'origine* (»Herkunftsbezeichnungen«), die den guten Ruf von Produkten belegen – Rouener Enten oder Kalbfleisch aus Pontoise – sowie eine Vielzahl kulinarischer und geografischer Bezeichnungen, die im 18. Jh. nicht völlig neu waren, jedoch immer häufiger auftauchten: *perches à la hollandaise* (Barsch holländische Art), *perdreaux à la mancelle* (Rebhühner nach Art von Le Mans), *petits pâtés à l'espagnol* (Spanische Pastetchen), *filets de poularde à la Bourgogne* (Burgunder-Poulardenfilets).

Die Aufzählung dieser Speisen vermittelt eine Vorstellung von Opulenz und Raffinement der königlichen Tafel. Die Speisekarten sind Objekte von außerordentlichem Interesse für die Geschichte der Praxis, die sie dokumentieren. Zugleich sind sie für uns einzigartige Quellen, um den kulinarischen Alltag eines Monarchen zu rekonstruieren, der für seinen feinen Gaumen bekannt war.

Der fliegende Tisch

Da der König seine Residenz zu groß fand und vermutlich mehr Privatsphäre suchte, ließ er 1754–1756 das »Château neuf« (oder »Petit Château«) errichten, einen Pavillon anstelle der alten Orangerie. Ein kleines Esszimmer wurde eingerichtet, in dem Ludwig XV. von nun an in kleinerem Kreise an dem berühmten, von Bühnentechniker Jean-Étienne Guérin entworfenen »fliegenden Tisch« speiste:

»Herr Guérin aus Montpellier […] hat für den König in Choisy einen Tisch angefertigt, dessen Mechanik raffiniert erdacht ist. Der Tisch ist von runder Form, seine Mitte besteht aus einem beweglichen Tablett, das die Speisen und 56 Kerzen trägt; es kann in einem Augenblick unter den Saal hinabgelassen und neu bestückt mit weiteren Speisen und ebenso vielen Kerzen wieder heraufgezogen werden. Rund um den Tisch stehen in gleichem Abstand vier dieser kleinen Anrichten, die man *servantes* nennt, auf denen außer Tellern, Wein, Wasser usw. auch Tinte, Federn und Karten bereitstehen, um schriftlich um die gewünschten Weine und Liköre ersuchen zu können. Auch diese Buffets sind wie das Tablett beweglich und werden auf Erklingen verschiedener Glocken, die an Schnüren von den Gästen betätigt werden, erneuert.«
Ankündigungen, Aushänge und verschiedene Bekanntmachungen, 45, 10. November 1756

Bei den *servantes* handelte es sich um kleine Beistelltische, und 56 Kerzen jeweils scheint übertrieben … Die gesamte Anordnung hatte neben ihrer spektakulären Erscheinung den Vorteil, dass die Dienerschaft aus dem Weg war, was Ludwig XV. sehr zu schätzen wusste.

Speisekarte des Abendessens vom Donnerstag, dem 29. April 1751 im Château de Choisy (Auszug aus den *Voyages du Roy au château de Choisy, avec les logements de la cour et les menus de la table de Sa Majesté*)

A Souper Jeudi 29. Avril 1751.

Dormant

2 Grandes Entrées

Un Quartier de Veau.

Un Rost de Bif de Mouton de Versailles

2 Oilles

Une Oille aux Croutons a l'Espagnolle.

Une Oille a la Crécy.

Entrées

De petits Patés a la Balaquine.

Une Matelotte de Cervelles.

De petits Pigeons a l'Estragon.

De petits Oizons aux Mousserons.

Un Carré d'Agneau glacé a la Ravigote

Un Mincé de Mouton aux Laitües

De petits Poulets a la S.t Cloud.

Un Dindonneau en Tachette.

De Filets de Poullardes au gratin.

De Crepinettes au Gibier

De Filets de Lapereaux a l'Allemande

D'Eventails d'Oreillons de Veau au Bazilique

2 Relevés

De Cannetons de Roüen au Restorent.

De Poulles de Caux a l'Angloise.

2: Grands Entremets

Une Croquante de Feüilletage

Un Paté de Jambon.

2: Moyens

Un Biscuit de Savoye

Un Dindon a la Gellée.

Rost

De Pigeons bardés de Choisy

De Lapereaux. De Guignards

De Poulets a la Reine

De Levrauts

Un Marcassin. De Dindons.

De Campines nouvelles.

De Pigeons

12 Petits Entremets

De petits pains aux Mousserons

De Crocs-en Bouche

De petits Gateaux glacés.

De Morilles

Une Creme de Chocolat

D'Asperges.

D'Asperges.

Une Créme a la Strasbourg.

Un Ragout meslé a la hollandoise

De Crétes Sauce a l'Aspic.

Dœufs au Jus de Mouton.

De Pattes au Soleil.

Austern in der Küche

Lange Zeit wurden Austern in natürlichen unterseeischen Bänken geerntet. Zunächst versorgten sie von der Bucht von Mont-Saint-Michel aus nur den Pariser Markt. Erst ab dem 17. Jh., als u. a. an den Küsten der Charente und Normandie Austernparks entstanden, wurden die Schalentiere neben Foie gras und Trüffel zum Inbegriff für die Haute Cuisine Frankreichs.

Die Austernesserin, Gemälde von Jan Stehen aus dem 17. Jh.
Die erotische Dimension des Austerngenusses ist unübersehbar.

Austern zubereiten

In den kulinarischen Abhandlungen des Mittelalters werden zwei Zubereitungen beschrieben: frittierte Austern und Austern-Civet. Die *chassemarée*, Spediteure, die für den schnellen Transport von Meeresfrüchten auf der Straße sorgten, schafften Austern nach Paris. Für ein *civet* (Art Ragout) wurden die Austern blanchiert, anschließend mit Zwiebeln in Öl angeschwitzt und schließlich in einer mit Brot gebundenen Brühe unter Zugabe von Wein, Verjus und zahlreichen Gewürzen fertiggestellt.

Im 16. Jh. war dieses *civet* im *Livre fort excellent de cuysine (LF, 1542)* noch immer vertreten, doch tauchten auch Austern *à l'etuvée* (»gedünstet/gedämpft«) als eine Art Ragout auf, sowie Austern *en écailles* – mit etwas Butter und Pfeffer garniert und in Schale in der offenen Glut gegart.

Die Zubereitungsarten für Austern wurden zahlreicher – Pasteten, Beignets, Frikassees, Omeletts ... *Le Cuisinier moderne* von La Chapelle aus dem Jahr 1735 verzeichnet etwa 50 Rezepte. Oft als Garnitur verwendet, wurden Austern auch mit Fleisch kombiniert: Kapaun mit Austern, Beinscheibe vom Kalb mit Austern, Ente mit Austern ...

Die Stunde der rohen Auster

Im 18. Jh. waren Austern in Paris in dreierlei Formen erhältlich: *en écailles* (in Schale), *huîtrées* und mariniert. Die *huîtrées* waren aus der Schale gelöste Austern, die zum schnellen Transport in Strohkörbe verpackt wurden und zum Garen bestimmt waren. Austern konnten auch mariniert und in Gläsern eingemacht sein – ein Luxusprodukt aus dem Feinkosthandel.

Im Jahr 1746 berichtete Menon, dass Austern »gewöhnlich roh mit Pfeffer gegessen werden« (*La Cuisinière bourgeoise*). Die *Encyclopédie* von Diderot und Alembert beschreibt die neue kulinarische Leidenschaft:

»Nicht selten findet man Menschen, die 100 und sogar 150 Austern verschlingen, kaum dass sie sie gekaut haben. Und das ist erst der Auftakt eines opulenten Mahls, das ihnen bestens bekommt.«

Diese Form des Verzehrs war nunmehr so dominierend, dass Grimod de La Reynière 1804 anmerkte:

»Die gewöhnlichste Art, Austern zu essen, ist im Rohzustand vor der Suppe. Viele Menschen ahnen nicht einmal, dass man sie auch in anderer Form genießen kann.«

Alle renommierten Pariser Restaurants gaben sich die Ehre. Auf keiner Speisekarte der 21 führenden Etablissements, die der *Guide des dîneurs* (1814) unter die Lupe nahm, fehlte die Auster. Als Hors-d'œuvres – seltsamerweise auch mal unter den Suppen –, wurde sie teils gegart angeboten – *en matelote* (eine Art Ragout), frittiert, *à la poulette* (in heller Sauce mit Zitrone und Petersilie) oder bei Huhn mit Austern.

Austernleidenschaft im 19. Jh.

In Paris stieg der Konsum von Austern angeblich von 20 Millionen Stück im Jahr 1800 auf 65 Millionen im Jahr 1850. Die Nachfrage wurde auch durch die verbesserten Transportbedingungen angekurbelt, bereits vor der Erfindung der Eisenbahn. Die Nachfrage explodierte, das Angebot konnte kaum Schritt halten, sodass Austern aus Ostende importiert wurden. Mit dem Beginn der modernen Austernzucht ab den 1860er-Jahren änderte sich alles. 1874 wurden 100 Millionen Austern geerntet, 1895 waren es schon 1 Milliarde. Zeitgleich setzte sich die Portugiesische Auster an den Küsten Frankreichs durch, die Bretagne ausgenommen. Sie war einfacher zu züchten, widerstandsfähiger gegen Krankheiten und billiger. Damit wurde die Auster erschwinglich. Auch die Küstenlandschaft erlebte durch die Auster einen Wandel. Im Jahr 1900 waren Arcachon und die Charente die mit Abstand größten Austernzuchtregionen des Landes.

Die Krankheiten des 20. Jh.

Bereits in den frühen 1920er-Jahren wurde die heimische, flachschalige Europäische Auster (*plate*) infolge einer Krankheit von der tiefschaligen Portugiesischen Auster (*creuse*) verdrängt. Auch sie wurde in den 1970er-Jahren binnen weniger Monate fast vollständig seuchendezimiert und durch die eingeführte Pazifische Felsenauster (*creuse japonaise*) ersetzt. Mit derzeit knapp 100 000 Tonnen Austern pro Jahr – davon 2 Prozent *plates* aus der Bretagne – ist Frankreich der größte Produzent Europas und gleichzeitig der weltweit größte Konsument frischer Austern. In der zweiten Hälfte des 20. Jh. wurdem diese Meeresfrüchte in Frankreich zu einer der beliebtesten Festtagsspeisen. Dabei werden mehr als 60 Prozent des jährlichen Absatzes im Dezember verkauft.

In Pieter Claesz' *Stillleben mit Truthahnpastete*, (1627) nimmt die Auster einen prominenten Platz ein.

In den Séparées ...

Champagner, der enthemmt, Austern entfachen (wie die Trüffel) die Glut – das waren zweifellos die Delikatessen schlechthin, die in den privaten Salons der Restaurants des 19. Jh. serviert wurden. Die aphrodisierende Wirkung von Austern wurde schon lange gepriesen – oder beklagt. In Maupassants *Bel-Ami* (1885) klingen die erotischen Schwingungen des gemeinsamen Mahls – in einem privaten Séparée, versteht sich – von George Duroy, seinem Patron und Freund Forestier, dessen Frau Madeleine und ihrer Freundin Clotilde de Marelle an:

»Es wurden Ostender Austern serviert. Sie waren klein und fett, sie sahen in ihren Schalen wie Ohren aus und schmolzen zwischen Zunge und Gaumen wie salzige Bonbons. Nach der Suppe gab es Lachsforelle, rosig wie das Fleisch eines jungen Mädchens [...]« (Übersetzung von Fürst N. Obolensky).

Königlicher Hase

Dies ist ein weiteres Rezept, um dessen Ursprung sich eine bis zum Überdruss wiederholte Legende rankt. Es entspannen sich kontroverse Debatten, doch im Grunde geht es hier nicht um ein Rezept, sondern um zwei. Wir sollten uns beide im Vergleich ansehen …

Ludwig XIV. oder das Périgord?

Der berühmten Restaurantkritiker Christian Millau erläuterte, dass ein Koch am Hofe Ludwigs XIV. beschlossen hatte, ganze entbeinte Hasen über Nacht zu kochen (*Journal impoli*, 2011). Es entstand dadurch ein sehr zartes Ragout. Es stimmt, dass der Sonnenkönig vor seinem 50. Lebensjahr bereits fast sämtliche Zähne verloren hatte, doch das Ludwig XIV. zugedachte Rezept bezieht sich auf eine bekannte Zubereitungsart von Hase à la royale. Und es gibt noch eine zweite: ein mit Foie gras gefüllter und zu einer Art Roulade gerollter Hasenbraten.

Hier geht es um eine große kulinarische Kontroverse. Da ist auf der einen Seite die Rouladenversion – *à la périgourdine* (nach Art des Périgord) – mariniert, entbeint, mit einer Farce aus Foie gras und Trüffeln gefüllt, in Scheiben serviert. Zu diesem Lager gehört Christian Millau (*Dictionnaire amoureux de la gastronomie*, 2010), der den Hasen à la royale als den »Gipfel des kulinarischen Feuerwerks aus dem Périgord« bezeichnete. Diese Version wird mit Foie gras, Trüffel, trockenem Weißwein – am besten Graves – und zwei Gläsern altem Armagnac zubereitet. Der große Alain Senderens setzte diesen Hasen Ende der 1980er-Jahre in seinem Lucas Carton auf die Karte (»Antonin Carêmes Rezept für den Prinzen von Talleyrand«).

Auf der anderen Seite gibt es die Fans der stark und sehr zart eingekochten Version von Senator Aristide Couteaux. Spitzenkoch Joël Robuchon, der genau wie der Politiker ebenfalls aus dem Poitou (Region im Westen Frankreichs) stammte, war ihr eifrigster Verfechter, sei es in seinen Restaurants oder in dem von ihm betreuten *Großen*

Die silberne Suppenterrine, Jean Siméon Chardin, um 1728

Larousse Gastronomique (2008), in dem nur der *lièvre à la royale du sénateur Couteaux à la façon poitevine* ausführlich beschrieben wird.

Hase à la royale zubereiten

Wenngleich es Zubereitungen mit einer Sauce royale bereits seit mindestens dem 16. Jh. gibt und La Varenne im *Cuisinier françois* (1651) die Zubereitung eines *membre de mouton à la royalle* (Hammelbein auf königliche Art) beschreibt, ist bis heute kein Rezept für Hase à la royale aus der Zeit vor dem 19. Jh. bekannt. Auch ein Rezept für einen mit Foie gras und Trüffeln gefüllten Hasen sucht man vergeblich. Diese Art der Zubereitung wird oft Antonin Carême zugeschrieben, obwohl sie in keinem seiner Bücher erwähnt wird. Das erste mit *lièvre à la royale* betitelte Rezept scheint aus *La Grande Cuisine simplifiée* (1845) von P.C. Robert zu stammen, eine simple Zubereitung eines mit Farce aus Schweinefleisch gefüllten Hasen. Doch während Escoffiers *Guide culinaire* (1903) erklärt, wie man einen »gefüllten Hasen Périgord-Art« zubereitet, scheint die kanonisierte Version auf den Kochbuchautor Ali-Bab (Henri Babinski) und die 1928er-Auflage seiner *Gastronomie pratique* zurückzugehen. Dort handelt es sich um einen ganzen entbeinten Hasen, gefüllt und garniert mit 500 Gramm Foie gras und »Trüffeln nach Belieben« für die Farce, 150 Gramm Foie gras für den Fond zum Schmoren und die Sauce, sowie »schöne Trüffel« und Wildklößchen für die Garnitur. Nach der Anweisung, den Hasen zu rollen, zu bardieren und zu binden schließt der Autor:

> »Dieses königliche Gericht lässt die an Finesse mangelnden, breiig zerkochten Gerichte *à la royale*, bei denen mit Schalotten, Zwiebeln und Knoblauch nur so um sich geworfen wird, weit hinter sich.«

Hase als Kompott

Diese andere Version ist wohlbekannt. Die in der Zeitschrift *L'Art culinaire* im Januar 1888 beschriebene Zubereitung von Hasenfilets à la royale ist wahrscheinlich ihr Vorläufer, doch ist es der Name des Senators Couteaux, mit dem sie auf ewig verbunden bleibt. Der Politiker verriet sie am 29. November 1898 in allen Details den Lesern der Zeitung *Le Temps*: Die Operation begann um zwölf Uhr mittags und endete nach einem langen, gemächlichen Aufenthalt des Hasen in einer *daubière* (Schmortopf) mit Rotweinessig von Mâcon oder Médoc um 18 Uhr.

Um 16:30 Uhr werden dem Schmorsaft Speck, Knoblauch, Schalotten und die Innereien des Hasen zugefügt und so eingekocht, dass sie dem »molekularen Zustand so nah wie möglich« kommen. Die Sauce sollte am Ende fast die Konsistenz eines Apfelpürees haben – ohne sie ganz zu erreichen. Vor dem Servieren wird sie mit Blut gebunden. Das Hasenfleisch ist nun butterweich:

> »Überflüssig zu sagen, dass der Gebrauch eines Messers zum Servieren dieses Hasen einem Sakrileg gleichkäme, allein ein Löffel reicht völlig aus.«

Aristide Couteaux lehrt in der Küche seines Freundes Spuller die Zubereitung für Hase à la royale (Stich, *La Cuisine des familles*, 1905–1908).

Diese beiden großen Schulen für Hase à la royale gibt es. Ihre Fährten lassen sich jedoch erst ab dem 19. Jh. aufspüren. Prosper Montagné, der in der ersten Ausgabe des *Larousse gastronomique* von 1938 über *lièvre farci à la périgourdine* oder *à la royale* (»Die Küche des Périgord«) schrieb, stand auf der Seite Ali-Babs und blieb knallhart:

> »Dieses Gericht ist im Périgord unter dem klangvollen Namen *lièvre à la royale* bekannt. Die wunderbare Zubereitung ist nicht zu verwechseln mit dem Gericht gleichen Namens, das in Paris lange Zeit als kulinarisches Meisterwerk galt und wahrlich nur ein ziemlich mittelmäßiges Hasenragout war […] und keineswegs die Bezeichnung ›königlich‹ verdiente.«

Der Vorwurf wiegt schwer; diese Debatte ist auch heute noch keineswegs beendet. Und das ist wahrscheinlich auch besser so!

Diese Art der Zubereitung wird oft Antonin Carême zugeschrieben, obwohl er sie in keinem seiner Werke erwähnt.

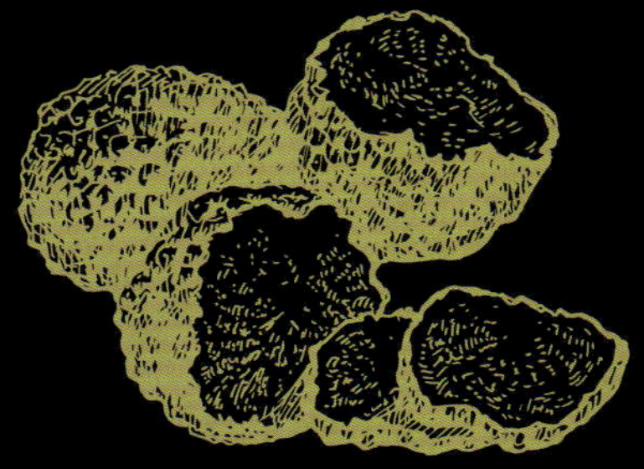

Die Trüffel

Die Trüffel wird in Frankreich vor allem durch die *Tuber melanosporum* vertreten, gemeinhin als »Périgord-Trüffel« bekannt, obwohl 70 Prozent aus den Regionen Drôme, Vaucluse und Alpes-de-Haute-Provence stammen. Wann und wie wurde der Pilz zu einer der prestigeträchtigsten Zutaten der französischen Küche?

Auf den Tafeln der Renaissance

Die Trüffel wird in keiner mittelalterlichen Schrift erwähnt. Sie wäre ohnehin Opfer der Geringschätzung geworden, denn was da tief in der Erde wuchs, konnte in der symbolischen Hierarchie, in der die dem Himmel am nächsten liegenden Nahrungsmittel – Früchte und Geflügel – den höchsten Rang einnahmen, nur ganz unten stehen. Allerdings gibt es Hinweise für den Verzehr von Trüffeln durch hochrangige Persönlichkeiten wie Jean de Berry (1340–1416), Bruder des Königs Karl V. oder den Herzog von Burgund, Karl den Kühnen (1433–1477). Vermutlich handelte es sich dabei um *Tuber uncinatum*, Burgunder-Trüffel.

Ihren Aufschwung erlebte die Trüffel in der Renaissance. Im Italien des 15. Jh. war sie zum Beispiel in *De honesta voluptate* von Bartolomeo Platina zu finden, einem Kochbuch, das Anfang der 1470er-Jahre veröffentlicht wurde.

In seinem Werk *Opera* verwendete sie Bartolomeo Scappi für eine dicke Suppe oder Pasteten. In Frankreich fehlte die Trüffel im *Livre fort excellent de cuysine (1542)*, doch der Arzt Jean Bruyérin-Champier widmete ihr in seiner Enzyklopädie über Nahrungsmittel *De re cibaria* (1560) ein ganzes Kapitel, in dem er verschiedene Arten der Verwendung beschrieb:

> »Sie wird auf verschiedene Weise zubereitet. Manche kochen sie in Wasser mit Salz, Öl und Oregano oder Ysop oder Ähnlichem. Andere kochen sie in Wein und wieder andere wickeln sie in Werg ein und garen sie in heißer Asche. Dann isst man sie mit gemahlenem Pfeffer. Manche bevorzugen auch eine fette Brühe. Allgemein nimmt man an, dass sie eine aphrodisierende Wirkung hat.«

Der Glaube an die aphrodisierende Wirkung der Trüffel hielt sich weit über die Renaissance hinaus. Bruyérin-Champier zählte die verschiedenen Regionen ihrer Herkunft auf: Angoumois, Saintonge, Franche-Comté und das Arve-Tal im heutigen Haute-Savoie.

Eroberung der französischen Küchen

Es war ein langfristiger Trend, der sich abzeichnete. Trüffel und Pilze tauchten immer häufiger in der französischen Haute Cuisine auf, sei es in Ragouts, als Bestandteil von Coulis und Farcen oder als Garnitur. Bei La Varenne – *Le Cuisinier françois* (1615) – stößt man in etwa 60 Rezepten auf Trüffel. In 16 Kochbüchern aus dem 14.–18. Jh. mit 11353 Rezepttiteln tauchen Pilze in Werken des 14./15. Jh.

Die Trüffel-Tarte von Maetren Boelema de Stomme, 1644

in weniger als 1 Prozent der Titel auf, gegenüber mehr als 25 Prozent im 18. Jh. Diese neue Faszination verzeichnete auch Menon in *La Cuisinière bourgeoise* (1746):

> »Die großen [Trüffel] werden am meisten geschätzt. Die aus dem Périgord sind die besten. [...] Die Trüffel eignet sich hervorragend für Ragouts aller Art, sei es gehackt oder geschält und in Scheiben geschnitten; sie ist eine der besten Gewürze, derer man sich in der Küche bedienen kann.«

Der gute Ruf der Périgord-Trüffel war bereits fest etabliert. Er sollte noch weiter wachsen. Die begehrten Pilze reisten in Körben oder kleine Kästchen verpackt, begleitet von allerlei Vorsichtsmaßnahmen, um sie vor Unwägbarkeiten des Transports und der Frostgefahr (der Versand erfolgte im Winter) zu schützen. Auch waren sie unverzichtbar für die Zubereitung von Delikatessen, um die sich betuchte Feinschmecker rissen: getrüffelter Truthahn, alle Arten von getrüffelten Pasteten und Terrinen mit Rebhuhn (*de Nérac* oder *périgueux*).

Ende des Jahrhunderts verhalf die Vermählung der Trüffel mit Foie gras der Straßburger Pastete zu Ruhm und Ehren. Eine Ehe, der eine glanzvolle Zukunft bevorstand. Die Trüffel wurde zu einem Leuchtfeuer der französischen Hochküche. Brillat-Savarin nahm diesen beispiellosen Status der *Tuber melanosporum* zur Kenntnis:

> »Jetzt eben, da ich schreibe, ist der Ruhm der Trüffel in der Kulmination. Niemand wagt einzugestehen, dass er bei einem trüffellosen Mahl gewesen. Das beste Entree präsentiert sich schlecht, wenn es die Trüffel nicht schmückt. [...]
>
> Ein Sauté von Trüffeln beehrt die Hausfrau durch eigenhändiges Servieren, und kurz und gut, die Trüffel ist die Perle der Küche.« (*Physiologie des Geschmacks*, 1825. Übersetzung: Emil Ludwig)

Der Glaube an die aphrodisierende Wirkung der Trüffel hielt sich weit über die Renaissance hinaus.

Ein makelloser Ruf

Durch das Einmachen in Dosen, was ab den 1820er-Jahren zögerlichen Aufschwung erlebte, und dank der Eisenbahn konnte die Nachfrage der städtischen Bevölkerungen gedeckt werden. Die Trüffelzucht (gezielte Aussaat am Stammfuß von Eichen) entwickelte sich in der zweiten Hälfte des 19. Jh. Um 1900 erreichte die französische Produktion mit 1500 Tonnen in guten Jahren ihren Höhepunkt – heute sind es nur noch 50 Tonnen.

Köche verwendeten Trüffel für alles und überall. Das Garnituren-Kapitel im *Livre de cuisine* (1867) von Jules Gouffé beginnt nicht zufällig mit »Trüffel für große Garnituren«, gefolgt von »Trüffel in Oliven- oder Kugelform für kleine Garnituren«. Von den 67 »warmen Hors d'œuvres« im Buch enthalten 28 Trüffel. Von 173 »klaren Suppen und Consommés mit Einlage« von Escoffiers *Guide culinaire* (1903) kommen bei jedem fünften Trüffel zum Einsatz.

Zwar ist die französische Haute Cuisine heute nicht mehr die von Gouffé und Escoffier, dennoch ist die Trüffel für viele Köche nach wie vor eine wichtige Zutat. Man denke nur an das Ragout von schwarzen Trüffeln von Jean-François Piège oder an das »faule« Ei mit Trüffeln von Gilles Goujon, nur zwei von zahlreichen Beispielen.

Oben: Tomme mit schwarzen Trüffeln; unten: Pasta mit schwarzer Trüffel

Kulinarische Verwirrspiele

Zu den *mots délicieux* (»köstliche Worte«), die der französische Journalist Bernard Pivot für seinen Lebenskanon auswählte, gehörte auch *bouchée de reine* (»Königinpastete«). Als großer Feinschmecker und Weinliebhaber definierte er sie wie folgt: »Eine Art Vol-au-vent [Blätterteigpastete], die ihren Namen der Königin Marie Leszczynska, der Frau von Ludwig XV., verdankt. Eine Erfindung ihres Küchenchefs Vincent La Chapelle.« Eine schöne Zusammenfassung der Legenden, die sich um besagten »Bissen« ranken. Man sollte die Geschichte von Vol-au-vent und Bouchée de la Reine getrennt betrachten, um ihre Unterschiede zu begreifen.

Ein »Vol-au-vent-Kuchen«

François Marin stellte in seiner *Suite de Dons de Comus* (1742) ein Rezept für *gâteau vole-au-vent* vor, ein Blätterteiggebäck in Form eines Dreiecks oder einer Raute, das als ungesüßtes Zwischengericht ohne Garnitur serviert wurde.

Die Entstehung dieses »Kuchens« lässt sich nur schwer nachvollziehen, aber zu Beginn des 19. Jh., als der Begriff »Vol-au-vent« bereits verwendet wurde, erwähnte Grimod de Reynière ein mit Rebhuhn in Tomaten garniertes Vol-au-vent, ohne Einzelheiten zu nennen. Es handelte sich um ein »Ragout, das kürzlich von Monsieur Leblanc [einem Patissier in der Rue de la Harpe] kreiert wurde«.

Und tatsächlich präsentierte Beauvillers einige Jahre später in einem Werk wie *L'Art du cuisinier* (1814) den uns bekannten Vol-au-vent, eine große, zylindrische Blätterteigpastete mit Deckel. Und was kam hinein?

> »Wird sie als Vorspeise serviert, fülle man sie mit einem *ragoût à la financière* (Champignons, Trüffel, Hahnenkämme), Steinbuttfilets in Béchamelsauce oder einem anderen Ragout nach Geschmack; handelt es sich um ein Zwischengericht, gebe man Gemüse, Kompott oder Soufflés hinein.«

In der Mitte rechts eine Hülle von Bouchée à la reine, unten links eine Hülle des Vol-au-vent. im *Livre de cuisine* von Jules Gouffé, 1867

»À la reine« – nach Königinart

Moderne Vol-au-vents

Was sind nun *bouchées à la reine*? Die Garniturbezeichnung *à la reine* (»nach Königinart«) tauchte ab dem 17. Jh. in zahlreichen Rezepten auf, von La Varennes *potage à la reine* (*Le Cuisinier françois*, 1651) bis zu La Chapelles *perdreaux* (Rebhuhn) *à la reine* (*Le Cuisinier moderne*, 1735). Mit einer (nicht verbürgten) Naschhaftigkeit der Marie Leszczynska hatte das alles wohl wenig zu tun. Im Jahr 1749 stellte Menon in *La Science du maître d'hôtel cuisinier* »kleine Pasteten *à la reine*« vor, Schälchen aus Blätterteig, gefüllt mit *godiveau*, feiner Farce aus Kalbfleisch und Kalbseuter, vermischt mit »heißer Coulis *à la reine*«, einer weißen Sauce. Sie gab diesem Hors-d'œuvre seinen Namen. Eine Pastete, die den Bouchées à la Reine sehr ähnlich ist.

Grimod erwähnte 1808 in seinem *Manuel des amphitryons* die *petites bouchées à la reine*. Er scheint übrigens auch der Erste zu sein, der behauptet, ihr Ursprung sei »Marie Leczinska, der Ehefrau Ludwigs XV. zuzuschreiben, die in ihrer Eigenschaft als fromme Frau recht gefräßig war«. Bei Beauvilliers werden die»*petits pâtés bouchés [sic] à la reine* mit Geflügelbrust und einer siedenden Béchamelsauce gefüllt. Mit anderen Worten: Die namensgebende Garnitur ist verschwunden, der Name jedoch geblieben. Im darauffolgenden Jahr 1815 definierte Carême die *petites bouchées à la reine*, eine warme Vorspeise, ausdrücklich als kleine Vol-au-vent, die sich mit verschiedenen Garnituren versehen lassen, allen voran Fisch. Seine eigentlichen Vol-au-vents, ein süßes Zwischengericht, können mit einer *crème plombière* (Eiscreme) mit Kaffee, mit Schlagsahne, Chantilly oder mit einer Veilchencreme gefüllt sein.

Die wahre Bouchée à la Reine

Es gab also Vol-au-vents, kleine Vol-au-vents und Bouchées à la reine, bei denen es sich ebenfalls um kleine Vol-au-vents handelt. So verwirrend war die Sachlage das ganze 19. Jh. hindurch, und es herrschte alle Freiheit, womit man die Pasteten füllte, wenngleich Geflügel zu dominieren schien. Doch Urbain Dubois und Escoffier führen eine andere Art der Unterscheidung ein: Während es sich bei Vol-au-vent um eine *croûte*, also um eine Art Teighülle handelt, die man beliebig garnieren oder füllen kann, folgt die Bouchée à la Reine einem konkreten Rezept. Da andere Bouchées, ebenfalls kleine Vol-au-vents, andere Namen tragen (Saint-Hubert, à la Stuart ...), sollte die Garnitur *à la reine* laut Escoffier aus einer Geflügelfarce mit Sahne bestehen, allerdings:

> »... ist es üblich geworden, sie durch ein Salpikon [Zubereitung aus gewürfelten Zutaten, die in einer Sauce gebunden werden] aus Geflügelbrust, Pilzen und Trüffeln in Sauce allemande zu ersetzen, und das ist heute die fast überall übliche Garnitur.«

Diese Definition missachtet den allgemeinen Sprachgebrauch, ist in der Haute Cuisine jedoch heute immer noch gültig, zumal der *Große Larousse gastronomique* (2008) die Bouchée à la Reine als »warme Vorspeise, bestehend aus einer Blätterteigkruste, gefüllt mit Salpikon« beschreibt und den Vol-au-vent als »runde Kruste aus Blätterteig von 15 bis 20 cm Ø [...], die mit einer in Sauce gebundenen Füllung sehr variabler Art garniert ist«.

Champagner: Festtagswein

Warum sollte man bei der Fülle an Berühmtheiten unter den französischen Weinen ausgerechnet den Champagner herausstellen? Der Journalist Adolphe Brisson beantwortete diese Frage 1890 zumindest teilweise: »Ja, der Champagner ist der französische Wein par excellence. Er ist gewissermaßen unser Ebenbild, er schäumt wie unser Geist, er ist scharf wie unsere Zunge, er plaudert, er sprüht, er perlt …« Ohne die Parallele zwischen dem nationalen Temperament und dem schäumenden Getränk zu weit zu treiben, eines steht fest: Kein anderer französischer Wein vermag eine derartige Schwärmerei und eine solch patriotische Rhetorik hervorzurufen.

Als der Champagner zu perlen begann

Der Ausdruck »Weine der Champagne«, der im 16. Jh. aufkam, bezeichnete die Weine aus Reims (*vins de Montagne*, gemeint ist das Plateau oberhalb der Stadt) und Épernay (*vins de rivière*, Weingebiete entlang der Marne), Anbaugebiete, die seit Jahrhunderten für ihre stillen Weine berühmt waren, (für ihre Rotweine *de la Montagne* und ihre weißen *de la rivière*, die bis heute beliebt sind). So ist in einer Pariser Polizeiverordnung aus dem Jahr 1588 von den »delikaten und exzellenten« Weinen aus Beaune, Épernay, Aÿ und dem »Berg von Reims« die Rede.

Erst Ende des 17. Jh. begannen die Weine der Champagne zu prickeln. Und wie kam es dazu? Anders als gebetsmühlenartig behauptet, hatte Dom Pérignon nichts damit zu tun. Zwar kannte er sich als Kellermeister der Abtei Hautvilliers nahe Épernay im Weinbau und in der Weinbereitung bestens aus, doch hat er keinen einzigen Wein zum Schäumen gebracht.

Dass Weine sprudeln, war schon lange bekannt, doch diese Eigenschaft war weder erwünscht, noch schien sie kontrollierbar. Die Weine der Champagne hatten eine leichte Tendenz zum Moussieren, was sich noch verstärkte, als die Produzenten Anfang des 17. Jh. begannen, ihre besten Tropfen in Flaschen zu transportieren. Vergessen wir nicht, dass die Abfüllung in Flaschen für die Herstellung von

Ab dem 18. Jh. war in Adelskreisen Champagner das Festgetränk bei *dîners* (Jean-François de Troy, *Die Austernmahlzeit*, 1735).

Schaumwein unabdingbar ist, denn erst dort findet eine zweite Gärung statt, die den Wein perlen lässt.

England als Champagner-Erfinder?

Weine der Champagne kamen in London ab 1660 in Mode. Ihre noch zaghaften und unerwünschten Bläschen begannen dem englischen Gaumen zu schmeicheln, zumindest dem der adeligen Jugend. Auf jener Seite des Ärmelkanals findet sich denn auch der erste explizite Hinweis auf *sparkling champagne*, und zwar in dem Theaterstück *The Man of Mode* von Sir George Etherege (1676).

Der prickelnde Charakter des Weines wurde jenseits des Kanals möglicherweise durch die Gewohnheit der Engländer forciert, Wein zu süßen, um den Geschmack zu verbessern oder durch den Transport verursachte Mängel zu kaschieren. Manche behaupten sogar, reiche englische Adelige, die in großen Mengen Wein für den Eigenbedarf importierten und in Flaschen abfüllten, hätten den Champagner in seiner heutigen Form erfunden.

Langwieriges Herstellungsverfahren

Die Nachfrage aus England und das aufkeimende Interesse der französischen Elite im frühen 18. Jh. veranlassten die Champenois, das Getränk zu produzieren, das man von ihnen verlangte. Ein langer, holpriger Weg, denn die Herstellung des schäumenden Weins war kompliziert, riskant, teuer (der Schwund beim Abfüllen in Flaschen war beträchtlich) und sehr unberechenbar, da die zweite Gärung, die auf natürliche Weise und per Zugabe von Zucker erfolgte, oft fehlschlug.

Eine ganze Reihe von Innovationen waren bis zur technischen Beherrschung des Verfahrens erforderlich, deren Ausarbeitung sich über mehr als ein Jahrhundert erstreckte. Der Korken (der dem Druck besser standhielt) verdrängte den bis dahin üblichen Lederverschluss, die Verfügbarkeit von geeigneten Flaschen, die auch hohen Druck aushielten, wurde sukzessive sichergestellt, die Zugabe von Zucker wurde in der zweiten Hälfte des Jahrhunderts allgemein üblich. In den 1790er-Jahren entstand das Degorgieren. Bei diesem Verfahren wird das durch die zweite Gärung entstandene Hefedepot ausgetrieben.

Champagnerbläschen, Symbol des Lebens und des Feierns, Johann Wilhelm Preyer, *Stillleben mit einem Glas Champagner*, 1855

Crémants

Ab der ersten Hälfte des 19. Jh. begannen verschiedene Weinbauregionen mit der Herstellung von Schaumwein: Burgund, Loiretal, Elsass … Im Jahr 1990 erhielt die Champagne das Recht, den anderen Regionen die Verwendung des Attributs *Méthode champenoise* für ihre Produkte zu untersagen, um Verwechslungen und Vergleiche zu vermeiden.

Im Gegenzug stellte die Champagne die Herstellung von Crémant ein, die Bezeichnung für einen regionalen Schaumwein, dessen zweite Gärung nicht vollständig abgeschlossen war. Heute wird Crémant in acht Regionen produziert, acht kontrollierte Herkunftsbezeichnungen, die ein riesiges Gebiet mit zahlreichen Erzeugern umfassen: Crémant d'Alsace, de Bordeaux, de Bourgogne, de Die, du Jura, de Limoux, de Loire und de Savoie.

Europas schäumende Begeisterung

Um 1710 wurden weniger als 10 000 Flaschen pro Jahr verkauft, doch in den 1720er-Jahren stieg die Nachfrage in Frankreich sprunghaft an. Wichtigster Absatzmarkt war dabei mit großem Abstand Paris. Und diese Begeisterung war sicher ein europaweiter Trend: 1747–1748 verließen 125 000 Flaschen die Champagne, fast 60 Prozent gingen in den deutschsprachigen Raum, mehr als 30 Prozent nach Flandern, 5 Prozent in die Vereinigten Provinzen (die heutigen Niederlande) und 1 Prozent nach England.

Champagner durfte auf keiner adeligen Feier fehlen, er war der Wein der Ausgelassenheit, mit dem man die Korken knallen ließ. Doch aus einer ganzen Reihe von Gründen, vom Herstellungsprozess über die Flaschen- und Transportkosten bis hin zu seinem Image als Luxusgetränk, war Champagner sehr teuer. In Paris konnte eine Flasche Champagner bis zu 8 Livres kosten, mehr als vier Tageslöhne eines Arbeiters. Es ist auch der Wein für das feine Abendessen, gepriesen von Schriftstellern wie Voltaire in seiner Versepistel *Le Mondain* (1763), in der er das perlende Überschäumen des Champagners treffend und als schillerndes Bild eines Franzosen per se beschreibt: *»de nos François est l'image brillante«.*

Ende des 18. Jh. wurden jährlich 400 000 Flaschen Champagner verkauft. Die Revolution und die Napoleonischen Kriege bremsten den ansteigenden Absatz nur kurz. Im 19. Jh. behaupteten die etablierten Champagnerhäuser ihren Einfluss, bauten ihn weiter aus, wie Moët oder Cliquot – geleitet von der Witwe François Cliquots. Unter ihrer Führung spezialisierte sich die Champagne, die um 1800 noch zehnmal mehr Stillweine produzierte, hauptsächlich Rotweine, endgültig auf Schaumwein.

Die Dosage

Eine der Stärken der Champagnerhäuser bestand darin, sich dem Geschmack der Kundschaft anzupassen. Ab den 1830er-Jahren wurde die Dosage systematischer eingesetzt. Dazu süßte man Wein mit einem Likör, um den bei zweiter Gärung entstandenen Zuckerverlust auszugleichen. In aller Welt bevorzugte man sehr süßen Champagner; gewöhnlich gekühlt als Dessertwein. Allerdings herrschten dabei national sehr unterschiedliche Präferenzen vor.

Plakat von Louis-Théophile Hingre für Champagner; T. Roederer & Co, 1897

In den 1880er-Jahren lag der Zuckergehalt in amerikanischen Champagnergläsern bei 110–165 Gramm pro Liter, bei Deutschen und Franzosen betrug er 165–200 Gramm pro Liter. Die Russen (zumindest der Hochadel), die seit dem Ende des 18. Jh. dem Zauber des Champagners erlegen waren, verlangten eine Dosage von 25–30 Prozent, d.h. 275–330 Gramm Zucker pro Liter – der Likör der Dosage füllte also ein Drittel der Flasche. Zum Vergleich: Brut-Champagner enthält heute weniger als 12 Gramm Zucker pro Liter, auf ihn entfallen drei Viertel des Absatzes.

Die Briten, bei denen Champagner das gesamte Mahl begleitete, mochten ihn weniger süß – 25 bis 65 Gramm Zucker pro Liter. Diese Eigenheit prägte sich weiter aus. Ab 1860 importierte Großbritannien Champagner mit 4 Gramm Zucker pro Liter. Der restliche Kontinent und die Vereinigten Staaten sollten diesem Trend wider den Zeitgeist folgen, in der Belle Époque auch Frankreich. Dieser Wandel der Geschmacksvorlieben markierte die Geburtsstunde des modernen Champagners.

Champagner für alle?

In Frankreich erlebte der Champagner in der zweiten Hälfte des 19. Jh. eine moderate Demokratisierung. So wurde der Wein der feinen Restaurants – und privaten Séparées – beispielsweise auch in Duvals Bouillon-Lokalen angeboten. Um 1900 wurden jährlich rund 25 Millionen Flaschen Champagner produziert. Doch einige skrupellose Häuser verwenden Trauben aus jeder beliebigen Ecke Frankreichs. Das Verhältnis zwischen dem Preis eines Veuve Cliquot und dem eines »Schaumweins aus der Champagne« kann eins zu zehn betragen.

Es gab Neuordnungsbedarf. Im Zuge des Gesetzes über Betrug und Fälschung von 1905 wurde die Appellation »Champagne« per Dekret vom 17. Dezember 1908 definiert, deren Grenzen sich aus den »örtlichen, redlichen und üblichen Praktiken« ergaben. Es folgte eine Phase heftiger, bisweilen gewaltsamer Konflikte, bei denen die Akteure – Händler, Winzer aus den Departements Marne und Aube – häufig unterschiedliche Interessen verfolgten. Ein Gesetz von 1927, das die Appellation »Champagne« auf den Norden des Departements Aube ausdehnte und weitere Regeln sowie Vorschriften einführte, setzte der Krise schließlich ein Ende. Das Gesetz, das mehrfach geändert wurde, ist noch immer in Kraft. Allerdings wurde es wiederholt überarbeitet, zuletzt 2008, als 40 neue Gemeinden in die Appellation aufgenommen wurden.

Im Jahr 2023 wurden mehr als 310 Millionen Flaschen Champagner produziert, von denen mehr als die Hälfte für den Export bestimmt waren, vor allem in die USA sowie nach Großbritannien, Japan und Deutschland. Seit seiner Entstehung ist der Champagner ein Botschafter Frankreichs und Teil der französischen Gastronomie.

Stillleben mit Glaspokal und Sektkühler, Max Schödel, Anfang 20. Jh.

In Frankreich erlebte der Champagner in der zweiten Hälfte des 19. Jh. eine moderate Demokratisierung.

Von der Flöte zum Pokal

Die Champagnerflöte, die im 18. Jh. erschien, bekam ab 1830 Konkurrenz durch den Kelch, der für diejenigen, die zu bedienen hatten, sicherlich einfacher zu handhaben war.

Die erste Erwähnung findet sich in einem Brief von Benjamin Disraeli, dem späteren britischen Premierminister, an seine Schwester (März 1832). Er wunderte sich, als er während eines Abendessens sah, wie Gäste ihren Champagner aus einer »Schale aus poliertem Glas, die auf einen Fuß aus geschliffenem Glas montiert ist«, tranken. Abbildungen der Zeit zeigen, dass diese Schalen zunächst einen sehr kurzen Stiel hatten, der im Laufe der Zeit immer länger wurde, bis er im Seconde Empire in etwa die heutige Länge erreichte.

Geburtsstunde der Grands Crus

Im Mittelalter und in der Renaissance gab es die Klassifizierung der Grand Crus, wie wir sie heute kennen, nicht. Nicht, dass es keine Hierarchien zwischen Weinen gab – die sich im Laufe der Zeit veränderten – Weine aus der Umgebung Orléans, aus Aÿ, aus Beaune ... Ab Ende des 17. Jh. begann man jedoch, genauer zwischen Weingütern und ihren Erzeugnissen zu differenzieren. Man spricht daher von der Geburt der Grands Crus (etwa: »Hochgewächse«), im allgemeinen Sinne des Wortes, eine Klassifizierung, die nicht nur auf dem Terroir, sondern auch auf Weinbaupraktiken beruht. Die Grands Crus zeichneten sich zudem durch ein hohes Alterungspotenzial aus, ein Merkmal von höchster Relevanz und ein bedeutendes Novum, denn bis dato wurden frankreichweit Weine aus früher Lese erzeugt und konsumiert, die innerhalb eines Jahres getrunken werden mussten.

Die Weine aus Bordeaux

Das Bordelais machte den Anfang. Seit dem Mittelalter exportierte die Guyenne (historisches Herzogtum im heutigen Aquitanien) ihre Weine, die hellroten »Clairets«, nach England. Ein florierender Handel, in erster Linie wegen des einfachen Transports dorthin. Doch in der zweiten Hälfte des 17. Jh. erschienen neue, edle Weine auf dem Markt. Der englische Adel verliebte sich in die *vins noirs* (»schwarze Weine«) aus Bordeaux: tanninreiche Tropfen und das Ergebnis einer längeren Maischegärung.

Die Weine aus den Regionen Graves und Médoc stießen bei der britischen Kundschaft ähnlich schnell auf Gegenliebe. Es waren die *new French clarets* – ein Beiname, der bis in die 1730er-Jahre gebräuchlich blieb. Nichts verdeutlicht die Neubestimmung der Hierarchien besser als die Entwicklung der Preise: 1740 schwankte der Preis für Weine aus dem Bordelais auf einer zwölfstufigen Skala, ein Jahrhundert zuvor war die Spanne noch sechsmal geringer. In diesem Zeitraum stiegen die Preise für die am höchsten bewerteten Crus um das Zwanzigfache – Château Haut-Brion, Château Margaux, Château Latour, Château Lafite ... Die Nachfrage kam nicht mehr nur aus England, sondern auch aus Nordeuropa und Russland.

Im Mittelalter wurden leichte, säurehaltige Weine geschätzt. (Miniatur aus dem *Tacuinum sanitatis,* 15. Jh.)

Die französische Weinbranche verstand es auf spektakuläre Weise, sich der Nachfrage und den Märkten anzupassen.

Bordeaux-Klassifizierung von 1855

Ab dem 18. Jh. wurde es üblich, die großen Bordeauxweine nach ihrer Provenienz, dem Namen ihrer Pfarrgemeinde und ihrem Jahrgang zu kennzeichnen. Es wurde eine auf dem Preis basierende Rangordnung formuliert, die zwischen Premiers, Secondes und Troisièmes Crus unterschied, von den großen Handelshäusern erstellte Listen.

Es gab also verschiedene inoffizielle Klassifizierungen, die sich zwischen Premiers, Deuxièmes und Troisièmes Crus und darüber hinaus teilweise stark überschnitten. Anlässlich der Weltausstellung 1855 bat das Departementskomitee der Gironde die Handelskammer in Bordeaux, die Weine in Paris zu präsentieren. Diese wandte sich an die Vereinigung der Bordeaux-Makler und bat sie »die genaue und vollständige Liste aller klassifizierten roten Crus des Departements […] sowie […] die entsprechende Klassifizierung der großen Weißweine« zu übermitteln.

Die Makler Perrier, Merman, Libéral und Deleyré nahmen sich der Aufgabe an und hielten sich dabei an das schon immer gültige Kriterium – Preis als Ausdruck für das Qualitätsniveau. 58 Rotweine wurden ausgewählt, unterteilt in vier Premiers Crus (Château Lafite, Margaux, Latour und Haut-Brion), zwölf Seconds, 14 Troisièmes, elf Quatrièmes und 17 Cinquièmes Crus. 21 Weißweine wurden in zehn Premiers Crus – Château d'Yquem als einziger »Premier Crus Supérieur« – und elf Seconds Crus eingeteilt.

Am 18. April wurde diese Klassifizierung veröffentlicht. Die Weine, die in der Zuständigkeit der Handelskammer von Libourne lagen – rechtes Garonne- und Gironde-Ufer, Entre-Deux-Mers, Libournais und rechtes Ufer der Dordogne (Pomerol, Saint-Émilion) wurden ausgeschlossen. Obwohl vielfach kritisiert, gilt diese Klassifizierung noch immer als Referenz. Lediglich zwei Änderungen wurden vorgenommen: Château Cantemerel wurde im September 1855 zum Cinquième Cru befördert und Château Mouton-Rothschild stieg 1973 vom Deuxième zum Premier Cru auf.

Eine Revolution im Burgund

Mit etwas Verzögerung vollzog sich auch im Burgund eine Revolution. Zum Nachteil der Weine der Côte de Beaune, die bis dato den besten Ruf genossen und deren große Stärke ihre helle Farbe war. »Oil-de-perdrix«-Weine (in Anlehnung an die rosé-farben geränderten Augen eines Rebhuhns) wie der Volnay wurden von dunkelroten Weinen »de haute couleur« der Côte de Nuits verdrängt. Der Begriff »Climat« (Weinlage) bahnte sich seinen Weg in den wissenschaftlichen und kommerziellen Diskurs, um Parzellen, Ortschaften oder Flurnamen zu bezeichnen, die konstant Weine von hoher Qualität hervorbrachten.

In dieser Zeit begannen sich Lagen zu profilieren, darunter Romanée, Chambertin, Montrachet, Meursault, und Clos de Vougeot. Im Gegensatz zu Bordeaux – und Champagner – verkauften sich die Weine aus dem Burgund im Ausland, abgesehen von Flandern, noch immer schlecht. Ihr Erfolg beruhte auf dem heimischen Markt (Hof, Paris und Lyon). Sie profitierten von einem Geschmackswandel, denn ungeachtet der sozialen Schicht hatte man in Frankreich eine Vorliebe für junge, leichte und säurebetonte Weine, die Clairets. Dieser Wandel wird in der Entwicklung der Preise deutlich: Da wäre zunächst der Volnay, ein leichter Wein, dessen Preis in die Höhe schoss, bevor ihm die Weine der Côte de Nuits den Rang abliefen – im Jahr 1775 waren Chambertin, Romanée und Richebourg 16-mal teurer als die simpleren Weine der Region, denn so bedeutend der Umbruch auch war, die kleinen Winzer, die in der Mehrheit waren, produzierten immer noch einfache Weine zu erschwinglichen Preisen. 1787 und 1788 konstatierte Thomas Jefferson bei seinen Besuchen im Burgund und im Médoc, dass die Preise für Grands Crus in beiden Regionen vergleichbar hoch waren und ähnlich schwankten.

Wegweisende technische Neuerungen

Diese önologische Revolution wäre ohne technische Verbesserungen nicht möglich gewesen. Die Schwefelung, bei der die Fässer mithilfe eines Schwefeldochts sterilisiert wurden, eine von den Holländern im 17. Jh. verbreitete Praxis, begünstigte sicherlich die Alterung der Weine. Der vermehrte Rückgriff aufs Abziehen, einen Umfüllvorgang, und die Schönung, ein Klärverfahren mittels Eiweiß zur Entfernung des Hefesatzes, trug zusätzlich zur Stabilisierung der Weine bei. Die allmähliche Einführung der Glasflasche spielte zweifellos ebenfalls eine Rolle für die verbesserte Lagerfähigkeit der besten Gewächse.

Im Bordelais führte man in den »Graves« am linken Ufer der Garonne Entwässerungsmaßnahmen durch, es wurde an den Rebsorten gefeilt, ein kürzerer Schnitt bevorzugt und die Lese verschoben, um einen höheren Reifegrad zu erzielen. Nach dem »Großen Winter« des Jahres 1709, der den Weinstöcken schwer zusetzte, bestätigte sich diese

Karte der französischen Weinbaugebiete von 1945

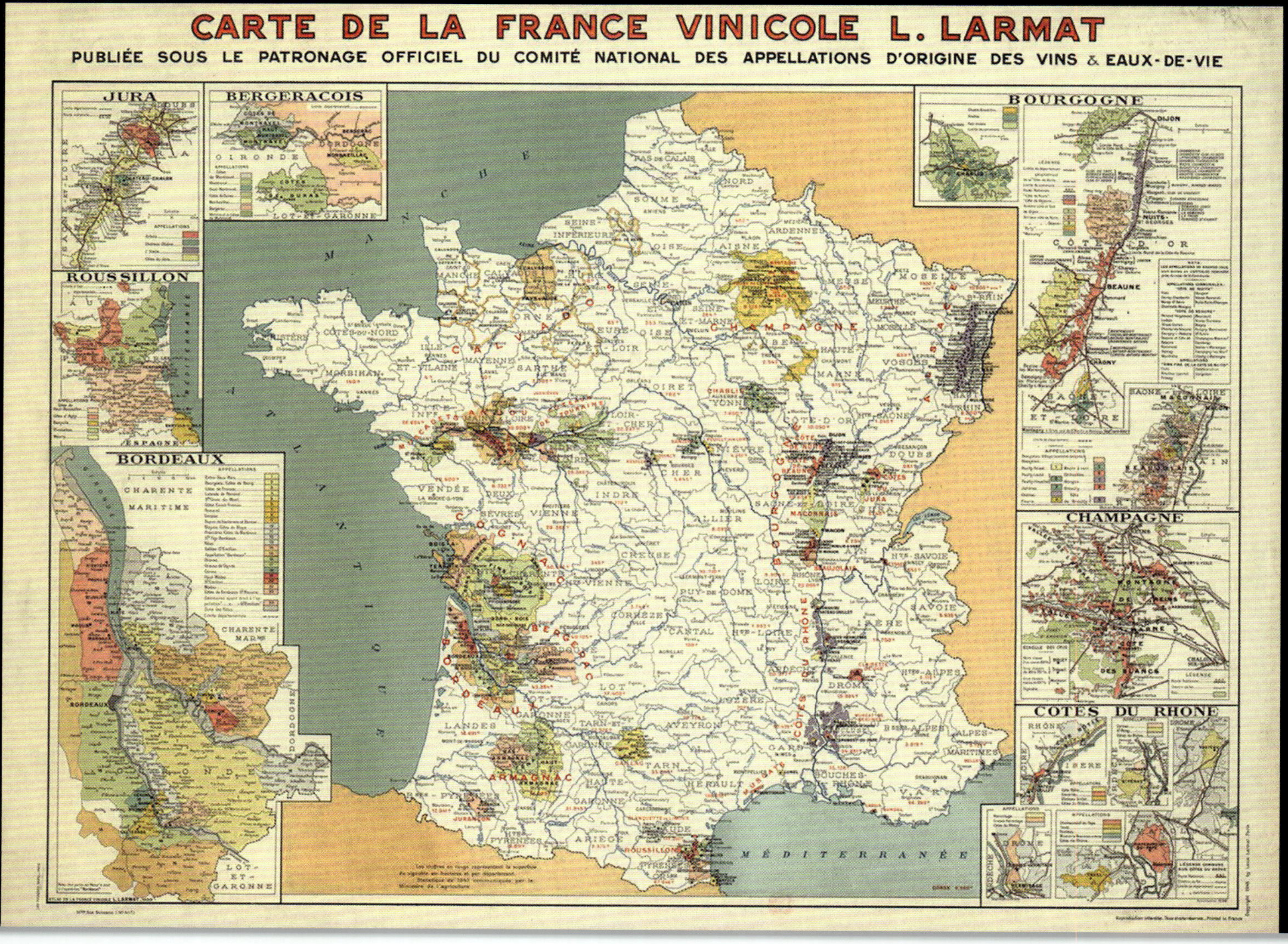

Werbeplakat für die Cognac-Marke Monnet, Leonetto Cappiello, 1927

Politik, die Qualität vor Quantität und hohe Erträge stellte. Die Lese wurde noch weiter hinausgezögert, die Trauben noch sorgfältiger selektiert und die Weinbereitung in Bottichen ausgedehnt. Es bedurfte jedoch auch Erzeuger, die den Wunsch und die Mittel hatten, diesen Wandel zu vollziehen und die entsprechenden Investitionen zu tätigen.

Der Amtsadel, der Weingüter im Bordelais besaß, stieg in den spekulativen Weinbau ein, etwa Marquis de Ségur, dem die Châteaux Lafite und Latour gehörten. Im Burgund führten die adeligen und bürgerlichen Eigentümer durch Investitionen in die Weinbaugebiete ihrerseits einen Wandel der traditionellen Praktiken herbei. Darüber hinaus entstanden in der ersten Hälfte des 18. Jh. in Dijon und besonders in Beaune Handelshäuser, die auch Weinberge besaßen und darüber wachten, dass die Weine der Côtes de Nuits den Erwartungen der Kunden entsprachen.

Eine neue Welt des Weinbaus

Das 17./18. Jh. trug ein entscheidendes Kapitel in der Geschichte des französischen Weinbaus bei. Die Weinbranche verstand es, sich Nachfrage und Märkten anzupassen. Gleichzeitig kamen Schaumweine aus der Champagne und Süßweine aus Montbazillac oder Sauternes auf. Trotz zahlreicher Umwälzungen blieb die französische Weinlandschaft in ihren Grundzügen bis heute bestehen.

Geburt des Cognacs

Die Geburt des Cognacs, der damals noch nicht so hieß, lässt sich auf das 16. Jh. datieren, als der Export von Branntwein aus den Weingärten von Aunis und Saintonge nach England begann. Eine entscheidende Rolle spielten die Flamen, die das Verfahren der Destillation entwickelten. Es erleichterte den Transport der Weine. Das geringere Volumen senkte die Frachtkosten – und die Steuer. Dieser *brandewijn* (»Branntwein«) wurde zum englischen *brandy*.

Nach und nach gingen Winzereien dazu über, ihren Wein selbst zu brennen. Im 17. Jh. wurde La Rochelle zum Weinbrand-Exporthafen für Nordeuropa. In den Regionen Aunis und Saintonge – also im Land des Cognacs – sowie in Angoumois wurde ausschließlich Wein zur Destillation kultiviert. Im Jahr 1698 schrieb Bernage, Verwalter von Angoulème:

> »Es wird nur wenig Wein an Ausländer verkauft, denen er nicht stark genug ist, um dafür das Meer zu überqueren; doch wenn diese Weißweine in Branntwein umgewandelt werden, was gewöhnlich ihre Bestimmung ist, holen sie die englischen und dänischen Flotten in Friedenszeiten vor den Toren der Charente ab und es kommt zu einem für die Provinz vorteilhaften Konsum.«

Ende des 17. Jh. und im 18. Jh. gründeten die Briten Handelsgesellschaften: Jean Martell im Jahre 1715, James Delmain 1763 und Richard Hennessy 1765. Der Ruf des *cognac brandy* begann sich auf der anderen Seite des Ärmelkanals herumzusprechen. Am Ende des Ancien Régimes belief sich die Produktion von Branntwein aus der Charente auf 100 000 Hektoliter. Im 19. Jh. wurde der Begriff »Cognac« zur Bezeichnung regionaler Brände und allgemein für gereifte Branntweine aus der Region Charente üblich. Sie genossen fortan ein hohes Ansehen.

Im Zweiten Kaiserreich vervierfachten sich die Exporte. Händler beschlossen, Cognac nicht mehr nur in Fässern, sondern in Flaschen zu verkaufen, um die Qualität des Produktes zu gewährleisten. In den 1880er-Jahren brachte die Reblaus den Weinbau praktisch zum Erliegen, doch der Erfolg des Cognacs blieb ungebrochen. Am 1. Mai 1909 entstanden per Gesetz die Appellationen Cognac, Eau-de-vie de Cognac und Eau-de-vie des Charentes.

19.–20. Jh.

Das goldene Zeitalter der französischen Küche

K

Goldene Gastro-Zeiten

Schnabelkanne für Wein, um 1870

Gastronomisch stand das 19. Jh. ganz im Zeichen von Antonin Carême (1783–1833) und Auguste Escoffier (1846–1935). Ersterer ist für seine prunkvollen, verzierten Speisen bekannt, für eine Küche der großen Adelshäuser und des *service à la française*, Letzterer steht für eine weniger komplexe, aber dekorverliebte Küche, die auf die Erwartungen einer betuchten Klientel europäischer Luxushotels zugeschnitten war. Zwischen diesen Polen erlebte die französische Haute Cuisine im 19. Jh. ihre Blütezeit, sowohl in Restaurants, zu Ende des Ancien Régimes eine Innovation, als auch in vornehmen Privat- und Adelshäusern.

Neue Publikationen

Das erste bedeutende Kochbuch des Jahrhunderts veröffentlichte 1806 der Koch André Viard: *Le Cuisinier impérial*, eine Sammlung von fast 1000 Rezepten – ein großer Verkaufserfolg. Der Nachwelt ist jedoch vor allem der Name Antonin Carême im Gedächtnis geblieben, dem es durch ein umfangreiches und sehr ehrgeiziges Werk gelang, eine beispiellose Kodifizierungsarbeit zu leisten und sich als Großer der französischen Küche des 19. Jh. zu etablieren. Sein *Art de la cuisine française au dix-neuvième siècle*, dessen erste Bände 1833 erschienen, war ein Meilenstein. Weitere bedeutende Werke waren *La cuisine classique* von Urbain Dubois und Émile Bernard (1856) und *Le livre de cuisine* von Jules Gouffé (1867).

Auguste Escoffier wiederum stand ganz in der Tradition der klassischen Küche und verwies explizit auf die Bedeutung Dubois' und Carêmes für sein Schaffen. Escoffiers Werk, sein 1903 erstmals veröffentlichter *Guide culinaire*, beschloss kulinarisch das 19. Jh. in Frankreich.

Fonds

Die seit La Varenne bestehenden großen Grundzüge der französischen Küche hatten weiterhin ihre Gültigkeit. Es blieb eine Küche der Sahne und Butter, in der Fonds die Grundlage für die Küchenpraxis der Köche bildeten. Zur Erinnerung: Fonds sind aromatische Grundbrühen, die als Basis für Zubereitung von Saucen, Suppen und anderen Speisen dienen. Sie werden meist aus Knochen, Fleisch, Gemüse und Kräutern hergestellt, mehrere Stunden in Wasser gekocht. Man unterscheidet »weiße« bzw. helle Fonds (oft aus Kalbfleisch oder Geflügel) und »braune« bzw. dunkle Fonds (wobei die Knochen erst in Fett geröstet werden).

Die Kunst des Garnierens

Im 19. Jh. prägte die Kunst der Dekoration die französische Küche. Antonin Carême, Verfechter des *service à la française*, verfolgte dieses Ziel, getrieben von ernsten künstlerischen Ambitionen, mehr als jeder andere. Generationen nach ihm folgten seinen Spuren. Die Speisen waren in imposante Garnituren gekleidet. Warme Zubereitungen wurden in Krustaden (pastetenartige Törtchen) angerichtet, die zur Aufwertung der Präsentation kranzförmig mit Beilagen und »Bordüren« eingefasst waren. Diese konnten aus verschiedenen Zutaten bestehen und wurden oft kunstvoll geschnitzt oder in eine dekorative Form gebracht. Die *hâtelets*, kleine schmuckvoll gearbeitete Metallspieße, veranschaulichen diesen Hang zum Ausschmücken. Carême setzte sie ausgiebig ein und bestückte sie mit den verschiedensten Dingen – Trüffel, Flusskrebse, Geflügelbrust, Hahnenkämme, Reiskroketten ... Die *hâtelets* verliehen der Speise mehr Volumen und ließen sie imposanter erscheinen. Doch die »tragende Säule« dieser Art von Inszenierung waren die Sockel, auf die man auch große Stücke platzieren konnte. Dabei handelte es sich um kunstvoll gearbeitete Träger zum Anrichten von kalten Gerichten, großen Süßspeisen und Torten, in geringem Maße auch von warmen Zubereitungen. Sie waren der Inbegriff der Küchenartistik, denn in den kleinen architektonischen Konstruktionen ließen sich ganze Stücke von Fisch, Wild oder Schlachtfleisch wirkungsvoll zur Schau stellen. Sie wurden u.a. aus »Reiszement«, Pappe, Wachs, Stearin, Paraffin und Gelatine gefertigt. Für süße Kreationen wurden Pastillagen, Tragant oder Zucker bevorzugt. Diese Gestelle konnten äußerst komplex gestaltet sein und kleine Holzgerüste beinhalten, auf denen Sockel aus Wachs oder Paraffin errichtet wurden.

Im Vorwort der zweiten Auflage seines *Guide culinaire* (1907) sprach sich der damals bereits berühmte Escoffier, der an der Seite von César Ritz im Londoner Carlton wirkte, angesichts der Anforderungen des modernen Lebens für die Vereinfachung des Services und der Präsentation aus:

> »Wir sind der Ansicht, dass wir unseren Kollegen einen Dienst erweisen, wenn wir sie dazu ermutigen, entschlossen – ohne ihre persönlichen Präferenzen zu opfern – nach Verbesserungen zu streben, die geeignet sind, den Service zu beschleunigen, ohne den Wert der Speisen zu beinträchtigen.«

Ein Plädoyer, das versuchte, den Respekt vor der Tradition mit den Ansprüchen der Kundschaft in Einklang zu bringen – hier sprach der Koch eines Luxushotels. Er trat für eine Reform der aufwendigen Präsentationen ein, die Zeit in Anspruch nahmen und den Service erschwerten.

Der technische Fortschritt

Die Liste der technischen Innovationen im industriellen Zeitalter, die sich direkt oder indirekt auf den Küchenalltag auswirkten, ist lang: die Konservenherstellung, die Einführung des Rübenzuckers, der Transport durch die Eisenbahn usw. Die Einführung des gusseisernen Herdes, der in der Küche die gemauerten *potagers* ersetzte, kam einer Revolution gleich. Die mit Kohle befeuerten Herde waren mit mehreren Kochfeldern und einem integrierten Backofen ausgestattet, wodurch sie schneller und gleichmäßiger garten. Diese in Serie gefertigten Geräte, die sich schnell verbreiteten, waren aus den Küchen der Hotels und Restaurants nicht mehr wegzudenken.

So trug der Herd zur Weiterentwicklung der Zubereitungstechniken bei, was sich auf die Küchenpraxis, aber auch auf die Speisen selbst auswirkte.

Unter schwierigen Bedingungen

Das 19. Jh. war zweifellos das goldene Zeitalter der französischen Küche, doch hinter den Kulissen herrschten katastrophale Arbeitsbedingungen.

Im Jahr 1888 veröffentlichten zwei Ärzte einen kritischen Artikel über die beklagenswerten Zustände in den Pariser Restaurantküchen. Darin prangerten sie die übermäßige Hitze an, die von den Herden und Gasbrennern ausging; sie blieben den ganzen Abend eingeschaltet, wenn das natürliche Licht nicht ausreichte, sogar tagsüber. Die Küchen waren oft zu klein und schlecht belüftet, sodass die Küchenbrigade während ihres 14–15 Stunden langen Arbeitstags, unterbrochen von nur einer kurzen Pause am Nachmittag, ständig abgestandene, feucht-heiße Luft atmete.

Schlecht ablaufendes Spülwasser verursachte zusätzlich üble Gerüche, und die Kontamination von Lebensmitteln, die der heißen, verbrauchten Küchenluft ausgesetzt waren, führte zum vermehrten Verderb der Vorräte.

Ende des »service à la française«

Eine bedeutende Veränderung war der russische Service: Bereits portionierte Speisen werden nacheinander serviert, während im französischen Service viele Speisen gleichzeitig kommen. Bereits 1822 hatte Antonin Carême im *Maître d'hôtel français* beide Verfahrensweisen verglichen. 1856 veröffentlichten Dubois und Bernard *La cuisine classique, études pratiques, raisonnées et demonstratives de l'école française appliquée au service à la Russe* (»Die klassische Küche, praktische, begründete und anschauliche Studien der französischen Schule, angewandt auf den russischen Service«). Ein vielsagender Titel, doch obwohl man versuchte, beide Schulen zu vereinen, markiert das Werk eine Hinwendung zum russischen Service, der sich in den folgenden Jahrzehnten durchsetzen sollte. Alexandre Dumas mochte in seinem *Grand dictionnaire* (1873) noch so oft ausrufen: »Verdammt sei der *service à la russe*«, die Würfel waren gefallen.

Historiker Jean-Louis Flandrin wand zumindest ein, dass die Reihenfolge beibehalten worden sei. Dementsprechend stand das festliche Abendessen in den 1950er-Jahren in der Tradition des *service à la française*: Gemüse separat nach dem Braten serviert, gefolgt von kalten Gerichten wie Aspik oder Foie gras.

Restaurants – eine Pariser Erfindung

Im frühen 18. Jh. war ein Restaurant in Frankreich kein Ort, an dem man sich satt aß, sondern wo man eine kräftige Fleischbrühe (*Consommé*) zu sich nahm, an der man sich stärkte [frz. *se restaurer*].

Véry, im Palais-Royal. Diese Aquarellzeichnung von John Nixon aus dem Jahr 1803 ist wahrscheinlich die älteste detaillierte Darstellung des Inneren eines Restaurants.

Mathurin Roze de Chantoiseau

Im Jahr 1769 machte Unternehmer Mathurin Roze de Chantoiseau in seinem *Essai sur l'almanach générale d'indification d'adresse personnelle et domicile fixe* Werbung in eigener Sache und lud die Leserschaft ein, sein Etablissement zu besuchen:

> »Monsieur Roze, erster *restaurateur*, ehemals in der Rue des Poulies, betreibt heute sein unter dem Namen Maison de Santé bekanntes Lokal im Hôtel d'Alige in der Rue Saint-Honoré, wo er mit gleichem Erfolg die wahren Consommés, Restaurants oder Bouillons de Prince genannt, Cremes mit Reis und mit Grütze aus der Bretagne, fett oder mager, sowie Makkaroni, frische Eier, Kapaun mit grobem Salz, Kompotte, natürlichen Burgunderwein und andere, ebenso gesunde wie delikate Speisen von bester Qualität verkauft und in die Stadt liefert, und das zu einem festgesetzten und angemessenen Preis.«

Mit dieser Annonce erklärt sich Roze, ohne sich dessen bewusst zu sein, selbst zum Erfinder des Restaurants. Andere Quellen untermauern diese Behauptung und sein Maison de Santé in der Rue de Poulies, das 1766 oder 1767 seine Türen öffnete und im 19. Jh. beim Bau der heutigen Rue de Louvre verschwand, darf durchaus als das erste Restaurant gelten. Roze war kein Koch, er war Unternehmer. Und das mit Erfolg, denn schon bald zog er ins benachbarte Hôtel d'Alige um, ein Gebäudekomplex, der sicherlich noch größeren Eindruck machte.

Radikal neuer und einzigartiger Ort

Nicht genug, dass man sich allein an den stärkenden *restaurants* gütlich tat, denn schnell, um nicht zu sagen sofort, ging das Angebot weit über die belebenden Brühen hinaus, wie die Annonce von Roze beweist. Worin unterschieden sich diese Betriebe vom *traiteur*, dem klassischen Caterer, der nicht nur auslieferte, sondern auch zum Verzehr vor Ort anbot? Nun, der *restaurateur* war Luxus und vereinte nachgefragte Merkmale: die gute Führung des Lokals, die Qualität des Essens, die glanzvolle Einrichtung und ... hohe Preise. Eine Anzeige von Jean-François vom 6. Juli 1767 brachte es auf den Punkt – wenig überraschend, dass er dennoch die moderaten Preise lobte. Sein Geschäft in der Rue de Grenelle, »das weder einem Café noch einem Gasthaus ähnelt«, bestand aus einem Saal im Erdgeschoss, »groß und dekoriert«, und Salons im Obergeschoss:

Feine Dame an der Theke eines Restaurants, ca. 1828 (Charles Philipon, Lithografie)

»Ein Maître d'Appartement trägt dafür Sorge, dass der Service mit größter Sauberkeit und Schnelligkeit erfolgt. Neben einer Vielzahl von Leuchtern im Saal werden die Tische von Kerzen erhellt, es wird ausschließlich Wasser aus dem königlichen Brunnen serviert, auf Wunsch sogar auf Eis, ganz ohne Aufpreis. Die Appartements sind im Sommer angenehm kühl und im Winter wohlig warm.

Die niedrigen Preise, der schnelle Service, die Sauberkeit der Vasen und der Bedienung vereinen alle Annehmlichkeiten fürs Publikum. Die Dienerschaft ist hier vor den Unbilden des Wetters geschützt; man kann aus der Kutschentür direkt hinaufgehen. Über dem Saal hängt eine Straßenlaterne mit der Aufschrift *aliments* [›Nahrung‹].

In den öffentlichen Raum verpflanzter Speisesaal des Adels

> Neben den ausgezeichneten *restaurants*, die aus Sorge vor Rauchgeruch oder dem Geschmack von Aufgewärmtem immer im Wasserbad heiß stehen, kann man Grütze aus der Bretagne, Reiscreme mit Fett und Orangenblütenwasser, Grieß, frische Eier, Kapaun mit grobem Salz, Gebäck aus dem Palais Royal, Obst der Saison, Konfitüren von den berühmtesten Orten, feine Butter, Rahmkäse und Gerichte mit feinen Kräutern bestellen.«

Ein weiterer Luxusaspekt war der individuelle Service, den ein *restaurateur* bot: Man aß zu jeder Tageszeit, stellte das Menü mithilfe einer Speisekarte zusammen, auf der die Speisen und ihre Preise verzeichnet waren, und begab sich allein oder in Begleitung in den großen Speisesaal oder in einen der unterschiedlich großen Privaträume. Kurz gesagt, der Gast wählte: seine Zeit, seine Speisen und seine Begleitung. Das Restaurant war ein in den öffentlichen Raum verpflanzter Speisesaal des Adels. Diderot, der die charmante Gastwirtin in der Rue de Poulies schätzte, tauchte dort ab September 1767 regelmäßig auf: »Man isst allein. Jeder hat sein kleines Kabinett, wohin einen die Aufmerksamkeit [der schönen Hostess] begleitet. Sie erscheint, um selbst zu sehen, dass es Ihnen an nichts fehlt; das ist wunderbar, und es will mir scheinen, als ob es zu aller Zufriedenheit ist.« Er bedauerte lediglich, dort »teuer behandelt« zu werden. Roze verkündete, »feine & delikate Mahlzeiten für 3–6 Livre pro Person« zu servieren. Ein Pariser Arbeiter verdiente damals etwa 20 Sols (1 Livre) pro Tag – Diderots Einkommen betrug damals 4000 Livre pro Jahr.

Viele Innovationen und vermeintliche Besonderheiten des Restaurants waren in Wirklichkeit bereits früher entstanden. Es wäre übertrieben zu behaupten, der Stammtisch mit seinen Einschränkungen – man musste das Essen mit Fremden teilen, war an feste Zeiten und bestimmte Menüs gebunden – sei vor dem Restaurant die einzige Option gewesen. Bereits während des Ancien Régime boten clevere Caterer Mahlzeiten vor Ort an. Auch die Möglichkeit, Speisen auszuwählen, gab es schon. Es ist nicht bekannt, ob es Roze war, der die Speisekarte einführte, doch ein Beleg für ihre zeitnahe Verbreitung ist in jedem Fall die Tatsache, dass in einem Theaterstück von 1769 eine Figur laut das Menü vorliest.

Trotz der kleinen Wermutstropfen machten die Kombination all dieser Elemente und ihre Systematisierung das Restaurant zu einem neuen und einzigartigen Ort. Ein *traiteur* musste dieses Konzept zumindest teilweise übernehmen, um sich fortan (*traiteur-*)*restaurateur* zu nennen. Die durchs Restaurant neue Gewohnheit, außer Haus zu essen, entwickelte sich zu einer Freizeitbeschäftigung, einer neuen Form des gesellschaftlichen Lebens und zu einem Ritual der städtischen Bevölkerung.

Pariser Restaurateure

Rund um den Louvre und die Rue Saint-Honoré schien die bevorzugte Gegend für die ersten Restaurants zu sein. Als 1780 in der Nähe das neue Palais-Royal seine Tore öffnete und das Geschäftsleben mit Unterhaltung einzigartig miteinander verband, fanden auch die *restaurateure* ihren Platz. Das Palais-Royal wurde zum Gastro-Herzen der Stadt. Das *Tableau du nouveau Palais-Royal* des Schauspielers und Schriftstellers Mayeur de Saint-Paul berichtet 1788 darüber. Die bekanntesten *restaurateure*: La Barrière, Huré, La Taverne anglaise (Antoine Beauvilliers) und La Grotte Flamande.

Aus der Fülle an Informationen, die Mayeur de Saint-Paul in seinem Text liefert, sticht seine spöttische Definition des Restaurateurs hervor: ein *traiteur*, der unbezahlbare Preise verlangt und mit einem modischen Begriff bezeichnet wird. Noch präziser heißt es im *Almanach du Palais-Royal* aus dem Jahr 1785, Restaurateure seien »*traiteure*, die Speisen zu jedem Preis über drei Livre anbieten«.

Eine post-revolutionäre Einrichtung?

Hat die Revolution das Aufblühen dieser aufstrebenden Branche gebremst? Ganz im Gegenteil. Glaubt man

Die durchs Restaurant entstandene neue Gewohnheit, außer Haus zu essen, entwickelte sich zu einer Freizeitbeschäftigung, einer neuen Form des gesellschaftlichen Lebens.

Grimod de La Reynière im Jahr 1803, so trugen die turbulenten Zeiten sogar zum Aufstieg des Restaurants bei, da viele Köche ihre Arbeit verloren. Nachdem sich ihre adeligen Arbeitgeber ins Exil abgesetzt hatten, machten sich angeblich zahlreiche Köche selbstständig. Eine Erklärung, die seither häufig wiederholt wurde und höchst umstritten ist, da diese Dynamik bereits vor der Revolution eingesetzt hatte. Grimod schätzte 500–600 »Händler des guten Essens« gegenüber weniger als hundert im Jahr 1789. Eine zuverlässige Schätzung ist schwierig, doch verzeichnete der *Almanach du commerce* von Paris in jener Zeit in der Rubrik *traiteur-restaurateur* jedes Jahr etwa 150 Adressen. Im Jahr 1823 zählten die äußerst verlässlichen statistischen Erhebungen der Stadt Paris 927 *restaurateurs, traiteurs, aubergistes et gargottiers.*

Die stetig steigende Zahl der Adressen ist auch darauf zurückzuführen, dass die Bezeichnung »Restaurant«, die allmählich den Begriff »Restaurateur« verdrängte, für eine breitere Palette an Betrieben galt. Bereits in den 1770er-Jahren zeichnete sich eine erste Hierarchie zwischen den »À-la-carte«-Restaurants am oberen Ende der Skala, in denen der Gast seine Gerichte auswählte, und den Lokalen mit Festpreisen ab. Ein Führer aus dem Jahr 1807 vermerkte, dass die Preise in Häusern mit Festpreis bei 1,50–12 Francs pro Kopf lagen; das Angebot passte sich also der Kaufkraft der Klientel an.

In einem Lokal im Palais-Royal um 1815 (Zeichnung von George Emmanuel Opitz)

Auf zu den Grands Boulevards!

Als Grimod 1803 seine »Lebensmittel-Route«, einen kulinarischen Spaziergang im Herzen von Paris, absteckte, erwähnte er die beiden Lokale der Gebrüder Véry in den Tuilerien und im Palais-Royal, Le Cacque (in den Tuilerien) und Les Frères Provenceaux (»berühmt für Ragouts mit Knoblauch und ihre exzellenten Brandades mit Stockfisch«) im Palais-Royal, sowie das Léda in der Rue Neuve-Petits-Champs und Le Rocher de Cancale in der Rue Montorgueil, berühmt für seine Austern. Das Restaurant, ein zentraler Ort des Pariser Lebens, war zur Institution geworden.

Doch die ab Ende 1820 ergriffenen Maßnahmen gegen den Kundenfang und die Schließung der Spielhallen im Jahr 1837 versetzten dem Palais-Royal einen schweren Schlag. Les Frères Provenceaux (von den Gebrüdern Véry) schlossen zwar nicht die Türen, standen jedoch nicht mehr im Rampenlicht. Die Grands Boulevards wurden zum neuen Zentrum des Pariser Partylebens und der gehobenen Gastronomie: der Bd du Temple mit Le Cadran bleu, vor allem aber der Bd des Italiens mit Café Riche (Nr. 16), Café Anglais (Nr. 13) und La Maison dorée (Nr. 20). Adressen, die zum Teil schon etabliert waren, sich nun aber einen neuen Ruf erarbeiteten. Talentierte Köche waren nicht alles, der Erfolg eines Restaurants hing auch von seiner Lage ab. Diese »Cafés« profitierten vom glitzernden Wohlstand der Boulevards. Was andere im Laufe des Jahrhunderts nicht daran hinderte, auch andernorts zu reüssieren: Café Voisin (Rue Saint-Honoré), Philippe (Rue Montorgueil), Peters (Bd des Capucines), Brébant-Vachette (Bd Poissonière) …

Séparées und schlechtes Essen

In den 1850er-Jahren gab es in Paris (1,2 Millionen Einwohner) 400 *restaurateurs* und *traiteurs*. In seinem *Paris*

Die Küchen des Café Riche in Paris, 1865

à table (1846) entwarf Eugène Briffault folgendes Panorama: »Wir werden die Restaurants in Paris in drei Klassen unterteilen; jenseits davon existiert nur noch ein wirres Durcheinander; unten herrscht Finsternis und noch weiter unten das Chaos mit hässlichen Kloaken.« Und weiter in den Niederungen: »Die Restaurants der vierten Ordnung, die jenen sehr nahe kommen, die sich jeder Einordnung entziehen.« Bei diesen Lokalitäten sprach man nicht mehr von »Restaurant«, sondern von *gargote* (»Spelunke«), eine Bezeichnung, die auch in den offiziellen Statistiken verwendet wurde. Es gab deren etwa 1200.

Der Autor einer *Promenade gastronomique dans Paris* (»Kulinarischer Spaziergang durch Paris«) äußerte 1833 die Ansicht, dass es die privaten Séparées waren, durch die sich À-la-carte-Restaurants von jenen mit Festpreis unterschieden. Auch die berühmten Etablissements auf den Boulevards verdankten ihr Renommee, kulinarische Verdienste hin oder her – zunächst? – ihren Séparées.

Das Séparée, heute kaum vorstellbar, war damals gesellschaftlich akzeptiert für sozialen Umgang der mehr oder weniger betuchten Männer. Ob Etablierte oder junge Nachtschwärmer, ob verheiratet oder ledig, »Mann« suchte das Séparée auf, sei es mit der Geliebten, einer Bekanntschaft oder einer Dame aus der Halbwelt, zu zweit oder in Gruppen – Fleischeslust vor guter Küche.

Über die nun zahlreichen Restaurants mit Festpreis in der Umgebung des Palais-Royal hieß es im *Guide pittoresque de l'étranger dans Paris* (1848): »Man kann dort, Wein inbegriffen, für 2 Francs 50, 2 Francs, 1 Franc 50, 1 Franc 25, ja sogar für 1 Franc 10 speisen. Für Letzteren dieser Preise bekommt man eine Suppe, zwei Gerichte nach Wahl, ein Dessert, Brot nach Belieben und eine Karaffe Wein!«

Der Schriftsteller Paul de Kock fragte spöttisch, wie man behaupten könne, mit einer Mahlzeit für 1,25 Francs noch Gewinn zu erzielen. Er vermutete unlautere Praktiken:

> »Das muss mit einer geheimnisvollen Alchemie zu tun haben, die allein die Dämonen kennen, die sie den Sterblichen verkaufen; ich bin umso mehr geneigt, dies anzunehmen, als ich, nachdem ich an diesem Ort ein Steak verzehrt hatte, diesen wundersamen Geruch von verbranntem Leder zu gewahren glaubte, der gewöhnlich von der Anwesenheit des Teufels kündet.«

Diese Rangordnung bestand das ganz Jh. hindurch. Eine offizielle Zählung im Jahr 1839 ermittelte 650 »À-la-carte«-Restaurants, darunter 60 von »erstem Rang«. Die renommiertesten boten eine »Grande Carte«, eine endlose Liste von Speisen, deren Preise nicht die Vulgarität besaßen, genannt zu werden. Es folgten 600 Restaurants mit Festpreis, in denen die Mahlzeit 1–1,75 Francs kostete, 400 Bouillons und 700–800 »Wein-Restaurant-Lokale«, die einer einfachen Klientel vorbehalten waren. Diese Berechnungen, so zuverlässig sie auch sein mögen, geben sicher nicht annähernd die Vielfalt der Bewirtungsbetriebe wieder: vom Café bis zur Taverne, von der Brasserie bis zur Crèmerie, vom Stammtisch bis zum Bouillon.

Die »Cafés« auf den Boulevards existierten noch immer; gerade dort lag die Rechnung am schwersten im Magen: 15–20 Francs für Brathähnchen und 30–40 Francs für getrüffelte Poularde, notierte ein Führer aus dem Jahr 1900. Ihr Glanz verblasste; andere Gourmet-Hochburgen gewannen an Strahlkraft, vor allem im Westen der Stadt, am Bois de Boulogne (Le Pavillon d'Armenoville, Le Château de Madrid, Le Restaurant de la Cascade) und auf den Champs-Élysées (Cubat, Chevillard). Die Place de la Madeleine zog ebenfalls Feinschmecker an (Larue, Durand, Lucas). Auch andere Viertel setzten neue Glanzpunkte: Prunier (Rue Dupont) oder am linken Seine-Ufer La Tour d'Argent und Lapérouse.

Ein Restaurantbesuch um 1840

Stieß ein Gast die Tür eines renommierten Hauses auf, wurde er von einem Kellner platziert, der ihm die Karte aushändigte. Diese war anfangs von großem Format. Eines der ältesten erhaltenen Exemplare aus den frühen 1790er-Jahren des Restaurants Véry ist 52,5 cm hoch und 37 cm breit. Das sollte einige Jahrzehnte später anders aussehen.

Der Romancier Paul de Kock lobte 1834 die Einführung »kleiner Heftchen«, in denen die Speisen übersichtlich und zweckdienlich geordnet waren. Man bestellte die Gerichte nach und nach über die gesamte Dauer des Essens. Es wurde eine Portion aufgetragen – die für zwei Personen reichte – und wenn der Appetit danach verlangte, folgte die nächste Bestellung.

Der Gast tranchierte, portionierte und bediente seine Begleitung. Nach Beendigung des Festschmauses präsentierte der Kellner die *carte de dépenses* (»Auslagenkarte«) – der Begriff *addition* (»Rechnung«) begann sich gerade erst durchzusetzen. Die Dame am Tresen fertigte sie aus, zu begleichen war sie direkt bei ihr oder beim Kellner, dem man in jedem Fall ein Trinkgeld hinterließ.

Mahlzeiten in Häusern mit Festpreis lagen bei 1,50–12 Francs, angepasst an die Kaufkraft der Klientel.

Für die Geschichte des Restaurants ist eine sich ständig wandelnde Landkarte zu zeichnen, von Aufstieg und Niedergang zu berichten. Unmöglich, alle Häuser zu würdigen, die im Laufe des 19. Jh. die französische Gastronomie gestaltet, erneuert und das kulinarische Renommee von Paris und Frankreich begründet haben.

Das Café de Paris, Avenue de l'Opéra, 1878
(Illustrationen in *Le Monde illustré*)

Antoine Beauvilliers, erster Star-Restaurateur

Antoine Beauvilliers wird oft als der erste Gastronom dargestellt, der Geschichte schrieb, Betreiber des ersten »Grand Restaurant«. Ein sicher etwas vorschnelles Urteil, nichtsdestotrotz ist ihm dieser Status zugefallen, seit Brillat-Savarin ihn in seiner *Physiologie des Geschmacks* (1825) rühmte.

La Taverne anglaise

Nachdem er in Diensten des künftigen Königs von Frankreich, Ludwigs VIII., gestanden hatte, beschloss Beauvilliers sich selbstständig zu machen und ließ sich wahrscheinlich zwischen 1786 und 1787 mit 30 Jahren in den Arkaden 140–142 im neuen Palais-Royal nieder.

Im ersten Geschoss befand sich ein »Speisesaal« und im Untergeschoss die »Englische Taverne«, die in kleine, mit bemaltem Gitterwerk und Rocaillen verzierte Séparées unterteilt war.

Während der Revolution wurde die »Taverne«, die in anderen historischen Dokumenten auch als »Taverne de Londres« bezeichnet wird, zeitweise zur Grande Taverne de la République – und diese Namen scheinen sich sowohl auf den Saal im Obergeschoss als auch auf das Kellergewölbe bezogen zu haben. Einige dunkle Stellen hat die Vita Beauvilliers in diesen Jahren. Er verließ die Örtlichkeiten (1795?), bevor er 1798 in der nahe gelegenen Rue Richelieu, damals Rue de Loi, ein neues Lokal eröffnete, das, wie er in den Zeitungen ankündigte, »an Schönheit und Annehmlichkeiten jenes übertrifft, das er früher bewohnte «. Der englische Autor William Blagdon zeichnete ein sehr lebendiges Bild (1801 im Dezember):

> »Im ersten Stock eines großen Stadtpalais, das früher vielleicht von einem Steuerpächter bewohnt wurde, betritt man eine Reihe von Appartements, die mit Arabesken und großen Spiegeln in einem ebenso eleganten wie prachtvollen Stil dekoriert sind und in denen die Tische für große und kleine Gruppen vollständig eingedeckt sind. Im Winter werden die Räumlichkeiten durch zierreiche Öfen beheizt und durch Öllampen (eine Art Argand-Lampe) beleuchtet. Sie bieten für zweihundertfünfzig bis dreihundert Personen Platz; zu dieser Jahreszeit speisen dort im Durchschnitt täglich zweihundert Personen. Im Sommer sinkt die Zahl der Gäste aufgrund der Verlockungen des Landes und der Vergnügungspartien rund um die Hauptstadt erheblich.«

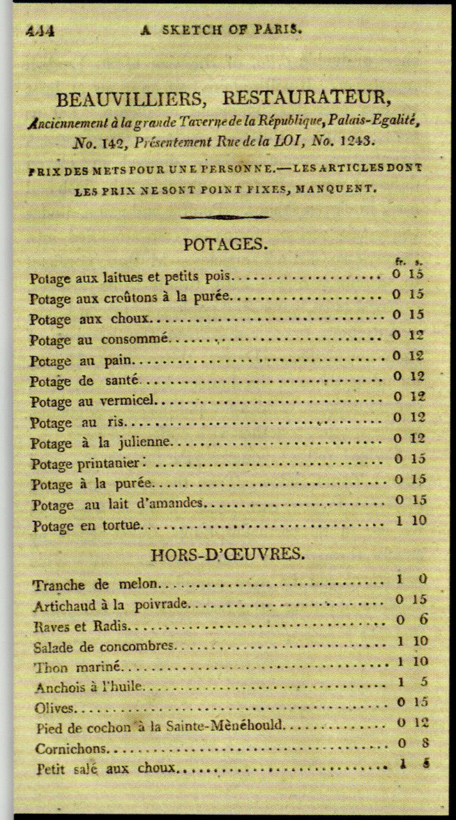

444 A SKETCH OF PARIS.

BEAUVILLIERS, RESTAURATEUR,

Anciennement à la grande Taverne de la République, Palais-Egalité, No. 142, Présentement Rue de la LOI, No. 1243.

PRIX DES METS POUR UNE PERSONNE.—LES ARTICLES DONT LES PRIX NE SONT POINT FIXES, MANQUENT.

POTAGES.

	fr.	s.
Potage aux laitues et petits pois	0	15
Potage aux croûtons à la purée	0	15
Potage aux choux	0	15
Potage au consommé	0	12
Potage au pain	0	12
Potage de santé	0	12
Potage au vermicel	0	12
Potage au ris	0	12
Potage à la julienne	0	12
Potage printanier	0	15
Potage à la purée	0	15
Potage au lait d'amandes	0	15
Potage en tortue	1	10

HORS-D'ŒUVRES.

Tranche de melon	1	0
Artichaud à la poivrade	0	15
Raves et Radis	0	6
Salade de concombres	1	10
Thon mariné	1	10
Anchois à l'huile	1	5
Olives	0	15
Pied de cochon à la Sainte-Mènéhould	0	12
Cornichons	0	8
Petit salé aux choux	1	5

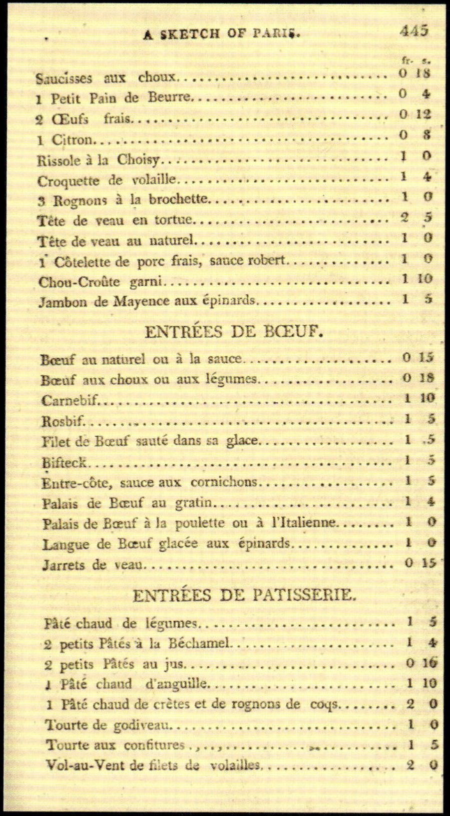

A SKETCH OF PARIS. 445

	fr.	s.
Saucisses aux choux	0	18
1 Petit Pain de Beurre	0	4
2 Œufs frais	0	12
1 Citron	0	8
Rissole à la Choisy	1	0
Croquette de volaille	1	4
3 Rognons à la brochette	1	0
Tête de veau en tortue	2	5
Tête de veau au naturel	1	0
1 Côtelette de porc frais, sauce robert	1	0
Chou-Croûte garni	1	10
Jambon de Mayence aux épinards	1	5

ENTRÉES DE BŒUF.

Bœuf au naturel ou à la sauce	0	15
Bœuf aux choux ou aux légumes	0	18
Carnebif	1	10
Rosbif	1	5
Filet de Bœuf sauté dans sa glace	1	5
Bifteck	1	5
Entre-côte, sauce aux cornichons	1	5
Palais de Bœuf au gratin	1	4
Palais de Bœuf à la poulette ou à l'Italienne	1	0
Langue de Bœuf glacée aux épinards	1	0
Jarrets de veau	0	15

ENTRÉES DE PATISSERIE.

Pâté chaud de légumes	1	5
2 petits Pâtés à la Béchamel	1	4
2 petits Pâtés au jus	0	16
1 Pâté chaud d'anguille	1	10
1 Pâté chaud de crêtes et de rognons de coqs	2	0
Tourte de godiveau	1	0
Tourte aux confitures	1	5
Vol-au-Vent de filets de volailles	2	0

Links: In *Paris as it was and as it is* (1803) erliegt Francis Blagdon der Versuchung, die Karte von Beauvilliers in ihrer Gesamtheit zu präsentieren.

Gegenüber: Titelseite des *L'Art de cuisinier* von Antoine Beauvilliers, 1814

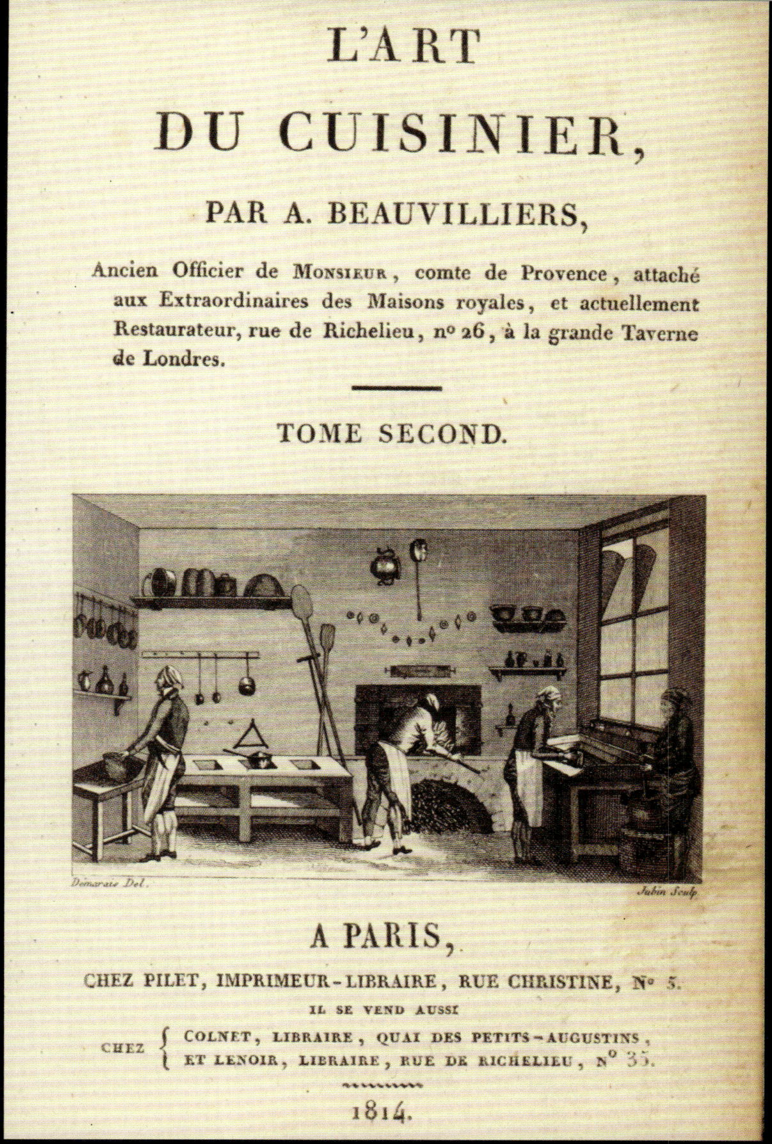
L'ART

DU CUISINIER,

PAR A. BEAUVILLIERS,

Ancien Officier de MONSIEUR, comte de Provence, attaché aux Extraordinaires des Maisons royales, et actuellement Restaurateur, rue de Richelieu, nº 26, à la grande Taverne de Londres.

TOME SECOND.

Demarais Del. Jubin Sculp.

A PARIS,

CHEZ PILET, IMPRIMEUR-LIBRAIRE, RUE CHRISTINE, Nº 5.

IL SE VEND AUSSI

CHEZ { COLNET, LIBRAIRE, QUAI DES PETITS-AUGUSTINS, ET LENOIR, LIBRAIRE, RUE DE RICHELIEU, Nº 35.

1814.

Essenszeiten

Als Francis William Blagdon bei Beauvilliers Platz nahm, stand der große Andrang noch bevor: »Es ist kaum fünf Uhr vorbei, doch um sechs wird es keinen freien Platz mehr geben.« Das ist nicht überraschend, wenn man Grimod de La Reynières *Manuel des Amphitryons* (1808) Glauben schenkt: »Seit man in Paris um fünf, sechs oder sieben Uhr abends diniert, ist das Mittagessen zu einer richtigen Mahlzeit geworden.«

Restaurants waren zunächst Orte, an denen man zu Abend aß, doch wandelten sich in jenen Jahren die Essenszeiten. In den 1800er-Jahren nahm zumindest die Pariser Elite die erste Nahrung des Tages, das *déjeuner* (künftig *petit-déjeuner*, »Frühstück«) nach dem Aufstehen ein, nichts Reichhaltiges, vielleicht einen Milchkaffee. Es folgte am späten Vormittag oder um die Mittagszeit ein zweites *déjeuner* in Form einer richtigen Mahlzeit, während sich das *dîner*, ehemals das Mittagessen in den späten Nachmittag zwischen 17 und 18 Uhr verschob. Das *souper* (Abendessen) bestand für die Elite der Hauptstadt aus kalten Speisen, die gegen ein Uhr nachts eingenommen wurden – nach der Theatervorstellung oder während des Balls.

Das Angebot folgte der Nachfrage, es entstand das *déjeuner à la fourchette* (»Gabelfrühstück«). Es wird dem Café Hardy am Bd des Italiens, insbesondere Madame Hardy, zugeschrieben: »Ihre Koteletts kommen in Mode, ganz Paris eilt zu ihr, sie ist in aller Munde. Einige Zeit später fügt man diesen beiden [Koteletts und Nieren] alles hinzu, was gegrillt werden kann: Boudin, Würstchen, Steaks; […] und macht eine Art *dîner* daraus.« (*Paris et ses modes, ou les Soirées parisiennes*, 1803) – das moderne Mittagessen nahm Gestalt an, hier in einer Luxusversion. Viele Cafés wurden zu Restaurants.

Endlose Karte, reibungsloser Service

Im ersten Raum sitzt Madame Beauvilliers auf einem Hochstuhl, der umzäunt von einer Barriere auf einem kleinen Podest steht. Blagdon setzt sich in eine Ecke, um alles im Blick zu haben: »Herr Ober, die Karte!« »Sie liegt vor Ihnen, mein Herr!« Gütiger Himmel! Die Karte hat die Größe zweier Folios, wie eine englische Tageszeitung. Es würde mindestens eine halbe Stunde dauern, diesen umfangreichen Katalog durchzublättern. Wir zählen dreizehn verschiedene Suppen, zweiundzwanzig Vorspeisen, elf Rindfleischgerichte, elf Blätterteigpasteten mit Fisch, Fleisch und Geflügel, zweiunddreißig Gerichte mit (Feder-)Wild. Lediglich siebzehn mit Hammelfleisch, zweiundzwanzig mit Kalb, dreiundzwanzig verschiedene Fischgerichte und fünfzehn mit Fleischbraten oder Wild(-Geflügel). Es gibt einundvierzig Zwischengerichte und neununddreißig Desserts. Dazu zweiundfünfzig Weine, einschließlich Likörweine, sowie Bier und zwölf Liköre zu Eis und Kaffee.

Blagdon beschreibt Beauvilliers als allgegenwärtig, stets auf der Lauer, auch damit die geölte Maschinerie des Betriebs und das Ballett der Kellner mit ihren »taillierten Jacken und weißen Schürzen« nicht ins Stocken geraten. Andere erwähnen sein Geschick, den Gästen zu schmeicheln und sie dadurch zum Konsumieren zu animieren.

Seine Grande Taverne de Londres war jahrelang gut besucht. Der Name Beauvilliers flößte Respekt ein. Im Jahr 1814 veröffentlichte er das zweibändige *L'Art du cuisinier*, das von vielen als Standardwerk begrüßt wurde. 1816 zog er sich zurück und überließ das Restaurant seinem Schüler Gauthier, einem langjährigen Weggefährten. Doch starb er im Januar 1817 an einem »plötzlichen Schlaganfall, während er ein Glas Wasser trank« (*Journal des débats politiques et littéraires*, 3. Feb. 1817)

Véry – die große Stunde des Palais-Royal

Die frühe Laufbahn von Jean-Baptiste und Jean-François Véry ist kaum dokumentiert. Die Brüder stammten aus dem heutigen Departement Meuse, angeblich aus ärmlich-bäuerlichen Verhältnissen, bevor ihre steile Karriere in Paris begann. Zumindest verfügten sie über das Kapital, um im Juli 1787 die Arkaden 83–85 im Palais-Royal (heute Galerie de Beaujolais) zu kaufen, wo sie wohl im Jahr darauf ihr Restaurant eröffneten.

Zwei Restaurants binnen kurzer Zeit

Die Zeit der Revolution verlief für die Vérys keineswegs ruhig, dennoch gelang es ihnen, sie ohne größere Schwierigkeiten zu überstehen. Während des Terrors speisten sogar Mitglieder des Wohlfahrts- und des Sicherheitsausschusses bei ihnen und gaben keine geringen Summen aus. Der Journalist Jean-Baptiste Selièque bezeugte 1799 auf seiner *Voyage autour des galeries du Palais-Égalité* den »glänzenden Ruf« des Hauses, in dem er nach der Karte fragte, um Speisen zu bestellen, deren Namen »zum ersten Mal in [s]einem Ohr klangen«:

> »[…] eine Flasche Richebourg; dann eine Frühlingssuppe; dann Schweinsfuß *à la Sainte-Menehould*; dann ein Karis *à l'américaine*; dann zwei kleine Pasteten mit Béchamel; dann Lachsschnitzel; dann ein Kalbsohr in Automatensauce [sic]; dann *Épigramme* von der Lammbrust; dann ein Kotelett *à la Monglas*; dann Gemüse-*Macedoine*; dann *biscuit de Rouget* in der Form; dann ein Gläschen *Mirobolanty*.«

Hat unser Reisender das wirklich alles gegessen? Jedenfalls schwelgte er in der Flut der Speisen. Zu jener Zeit eröffneten die Brüder Véry auf der Terrasse des Feuillants am Rande des Jardin des Tuileries in einem vom Architekten Félix Leconte entworfenen neoklassizistischen Pavillon ein zweites Restaurant. Die vierte Ausgabe des *Almanach des gourmands* von Grimod war 1806 voll des Lobes:

> »Monsieur Véry bewohnt noch immer sein prächtiges Haus in den Tuilerien und wir können sein Lokal mit seinen Salons, seinen Séparées, seinen Küchen und all seinem Inventar als die schönste Restaurationseinrichtung ansehen, die es in Frankreich und vielleicht in ganz Europa gibt. Seine Art der Behandlung ist nicht weniger gewandt als zuvorkommend, und alles, was er serviert, zeugt von einem in seiner Kunst vollendeten Könner. Seine Weine entsprechen

Karikatur eines Gastes bei Véry (Honoré Daumier, 1844)

Ein Dîner bei Véry im Palais-Royal im Jahr 1822 (Zeichnung von George Cruikshank)

> in ihrer Auswahl der Güte seiner Küche und wenngleich die Preise hoch sind (was angesichts des geschmackvollen Ambientes auch nicht anders sein kann), so haben wir bereits im letzten Jahr bewiesen, dass sie nicht übertrieben sind. Dieses Restaurant ist dementsprechend vor allem für Generäle, reiche Feinschmecker und mehr noch für vermögende Ausländer geeignet.«

Eine Beschreibung, die sich mit den Kommentaren all derer deckte, die in diesem Gourmettempel Platz nahmen, allen voran ausländische Touristen. Man war verblüfft über das prachtvolle Ambiente. Sah man die Preise, verschlug es einem die Sprache. Für den *Almanach des gourmands* von 1810 waren sie der Grund für die nicht sehr zahlreiche Kundschaft des Restaurants in den Tuilerien, während das »in einem bescheideneren Ton« gehaltene Haus im Palais-Royal wohl deutlich stärker frequentiert wurde.

Das Ende in den Tuilerien

Im Jahr 1817 wurde der bereits seit vielen Jahren bautechnisch gefährdete Pavillon auf der Terrasse des Feuillants wegen Bauarbeiten in der Rue de Rivoli abgerissen. Kurz darauf übertrug Jean-François Véry die Adresse im Palais-Royal an seine drei Neffen, die Brüder Meunier – Jean-Baptiste verstarb 1809. Mitte der 1840er-Jahre übernahm ein Mann namens Neuhaus.

Das Restaurant, das seinen Namen beibehielt, erlebte sicherlich Höhen und Tiefen in einem Palais-Royal, das nicht mehr dasselbe war. Im Jahr 1825 beschrieb Horace Raisson in seinem *Nouvel almanach des gourmands* ein aus der Mode gekommenes Haus, das nur noch von vereinzelten Stammgästen frequentiert wurde. In seinem 1859 veröffentlichten *Portrait intime de Balzac* berichtete der Verleger Edmond Werdet 1834 von einem Abendessen mit dem Autor von *Das Tal der Lilien* bei Véry – dem »teuersten und vornehmsten Restaurant von Paris«. Trotz des Andrangs gelang es dem Kellner, einen Tisch für zwei Personen zu besorgen. Werdet staunte über den grenzenlosen Appetit des Schriftstellers:

> »Hier ist das Abendmenü, das er bestellte; es entspricht der exaktesten Wahrheit, ebenso wie

alles, was folgen sollte. Das Menü war für ihn allein bestimmt, ich litt unter einer akuten Gastritis und nahm nur Suppe und gebratenen Hähnchenflügel.

Hundert Ostender Austern;

Zwölf Koteletts vom Salzwiesenlamm;

Eine Jungente mit Rüben;

Ein paar gebratene Rebhühner;

Eine Seezunge auf normannische Art;

Nicht zu vergessen die Vorspeisen, Launiges wie Entremets, Früchte, allen voran Vereinsdechantbirnen, von denen er mehr als ein Dutzend verschlang; all das begossen mit feinen, delikaten Weinen der berühmtesten Lagen;

Kaffee und Liköre;

Alles wurde gnadenlos verschlungen!

Zurück blieben nur Knochen und Gräten!

Die Menschen um uns herum waren fassungslos.

Nie zuvor hatten sie einen so ungeheuren Appetit erlebt!«

Das Restaurant Véry stand vielleicht nicht mehr an der Spitze der Gastroszene, hielt sich aber noch drei Jahrzehnte, bevor es 1859 bankrottging. Im November des Jahres wurden »Tafelsilber, Mobiliar, Bronzen, Plaqué-Waren, Wäsche, Küchengeschirr, Porzellan, Kristall, Billard, Klavier, Wein und Likör« versteigert. Zwar kam es 1862 zu einem kurzen Versuch der Wiederbelebung, doch war es kaum mehr als ein Schwanengesang, denn – welch ein Frevel – das neue Véry war nunmehr ein Restaurant mit Festpreisen.

Die Dame an der Theke

Die Frau an der Theke war im 19. Jh. in den Restaurants – und den Cafés eine nicht wegzudenkende Figur. Der Engländer Francis William Blagdon, bekannter Autor des 1803 erschienenen Buches *Paris as it was and as it is*, zeichnete in seiner Beschreibung des Restaurants von Antoine

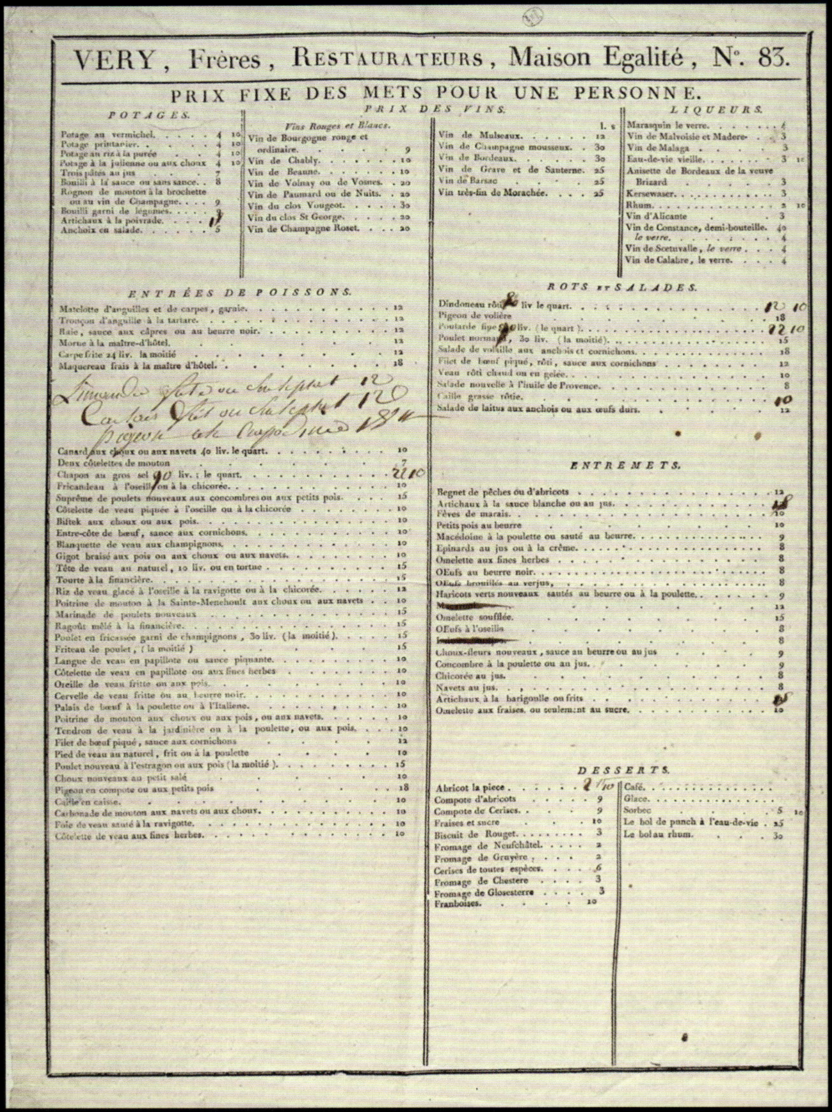

VERY, Frères, Restaurateurs, Maison Egalité, N°. 83.

PRIX FIXE DES METS POUR UNE PERSONNE.

POTAGES. | PRIX DES VINS. | LIQUEURS.

ENTRÉES DE POISSONS. | ROTS ET SALADES.

ENTREMETS.

DESSERTS.

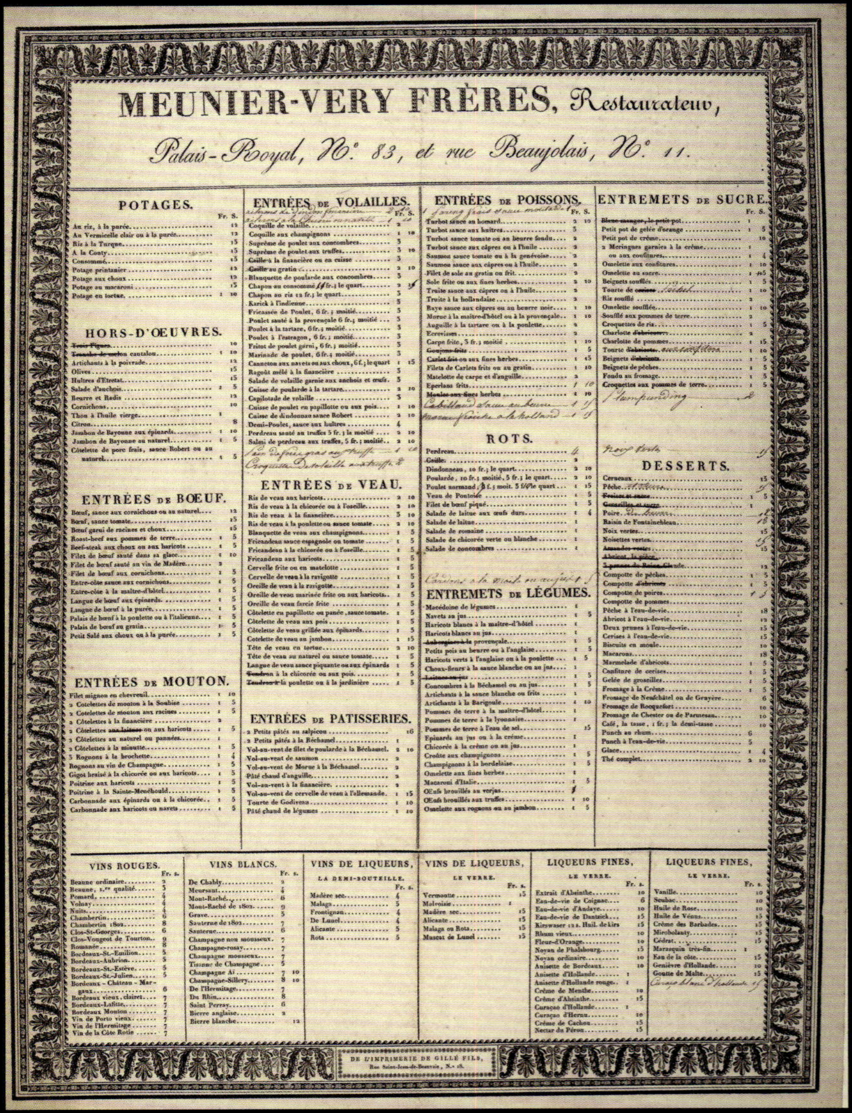

MEUNIER-VERY FRÈRES, Restaurateur,

Palais-Royal, N°. 83, et rue Beaujolais, N°. 11.

POTAGES. | ENTRÉES DE VOLAILLES. | ENTRÉES DE POISSONS. | ENTREMETS DE SUCRE.

HORS-D'ŒUVRES.

ENTRÉES DE BOEUF. | ENTRÉES DE VEAU. | ROTS. | DESSERTS.

ENTREMETS DE LÉGUMES.

ENTRÉES DE MOUTON. | ENTRÉES DE PATISSERIES.

VINS ROUGES. | VINS BLANCS. | VINS DE LIQUEURS, LA DEMI-BOUTEILLE. | VINS DE LIQUEURS, LE VERRE. | LIQUEURS FINES, LE VERRE. | LIQUEURS FINES, LE VERRE.

Speisekarte des Restaurants Meunier-Véry Frères, Ende der 1810er-Jahre

Madame Véry am Zahltisch (Thomas Rowlandson, (1756–1827) Aquarellzeichnung, 1814)

Beauvilliers in der Rue de Richelieu in *La Taverne anglaise* ein ironisches Porträt jener Thekendame:

> »Betritt man den ersten Raum, erhebt sich auf der linken Seite eine Art Thron, ähnlich dem Podest im großen Audienzsaal eines spanischen Vizekönigs. Dieser Thron ist von einer Barriere umgeben, um Eindringlinge auf gebührenden Abstand zu halten. Dort sitzt eine Dame, die man ob ihres majestätischen Ernstes und ihrer würdevollen Stattlichkeit für eine Kaiserin halten könnte, die im Geiste gerade die Angelegenheit ihres riesigen Reiches regelt.
>
> Diese respektgebietende Person ist Madame de Beauvilliers, deren wichtigste Aufgabe darin besteht, von den wartenden Herrschaften das an verschiedenen Tischen eingenommene Geld einzusammeln.«

Der Charme dieser Hostessen trug sicherlich nicht unwesentlich zum Ruf eines Restaurants bei. Die Reize der Madame Véry waren Gegenstand des allgemeinen Lobes – bei Véry erlebe man das »Vergnügen, eine schöne Frau mit den Augen zu verschlingen, die einen nicht ansieht«, scherzte ein Satiriker. Blagdon meinte, Madame Véry sei »zwar keine makellose Schönheit, jedoch das, was Franzosen einen schönen Frauenkörper nennen«.

Bei Véry erlebe man »das Vergnügen, eine schöne Frau mit den Augen zu verschlingen, die einen nicht ansieht«.

La Maison dorée – Pariser Luxus

Im Jahr 1839 entstand nach dem Abriss des Gebäudes, in dem sich am Boulevard des Italiens das berühmte Café Hardy befand, die Cité des Italiens, ein ambitionierter Gebäudekomplex im Neo-Renaissance-Stil. Das von dem Architekten Léopold Kaufmann entworfene Projekt umfasst mehrere Häuser und Fassaden, darunter eine an der Ecke Rue de Lafitte und Boulevard des Italiens, die besonders ins Auge fiel – Fenstereinfassungen, Balkone, verschiedene Verzierungen und Gold im Überfluss.

Das Renommee der Séparées

In dem neuen Gebäude öffnete 1841 das Restaurant de la Cité seine Türen, das aus offenkundigen Gründen sofort den Spitznamen Maison d'or oder Maison dorée (»Goldenes« oder »Vergoldetes Haus«) erhielt; binnen weniger Jahre wurde er zum offiziellen Namen. Leiter des Restaurants war Louis Verdier und zunächst auch ein gewisser Dauzier, dessen Name der Nachwelt bis heute jedoch kaum in Erinnerung blieb.

Auf dem Boulevard (Bd) des Italiens, dem gastronomischen Epizentrum von Paris, reihte sich eine exklusive Adresse an die nächste; u.a. waren sie bekannt für ihre privaten Séparées. Diejenigen des Maison dorée waren schnell berühmt, weshalb auch Autoren dort ihre Figuren unterbrachten – Eugène Sue, Ponson du Terrail, Villiers de L'Isle-Adam, Zola ... Ein Reiseführer von 1855 machte sich über die Aufregung eines Touristen lustig: »Wenn er am Maison dorée vorbeigeht, träumt er von nächtlichen Orgien, zügellosem Luxus, babylonischem Abendessen; allein die Worte ›private Séparées‹ lassen ihn erschauern.«

Im Erdgeschoss befanden sich mehrere Salons sowie der Hauptsaal. Dort speiste man sittsam. Um in eines der 17 Séparées im Zwischengeschoss zu gelangen, betrat man

La Maison dorée, Boulevard des Italiens (Edmond Texier, Gravur, erschienen in *Le Tableau de Paris*, 1852)

La Maison dorée, um 1840, Eugène Lami

das Gebäude nicht über den Bd des Italiens, sondern über die Rue Lafitte. Das lief folgendermaßen ab: Monsieur war möglicherweise bereits am Vortag erschienen oder ließ jemanden schicken, um eine Reservierung vorzunehmen, oder er versuchte einfach sein Glück und erschien mit einer Dame am Arm oder in Begleitung einer größeren Gruppe von Gefährten und ihren Freundinnen. Man stieg die Treppe hinauf und gelangte in einen Korridor, hinter dessen Wänden bereits Gelächter und Stimmengewirr erklangen.

Die Ausstattung der einzelnen Räumlichkeiten war im Wesentlichen immer ähnlich: Gaslaternen, Spiegel, ein Tisch, Stühle und – als ebenso sinnbildliches wie zweckdienliches Möbelstück – ein Diwan. Gelegentlich verlieh die Farbe des Wandbehangs dem Raum seinen Namen, so verfügte das Maison dorée über einen roten Salon. Die Séparées waren unterschiedlich groß, einige waren schmal und für das Tête-à-Tête bestimmt, andere waren deutlich geräumiger und konnten Dutzende Gäste beherbergen, wie der Grand Six, der berühmteste Salon des Maison dorée.

Graf de Maugny erinnerte sich 1892 in *Le demi-monde sous le second empire: souvenirs d'un sybarite* (»Die Halbwelt im Zweiten Kaiserreich: Erinnerungen eines Genießers«) an die außerordentliche Beliebtheit des Lokals in den 1860er-Jahren: »Treffpunkt der männlichen Elite von Koryphäen des Lebens, die auf großem Fuß wandelten«, er bezeichnete das Etablissement als »nächtliches Hauptquartier« junger und auch weniger junger Epikureer:

> »Man kam und ging ständig, auf dem Weg zum Ball oder auf dem Weg zurück. Es glich einer schwindelerregenden Laterna Magica, über die der treue Joseph, ein kluger Maître d'hôtel wachte […] und deren Tableaus sich des Nächtens mehrmals wiederholten.«

»Es glich einer schwindelerregenden Laterna Magica, über die der treue Joseph, kluger Maître d'hôtel, wachte.«

Joseph, stets um die Zufriedenheit der Gäste bemüht, sorgte ganze 34 Jahre lang für den reibungslosen Ablauf dieser Vergnügungen.

Ein außergewöhnlicher Keller

Auch die kulinarischen Genüsse kamen nicht zu kurz und selbst in den Séparées verfügten die Gäste über eine Speisekarte. Sie mussten nur an einer Kordel ziehen, um den Kellner herbeizurufen – der zuerst umsichtig anklopfte, bevor er eintrat.

Zu den Spezialitäten des Hauses zählten die Bouillabaisse und Rouen-Ente mit Orangen. Dass die Tournedos Rossini und die Flusskrebse à la Nantua dort entstanden, ist jedoch entgegen einer sich hartnäckig haltenden Legende eher unwahrscheinlich.

> Zu den Spezialitäten des Hauses zählten Bouillabaisse und Rouen-Ente mit Orangen.

Die Menüs des Maison dorée

Alexandre Dumas, Genießer vor dem Herrn, schätzte das Maison dorée und seine Küche. Von November 1853 bis Februar 1857 richtete er die Büros – drei Räume – seiner Zeitung *Le Mousquetaire* auf der Hofseite desselben Gebäudes ein.

Verdier – vermutlich Charles, nicht sein Bruder Ernest – gehörte zu den Experten, die der Schriftsteller für sein 1873 posthum erschienenes *Grand dictionnaire de cuisine* zurate zog. Dumas übernahm insbesondere das Menü (s. rechte Spalte).

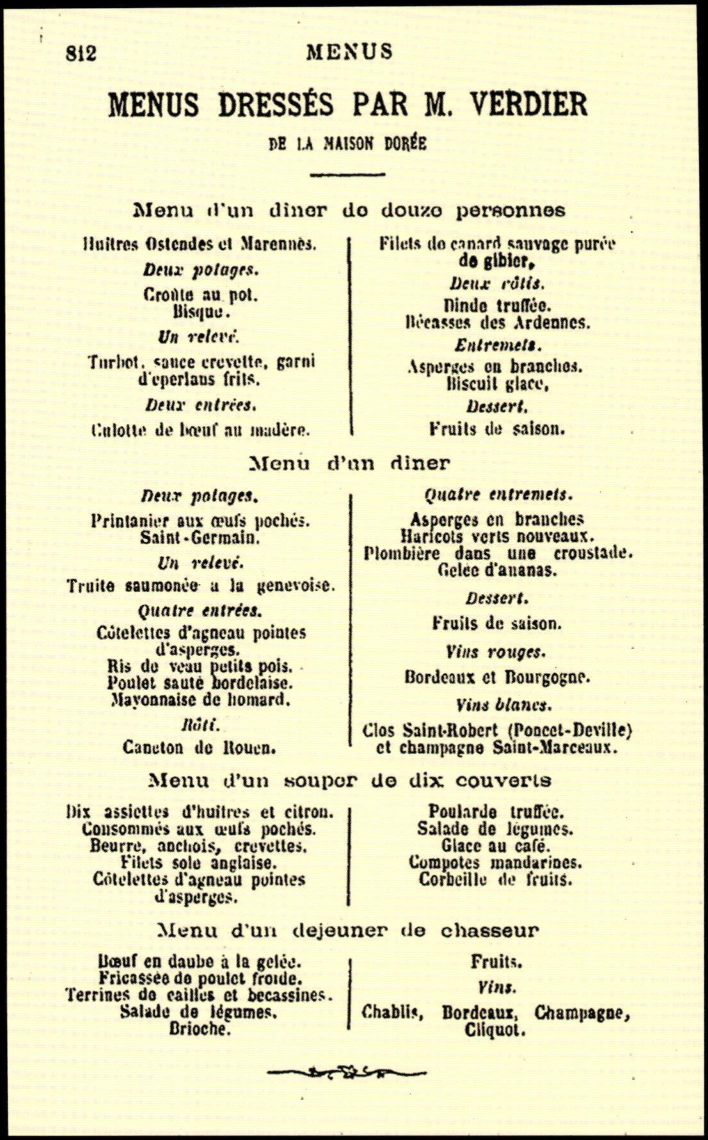

812 MENUS

MENUS DRESSÉS PAR M. VERDIER

DE LA MAISON DORÉE

Menu d'un diner de douze personnes

Huitres Ostendes et Marennès.
Deux potages.
Croûte au pot.
Bisque.
Un relevé.
Turbot, sauce crevette, garni d'eperlans frits.
Deux entrées.
Culotte de bœuf au madère.

Filets de canard sauvage purée de gibier.
Deux rôtis.
Dinde truffée.
Bécasses des Ardennes.
Entremets.
Asperges en branches.
Biscuit glace.
Dessert.
Fruits de saison.

Menu d'un diner

Deux potages.
Printanier aux œufs pochés.
Saint-Germain.
Un relevé.
Truite saumonée a la genevoise.
Quatre entrées.
Côtelettes d'agneau pointes d'asperges.
Ris de veau petits pois.
Poulet sauté bordelaise.
Mayonnaise de homard.
Rôti.
Caneton de Rouen.

Quatre entremets.
Asperges en branches
Haricots verts nouveaux.
Plombière dans une croustade.
Gelee d'ananas.
Dessert.
Fruits de saison.
Vins rouges.
Bordeaux et Bourgogne.
Vins blancs.
Clos Saint-Robert (Poncet-Deville) et champagne Saint-Marceaux.

Menu d'un souper de dix couverts

Dix assiettes d'huitres et citron.
Consommés aux œufs pochés.
Beurre, anchois, crevettes.
Filets sole anglaise.
Côtelettes d'agneau pointes d'asperges.

Poularde truffée.
Salade de légumes.
Glace au café.
Compotes mandarines.
Corbeille de fruits.

Menu d'un dejeuner de chasseur

Bœuf en daube à la gelée.
Fricassée de poulet froide.
Terrines de cailles et becassines.
Salade de légumes.
Brioche.

Fruits.
Vins.
Chablis, Bordeaux, Champagne, Cliquot.

Das Maison dorée war auch für seinen außergewöhnlichen Weinkeller bekannt, unerlässlicher Trumpf eines Etablissements dieser Art, denn Nachtschwärmer vertilgen nicht nur haufenweise Austern, sondern trinken auch Unmengen an Champagner. Der sich über zwei Etagen erstreckende Keller mit einem Nebentrakt in der Rue Lafitte 12 soll 180 000 Flaschen beherbergt haben.

Casimir Moisson, ein Meisterkoch von höchstem Ansehen, leitete von 1860 bis 1901 die Geschicke in der Küche. Als Miteigentümer an der Seite Verdiers in dritter Generation begleitete er den langsamen Niedergang des Lokals. Es verlor an Anziehungskraft, das Publikum wurde gesitteter und auch der Boulevard selbst war nicht mehr das, wofür er einst so schillernd stand.

Das Maison dorée schloss im Jahr 1902 schlussendlich seine Pforten. Doch zu behaupten, dass rein gar nichts davon übrig geblieben ist, würde ich nicht gänzlich wagen.

Das Maison dorée im Jahr 1877 (Druck von A. P. Martinal)

»Wer nie im Maison dorée Fisch gegessen hat, weiß nicht, was Fisch ist«

»Monsieur Ernest Verdier, mit seinem Bruder einer der Maîtres, ließ nie ein mittelmäßiges Stück in seine Küche, und Chefkoch Casimir, der ein Künstler ist, würde sein Talent auch nicht daran verschwenden.

Wer nie Fisch im Maison dorée gegessen hat, weiß nicht, was Fisch ist. Nach wie vor das beste Geflügel, die besten Trüffel und Butter für sechs Francs das Kilo, damit es an nichts fehlt. Gebraten im offenen Kamin, der einzige Ort, der den Spieß würdig beherbergen kann.

Gute Manieren, vornehmer Service, ausgesuchte Höflichkeit. Sehr geteiltes Publikum. Es gibt zwei Gruppen, eine Tag- und eine Nachtschicht, die einen nachlässig gekleidet, die anderen kommen im feinsten Zwirn. Es wurde zu viel über die Nächte geredet, nicht genug und nicht richtig über die Tage. Zu jeder Stunde die gleiche zuvorkommende Behandlung. Die Auslagen sind hoch, doch das Geld ist gut angelegt.«

Auguste Luchet, »Les grandes cuisines et les grandes caves« in: *Paris guide par les principaux écrivains et artistes de la France* (»Paris-Führer der bedeutendsten Schriftsteller und Künstler Frankreichs«), Paris, Librairie internationale; Brüssel, A. Lacroix, Verboeckhoven, 1867

Als die BNP (Banque Nationale de Paris) das Gebäude Mitte der 1970er-Jahre erwarb, errichtete sie an derselben Stelle ein neues Bauwerk, doch die Außenmauern blieben erhalten und wurden sogar erweitert. Möglicherweise fiel in diesem Zusammenhang sogar erstmalig der architektonische Fachbegriff des »Fassadismus« (Entkernung).

Café anglais – ein Vergnügungstempel

Im Jahr 1802 eröffnete François-Georges Delaunay das Café anglais an der Ecke Rue de Marivaux und Boulevard des Italiens in der Nummer 13. Obwohl es nicht zu den großen Restaurants der Stadt zählte, erarbeitete es sich sogleich einen ehrenvollen Ruf.

Lobende Kritiken

Ein Journalist schrieb im Jahr 1805, dass ein junger Mann von Welt es sich schuldig sei, lediglich den Tee und die Koteletts in diesem Haus zu schätzen. Ein anderer berichtete 1817, dass es gut besucht werde, allen voran von Kaufleuten, Gesetzeshütern, Autoren und Künstlern. Wechselnde Besitzer bremsten den Aufwärtstrend des Café anglais nicht. Es genoss ebenso wie einige benachbarte Adressen einen gewissen Ruf, noch bevor sich die Boulevards als Epizentrum des Pariser Nachtlebens durchsetzten. 1824 nahm es der *Guide du voyageur en France* in seine kurze Liste der renommiertesten – und teuersten – Restaurants in Paris auf.

Die Übernahme durch Alexandre Delhomme im Jahr 1854 markierte den Beginn eines goldenen Zeitalters. Denn das Café anglais verdankte seinen Ruhm vor allem den Gästen, die in den 22 Salons im Zwischengeschoss und im ersten Stock speisten: eher kleine Räume für große Ausschweifungen. Der »Grand Seize« war der berühmteste. Der »Grand Seize« war eine Institution in der Institution: Von seinen beiden Fenstern, die zum Boulevard hinausgingen, konnte man mit Verachtung auf den Rivalen, den »Grand Six« des Maison dorée hinabblicken. Obwohl nicht besonders prunkvoll wie das Café anglais selbst, mit seinem Dekor, das Holzvertäfelungen im Stil Ludwigs XV. nachahmte, zog das Etablissement die berühmtesten Nachtschwärmer der Hauptstadt an, Prominente und Größen aus der Halbwelt tummelten sich dort. Nicht von ungefähr taucht der »Grand Seize« in Offenbachs *Pariser Leben* (1866) und Zolas *Nana* (1880) auf.

Opulentes aus renommierter Küche

Zu den Besonderheiten zählten die Keller-*dîners*:

> »Dieser wichtige und so fundamentale Teil des Hauses ist berühmt für seine Weitläufigkeit, seine gefällige Konstruktion und seine Einrichtung. Monsieur Delhomme ließ ihn noch vergrößern. Eine kleine Eisenbahn durchquert ihn und bedient von einem Ende zum anderen, und an Galaabenden erleuchtet eine Vielzahl bunter Trauben das Gewölbe taghell. […] Der Effekt ist grandios, bedenkt man vor allem, dass von zahllosen Regalen zweihunderttausend Flaschen herabblicken.
>
> Am westlichen Ende dieses herrschaftlichen Kellers befindet sich ein Rondell, wo um eine Kokospalme mit Feuerfrüchten herum ein Tisch für acht oder neu Gäste hergerichtet werden kann. Unter den besonders prächtigen Festessen im Souterrain wird insbesondere jenes erwähnt, das Graf Poniatowski nach dem Erfolg seiner Oper *Pièrre de Médicis* seinem Mitarbeiter Monsieur de Saint-Georges und fünf oder sechs Vertretern aus Literatur und Kunst gab. So man nicht gerade diniert, gehört es zum guten Ton, dort einen Kaffee zu trinken.«

Doch auch das gute Essen trug wesentlich zum Ruhm des Café anglais bei. Adolphe Dugléré aus Bordeaux, der Mitte der 1860er-Jahre für etwa zehn Jahre die Küchenleitung übernahm, galt als einer der größten Köche seiner Zeit. Alexandre Dumas oder Baron Brisse, beide ausgewiesene

Feinschmecker, sangen Lobeshymnen. Der Journalist »Olivier« stimmte in der Zeitung *La Vie parisienne* ein:

> »Neben anderen Dingen, die allein durch Finesse und Präzision der Ausführung bestechen, fragen Sie Monsieur Dugléré nach Feldlerchen mit Kirschen, pochierten Wachteln und Knödel, der Gipfel der in Paris eingebürgerten Lyoner Küche, aber nur für Künstler, denn eine gewöhnliche Hand verwandelt sie in fade, schwere und unverdauliche Klöße. Diese edlen, jedoch kleinen Kostproben werden Sie in die Lage versetzen, die Kunstfertigkeit und das Können dieses begnadeten Kochs zu ermessen.«

Das Ende des Café anglais

Dugléré, der sich in andere Gefilde begeben hatte, kehrte Ende 1870 zurück und blieb bis zu seinem Tod im Alter von fast 80 Jahren im Jahr 1884. Zur selben Zeit zog sich

Seezunge Dugléré

Das Erbe des Adolphe Dugléré, der heute weitgehend in Vergessenheit geraten ist, lebt vor allem in der Garniturbezeichnung *à la Dugléré* fort, bei der es sich um eine Court-Bouillon [eine Pochierbrühe] aus Weißwein, Tomaten, Petersilie, Zwiebeln und Schalotten handelt. Es wäre jedoch verwegen anzunehmen, man käme mit Seezunge à la Dugléré in den Genuss der Küche des glorreichen Chefkochs im Café anglais.

Baron Brisse veröffentlichte 1875 in der Zeitung *La Liberté* ein Rezept für Scholle à la Dugléré, angeblich vom Meister selbst; ihm zu Ehren benannt. Überraschenderweise kommen Tomaten, eigentlich eine Grundzutat, darin nur optional vor – »in der Saison kann man eine oder zwei Tomaten hinzugeben«.

Der Glattbutt à la Dugléré von Urbain Dubois in *La Cuisine d'aujourd'hui* von 1889 musste mit Pilzen statt Tomaten Vorlieb nehmen. Es ist sogar möglich, dass das Rezept erst im *Guide culinaire* (1903) von Auguste Escoffier festgelegt wurde, zumindest in etwa. Wir wissen um die Autorität des Traktates: Seine Seezunge à la Dugléré wird in einem »gebutterten Geschirr mit 125 g gehackten Zwiebeln, 600 g Tomaten-Concassée, einer Prise grob gehackter Petersilie, 2 Deziliter Weißwein und Gewürzen« zubereitet. Einmal mehr gilt: Ein Name bedeutet noch keine Urheberschaft.

Das Café anglais, Boulevard des Italiens im Jahr 1877 (Druck von A. P.)

Alexandre Delhomme aus dem Geschäft zurück. Im Café anglais wurde es ruhiger; unter der Leitung von Claudius Burdel erfreute es sich großer Beliebtheit, ohne richtige Sensationen. Das dem Abriss geweihte Gebäude schloss im April 1913 endgültig seine Türen. In der Zeitung *L'Excelsior* verfasste der Journalist Claude Chenneval einen Nachruf, dem es an Emphase nicht mangelte:

> »Pariser, weinet mit mir! Das Café anglais ist dem Tode geweiht, das Café anglais wird verschwinden. Bald werden Sie, wenn Sie an der Ecke des Boulevards und der Rue de Marivaux vorbeigehen, die traditionelle weiße Fassade nicht mehr sehen; Sie werden zum Abendessen nicht mehr die Glastür aufstoßen wie illustre Dandys es im letzten Jh. vor Ihnen taten. Das Café anglais wird das traurige Opfer einer zerstörerischen Spitzhacke sein.«

Les Frères provençaux – Küche des Südens

Es kursieren widersprüchliche Berichte über dieses Restaurant und seine Begründer. Es wird behauptet, dass Jean-Baptiste Maneille und zwei Kompagnons mit Nachnamen Barthélemy und Simon (seine Schwager?), die tatsächlich aus der Provence stammten, spätestens 1794 (vielleicht bereits 1786) in Paris ein Lokal in der Rue Helvétius, der heutigen Rue Sainte-Anne, eröffneten. 1797 zogen sie in das benachbarte Palais-Royal, wo sie den Platz eines anderen Gastronomen namens Huré in den Arkaden 96–98 (Galerie de Beaujolais), übernahmen.

Der Speisesaal des Restaurants Mitte des 19. Jh.

Ein schnell wachsendes Renommee

Im Jahr 1803 zählten sie zu den vom Gastrokritiker Grimod de la Reynière empfohlenen Adressen, ein Haus, das »für seine Ragouts mit Knoblauch und sein Stockfischpüree gerühmt wird«. In Paris entdeckte man die Küche des Südens. In Honoré Blancs *Guide des dîners* (1814) stößt man jedoch auf eine ausgesprochen »pariserische« Speisekarte, mit *choucroute garni* (»Sauerkraut Elsässer Art«) und Roastbeef in der Rubrik »Rind«, Blätterteigpastete mit Kalbshirn in Deutscher Sauce oder Pastete mit Poulardenfilets und Béchamel unter den Vorspeisen, dazu Blanquette vom Pontoiser Milchkalb, gratinierte Seezungenfilets, Poularde mit Trüffeln, Erbsen auf englische Art …

Sicherlich bringen uns Artischocke *à la Barigoule*, Aubergine *à la provençale* und das eine oder andere Gericht näher ans Mittelmeer, doch stelle man sich kein Restaurant vor, das rein südländische Spezialitäten bot. Die Qualität der Küche wurde von allen Seiten gelobt, allen voran von Honoré Blanc:

> »Die Agatophagen [Gastronomen], deren Gaumen durch den regelmäßigen Besuch der besten Pariser Adressen abgestumpft sind, finden im Laboratorium dieser achtbaren Chemikerköche eine unendliche Zahl an Ragouts, die geeignet sind, noch den trägesten Appetit zu wecken, wie Hammelkoteletts oder Stockfisch auf provenzalische Art, reich garnierter Geflügelsalat etc.«

Eher bescheiden

Eine Chronik von Étienne de Jouy, einem scharfzüngigen Beobachter des Pariser Lebens, aus dem Jahr 1813 vermittelt einen Einblick in die Örtlichkeiten. Man betritt das Restaurant über die Freitreppe in der Rue de Beaujolais, steigt einige Stufen hinauf, geht durch einen Korridor an der Küche vorbei, wo 20 Küchenjungen am Werk sind, passiert einen Salon zur Rechten (»gut für die Leute aus der Provinz«), und einen etwas tristen zur Linken, durchquert einen dritten Salon und »gelangt schließlich in das Heiligtum des Tempels von Wohlgeschmack«.

1838 verkauften Maneille und Simon das Lokal. Ihre Nachfolger, die Brüder Bellenger, beschlossen umzugestalten: weg mit der alten Nüchternheit, hin zu Gold, Glitzer und Prunk. Das Geschäft lief jedoch nicht gut; die Besitzer wechselten ständig, ohne dass es gelang, das Restaurant wiederzubeleben – Anfang der 1860er-Jahre versuchte es Spitzenkoch Adolphe Dugléré.

Kenner der Szene erzählten, das Lokal lebe von seinem früheren Ruf, eine heute seelenlose Institution, die sich auf Bankette und große Gesellschaften spezialisiert hatte. Léon Goyard kaufte 1864 den Fundus auf. Auch Journalist Auguste Luchet begrüßte die Wiederbelebung:

> »Die Essen des Provençaux sind prachtvoll, wie es sich für kostspielige Festessen und Hochzeiten gehört. Von fünfzehn bis fünfzig Francs pro Person. Es gibt Blumen, Musiker und Vögel, Sänger des Himmels und der Erde. Es erinnert ein wenig an die Römer, die den Einzug des schönen Tafelgeschirrs mit Fanfaren begrüßen. Die Küche richtet sich tapfer wieder auf und der Keller füllt sich. Es ist ein Haus, das wieder zum Leben erwacht.«

(»Les grandes cuisines et les grandes caves«, in: *Paris guide par les principaux écrivains et artistes de la France*, Paris, Librairie internationale; Brüssel, A. Laxroix, Verboeckhoven, 1867; T. 2, S. 1551).

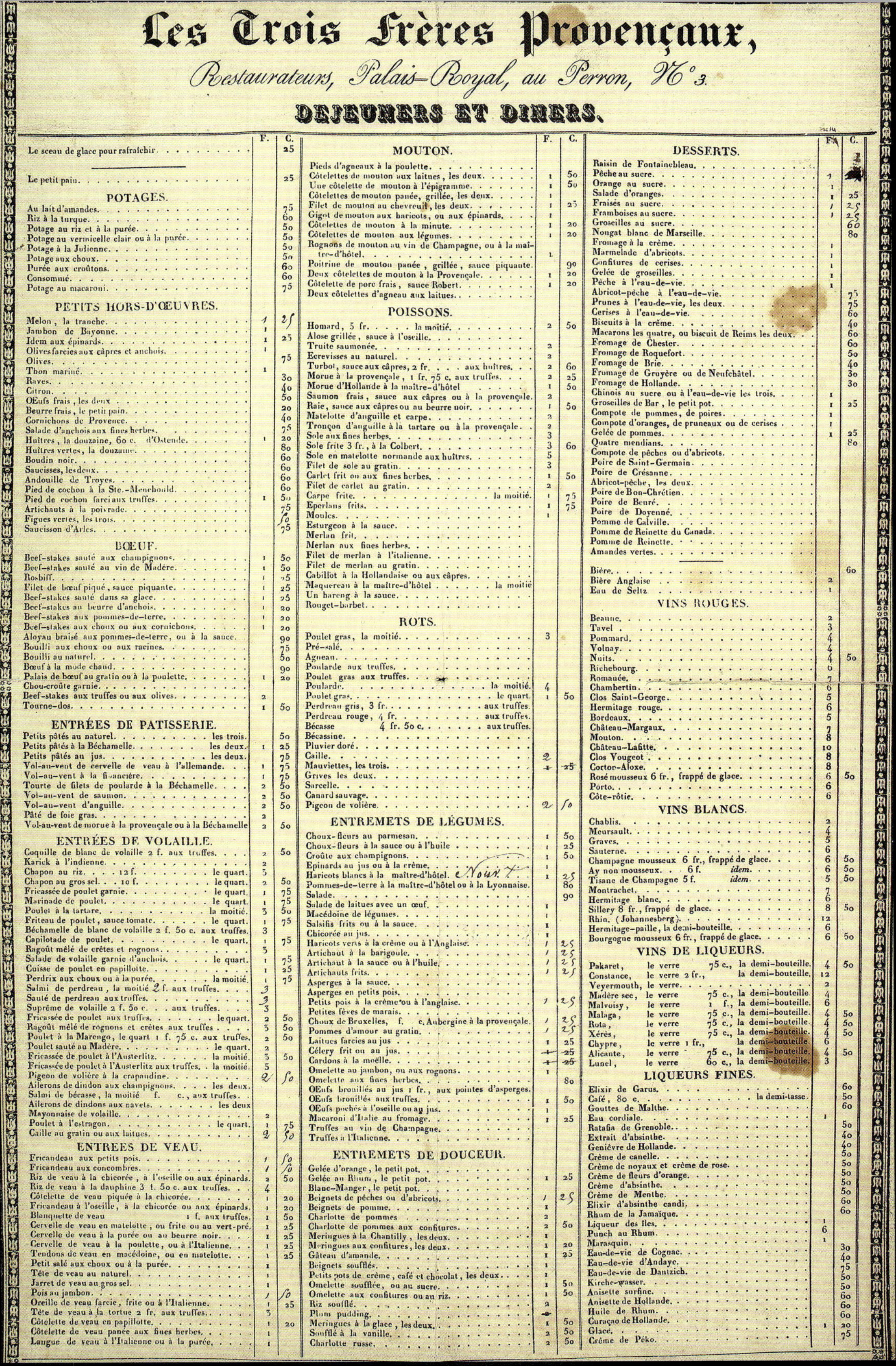

Les Trois Frères Provençaux,

Restaurateurs, Palais-Royal, au Perron, N° 3.

DEJEUNERS ET DINERS.

	F.	C.
Le sceau de glace pour rafraîchir		25
Le petit pain		25
POTAGES.		
Au lait d'amandes		75
Riz à la turque		60
Potage au riz et à la purée		50
Potage au vermicelle clair ou à la purée		50
Potage à la Julienne		50
Potage aux choux		50
Purée aux croûtons		60
Consommé		60
Potage au macaroni		75
PETITS HORS-D'ŒUVRES.		
Melon, la tranche	1	25
Jambon de Bayonne	1	
Idem aux épinards	1	25
Olives farcies aux câpres et anchois	1	
Olives		75
Thon mariné	1	
Raves		30
Citron		40
Œufs frais, les deux		50
Beurre frais, le petit pain		20
Cornichons de Provence		40
Salade d'anchois aux fines herbes		75
Huîtres, la douzaine, 60 c. d'Ostende	1	20
Huîtres vertes, la douzaine		80
Boudin noir		60
Saucisses, les deux		60
Andouille de Troyes		60
Pied de cochon à la Ste.-Menehould		60
Pied de cochon farci aux truffes	1	50
Artichauts à la poivrade		75
Figues vertes, les trois		50
Saucisson d'Arles		75
BŒUF.		
Beef-stakes sauté aux champignons	1	50
Beef-stakes sauté au vin de Madère	1	50
Rosbiff	1	25
Filet de bœuf piqué, sauce piquante	1	25
Beef-stakes sauté dans sa glace	1	25
Beef-stakes au beurre d'anchois	1	20
Beef-stakes aux pommes-de-terre	1	20
Beef-stakes aux choux ou aux cornichons	1	20
Aloyau braisé aux pommes-de-terre, ou à la sauce		90
Bouilli aux choux ou aux racines		75
Bouilli au naturel		50
Bœuf à la mode chaud		90
Palais de bœuf au gratin ou à la poulette	1	20
Chou-croûte garnie		
Beef-stakes aux truffes ou aux olives	2	
Tourne-dos	1	50
ENTRÉES DE PATISSERIE.		
Petits pâtés au naturel ... les trois		50
Petits pâtés à la Béchamelle ... les deux	1	25
Petits pâtés au jus ... les deux		75
Vol-au-vent de cervelle de veau à l'allemande	1	75
Vol-au-vent à la financière	1	75
Tourte de filets de poularde à la Béchamelle	2	50
Vol-au-vent de saumon	2	50
Vol-au-vent d'anguille	2	50
Pâté de foie gras	2	
Vol-au-vent de morue à la provençale ou à la Béchamelle	2	50
ENTRÉES DE VOLAILLE.		
Coquille de blanc de volaille 2 f. aux truffes	2	50
Karick à l'indienne	2	
Chapon au riz ... 12 f. ... le quart	3	
Chapon au gros sel ... 10 f. ... le quart	2	50
Fricassée de poulet garnie ... le quart	1	75
Marinade de poulet ... le quart	1	75
Poulet à la tartare ... la moitié	3	50
Friteau de poulet, sauce tomate ... le quart	1	75
Béchamelle de blanc de volaille 2 f. 50 c. aux truffes	3	
Capilotade de poulet ... le quart	1	75
Ragoût mêlé de crêtes et rognons	3	
Salade de volaille garnie d'anchois ... le quart	1	75
Cuisse de poulet en papillotte	1	25
Perdrix aux choux ou à la purée ... la moitié	1	75
Salmi de perdreau, la moitié 2 f. aux truffes	3	
Sauté de perdreau aux truffes	3	
Suprême de volaille 2 f. 50 c. ... aux truffes	3	
Fricassée de poulet aux truffes ... le quart	2	50
Ragoût mêlé de rognons et crêtes aux truffes	3	50
Poulet à la Marengo, le quart 1 f. 75 c. aux truffes	2	50
Poulet sauté au Madère ... le quart	2	
Fricassée de poulet à l'Austerlitz ... la moitié	3	50
Fricassée de poulet à l'Austerlitz aux truffes ... la moitié	5	
Pigeon de volière à la crapaudine	2	50
Ailerons de dindon aux champignons ... les deux		
Salmi de bécasse, la moitié f. c., aux truffes		
Ailerons de dindons aux navets ... les deux		
Mayonnaise de volaille	2	
Poulet à l'estragon ... le quart	1	75
Caille au gratin ou aux laitues	2	50
ENTREES DE VEAU.		
Fricandeau aux petits pois	1	50
Fricandeau aux concombres	1	50
Riz de veau à la chicorée, à l'oseille ou aux épinards	2	50
Riz de veau à la dauphine 3 f. 50 c. aux truffes	4	
Côtelette de veau piquée à la chicorée	1	20
Fricandeau à l'oseille, à la chicorée ou aux épinards	1	20
Blanquette de veau ... 1 f. aux truffes	1	50
Cervelle de veau en matelotte, ou frite ou au vert-pré	1	25
Cervelle de veau à la purée ou au beurre noir	1	25
Cervelle de veau à la poulette, ou à l'Italienne	1	25
Tendons de veau en macédoine, ou en matelotte	1	25
Petit salé aux choux ou à la purée	1	
Tête de veau au naturel	1	
Jarret de veau au gros sel	1	
Pois au jambon	1	50
Oreille de veau farcie, frite ou à l'Italienne	1	25
Tête de veau à la tortue 2 fr. aux truffes	3	
Côtelette de veau en papillotte	1	20
Côtelette de veau panée aux fines herbes	1	
Langue de veau à l'Italienne ou à la purée	1	

	F.	C.
MOUTON.		
Pieds d'agneaux à la poulette		
Côtelettes de mouton aux laitues, les deux	1	50
Une côtelette de mouton à l'épigramme	1	50
Côtelettes de mouton panée, grillée, les deux	1	
Filet de mouton au chevreuil, les deux	1	25
Gigot de mouton aux haricots, ou aux épinards	1	
Côtelettes de mouton à la minute	1	20
Côtelettes de mouton aux légumes	1	20
Rognons de mouton au vin de Champagne, ou à la maître-d'hôtel	1	
Poitrine de mouton panée, grillée, sauce piquante		90
Deux côtelettes de mouton à la Provençale	1	20
Côtelette de porc frais, sauce Robert	1	20
Deux côtelettes d'agneau aux laitues		
POISSONS.		
Homard, 5 fr. ... la moitié	2	50
Alose grillée, sauce à l'oseille		
Truite saumonée	2	
Ecrevisses au naturel	2	
Turbot, sauce aux câpres, 2 fr. ... aux huîtres	2	60
Morue à la provençale, 1 fr. 75 c. aux truffes	2	25
Morue d'Hollande à la maître-d'hôtel	1	50
Saumon frais, sauce aux câpres ou à la provençale	2	
Raie, sauce aux câpres ou au beurre noir	1	50
Matelotte d'anguille et carpe	2	
Tronçon d'anguille à la tartare ou à la provençale	2	
Sole aux fines herbes	3	
Sole frite 3 fr., à la Colbert	3	60
Sole en matelotte normande aux huîtres	5	
Filet de sole au gratin	3	
Carlet frit ou aux fines herbes	1	50
Filet de carlet au gratin	2	
Carpe frite ... la moitié	1	75
Eperlans frits	1	75
Moules	1	
Esturgeon à la sauce		
Merlan frit		
Merlan aux fines herbes		
Filet de merlan à l'italienne		
Filet de merlan au gratin		
Cabillot à la Hollandaise ou aux câpres		
Maquereau à la maître-d'hôtel ... la moitié		
Un hareng à la sauce		
Rouget-barbet		
ROTS.		
Poulet gras, la moitié	3	
Pré-salé		
Agneau		
Poularde aux truffes		
Poulet gras aux truffes		
Poularde ... la moitié	4	
Poulet gras ... le quart	1	50
Perdreau gris, 3 fr. ... aux truffes		
Perdreau rouge, 4 fr. ... aux truffes		
Bécasse 4 fr. 50 c. ... aux truffes		
Bécassine		
Pluvier doré		
Caille	2	
Mauviettes, les trois	~~1~~	~~25~~
Grives les deux		
Sarcelle		
Canard sauvage		
Pigeon de volière	2	50
ENTREMETS DE LÉGUMES.		
Choux-fleurs au parmesan	1	50
Choux-fleurs à la sauce ou à l'huile	1	25
Croûte aux champignons	1	50
Epinards au jus ou à la crème	1	
Haricots blancs à la maître-d'hôtel. Nouv.	1	25
Pommes-de-terre à la maître-d'hôtel ou à la Lyonnaise		80
Salade		90
Salade de laitues avec un œuf	1	
Macédoine de légumes	1	
Salsifis frits ou à la sauce	1	
Chicorée au jus	1	
Haricots verts à la crème ou à l'Anglaise	1	25
Artichaut à la barigoule	1	25
Artichaut à la sauce ou à l'huile	1	25
Artichauts frits	1	25
Asperges à la sauce		
Asperges en petits pois		
Petits pois à la crème ou à l'anglaise	1	25
Petites fèves de marais		
Choux de Bruxelles, f. c. Aubergine à la provençale	1	25
Pommes d'amour au gratin	1	25
Laitues farcies au jus	1	25
Célery frit ou au jus	~~1~~	~~25~~
Cardons à la moëlle	~~1~~	~~25~~
Omelette au jambon, ou aux rognons	1	
Omelette aux fines herbes		80
Œufs brouillés au jus 1 fr., aux pointes d'asperges		
Œufs brouillés aux truffes	1	50
Œufs pochés à l'oseille ou au jus	1	
Macaroni d'Italie au fromage	1	25
Truffes au vin de Champagne		
Truffes à l'Italienne		
ENTREMETS DE DOUCEUR.		
Gelée d'orange, le petit pot		
Gelée au Rhum, le petit pot	1	25
Blanc-Manger, le petit pot		
Beignets de pêches ou d'abricots	1	25
Beignets de pomme	1	
Charlotte de pommes	2	
Charlotte de pommes aux confitures	2	50
Meringues à la Chantilly, les deux	1	
Meringues aux confitures, les deux	1	20
Gâteau d'amande	1	25
Beignets soufflés	1	
Petits pots de crème, café et chocolat, les deux	1	
Omelette soufflée, ou au sucre	1	50
Omelette aux confitures ou au riz	1	50
Riz soufflé	2	
Plum pudding		
Meringues à la glace, les deux	1	50
Soufflé à la vanille	2	50
Charlotte russe	2	50

	F.	C.
DESSERTS.		
Raisin de Fontainebleau		
Pêche au sucre	1	
Orange au sucre	1	
Salade d'oranges	1	25
Fraises au sucre	1	25
Framboises au sucre	1	25
Groseilles au sucre		60
Nougat blanc de Marseille		80
Fromage à la crème	1	
Marmelade d'abricots	1	
Confitures de cerises	1	
Gelée de groseilles	1	
Pêche à l'eau-de-vie	1	
Abricot-pêche à l'eau-de-vie		75
Prunes à l'eau-de-vie, les deux		75
Cerises à l'eau-de-vie		60
Biscuits à la crème		40
Macarons les quatre, ou biscuit de Reims les deux		60
Fromage de Chester		60
Fromage de Roquefort		50
Fromage de Brie		40
Fromage de Gruyère ou de Neufchâtel		30
Fromage de Hollande		30
Chinois au sucre ou à l'eau-de-vie les trois	1	
Groseilles de Bar, le petit pot	1	25
Compote de pommes, de poires	1	
Compote d'oranges, de pruneaux ou de cerises	1	
Gelée de pommes	1	25
Quatre mendians		80
Compote de pêches ou d'abricots		
Poire de Saint-Germain		
Poire de Crésanne		
Abricot-pêche, les deux		
Poire de Bon-Chrétien		
Poire de Beuré		
Poire de Doyenné		
Pomme de Calville		
Pomme de Reinette du Canada		
Pomme de Reinette		
Amandes vertes		
Bière		60
Bière Anglaise	2	
Eau de Seltz	1	
VINS ROUGES.		
Beaune	2	
Tavel	3	
Pommard	4	
Volnay	4	
Nuits	4	50
Richebourg	6	
Romanée	7	
Chambertin	6	
Clos Saint-George	5	
Hermitage rouge	6	
Bordeaux	5	
Château-Margaux	7	
Mouton	8	
Château-Lafitte	10	
Clos Vougeot	8	
Cortor-Aloxe	8	
Rosé mousseux 6 fr., frappé de glace	6	50
Porto	6	
Côte-rôtie	6	
VINS BLANCS.		
Chablis	2	
Meursault	4	
Graves	5	
Sauterne	6	
Champagne mousseux 6 fr., frappé de glace	6	50
Ay non mousseux. 6 f. *idem*	6	50
Tisane de Champagne 5 f. *idem*	5	50
Montrachet	7	
Hermitage blanc	6	
Sillery 8 fr., frappé de glace	8	50
Rhin. (Johannesberg)	12	
Hermitage-paille, la demi-bouteille	6	
Bourgogne mousseux 6 fr., frappé de glace	6	50
VINS DE LIQUEURS.		
Pakaret, le verre 75 c., la demi-bouteille	4	50
Constance, le verre 2 fr., la demi-bouteille	12	
Veyermouth, le verre	2	
Madère sec, le verre 75 c., la demi-bouteille	4	
Malvoisy, le verre 1 f., la demi-bouteille	6	
Malaga, le verre 75 c., la demi-bouteille	4	50
Rota, le verre 75 c., la demi-bouteille	4	50
Xérès, le verre 75 c., la demi-bouteille	4	50
Chypre, le verre 1 fr., la demi-bouteille	6	
Alicante, le verre 75 c., la demi-bouteille	4	50
Lunel, le verre 60 c., la demi-bouteille	3	
LIQUEURS FINES.		
Elixir de Garus		60
Café, 80 c. ... la demi-tasse		50
Gouttes de Malthe		60
Eau cordiale	1	
Ratafia de Grenoble		50
Extrait d'absinthe		40
Genièvre de Hollande		40
Crème de canelle		50
Crème de noyaux et crème de rose		50
Crème de fleurs d'orange		50
Crème d'absinthe		50
Crème de Menthe		50
Elixir d'absinthe candi		60
Rhum de la Jamaïque		60
Liqueur des Iles	1	
Punch au Rhum	6	
Marasquin	1	
Eau-de-vie de Cognac		30
Eau-de-vie d'Andaye		40
Eau-de-vie de Dantzich		75
Kirche-wasser		50
Anisette surfine		50
Anisette de Hollande		60
Huile de Rhum		60
Curaçao de Hollande		60
Glacé	1	20
Crème de Péko		75

Speisekarte des Restaurants, wahrscheinlich Anfang der 1820er-Jahre

Doch 1872 fiel für Les Frères provençaux endgültig der Vorhang, was *La Liberté* am 13. Februar desselben Jahres bedauernd zur Kenntnis nahm:

> »Und wieder einmal verschwindet eine der alten Berühmtheiten des Palais-Royal. Les Frères provençaux hat soeben seine Pforten geschlossen. [...] Nur wenige gastronomische Einrichtungen konnten auf eine glanzvollere Vergangenheit zurückblicken als das Les Frères provençaux. Während der Restauration und der Juli-Regierung wurde dort so manches Vermögen gemacht. Kein vornehmer Ausländer, kein reicher Provinzler, der nicht durch seine Salons gezogen wäre.
>
> Und welche Salons! Über und über verziert mit Girlanden und Bordüren. Hinzu kam der berechtigte Ruf, über den bestsortierten Weinkeller von ganz Paris zu verfügen, mitsamt der größten Burgunderweine.«

Restaurants und Cafés im Palais-Royal in den 1780er-Jahren – Erstes Kaiserreich

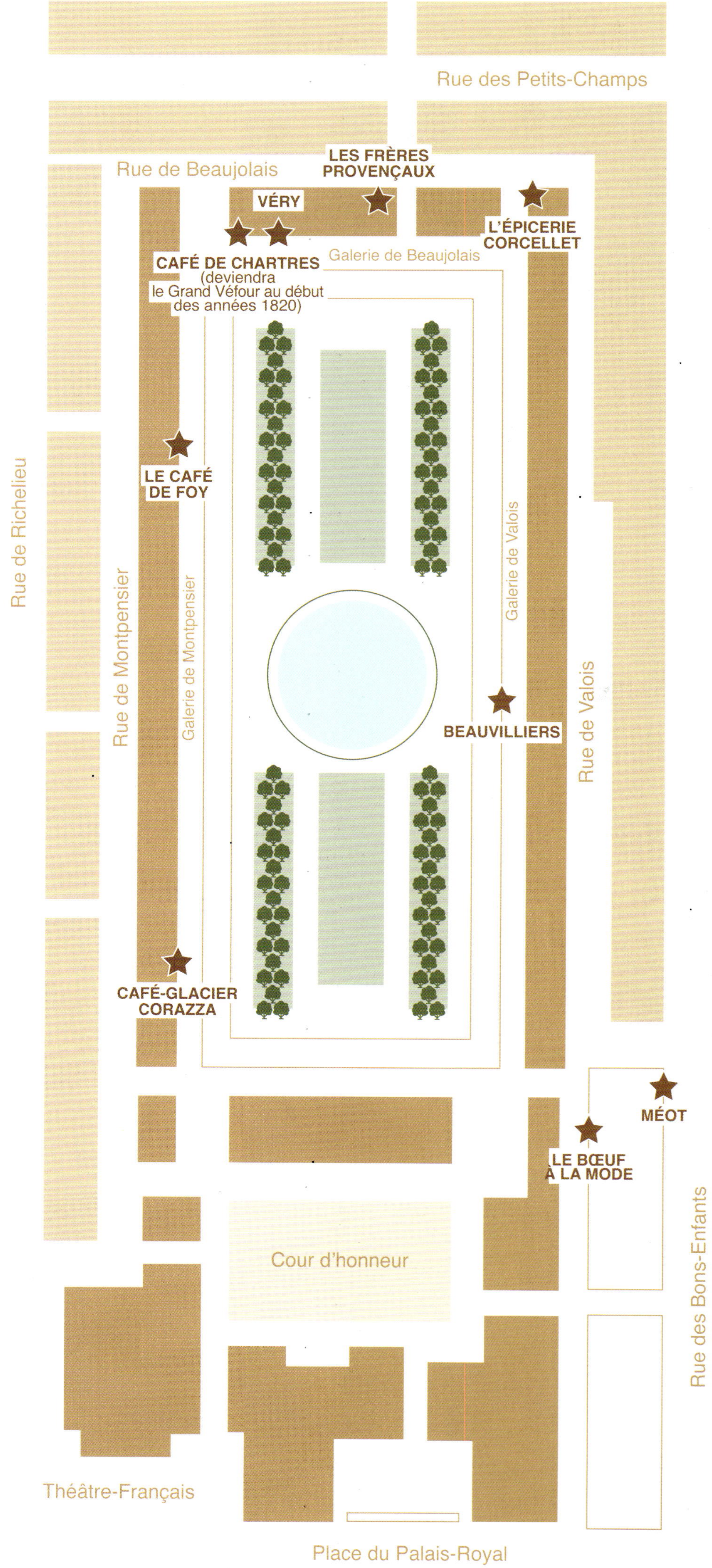

Die großen Boulevards und ihre Café-Restaurants

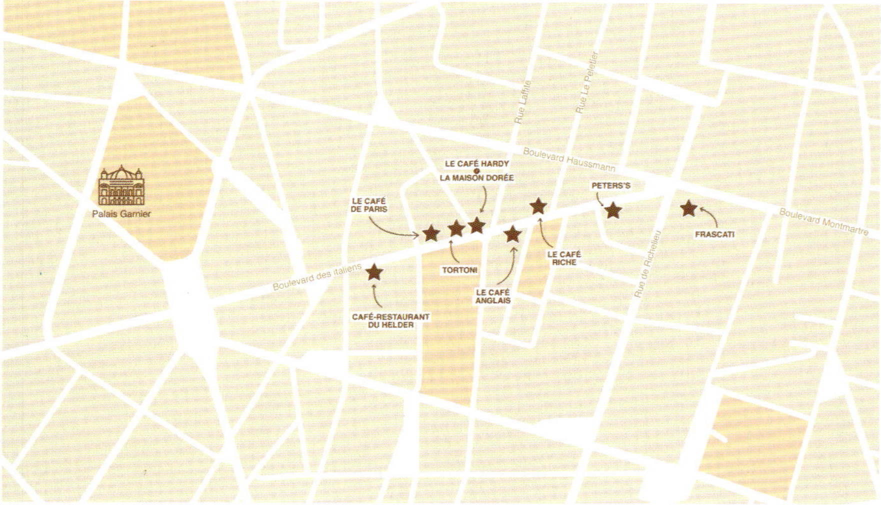

Die Eroberung des Pariser Westens (Ende des 19. Jh.)

Verteilung der Pariser Restaurants, die im »Guide de Poche« von 1900 erwähnt werden.

(Nach Valérie Ortoli, *Paris capital de la gastronomie*, Mairie der Paris, 1984)

À la Marengo – ein typisch französisches Gericht

Heute bezeichnet die Zubereitungsart »à la Marengo« ein Sauté aus Kalbs- oder Hähnchenfleisch in Weißwein mit Tomaten und Knoblauch. Die (fiktiven) Umstände der Entstehung dieses berühmten Gerichts werden in Büchern und auf Websites endlos wiederholt. Napoleon hatte damit jedoch rein gar nichts zu tun, vielmehr handelt es sich um einen Klassiker aus der bürgerlichen französischen Küche.

Eine kulinarische Legende?

Wir schreiben den 14. Juni 1800. Bonaparte hat gerade die Österreicher bei Marengo im Piemont besiegt. Am Abend der Schlacht richtet er auf einem nahegelegenen Bauernhof sein Hauptquartier ein. Er möchte etwas essen, doch leider spielt die Versorgungslage nicht mit. Sein Koch Dunand hat keine Vorräte mehr und muss mit dem auskommen, was sich vor Ort auftreiben lässt. Er fängt eines der Hühner vom Hof, verwendet Öl statt Butter, dazu Tomaten und Zwiebeln, brät Eier, Knoblauch und Croûtons, hinzu kommen Krebse aus einem nahen Fluss und Weißwein aus der Region. Eine kulinarische Improvisation, die den Ersten Konsul begeistert.

Ce Numéro est donné Gratuitement à toutes les Lectrices du PETIT ÉCHO de la MODE

N° 1. – 1re Année.
Dimanche 25 Juin 1905.

LE NUMÉRO : 5 Centimes

La Cuisine des Familles

RECUEIL HEBDOMADAIRE
de Recettes d'Actualité très clairement expliquées très faciles à exécuter
Rédactrice en chef : Mme JEANNE SAVARIN

LE POULET A LA MARENGO

Improvisé sur le champ de bataille, le 14 juin 1800, ce mets succulent a eu pour créateur Dunan, cuisinier de Bonaparte, premier consul.

Nun wissen wir jedoch, dass das alles nicht wahr sein kann. Zu diesem Zeitpunkt stand Dunand noch nicht im Dienste Napoleons, kein Zeitgenosse hat diese Szene je erwähnt und es scheint vielmehr, als habe General Kellermann an jenem Abend ein Essen für Bonaparte und den Generalstab gegeben. Der Erste, der diese Anekdote erzählte, war vermutlich der Schriftsteller Antoine Claude Pasquin, der 1841 in seinem *Italie confortable* mit wenigen Zeilen von der Erfindung des nach der Schlacht improvisierten Huhns à la Marengo berichtete. Eine Version, die später von vielen übernommen wurde, darunter von Joseph Favre, der 1905 in seinem *Dictionnaire universel de cuisine pratique* in etwa die gleiche Geschichte präsentierte, garniert mit mehr Details als je zuvor, und deren Richtigkeit beteuerte: »Diese bislang unveröffentlichten Details wurden von Dunand selbst, als er in die Schweiz zurückkehrte, meinem Großcousin A. Bouvier übermittelt.« Der Geist von Joseph Favre möge nachsichtig ein, wenn der Wahrheitsgehalt seines Berichtes angezweifelt wird …

Wunderbare bildliche Umsetzung der Legende. Deckblatt von *La Cuisine des Familles*, 25. Juni 1905

Tomaten und Weißwein, bitte

In der Ausgabe des *Cuisinier royal* aus dem Jahr 1820 von André Viard (vervollständigt durch einen gewissen Fouret) finden sich die ersten bekannten Rezepte »à la Marengo« für junges Kaninchen, Kalbsbries und Poularde:

> »Eine Poularde ausnehmen und flambieren; in Stücke zerteilen und wie für ein Frikassee parieren; Öl in eine Kasserolle geben; die Stücke einlegen und mit Salz, grobem Pfeffer, Muskat und etwas Knoblauch würzen; fünfzehn rohe Champignons zugeben und die Poularde braten, bis jedes Stück eine goldgelbe Farbe angenommen hat; ist sie gar, aus dem Öl herausnehmen; eine Prise gehackte Petersilie, einen Löffel Tomatensauce, zwei Löffel reduzierte Spanische Sauce und ein walnussgroßes Stück Fleischglace zugeben; alles mit einigen Trüffelscheiben köcheln lassen; die Poularde auf einer Platte anrichten; mit Zitronensaft abrunden, mit der Sauce übergießen und servieren.«

Dieses Rezept ist dem heutigen nicht unähnlich. Bemerkenswert, dass die unverzichtbare Tomatensauce – die sich hier auf einen Löffel beschränkt – in anderen kulinarischen Abhandlungen nicht vorgekommen ist. Bis Ende des 19. Jh. wurde Huhn à la Marengo, abgesehen von wenigen Ausnahmen, ohne Tomaten oder Weißwein zubereitet. Es ist diese Version mit all ihren Varianten, die sich als unverzichtbarer Bestandteil aller Werke über die bürgerliche Küche durchgesetzt hat, vom *Manuel complet de la cuisinière bourgeoise* der Mlle Catherine (1839) über die *Nouvelle cuisine bourgeoise pour la vielle et pour la campagne* von Urbain Dubois (1878) bis zu Aguste Colombiés *Traité pratique de cuisine bourgeoise au gaz* (1894). Ab den 1870er-Jahren tauchte auch das »Kalb Marengo« auf.

Das relativ komplexe Rezept von Joseph Favre (1905) enthielt Tomaten und eine halbe Flasche Sauternes. Ihm zufolge handelte es sich um jenes Rezept, das er bereits Ende der 1860er-Jahre praktizierte, als er bei dem Pariser Traiteur Chevet angestellt war. Diese beiden Grundzutaten (Tomaten und Weißwein) des modernen Rezeptes sollten sich durchsetzen. Die vereinfachten Versionen – ohne das abschließende Anrichten und ohne Flusskrebse oder Trüffel – in *Le Livre de cuisine* von Madame E. Saint-Ange (1927) und *Je sais cuisiner* von Ginette Mathiot (1932) ähneln den heutigen.

Eine Fleischerin im 19. Jh. (Lithografie um 1828)

Napoleonische Gerichte?

1813 erwähnte der deutsche Reisende Moritz von Kotzebue die »Koteletts à la Marengo« des Restaurants Véry im Palais-Royal. Der *Guide des dîners* (1814) von Honoré Blanc vermerkt, dass Kaninchen à la Marengo auf der Speisekarte des Restaurants Bancelin zu finden sei und Huhn à la Marengo auf der Karte diverser anderer Lokale, darunter eine Version mit Trüffeln im Trois Frères Provençaux.

Bisweilen wird behauptet, Letztere hätten das Rezept kreiert, indem sie das *friteau de poulet*, ein traditionelles Gericht, bei dem Hähnchenstücke zunächst mariniert und dann in Fett gebacken wurden, durch Zugabe von Champignons und Croûtons neu interpretierten. Es fehlen jedoch Beweise. Die Wahl des Namens ist nicht verwunderlich, im kaiserlichen Paris konnte man auch Seezungenfilets Murat, Consommée Massena oder Hühnerfrikassee Austerlitz genießen – Namen, die schnell wieder verschwanden, wohingegen Zubereitungen »à la Marengo«, populär wie sie waren, auch nach 1815 nie aus der Mode kamen.

Mahlzeit der Kaiserlichen Garde

Am 25. November 1807 marschierte die Kaiserliche Garde nach siegreichen Feldzügen in Preußen und Polen in Paris ein. Die Truppe passierte einen provisorischen Triumphbogen nahe der Porte Saint-Martin. Zum Abschluss versammelten sich fast 10 000 Soldaten zu einem von der Stadt Paris organisierten Bankett.

Antonin Carême erinnert sich

Der damals noch nicht berühmte Antonin Carême war zu diesem Anlass mit vollem Einsatz dabei. In seinem 1822 erschienenen *Maître d'hôtel français* erinnert er sich mit unverhohlenem Stolz, bei dieser Glanzleistung mitgewirkt zu haben, die er als »das größte unter den außergewöhnlichen Ereignissen, die seit der Renaissance der Kunst in Paris stattfanden« beschrieb. Diese Anlässe waren kulinarische Großevents, für die man Gelegenheitsarbeiter, sogenannte »Extras« anwerben musste. Um sich einen Namen zu machen, müsse man sich daran beteiligen, erklärte Carême. Doch in diesem Fall »waren die Arbeiten für die Köche nie anstrengender«, wie er beteuerte, um die herausragende Leistung zu unterstreichen, deren Teil er war:

> »Die umfangreichen Arbeiten wurden unter der Leitung der Herren Paul und Lasne im Pariser Rathaus durchgeführt. Wir verarbeiteten 6 Ochsen, 75 Kälber, 250 Schafe, 8000 Truthähne, 2000 Masthühner, 1000 Poularden, 1000 Rebhühner, 500 Schinken, 500 gefüllte Zungen und Würste, 1000 Biskuits und Babas, 1000 Karpfen, 1000 Hechte, 18 000 Flaschen Mâcon-Wein und 145 Fässer Wein.
>
> Das Fest fand auf den Champs-Élysées statt, wo 10 000 Gedecke arrangiert wurden. In der Mitte, gegenüber der Allée des Veuves [Avenue Montaigne] befand sich ein großes Zelt mit dem großen Gedeck für den Generalstab. Dann entlang den großen Alleen rechts und links der Straße, vom Place Louis XV. [la Concorde] bis zur Barrière de l'Étoile, zwei Tischreihen mit 10 000 Gedecken. Jeder Gast erhielt eine eigene Flasche Wein. Die beiden großen Tischreihen waren mit 6000 Objekten gedeckt. Auch am Tisch unter dem Zelt wurde kalt serviert und alles verlief in gewohnter Harmonie.«

Die Champs-Élysées im Jahr 1807

Der Soldat Jean-Baptiste Auguste Barrès (Großvater des Romanciers Maurice Barrès), der an dem unglaublichen Essen teilnahm, hinterließ ebenfalls ein Zeugnis, leider ohne Details des Menüs zu nennen:

> »Anschließend ging es zu den Champs-Élysées, wo uns eine Tafel mit zehntausend Gedecken erwartete. Sie war in den beiden seitlich verlaufenden Alleen errichtet worden. Am Rondell befand sich die Tafel der Offiziere, welcher der Marschall vorstand. Das Essen bestand aus acht kalten Gerichten, die sich endlos wiederholten; alles schmeckte gut, man saß bequem, doch leider machte der Regen den Organisatoren und Helden dieses großartigen Festes einen Strich durch die Rechnung.«

Die Avenue des Champs-Élysées, auf der die beiden langen Tischreihen aufgestellt waren, sah damals ganz anders aus als heute. Vom Kreisel Champs-Élysées-Marcel-Dassault bis zum Étoile war sie von nur wenigen Gebäuden gesäumt, vor allem Restaurants, die inmitten der Gärten fast verloren wirkten. Der Arc de Triomphe befand sich noch im Bau.

Auf dem Place du Marché des Innocents floss der Wein aus den vier Hähnen des Brunnens.

Bankett, das die Stadt Paris am 25. November 1807 zu Ehren der kaiserlichen Garde gab

Die ganze Stadt feiert mit

Ein weiterer wichtiger Aspekt der Feierlichkeiten war, wie Jean-Baptiste Barrès anmerkte, dass das Volk nicht nur zuschaute, sondern an dem Ereignis teilnahm:

> »Nach dem Essen gaben wir in der Militärschule, wo wir kaserniert waren, unsere Waffen ab und kehrten nach Paris zurück, um die allgemeine Fröhlichkeit, die Beleuchtung, das Feuerwerk, die öffentlichen Tänze und Spiele aller Art zu genießen. Auch die Armen hatten Anteil an diesem gigantischen Festmahl.«

Carême lieferte übrigens interessante Details über die Lebensmittel. Ein Teil der für das Bankett vorgesehenen Lebensmittel und 145 Weinfässer, also über 30 000 Liter, wurden verschenkt. Während nämlich die Soldaten auf den Champs-Élysées ihr Bankett abhielten, spielten auf zwölf Plätzen der Stadt, einem in jedem Arrondissement, Orchester, es wurden Weine ausgeschenkt und Speisen verlost. Auf dem Place du Marché des Innocents floss der Wein aus den vier Hähnen des Brunnens. Und schließlich am Abend, dem Höhepunkt der Feierlichkeiten, wurde auf jedem der Plätze, auf denen sich die Pariser versammelt hatten, ein Feuerwerk veranstaltet.

Das Ausmaß der Veranstaltung lässt den offensichtlichen politischen Zweck dahinter erahnen: Napoleon demonstrierte seine Macht, indem er Punkt für Punkt sämtliche Maßnahmen imitierte, die im Ancien Régime auf Initiative der königlichen Herrscher anlässlich großer Feierlichkeiten getroffen wurden.

Der Bouillon – französische Institution

Die Geschichte begann, wie so oft, mit einem vergessenen Pionier, genauer gesagt mit einer Pionierin, der 1828 gegründeten Compagnie hollandaise, einer frühen Restaurantkette, die Brühe (Bouillon) und gekochtes Rindfleisch zu günstigen Preisen anbot, sei es zum Verzehr vor Ort oder zum Mitnehmen. Nach einigen erfolgreichen Jahren ging es mit dem Unternehmen bergab, doch hat die Compagnie nicht weniger als der Brühe den Weg geebnet, denn nach ihrer Auflösung im Jahr 1854 entstanden überall in Paris Läden für Bouillons.

Restaurant Duval, Quai de Billy, im Rahmen der Weltausstellung von 1899 eröffneter Saal

Vorreiter Duval

Über die ersten Versuche des Baptiste-Adolphe Duval, Metzger aus der Rue Coquillère, war vor der Eröffnung seines prunkvollen Etablissements in der Rue Montesquieu 6 wenig bekannt: Duval mietete einen riesigen Saal mit 800 Quadratmetern Grundfläche und baute die elegante (Guss-)Eisen-Konstruktion, die fast 600 Gästen Platz bot, um. Es begann das goldene Zeitalter der Pariser Bouillons. Zwölf Jahre später wurde die Aktiengesellschaft des Établissements Duval mit neun Filialen ins Leben gerufen. Im Jahre 1878 waren es bereits 16, hinzu kam eine zur Weltausstellung auf dem Champ-de-Mars errichtete temporäre Niederlassung: 5,3 Millionen Mahlzeiten sollen dort in jenem Jahr serviert worden sein (3 Millionen normalerweise). Baptiste-Adolphe war bereits seit acht Jahren tot, das Sagen hatte inzwischen seine zur Direktorin gewählte Frau Anne-Ernestine; 1882 übernahm ihr Sohn Alexandre das Unternehmen.

Erfolg durch Rationalisierung

Mehrere Faktoren waren für den ungeheuren Erfolg verantwortlich: angemessene, auf den Gast individuell zugeschnittene Portionen, moderate Preise bei hoher Qualität und kompromisslose Hygiene. Ein Model, das mittels einer Massenproduktion die schiere Größe gut geölter Bewirtungsbetriebe ermöglichte. Dazu kam vertikale Verflechtung. Das Unternehmen besaß neben seinen Geschäften eigene Metzgereien, eine Bäckerei, eine Wäscherei, eine Selterwasserfabrik, eigene Weinkeller …

Dieses Streben nach Rationalisierung spiegelte sich auch in der Organisation des Services wider, ein Markenzeichen des »Systems Duval«. Beim Betreten des Lokals erhielt der Gast eine gedruckte Liste der verfügbaren Speisen und ihrer Preise; am Platz erschien die Bedienung und kreuzte die bestellten Gerichte und Getränke auf der Liste an. Beim Verlassen des Lokals erfasste eine Kassiererin die finale Summe, kassierte und stempelt die Karte ab, die am Ausgang einem Kontrolleur ausgehändigt wurde. Im Montesquieu-Saal verrichteten Männer den Service, überall sonst waren die legendären *bonnes de chez Duval* im Einsatz, zu erkennen an ihrer Uniform, die aus einem schwarzen Merinokleid, einer weißen Schürze und einer weißen Tüllhaube bestand.

Eine *bonne de chez Duval*, Lithographie von 1871

Die Modernität der Einrichtung sprach die Gäste an, insbesondere die Mittelschicht und das Kleinbürgertum. Man war vom hervorragenden Preis-Leistungs-Verhältnis begeistert.

Löschpapier mit Werbung, 1912

Ambiente und Service

Die Modernität der Einrichtung sprach die Kunden an, insbesondere die Mittelschicht und das Kleinbürgertum, die das hervorragende Preis-Leistungs-Verhältnis begeisterte. Denn entgegen der landläufigen Meinung waren diese Restaurants, so günstig sie gewesen sein mochten, keine Suppenküchen für Arme. 1863 zahlte der Gast für eine Mahlzeit bestehend aus Brot Suppe, Roastbeef, Gemüse, Dessert und einer halben Flasche Wein 1,50 Franc. Der durchschnittliche Tageslohn eines Pariser Arbeiters betrug damals ohne Verpflegung 5 Francs. Viele Lokale waren billiger, doch musste man keine Sorge vor einem unappetitlichen Eintopf auf dem Teller haben. Nicht zu vergessen, dass es

Der Bouillon Racine, gegründet 1906 von den Brüdern Chartier

vermutlich ab Ende der 1860er-Jahre Tagesmenüs gab: Die Historische Bibliothek Paris verfügt über ein Exemplar aus dem Jahr 1884, in dem u.a. Stopfleberterrine, Astrachan-Kaviar, Burgunderschnecken, gebratene Wachteln und ein Dutzend Desserts aufgeführt sind.

Eine echte Pariser Institution

Paris wurde von Bouillons überschwemmt. Der *Annuaire-almanach du commerce* von 1885 verzeichnete 300 dieser Lokale, in der Ausgabe von 1893 waren es bereits 400. Hinter »Bouillon« verbarg sich jedoch eine äußerst heterogene Gruppe von Betrieben, die von schäbigen Spelunken bis zu großen Sälen, von winzigen Stuben bis zu großen Unternehmen reichte. In dem letzten Register sind die Mitte der 1890er-Jahre entstandenen Bouillons Chartier neben der Gesellschaft der Grands Bouillons parisiens und der Bouillons von Boulant also nur ein Unternehmen unter vielen. Die drei Brüder Ernest, Camille und Frédéric entwickelten ihr eigenes Geschäftsmodell. Sie eröffneten Lokale, um sie weiterzuverkaufen. Käufer firmierten unter der Marke Chartier, eine Art Qualitätsgarantie.

Niedergang der Bouillons

Die goldenen Zeiten der Bouillons gingen im ersten Jahrzehnt des 20. Jh. dem Ende entgegen. Als Alexandre Duval 1922 starb, hatte der Niedergang des Unternehmens bereits begonnen. Es wurde 1925 an Félix Potin verkauft, zerschlagen und versank in Bedeutungslosigkeit. Das Innovative dieser Lokale, ihr Erfolgsgeheimnis, war alltäglich geworden. Nichts unterschied sie mehr. Auch der Begriff »Bouillon«, der mittlerweile für Lokale unterschiedlichster Couleur verwendet wurde, kam aus der Mode.

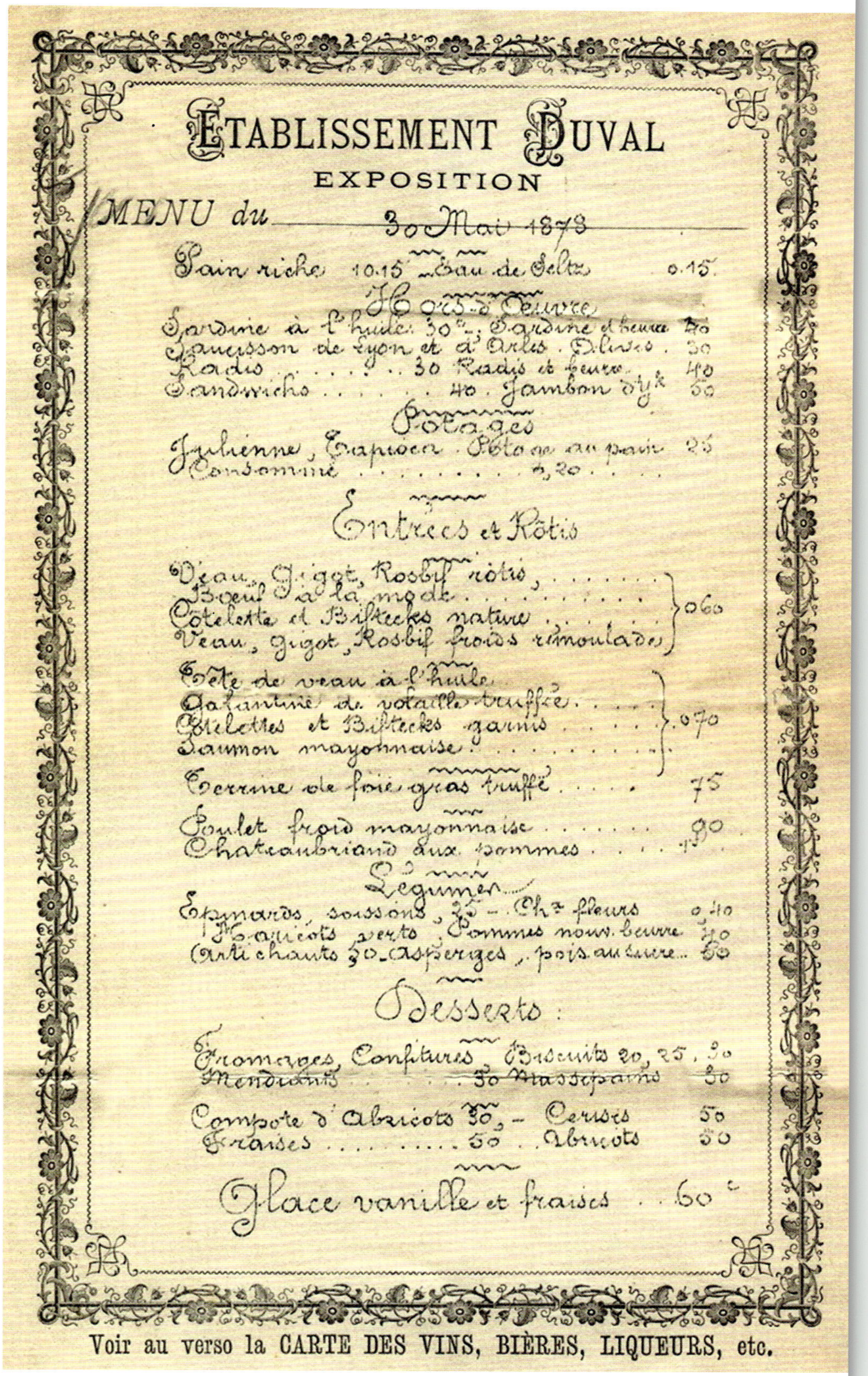

ÉTABLISSEMENT DUVAL
EXPOSITION
MENU du 30 Mai 1878

Pain riche 10.15 Eau de Seltz 0.15

Hors-d'Œuvre
Sardine à l'huile 30 – Sardine et beurre 40
Saucisson de Lyon et d'Arles. Olives. 30
Radis . . . . . 30 Radis et beurre 40
Sandwichs . . . . . . 40. Jambon d'York 50

Potages
Julienne, Tapioca, Potage au pain 25
Consommé . . . . 0,20 . . .

Entrées et Rôtis
Veau, Gigot, Rosbif rôtis, ...
Bœuf à la mode . . . .
Côtelette et Bifteck nature . . . . .
Veau, gigot, Rosbif froids rémoulade } 0 60

Tête de veau à l'huile
Galantine de volaille truffée . . . .
Côtelettes et Biftecks garnis . . . .
Saumon mayonnaise . . . . } 0 70

Terrine de foie gras truffé 75
Poulet froid mayonnaise 90
Chateaubriand aux pommes 1f

Légumes
Epinards, soissons, 25 – Chx fleurs 0,40
Haricots verts, Pommes nouv. beurre 40
Artichauts 30 – Asperges, pois au beurre . . 60

Desserts :
Fromages, Confitures, Biscuits 20, 25, 30
~~Mendiants . . . . . . 30 Massepains 30~~
Compote d'Abricots 30, – Cerises 50
Fraises . . . . 50 . Abricots 50

Glace vanille et fraises . . 60 c

Voir au verso la CARTE DES VINS, BIÈRES, LIQUEURS, etc.

Speisekarte aus dem Jahr 1878

Nur wenige überlebten: Chartier in der Rue du Faubourg-Montmartre und Bouillon Julien in der Rue du Faubourg-Saint-Denis behielten ihren Namen. Als Überlebende schürten sie die flackernde Fackel einer nostalgischen Vergangenheit. Ein Feuer, das 2017 mit der Eröffnung des Bouillon Pigalle am Boulevard de Clichy neu entfacht wurde. Der neue Schwung beschränkte sich teils auf Wechsel des Namens oder der Dekoration: Bouillon Chartier Montparnasse und Petit Bouillon Pharamond (2019), Petit Bouillon Vavin (2021), Bouillon Chartier Gare de l'Est (2022) … und außerhalb von Paris. Die suggestive Kraft des Begriffs »Bouillon« steht auch heute wieder außer Zweifel.

Der Pot-au-feu

Es wird kaum Einwände geben gegen die Definition des Pot-au-feu als ein Eintopf aus Rindfleisch, das in einer Brühe mit Gemüse (Rüben, Karotten, Kartoffeln), ergänzt durch Gewürznelken und ein Bouquet garni, geschmort wird. Es ist das gängige Rezept, doch in einem allgemeineren Sinne ist der Pot-au-feu ein Eintopf mit Fleisch und Gemüse, den es regional in zahlreichen Variationen gibt: Poule au pot, Potée lorraine, Garbure …

Einfach und preiswert

Gemüse im Topf gegart, welcher an einem Zahngestänge im Kamin hängt. Pot-au-feu ist eine uralte Zubereitung beim »Volk der Suppenesser«. Nicht zu vergessen, dass unter dem Ancien Régime ein Großteil der Bevölkerung nur selten ein Stück Fleisch in die Brühe geben konnte.

»Ne mettez point votre ›pot au feu‹ si matin« (»Hängen Sie Ihren Topf nicht zu früh ins Feuer«) schrieb Madame de Sévigné ihrer Tochter, sonst müsse sie befürchten, dass der Inhalt zu Consommé wird. Es war im Jahr 1673, als die Marquise diese Warnung aussprach und wie so oft im kulinarischen Vokabular, sollte das Gargeschirr einmal mehr auch seinen Inhalt bezeichnen. So geschehen im darauffolgenden Jh., in dem »Pot-au-feu« laut dem *Dictionnaire de l'Académie* (1798) zur Bezeichnung für »die Menge Fleisch, die in den Topf kommt« wird. Feste Vorgaben gab es nicht, doch bezog sich der Ausdruck bereits ganz allgemein auf einen Rindfleischeintopf mit Gemüse. In dem Lustspiel *Janot ou les Battus paient l'amende* von Dorvigny ruft der Protagonist aus:

> »Ich habe einen Pot-au-feu gekocht, für morgen Mittag, weil er seinen Gevatter zum Essen gebeten hat […] ohne Knochen und alles […]« (Übersetzung: Johan Friedrich Jünger)

Das Gericht wurde im Sprachgebrauch zum Inbegriff für simple und günstige Kost, die weniger Begüterte mit Zutaten von minderer Qualität zubereiteten.

Eine beliebte Brühe …

Der Pot-au-feu genoss einen besonderen Status und erwies sich jedem Esstisch als würdig. Antonin Carême eröffnet sein *Art de la cuisine française* (*Die Kunst der französischen Küche*; 1833) mit dem »bescheidenen Pot-au-feu« und macht ihn zur ersten aller Bouillons, zu einem Grundpfeiler der gehobenen französischen Gastronomie und zur Basis zahlreicher Zubereitungen. Zugleich aber bezeichnet er die »bescheidene fette Suppe« als »Hauptnahrung der Arbeiterklasse«.

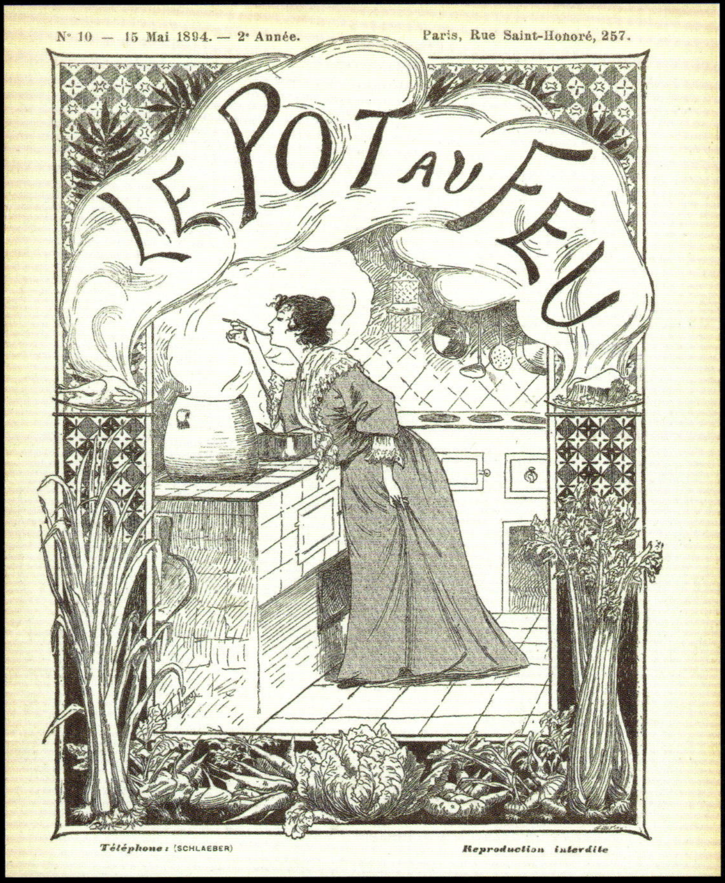

Titelblatt des *Pot-au-Feu*, einer Zeitschrift für Hauswirtschaft, die von 1893 bis 1956 erschien

Sein »Pot-au-feu nach Hausmacherart« enthält vier Pfund Rinderkeule, eine Kalbshachse, ein gebratenes Huhn, zwei Karotten, eine Rübe, drei Stangen Lauch, eine halbe Stange Sellerie und eine mit einer Nelke gespickte Zwiebel. Eine Brühe, die mit dem Gemüse und einer Scheibe Brot zum Tunken serviert wird.

... und ihr weniger beliebtes Fleisch

Noch lange war der Pot-au-feu in den Kochbüchern unter den Suppen zu finden, das daraus resultierende Fleisch wurde auf vielfältige Art verwendet, zum Beispiel für Bœuf Miroton, ein Resteessen mit Rindfleisch, Speck, Zwiebeln und Essig. Gekochtes Rindfleisch, das von Gastronomen wenig geschätzt und von Brillat-Savarin 1825 als »Fleisch ohne seinen Saft« verunglimpft wurde. Noch vernichtender fiel das Urteil 30 Jahre später bei den Autoren des Führers *Paris-Restaurant* (1854) aus: »Der Pot-au-feu hat letztlich nur seiner Brühe wegen einen Wert, doch bedenke man, dass er Ihnen sein berüchtigtes Siedfleisch aufzwingt, jenes saftlose, schaurige Fleisch, das so viele Männer dazu veranlasst, ihr Haus zu verlassen und um Trennung zu bitten.« Gustave Flaubert fasste zusammen: »Gekochtes Rindfleisch ist vor allem deshalb unangenehm, weil es die Säule kleiner Haushalte ist.«

Stunde des Ruhms

Mit der Zeit etablierte sich der Pot-au-Feu in der kulinarischen Literatur als vollwertiges Gericht. In der Zeit zwischen den Kriegen ist Tante Marie in *La Véritable Cuisine de famille* noch voller Skrupel: »Das Gemüse wird separat auf einem Teller serviert, sei es mit der Suppe oder mit dem Rindfleisch, allerdings nur im kleinen Kreise, hat man Gäste, wird kein Gemüse serviert.« Aufschlussreich ist jedoch die Lektüre von Ginette Mathiot. Ihr Klassiker *Je sais cuisiner* (1932) behandelt »fette Brühe« unter Suppen, die »Verwendung von Resten gekochten Rindfleischs« unter Rind und das Kapitel beginnt mit einem Rezept für Pot-au-feu. Es hatte sich tatsächlich zu einer eigenständigen Zubereitungsart entwickelt. Und da es nunmehr um die Zubereitung eines würzigen Fleischtopfs – nicht um eine kräftige Brühe – ging, empfahl sie, das Fleisch in das kochende Wasser zu geben und nicht kalt aufzusetzen. Serviert wurde es »umgeben von verschiedenem Gemüse, mit Senf, grobem Salz und Cornichons«. Der Pot-au-feu wie wir ihn kennen!

Gemüsebrühe, ein preiswertes und häufig zubereitetes Gericht im Frankreich des 18. Jh.

Ode an den Pot-au-feu

Achille Ozanne (1846–1896), Koch und Dichter, widmete all seine Werke dem kulinarischen Fundus Frankreichs – er schrieb Verse über Gänseleberpastete, gebratene Rebhühner oder Morchelomeletts. Dem Pot-au-feu widmete er eine Ode. Hier ein Auszug:

Alors, là, choisissez un bon morceau de gîte,
Que dans l'eau vous plongerez
au fond de la marmite,
Et sur le feu placez avec un peu de sel:
Surveillez la cuisson d'un œil tout paternel;
Aussitôt que l'écume à la surface monte,
Dès le premier bouillon,
d'une main ferme et prompte,
Écumez votre pot. Cela fait, sur le coin
Laissez-le mijoter après avoir eu soin [...]

»So wählt euch also ein gutes Stück Rind,
das ihr mit Wasser bedeckt geschwind,
Noch etwas Salz und auf den Herd gestellt,
wo man es stets im Auge behält;
Steigt Schaum nach oben, das ist bekannt
Schöpft ihn ab von flinker Hand.
Ist dies getan, wohl mit Bedacht
Lasst es nur simmern, sanft und sacht [...]

Erschienen in *L'Art Culinaire*, 15 Juni 1888

Dreikönigskuchen

Das Dreikönigsfest ist für Bäckereien eine arbeitsreiche Zeit, da sie im Eiltempo die traditionellen *galettes à la frangipane* und Dreikönigskuchen herstellen müssen. Erstaunlicherweise sind beide Kuchen nicht so uralt wie gemeinhin angenommen.

Wer findet die Bohne?

Es wird oft behauptet, die Dreikönigs-Galette habe ihren Ursprung in den römischen Saturnalien, bei denen angeblich selbst Sklaven per Los für einen Tag zum Monarchen gekrönt werden konnten. Diese haltlose Interpretation kursierte im Ancien Régime unter katholischen Moralisten, die nach heidnischen Wurzeln für das beliebte »Fest des Bohnenkönigs« suchten, das in ihren Augen eine Entweihung des Dreikönigsfestes war.

Das fröhliche Ritual der Königslotterie, das im mittelalterlichen Westen bereits fest etabliert war, wird in einem Text aus dem späten 15. Jh. beschrieben: Eine Bohne, die Hülsenfrucht, wird in einem »Kuchen«, einem Brot aus feinem Weizenmehl, versteckt. Der vom Schicksal ausgewählte Gast wird bejubelt – »Es lebe der König!« – dann beim Trinken begleitet – »Der König trinkt!« – und schließlich mit dem Ausruf »Der König hat getrunken!« begrüßt.

Das Fest des *Roi-Boit* (»Bohnenkönigs«), Miniatur aus dem 16. Jh.

Festes Ritual – verschiedene Kuchen

Aus der Provence ist bekannt, dass die Bäcker Ende des 14. Jh. zu diesem Anlass Fougasse bereiteten. Im Paris des Ancien Régime waren mit Butter und Eiern angereicherte Brote verbreitet. Der *Pastissier françois* (1653) führte aus, dass die Pariser für das Königslos gern eine Art *gâteau de Milan* aßen, einen Hefeteigkuchen mit viel Butter und Frischkäse. Kurz gesagt, selbst in Paris gab es lange keine feste Definition des Dreikönigskuchens. So servierte man laut Antonin Carême (*Le Pâtissier royal parisien*, 1815) auch manchmal den *gâteau de plomb* (ein Backwerk von knuspriger Konsistenz) mit Schokolade.

Mitte des 19. Jh. begann sich jedoch die *galette feuilletée* aus Blätterteig durchzusetzen. Aus »gewöhnlichem« Blätterteig wie es scheint, also mit weniger Butter und nur viermal getourt – anders als die luxuriöseren, butterreichen Varianten, die mehr Touren benötigten und stärker aufgingen.

Doch obwohl die Kombination aus Blätterteig und Mandelcreme bereits sehr alt ist, wie die *Tourte de Franchipanne* im *Cuisinier françois* von La Varenne aus dem Jahr 1651 nahelegt, führt die Spur der Dreikönigs-Galette mit Mandeln nur bis ans Ende des 19. Jh.

In der Provence ist der Dreikönigskuchen eine Brioche mit kandierten Früchten.

Dreikönigskuchen im Widerstand

Doch die Galette à la Frangipane (mit Mandelcreme) sollte nur sehr langsam an Boden gewinnen. Der *Larousse Gastronomique* von 1938 ließ sie noch durchfallen: »In Paris und den angrenzenden Provinzen der Île-de-France ist der Dreikönigskuchen eine Galette aus Blätterteig.« Jene Version verlor jedoch mit der Zeit an Beliebtheit beim Kuchen essenden Volk und war Ende des 20. Jh. eher die Ausnahme als die Regel. Der Pariser Dreikönigskuchen bestand nun zwingend aus Frangipane.

Natürlich hat dieser Kuchen inzwischen sein Reich bis in die Provinzen ausgedehnt, doch widersetzen sich die regionalen Gepflogenheiten mal mehr, mal weniger vehement seiner Invasion oder erfinden ihn einfach neu: die Galette Comtoise aus Brandteig, gefüllt mit einer Creme aus Sahne, Zucker und Ei, die Galette Viroise aus Hefe-/Briocheteig, bestreut mit Puderzucker, die Galette Flamande, ebenfalls aus Briocheteig, gefüllt mit Konditorcreme …

Auch südlich der Loire sind Dreikönigskuchen, offensichtlich verfeinerte Nachfahren der Brote aus alten Zeiten, nach wie vor sehr beliebt. Im Bordelais und in der Provence gibt es eine Kranz-Brioche, die im ersten Fall mit Scheiben von Zedrat-Zitrone und Hagelzucker, im zweiten mit kandierten Früchten und Orangenschale garniert wird.

Die Galette à la Frangipane herrscht also nicht unangefochten, zumal sie allerorts von Newcomern herausgefordert wird, gefüllt mit Schokolade, Äpfeln …

Der Verzehr des Dreikönigskuchens wurde im 19. Jh. zu einem gesellschaftlichen Ritual (*Le Petit Journal illustré*, 1933).

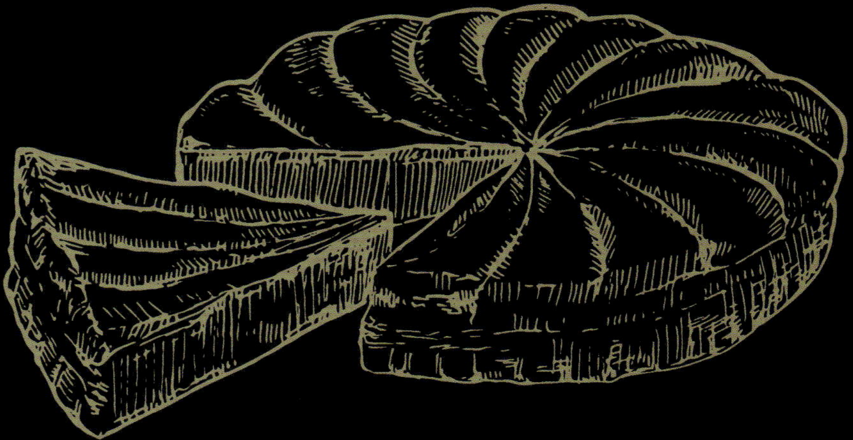

Mitte des 19. Jh. begann sich eine Galette feuilletée aus Blätterteig durchzusetzen.

La Tour d'Argent – ein Restaurant wird zum Mythos

Es ist wohl keine Übertreibung, La Tour d'Argent als das berühmteste Restaurant von Paris zu bezeichnen. Wurde es 1582 gegründet? Hat Heinrich IV. dort die Gabel eingeführt und damit den Grundstein für den Ruhm des Restaurants gelegt? Hat Madame de Sévigné dort gern Schokolade getrunken?

»Ente Tour d'Argent«

Eines steht außer Zweifel: Bereits im 18. Jh. trug an selber Stelle ein Gasthof ein »À la Tour d'Argent« im Namen. Im Jahr 1817 befand sich am Quai de la Tournelle ein einfaches Hotel desselben Namens. Und jahrzehntelang wechselten sich die Eigentümer bei der Leitung des Hotels und seines kleinen Restaurants ab. Um 1840 speiste der junge Baudelaire dort oft mit seinen Freunden – und ließ anschreiben.

Der Aufstieg des Tour d'Argent zu einer Hochburg der Pariser Gastroszene erfolgte später, im Jahr 1885, als Frédéric Delair (»Monsieur Frédéric«) die Leitung des Restaurants übernahm. Als Maître d'Hôtel hatte er an verschiedenen Top-Adressen der Hauptstadt gewirkt, so im Café Riche und im Paillard. Bereits im Januar 1886 beschreibt ein Journalist von *Le Figaro* ein Klientel aus Politikern und Beamten, die ihre oft gescheiterten Ambitionen beim Verzehr von Seezunge Cardinal und Beignets Tour d'Argent zu vergessen suchten, »diesen beiden Meisterwerken aus der Hand Frédérics«. Ab etwa 1890 wurde die Blutente, die »Canard Tour d'Argent«, zur großen Spezialität des Hauses, ebenso wie der Brauch, jede servierte Ente zu nummerieren. Doch darf das nicht den Blick auf die vielen anderen Kreationen des Hausherrn verstellen, wie ein Journalist im *Le Matin* 1894 anmerkt:

Frédéric Delair beim Tranchieren einer seiner berühmten Enten. Die Stücke wurden auf ein Rechaud platziert, rechts ist die berühmte Entenpresse zu sehen (Gemälde aus dem 19. Jh.).

Der Keller

Der Weinkeller des Tour d'Argent, der nach der Schließung des Café anglais im Jahr 1913 noch durch Tausende Flaschen erweitert wurde, war schon immer einer der großen Trümpfe der Inhaber Terrail. Er ist vielleicht einer der schönsten der Welt; derzeit lagern dort fast 300000 Flaschen. Der Gast kann den gewünschten Tropfen aus einer sieben Kilo schweren und 300 Seiten umfassenden Weinkarte auswählen. Einige Juwelen sind allerdings, geschützt durch eiserne Tore, unantastbar: ein Château Citran 1858, ein Château d'Yquem 1871, ein Chambertin 1865, ein Clos de Vougeot 1870, ein Romanée-Conti 1874 …

Karte des Tour d'Argent um 1950

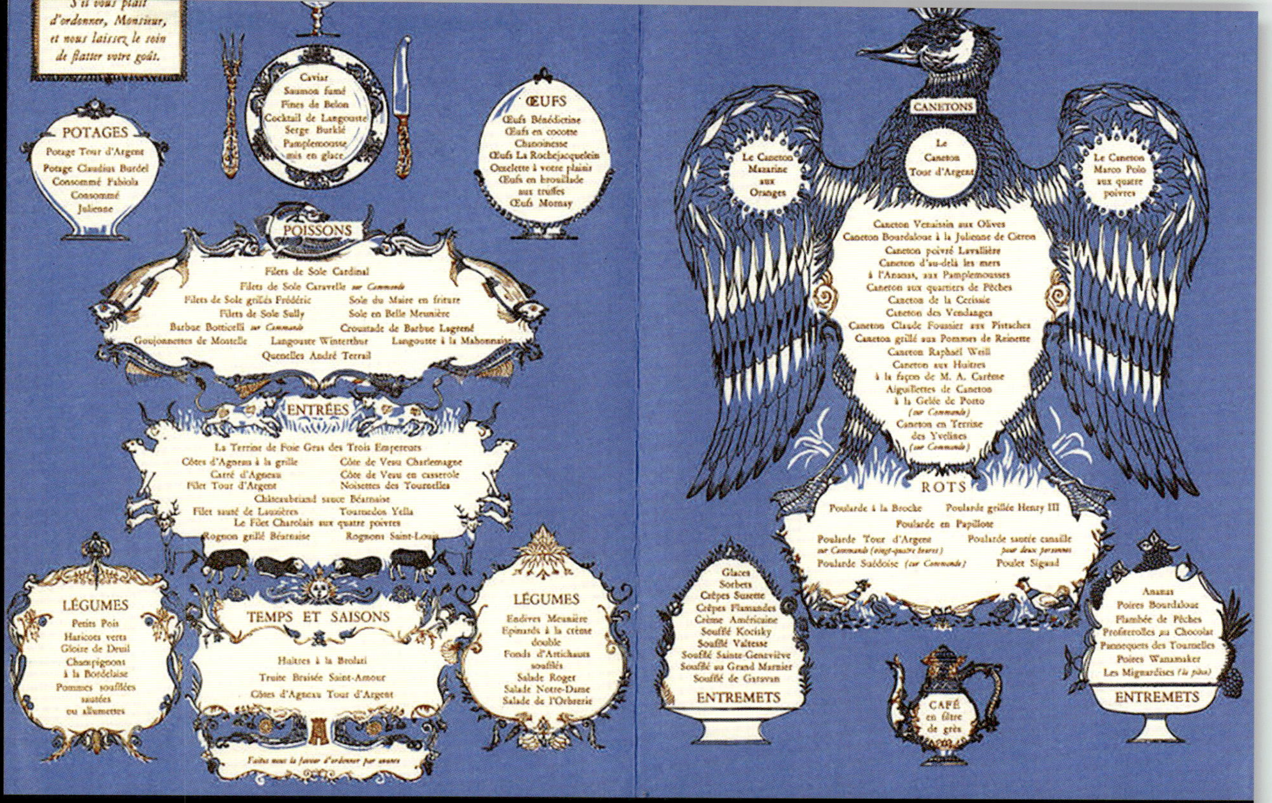

Speisekarte des Tour d'Argent um 1950

Sein heutiger Besitzer Frédéric hatte die originelle Idee, für die meisten seiner prominenten Gäste besondere Spezialitäten mit ihrem Namen zu kreieren. So findet man auf der Karte »Vol-au-vent mit Fisch Stanhope«, »Krustade vom Glattbutt Claretie«, »Nieren Bonvalot«, gewidmet dem berühmten Forscher, »Beignet Prinzessin Colonna« usw.

Die Terrail-Dynastie

Frédéric starb im April 1911; der bereits erfahrene André Terrail übernahm die Leitung. Zwar ließ der neue Besitzer das Lokal renovieren, doch die Tradition blieb. Ende Mai 1912 wurde die 35000ste Ente geopfert! Zwischen den Kriegen wurde das Restaurant zum Treffpunkt des Who-is-Who von Paris und weltweit. 1929 verließ die 100000ste Ente die Küche. Als der *Guide Michelin* 1933 seine Sterne einführte, erhielt La Tour d'Argent direkt drei davon. Genuss versprach nicht nur der Teller: 1936 entstand im sechsten Stock eine Terrasse, die kurze Zeit später in einen Speisesaal umgewandelt wurde. Er wurde zum Herzstück des Restaurants und ist es bis heute geblieben. Die Gäste genießen einen einzigartigen Blick auf die Seine samt Chorhaupt von Notre-Dame.

1947 trat Claude Terrail endgültig an die Stelle seines Vaters; die Liste der prominenten Gäste wurde immer länger, von Eva Gardner bis Orson Welles, von Charlie Chaplin bis Salvador Dalí … Im Jahr 2003 wurde André Terrail, der zweite dieses Namens, anlässlich der millionsten Ente inthronisiert. Drei Jahre später übernahm er die Leitung des Tour d'Argent als Bewahrer der Familientradition, der zugleich das ehrwürdige Haus modernisiert. Im April 2022 begann ein ehrgeiziges Renovierungsprojekt von 18 Monaten. Das Gebäude wurde vom Erdgeschoss bis zum Dach völlig neu gestaltet. Neben neuen Räumlichkeiten gibt es nun auch die Möglichkeit, auf der Dachterrasse ein Gläschen zu trinken – ein einmaliges Erlebnis …

Die Blutente nach Frédéric

AUS EINEM NACHRUF AUF FRÉDÉRIC DELAIR, ERSCHIENEN IN *Le Gaulois*, 14. APRIL 1911:

»Ganz Paris kennt Frédéric (mit vollem Namen Frédéric Delaire), den Mann mit der Rouen-Ente. Der gestern verstorbene Frédéric war Besitzer des Restaurants La Tour d'Argent. Seine Spezialität war jene berühmte Ente. Mit welcher Ernsthaftigkeit, mit welcher Gewissenhaftigkeit, mit welcher väterlichen oder mütterlichen Fürsorge Frédéric das Gericht seiner Berühmtheit selbst ›operierte‹! Er drehte die Presse, die das Fleisch und die Knochen des Tieres zerkleinerte, maß gekonnt die Mischung aus Gewürzen aller Art und entzündete den feinen Champagner der Sauce, indem er seine in Alkohol getränkten Finger über die Flamme führte, die als Rechaud diente. Nach Beendigung dieses Zeremoniells ging er zum Gast und überreichte ihm stolz eine Karte, die ihm bescheinigte, dass es sich zum Beispiel um die vierzehntausenddreihundertvierundneunzigste Ente handelte.«

Pariser Backspezialitäten

Zahlreiche kulinarische Erfindungen aus Paris, ob von Köchen oder aus dem Nahrungsmittelhandwerk, eroberten später die Provinz. Ihr Ursprung geriet in Vergessenheit, so verloren sie ihren Status als Pariser Spezialität und wurden französisch. Das gilt auch für viele Konditorwaren (Opéra, Saint-Honoré …), doch die schönsten Beispiele finden sich in der Pariser Boulangerie.

Das Baguette

VOM RUNDBROT ZUM STANGENBROT: DAS BAGUETTE, DER BELIEBTE VIERTELPFÜNDER

Im Jahr 1767 behauptete der Chemiker Paul-Jacques Malouin in seiner *Description et détails des arts du meunier*, einem Werk über die Müllerskunst, dass die Bäcker früher mehr runde als lange Brote backten, heute sei es umgekehrt. Ihm zufolge ist die knusprige Kruste der Grund für die Beliebtheit der Baguettes, die bis zu sechs Pfund, manchmal aber auch weniger als ein Pfund auf die Waage brachten.

»Länglich« kontra »rund«. Die Brote waren oft massig, das Vier-Pfund-Brot beispielsweise hatte eine Länge von 54 bis 60 cm. Darüber hinaus gab es »Fantasiebrote« unterschiedlichster Formen und Rezepturen, die nicht nach Gewicht, sondern nach einem frei festgelegten Stückpreis verkauft wurden. Einige dieser Brote hatten eigene Namen, wie die *flûte* (Flöte), die im 18. Jh. zu einem gängigen Standardbrot wurde. Diese Sachlage blieb noch bis ins 19. Jh. unverändert; insbesondere das Vier-Pfund-Brot wahrte dabei Beliebtheit und Form.

Im Jahr 1858 ermittelte Frédéric Le Play in einer umfassenden Untersuchung 70 verschiedene Sorten Fantasiebrote in Paris. Unter den vielen als »Jockos« bezeichneten Sorten gab es lange und halblange Brote, deren Größe er nicht näher spezifizierte, die er jedoch mit einem effektiven Gewicht von 350 Gramm notierte.

Ein Pariser Bäcker betrachtet seine massigen Stangenbrote (Honoré Daumier, 1840)

DAS BAGUETTE EROBERT DIE PROVINZ

Wahrscheinlich gab es schon damals Brote, deren Proportionen dem des Baguette nahekamen, doch die erste bekannte Erwähnung des Begriffs »Baguette« stammt aus dem Jahr 1904 von Étienne Favrais, Begründer der Pariser

Bäckerschule, der ihn in seinem *Manuel du boulanger et de pâtisserie-boulangère* verwendete. Mehrfach erwähnt er das Baguette, eine für ihn offensichtlich alltägliche Bezeichnung. Auf einer Seite mit kommentierten Abbildungen sind zwei Stangenbrote dargestellt, eines mit geritzter Kruste, das andere »geschnitten«, deren »Länge je nach Gewicht und Wunsch des Kunden variiert«.

Am Ende des Ersten Weltkriegs war der Begriff »Baguette« so geläufig, dass er landesweit und in offiziellen Texten Verwendung fand. Dennoch unterschieden sich Größe und Gewicht der Baguettes von Bäcker zu Bäcker erheblich.

Zahlreiche Berichte unterstrichen die Beliebtheit des Pariser Brotes. Als ein Journalist Anfang 1925 den Anstieg der Brotpreise beklagte, erklärte er, dies könne zwar den Absatz von Luxusbroten beeinträchtigen, die Pariser könnten jedoch gar nicht anders, als »nach ein paar Tagen zu ihrem knusprigen Baguette« zurückzukehren. Ab September 1956 nahm das höchst offizielle *Bulletin Mensuel de Statistique* das »Baguettebrot« von 300 Gramm in die Rubrik »Einzelhandelspreise in Paris und im Großraum Paris« auf. Im August 1960 erlaubte der Staat den Bäckern, Brote mit einem Gewicht von weniger als 300 Gramm herzustellen; das Baguette wog nunmehr nur noch 250 g. Dies führte zum Baguette, wie wir es heute kennen: 5– 6 cm breit, 3–4 cm hoch und etwa 65 cm lang, bei einem Gewicht von etwa 250 g, manchmal auch weniger.

Nach 1945 breitete sich das Baguette allmählich in ganz Frankreich aus. Im Jahr 1957 ergab eine Umfrage in Saint-Étienne, dass sein Anteil an allen verkauften Broten bei schätzungsweise einem Drittel lag. Die Eroberung der ländlichen Gebiete verlief langsamer, bis in die 1950er-Jahre suchte man das Baguette in vielen Städtchen und Dörfern noch vergebens. Sein Siegeszug ließ sich jedoch nicht mehr aufhalten. Eine Studie aus dem Jahr 1972 ergab, dass es in sehr unterschiedlichen Gegenden die meistverkaufte Brotsorte ist, mit einem Anteil von 59 Prozent in Paris, 60 Prozent in Saint-Étienne und 67 Prozent in den ländlichen Gegenden der Bouches-du-Rhône.

EIN NATIONALSYMBOL, DAS ES ZU BEWAHREN GILT

Ende der 1960er-Jahre wurde das Baguette zu einem typisch französischen Merkmal, genauer gesagt, zum Symbol der rückwärtsgewandten Engstirnigkeit mancher Franzosen. Der Karikaturist Sempé zeichnete einen Mann mit Basken-

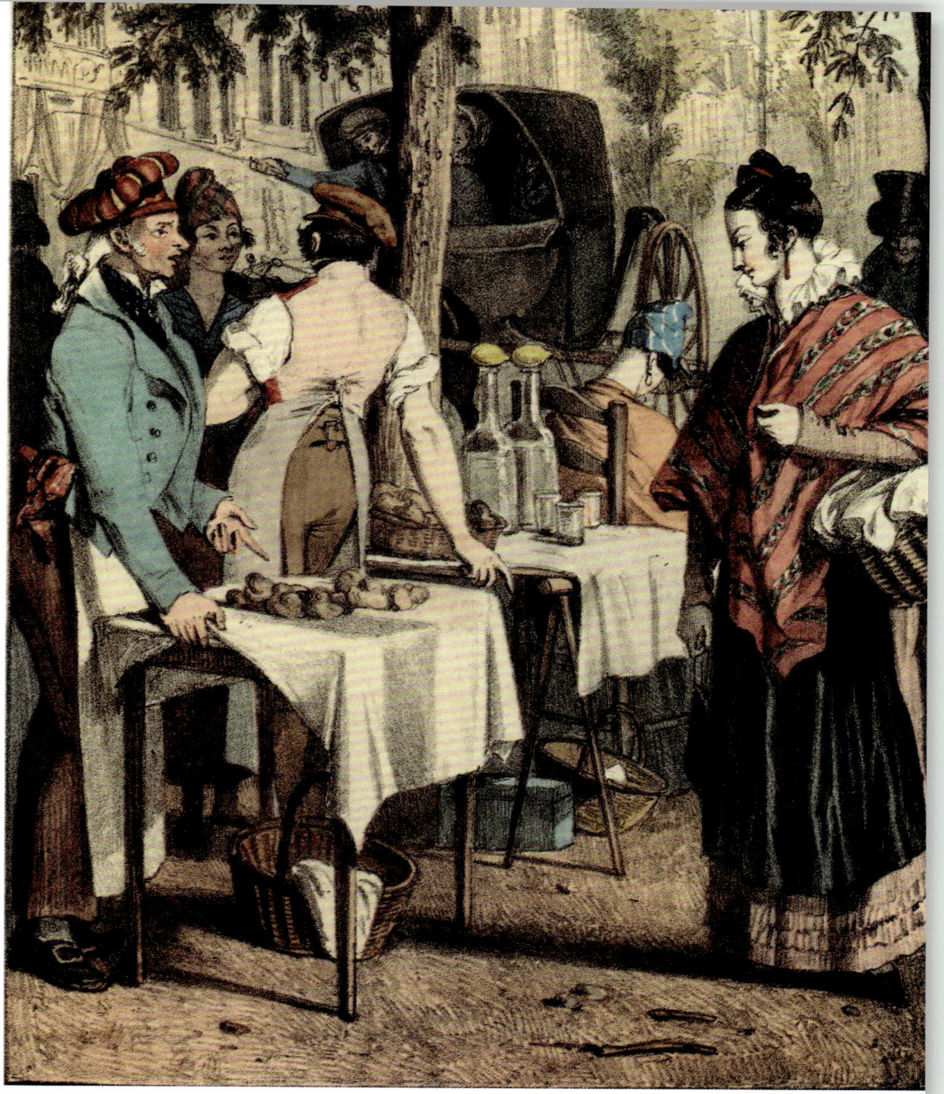

Oben: Ein Pariser Brioche-Händler, 1821

Unten: Von der Boule zum Baguette, die Formen haben Einfluss auf das Gewicht.

mütze und einem Baguette unter dem Arm, der die Mai-Demonstranten 1968 mit den Worten »Das sind Neurotiker« beschimpft, ein eklatanter Gegensatz zwischen dem konservativen Durchschnittsfranzosen und der Jugend. Das vieldeutige Symbol war mit einem durchweg positiven Wert belegt. Als Inbegriff eines für Frankreich typischen Know-hows galt Baguette als schützenswerte kulturelle, identitätsstiftende Besonderheit.

Als das Baguette zum meistverzehrten Brot wurde, entflammte in den 1970er-Jahren eine Debatte, die lange um Niedergang und Exzellenz der Brotstange kreiste. Viele Stimmen erhoben sich gegen das Primat eines weißen, schlecht gebackenen Baguettes ohne Geschmack und knusprige Kruste. Als Reaktion auf die anhaltende Qualitätsdiskussion wurde 1993 ein Gesetz erlassen, wonach *Pain de Tradition Française* während des Herstellungsprozesses keiner Tiefkühlbehandlung unterzogen werden und keine Zusatzstoffe enthalten darf. Diese Regelung bezog sich nicht explizit auf das Baguette an sich, dennoch markiert sie die Geburt des *baguette tradi*. Mit dieser Maßnahme

Lithografie, Anfang des 20. Jh.

wechselte das historisch noch junge Baguette »offiziell« auf die Seite des kulinarischen Erbes. Es wurde als Errungenschaft des Bäckerhandwerks anerkannt.

BRIOCHE ALS ANGEREICHERTES BROT

»Brioche« ist vermutlich normannischen Ursprungs. Das Backwerk wurde im 16. Jh. von fliegenden Händlern verkauft. Im *Livre de commode des adresses de Paris pour 1692* von Nicolas de Blégny heißt es, dass »Monsieur Flechmer« in der Rue Saint-Antoine Ecke Rue Saint-Paul »ein großes Geschäft für feine Brioches betreibt, die die Damen auf ihrem Weg zum Cours de Vincennes bei ihm kaufen«. Und das *Dictionnaire françois* von Richelet erklärt:

> Brioche. Begriff aus der Pariser Konditorei. Eine Art Kuchen oder Brot aus feinem Weizenmehl, Eiern, Käse und Salz. Eine große oder kleine Brioche.

Ein erstes Rezept für Brioche mit wenig Butter erschien 1742 in der *Suite des Dons de Comus* von François Marin. *Brioche* bezog sich vermutlich nicht auf eine spezifische Rezeptur, sondern bezeichnete mit Butter, Eiern, Milch oder Sahne angereicherte Brote. Zumindest ab dem frühen 19. Jh. stößt man auf Versionen, die den modernen Rezepten nahekommen.

EINE REGIONALE SPEZIALITÄT

Der Begriff *brioche parisienne* tauchte Mitte des 19. Jh. auf, doch ist schwer zu bestimmen, was genau sich dahinter verbarg (»Pariser Brioche« für eine Brioche mit Kopf kam nämlich erst relativ spät im 20. Jh. auf). In seinem *Mémorial historique et géographique de la pâtisserie* (1890) deutete Pierre Lancam an, dass sich die Pariser Brioches von denen im Rest des Landes durch die Verwendung von Hefe statt Sauerteig unterschieden. Doch diese Besonderheit bestand damals wohl schon nicht mehr.

Eines ist sicher: In zahlreichen Abhandlungen bezieht sich die Formel auf Brioches, die mit einer Fruchtzubereitung gefüllt waren, wie etwa im *Traité de pâtisserie moderne* von Émile Darenne und Émile Duval aus dem Jahr 1909: Ihre Pariser Brioche ist eine *brioche mousseline* (mit extra viel Butter), in der Mitte gefüllt mit »Kompott aus verschiedenen Früchten, gebunden in einer mit Kirsch oder Maraschino gewürzten Sauce«. Im 19. Jh. und darüber hinaus war die Brioche schlicht die Nummer eins unter den Pariser Konditorwaren, erst ab Mitte des 20. Jh. wurde sie den Viennoiserien (Feingebäck, mit 10-prozentigem Fettanteil)

Oben: Im 19. Jh. ist die Brioche das Aushängeschild der Pariser Patisserie. Diese malte 1870 Édouard Manet.
Unten: Die Brioche, Darstellung von Jean Siméon Chardin aus dem 18. Jh.

zugeschlagen, die in die Zuständigkeit des Bäckerhandwerks fielen. Für Pierre Lancam war das eine Selbstverständlichkeit, da, so erklärt er, das Pariser Bäckerhandwerk immer wieder neue Kreationen auf den Markt bringe: »Aber es war und ist immer die Brioche, die allen Kuchen den Rang abläuft: schlechte Brioche, schlechtes Haus.«

Im gleichen Geist schrieb ein Journalist des *Le Pot-au-feu* am Vorabend des Ersten Weltkriegs: »In der Patisserie hat jede Provinz ihre Spezialitäten. Der Sablé gehört der Normandie, so wie die Brioche aus Paris und der Calisson aus der Provence stammen.«

Das Croissant

Um die Entstehung des Croissants ranken sich so einige Geschichten, doch der Hintergrund-Plot unterscheidet sich kaum. Während der Belagerung Wiens im Jahr 1683 durch die türkischen Truppen hörte ein Bäcker nachts bei der Arbeit Geräusche im Keller und schlug Alarm. Dank seiner konnte ein feindlicher Versuch, durch einen Tunnel in die Stadt einzudringen, gerade noch vereitelt werden. Ihm zu Ehren wurde dem Bäcker das Privileg zuteil, Gebäck in Form eines Halbmondes (Symbol für den Islam) herzustellen. Dies ist die wohl populärste aller

Der Brotverkäufer und die Wasserträgerinnen (Jean Michelin, 1650er-Jahre)

kulinarischen Mythen, wenngleich sie nicht mehr oder weniger begründet ist als andere.

Wer hat's nun erfunden?

Der wahre Ursprung des Croissants ist umstritten. Für manche ist es eine rein Pariser Erfindung. Anfang des 19. Jh. gab es sehr wohl *petits pains à café*, »Kaffeebrötchen«, deren Form sich veränderte und bis Mitte des Jahrhunderts zum Croissant entwickelt haben soll.

Für andere stammt das Croissant aus Österreich, wo es mit den Kipferln bereits ein halbmondförmiges Gebäck gab. Der aus Wien stammende August Zang machte die Pariser damit bekannt, als er 1839 im Herzen der Stadt, und zwar in der Rue Richelieu, seine Wiener Bäckerei eröffnete. Sein Erfolg basierte auf neuen technischen Verfahren – Ofentypen, die dem Backwerk einen schönen goldenen Glanz verliehen – und hochwertigen Rohstoffen, darunter Bierhefe oder Mehl. Unter den leichten, luftigen Brotwaren, die seine Kundschaft liebte, standen Kipferl ganz oben. Der Unternehmer aus Österreich wird wegen seines schnellen und großen Erfolgs immer wieder in Überlegungen zum Croissant-Ursprung erwähnt, dabei bot zum selben Zeitpunkt ein gewisser Herr Frischmuth in der Rue Neuve-Vivienne bereits seit einigen Jahren Kipferl an. Nicht auszuschließen, dass andere Förderer der österreichischen Backkunst in der Hauptstadt ebenso umtriebig waren.

Pariser Werbeschild, um 1900

Mit dem österreichischen Kipferl hatten sich eher Edelbrote von origineller Form etabliert. Sollten sie gar ab 1850 die Pariser Vorläufer für die heute weltbekannten Croissants gewesen sein?

WIENER TEIG STATT EIN HEFE-BLÄTTERTEIG

Das Croissant-Rezept des Anselme Payen aus dem Jahr 1855 (im *Précis de chimie*

Um 1800 gab es die »petits pains à café«, deren Form sich bis Mitte des Jh. zum Croissant entwickelt haben soll.

industrielle: à l'usage des écoles préparatoires …) hat nichts mit dem uns bekannten Rezept zu tun, da es neben einem Kilogramm Mehl aus »ein oder zwei verschlagenen Eiern […] vermischt mit etwa 500 Gramm Wasser« sowie Hefe besteht. Das Gleiche gilt für die irreführend betitelten »Butter-Croissants« von Urbain Dubois und Émile Bernard in der dritten Ausgabe ihrer *Cuisine Classique* aus dem Jahr 1868, die lediglich eine Art Brötchen aus Wiener Teig mit reichlich Butteranteil ergeben.

Oben: Eine Bäckerin im Jahr 1829 (Lithografie von Charles Phillippon)
Unten: Das Croissant wird von den Patissiers ständig neu erfunden und ist eines der modernsten Insignien der französischen Esskultur.

Während nach diesen Rezepten gebackene Croissants im 19. Jh. gang und gäbe waren, erschien das älteste uns bekannte moderne Rezept für Croissants im *Journal des confiseur-pâtissier chocolatiers* vom 15. März 1895. Dort wird der Teig zweimal getourt und anschließend zu einer Kugel geformt, damit er »geht«, also sich durch den Gärprozess der Hefe aufbläht. Der Autor des Artikels spricht von »Meisterwerken, die bislang ausschließlich in den Pariser Bäckereien zu finden waren«, womit zwischen den Zeilen auch gesagt ist, dass es sich bereits um ein alltägliches Produkt handelte.

Schlussendlich erscheint es demnach wenig sinnvoll, den Ursprung des Croissants in Wien zu verorten. Denn das Pariser Croissant, dessen Siegeszug ungefähr zeitgleich mit dem Aufkommen des Kipferls begann, hat dem zeitgleich aufkommenden Wiener Gebäck nicht viel zu verdanken – allerhöchstens seine charakteristische Form.

Carême, Koch der Könige

Dürfte man nur eine große Leitfigur der französischen Gastronomie nennen, wäre Marie-Antoine, genannt »Antonin« Carême (1784–1833) ein aussichtsreicher Kandidat. Als brillanter Koch und produktiver Autor hat er die französische Gastronomie sowohl durch seine Kunst als auch durch seine Persönlichkeit zutiefst geprägt und dazu die Figur des Kochs als Künstler etabliert.

Die Ausbildungsjahre

Was über Carêmes Leben bekannt ist, erfahren wir in erster Linie von ihm selbst. In seinen 1845 posthum veröffentlichten Erinnerungen (*Souvenirs inédits*) berichtet er, dass er im Alter von zehn Jahren vom Vater verlassen wurde, der angesichts der 15 Kinder, für die er aufkommen musste, nicht länger für ihn sorgen konnte. Carême wurde in der Tat bei Wirten untergebracht, die ihn allerdings zurückwiesen. Doch den Kontakt zu seinem Vater hat er wohl nie ganz verloren, der 1808 immerhin Trauzeuge bei seiner Hochzeit war.

Auf jeden Fall begann Carême zu jener Zeit seine Ausbildung zum Koch und später zum Konditor, indem er als Hilfskraft bei Ducrest in der Rue Saint-Honoré anheuerte, mit dessen Kindern er lesen und schreiben lernte.

Seine Karriere begann 1800–1801, als er eine Anstellung bei dem berühmten Pariser Konditor Bailly in der Rue Vivienne fand. In der Konditorei, die bedeutende Adressen belieferte, darunter Außenminister Talleyrand, begann Carême sein außergewöhnliches Talent zu entfalten. Zunächst noch Lehrling stieg er schnell zum ersten *tourier* (spezialisiert auf die Bereitung von Blätterteig) auf.

Nach drei Jahren wechselte Carême zu Gendron, einem anderen berühmten Konditor in der Rue Neuve-des-Petits-Champs, der ebenfalls viele große Häuser belieferte. Dort begann er »Extras« zu übernehmen, also an großen Empfängen mitzuwirken.

Carême und die große Welt

Talentiert wie er war, beschloss Carême kaum ein Jahr nachdem er in Gendrons Dienste getreten war, auf eigenen Füßen zu stehen und sich nur noch »außergewöhnlichen Arbeiten« zu widmen. Eine Entscheidung, die dazu führte, dass er regelmäßig vom Außenministerium beschäftigt wurde, dessen Amtsinhaber kein Geringerer als Talleyrand war. Anders als oft behauptet, hat jener Carême zwar häufig bemüht, dieser war jedoch nie Koch des Außenministers. Auch ist es höchst unwahrscheinlich, dass Carême ihn zum Wiener Kongress (1814–1815) begleitete oder jemals sein Schloss in Valençay besuchte.

Zehn Jahre gehörte Carême also zu jenen Bataillonen von Verköstigern, die für das Gelingen der kaiserlichen Feste, Buffets, Bankette und Empfänge sorgten. Sein *Maître d'hôtel français* (1822) enthält Menüs unzähliger Essen und zeugt von seinem unbändigen Tatendrang in jener Zeit.

Der Untergang des Kaiserreichs hatte zweifellos auch Konsequenzen für den Koch, doch als Zar Alexander I. im April 1814 bei Talleyrand in der Rue Saint-Florentin logierte, stand Carême am Herd. Offenbar fand seine Küche beim Zar großen Anklang, denn jener bat Carême, ihn in den Élysée-Palast zu begleiten. Carême diente ihm auch bei seiner Rückkehr nach Paris nach Napoleons Herrschaft der Hundert Tage im August 1815.

Ende des Sommers beschloss der Zar, in Vertus (Champagne) eine Militärparade abzuhalten. Carême sollte vom 8. bis 12. September »in der Mitte von Nirgendwo« eine Reihe

Frontispiz des *Pâtissier pittoresque* von Antonin Carême, erschienen 1815

Ein Grundlagenwerk

L'Art de la cuisine française au XIXe siècle – wie Titel und Aufbau verdeutlichten, wollte Carême hiermit die Kodifizierung der Kochkunst fördern. Niemand zuvor hatte diese Systematik so weit getrieben: ein klares, schlüssiges System, das als »modular« beschrieben wurde und in dem die Kombination der Elemente, die dieser Küche zugrunde lagen, die Realisierung einer unendlichen Zahl von Zubereitungen ermöglichte.

Am Beispiel der Saucen wird dies am deutlichsten, zumal das Werk mehr denn je den saucenbetonten Charakter der französischen Küche unterstrich. Die entsprechende Abhandlung im dritten Band beginnt mit den vier »großen Saucen« – *espagnole, velouté, béchamel* und *allemande* –, um dann für jede eine Vielzahl von Ableitungen, die 157 »kleinen Saucen«, zu beschreiben. So wird aus der Deutschen Sauce, indem man sie vor dem Servieren mit Geflügel-Consommé und Isigny-Butter [hochwertige Normandie-Butter] aufschlägt, die Sauce au suprême, und gibt man Portwein, Trüffel und Champignons in eine Spanische Sauce und vollendet sie mit Geflügel-Glace und Isigny-Butter, erhält man eine Sauce à la régence.

von Essen organisieren, darunter drei Abendessen mit 300 Gästen – neben Zar Alexander waren der König von Preußen, der Kaiser von Österreich, der Kronprinz von Bayern und der Herzog von Wellington zugegen.

Es folgten fünf Jahre, in denen Carême abwechselnd in Paris und im Ausland tätig war. 1816 wurde er vom späteren König George IV. nach England berufen, 1818 diente er auf dem Aachener Kongress erneut Alexander, anschließend stand er in Diensten von Charles Stewart, dem britischen Botschafter in Wien. 1819 weilte er zu einem kurzen Besuch in St. Petersburg, wo er jedoch keine Gelegenheit fand, den Zaren zu bekochen.

Nach einer kurzen Rückkehr zu Charles Stewart, beschloss Carême im Jahr 1821 in Paris zu bleiben. 1826 trat er drei Jahre in den Dienst von James und Betty de Rothschild, bevor er in den Ruhestand ging. Er starb bereits 1833. Über den Tod des erst 50-jährigen Mannes gibt es auch heute noch nicht wenige Hypothesen. Dass er sich bei seiner Arbeit bedingungslos aufgerieben hatte, steht wohl auch ohne Tagebuchaufzeichnungen außer Zweifel.

Kulinarische Architektur

Carême wird gern als »König der Köche und Koch der Könige« tituliert, eine Bezeichnung, die erst lange nach seinem Tod entstand. Doch war es nicht seine glänzende Karriere, die Carême seinen gebührenden Platz in der Geschichte der französischen Küche sicherte. Seine Bedeutung beruht auf den einflussreichen Schriften, die sofort Maßstäbe setzten (seine Bücher verkauften sich gut) und die nachfolgende Generationen prägten. Sein Werk ist umfangreich: *Le Pâtissier pittoresque* (1815), *Le Pâtissier royal parisien* (2 Bände, 1815), *Le Maître d'hôtel français* (1822), *Le Cuisinier parisien* (1828), *L'Art de la cuisine française au XIXe siècle* (5 Bde, 1833–1844). Diese mit langen Einführungen und Beobachtungen gespickten Werke sind mehr

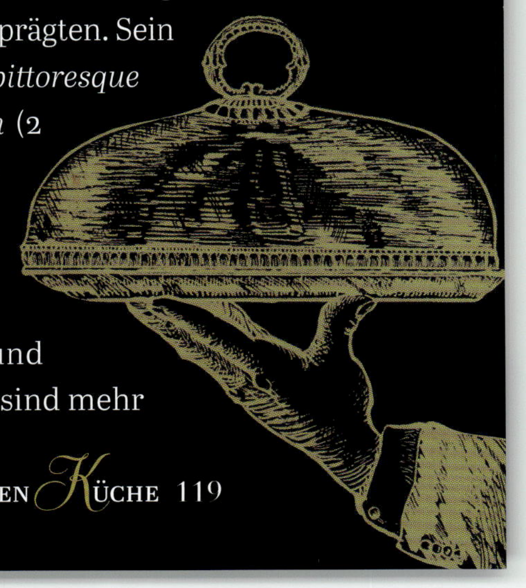

Gouffé, Schüler Carêmes, war ebenfalls Vertreter der ornamentalen Küche. Hier: Äpfel auf Pariser Art und Fruchtsalat (Aus: Jules Gouffé, *Le livre de cuisine*, 1867)

Zeichnungen von Antonin Carême in *Le Pâtissier royal parisien*, 1815

als bloße Rezeptbücher, sie sind eine ständige Reflexion über das Küchenhandwerk, sowohl bezüglich technischer als auch praktischer Dimension. Carême war von dem Wunsch getrieben, seine Kollegen zu unterrichten.

Sein Werk war als Ganzes konzipiert und der letzte Teil, gewissermaßen die Quintessenz, ergibt dessen Krönung. Er starb, bevor er das Projekt vollenden konnte, und der Verleger bat den Küchenchef des russischen Botschafters, Armand Plumery, die noch ausstehenden beiden Bände zu verfassen. Sie erschienen 1843 und 1844. Ein Lebenswerk, persönlich und originell, und die Essenz der beruflichen Erfahrungen Carêmes.

Der Koch als Künstler

Was weiß man schon über La Varenne, der als eine Art Gründervater der französischen Küche gilt? Was weiß man von Menon, der zahlreiche Werke veröffentlichte und dessen *Cuisinière bourgeoise* im Zeitalter der Aufklärung ein Bestseller war? Carêmes Leben kennen wir hingegen – aus seinen Berichten –, es gibt Porträts und Zeugnisse seiner Zeitgenossen. Nie zuvor hatte ein Koch ein derart großes Ansehen genossen. Sein Werk verfasste er weitgehend zu seinem eigenen Ruhm, als eigene Idolisierung, doch konnte diese Selbstverherrlichung nicht ohne ein Plädoyer für seinen Berufsstand erfolgen, wie er u.a. in der Einleitung zu *Le Maître d'hôtel* (1822) ausführte:

> »Möge diese neue Hommage an die Kochkunst das Schicksal der talentierten Männer, die sie ausüben, verbessern, indem sie den hohen Herren die Einsicht vermittelt, uns so zu schätzen, wie wir es verdienen, und uns nicht mit dem Gesinde zu verwechseln. Wenn uns diese Gerechtigkeit widerfährt, habe ich den Lohn meines Wachens und meiner Arbeit geerntet.«

Diese Forderung wird durch eine weitere untermauert: die Anerkennung der Köche als Künstler. In *Le Pâtissier Pittoresque* (1815) kündigt er an, seine jungen Kollegen mit den fünf Ordnungen der Architektur des Theoretikers Vignola (1507–1573) vertraut zu machen. Er erzählt, wie er selbst als 18-Jähriger zweimal wöchentlich in der Bibliothèque impérial (heutige Nationalbibliothek) das große Kupferstichkabinett besuchte, um sich von den Gebäuden in Indien, China, Ägypten, der Türkei und Italien inspirieren zu lassen – Vorbilder für seine Konditorwerke.

So verrät er im zweiten Band seines *Pâtissier royal parisien* von 1815, dass er sehr gern eine Laufbahn als Architekt eingeschlagen hätte:

> »Ägypten, Griechenland und Italien beflügelten meinen Sinn für die Architektur, doch hinderten mich meine finanziellen Mittel daran, diese schöne Laufbahn einzuschlagen.«

In seinen *Souvenirs inédits* fasste er seine Ambitionen in einem Satz zusammen: »Meinen Beruf zur Kunst erheben«, einen Beruf, den er später implizit der Architektur gleichstellte. Er träumte davon, Denkmäler zu errichten und verfasste um 1820 sogar einige Broschüren mit dem Titel »Architektonische Projekte zur Verschönerung von Paris und Sankt Petersburg«. Ein Satz wird Carême immer wieder zugeschrieben, obwohl er ihn nie gesagt hat:

> »Es gibt fünf schöne Künste: die Malerei, die Bildhauerei, die Poesie, die Musik und die Architektur, deren wichtigster Zweig die Konditorei ist.«

Als Konditor bildete sich die Vorliebe für eine reich verzierte Küche aus. Am deutlichsten kommt sie in seinem *Pâtissier pittoresque* (1815) zum Ausdruck, das mit zahlreichen Zeichnungen grandioser *pièces montées*, aufwendig dekorierter Etagentorten, illustriert ist. Nicht umsonst war er ein Verfechter des französischen Services, der prunkvollen Inszenierung der Tafel.

Eine der großen Ambitionen (oder Obsessionen?) Carêmes war es, in die Geschichte einzugehen. Und nachfolgende Generationen von Köchen zollten ihm auch Tribut: Jules Gouffé, der unter ihm gearbeitet hatte, Urbain Dubois und Émile Bernard, ja sogar Auguste Escoffier – sie alle fühlten sich in seiner Schuld.

Von der Haube zur Kochmütze

Carêmes Name wird (jedoch ohne handfeste Beweise) wiederholt mit kulinarischen Erfindungen in Verbindung gebracht: Profiteroles, Vol-au-vent, Millefeuille, Diplomatencreme. Einige Kreationen sind sicher seine gewesen, wie die Neuinterpretation des Karpfens à la Chambord, der eine goldene Zukunft bevorstand, oder Charlotte à la parisienne (im 19. Jh. in *à la russe* umbenannt). Zur Kochmütze schrieb er:

> »Ich befand mich auf meiner letzten Reise nach Wien, 1821, als ich auf die Idee kam, meine Haube mit einem runden Stück Karton (man könnte sie auch achteckig machen) zu tragen, was ihr mehr Anmut verlieh. Jeden Tag gegen elf Uhr morgens überreichte ich Seiner Exzellenz Lord S… das Menü für das Abendessen. Der Botschafter sah mich an, lächelte und sagte: ›Diese neue Kopfbedeckung passt besser zu einem Koch‹; ich merkte gegenüber Seiner Exzellenz an, dass ein Koch einem Menschen von guter Gesundheit gleichen sollte, während unsere gewöhnliche Haube uns eher einem Zustand der Genesung nahebrachte. Milord pflichtete mir bei und so legte ich meine neue Kopfbedeckung nie wieder ab. Meine jungen Leute nahmen sie an und einige Wiener Köche machten sich die Mode zu eigen, ohne daran zu zweifeln, dass sie auch in Paris ihre Anhänger finden würde.«
> (*Le Maître d'hôtel français*, 1822).

Auffallend, dass Carême nie den Begriff *toque* (»Kochmütze«) verwendet und sich die von ihm entworfene Kopfbedeckung stark von der modernen *toque* unterscheidet … Dennoch war dies vielleicht der erste Schritt in Richtung einer standfesteren Kopfbedeckung für Köche. Die schlauchförmige Toque, wie wir sie heute kennen, erhielt ihre moderne Gestalt in den 1920er-Jahren.

Frontispiz des *Maître d'Hôtel Français* von Antonin Carême, 1822

Die Bûche de Noël

Auf dem Land bestand das Naschwerk in der Weihnachtszeit lange Zeit aus gehaltvollen oder angereicherten Broten, wenngleich uns viele Details der Essgewohnheiten und Traditionen von damals unbekannt sind.
In der Provence stieß man auf Spuren von Fougasse aus dem 14. Jh. und in Savoyen aß man seit mindestens dem 15. Jh. nach der Mitternachtsmesse *rissoles*, kleine gefüllte Teigtaschen.

Ein Stamm ... aus Holz

Eine französische *bûche* ist ein Biskuit in Holzscheitform mit Schokoladencreme. Doch nicht diese *bûche* steht ursprünglich mit dem Weihnachtsfest in Verbindung, sondern in der Tat ein echtes Holzscheit. Es war Gegenstand zahlreicher, regional unterschiedlicher Rituale. So wurden Baumstümpfe vor oder nach der Mitternachtsmesse verbrannt, geweiht, mit Salz bestreut oder mit Öl oder *vin cuit* (Dessertwein aus der Provence) übergossen. Bräuche, die im Paris des 19. Jh. bestens bekannt waren und die Erfindung der essbaren Bûche sicherlich inspiriert haben. Die Bûche de Noël als Nachfahrin der Biskuitrolle aus dem Poitou zu sehen, was häufig so gehalten wird, erscheint mir zumindest im Hinblick auf die historische Entwicklung nicht sehr sinnvoll.

Illustration zu einem Artikel mit dem Titel »Bûche de Noël des amateurs« in *L'Art culinaire* in der Ausgabe vom 15. Dezember 1900

Vom Ast zum Stamm

Neugierige finden sicherlich zahlreiche, widersprüchliche Versionen zur Entstehung dieser cremegefüllten Holzimitation. Die einen schreiben sie einem Konditor zu, der Mitte der 1830er-Jahre in Saint-Germain-des-Prés seinem Handwerk nachging; andere verorten ihren Ursprung in Lyon ab etwa 1860. Wieder andere, und das ist die gängigste Version, schreiben sie dem hoch angesehenen Konditor Pierre Lacam (1836–1902) zu.

Lassen wir Lacam am besten selbst einmal zu Wort kommen. In dem 1893 erschienenen *Le Glacier classique et artistique en France et en Italie* schrieb er über die Herkunft der Bûche:

> »Nie wurde herausgefunden, wer Schöpfer der Bûche de Noël war, sie wurde allen Häusern zugesprochen, und nach eingehender Suche fand ich heraus, dass ein gewisser Antoine Charbot, Koch bei M. Sanson, in der Rue Buci 14 den *branche d'arbre* [»Baumast«] im Jahr 1879 erfand. Mehrere Häuser begannen ihn herzustellen und seit 1886 hat seine Beliebtheit nicht nachgelassen.«

Eine »bûche glacée« im 19. Jh.

Dasselbe Werk, zu dem auch besagter Charabot beitrug, erklärt zudem, wie man eine geeiste Bûche (*bûche glacée*) zubereitet. Sie bestand demnach aus runden Biskuitböden, die abwechselnd mit einer Schicht Haselnuss- und Schokoladeneis bedeckt und mit demselben Eis, aufgetragen mit einer Sterntülle, verkleidet wurden. Abschließend verzierte man die Bûche »mit einigen Blättern aus Pistazieneis und Blüten aus Johannisbeer- oder Erdbeereis«.

Durchaus erstaunlicherweise stammt das älteste uns bekannte Rezept der Bûche aus der Zeitschrift *L'Art Culinaire* vom Februar 1889, wo es als »Entremets der Fantasie« auftauchte, jedoch ohne den geringsten Bezug zu Weihnachten! Im Jahr darauf stellte Lacam in seinem *Mémorial historique et géographique de la pâtisserie* ein ähnliches Rezept unter dem Titel »Bûche de Noël« vor:

> »Man macht sie als Biskuit mit dem Spritzbeutel und aus Genueser Masse auf dem Blech. (...) wir nehmen den Genueser Biskuit, stechen etwa zehn gleich große Kreise aus und fügen sie mit Mokka- oder Schokoladencreme zusammen. Rundherum sorgfältig mit Creme maskieren und glätten, auf einen länglichen, mit gerösteten Mandeln bestreuten Boden platzieren und von einem zum anderen Ende mit einer feinen Tülle verzieren, sehr gleichmäßig, die Rinde des Baumes imitierend.
>
> Dann vier oder fünf Knoten aus dickem Biskuit darauf platzieren, die man mit einem Ausstecher stanzt, um die Äste zu imitieren. Diese mit derselben Tülle maskieren, auch die beiden Enden des Baumstamms maskieren, jedoch nicht verzieren. Manche Häuser streichen grüne Mandelpaste mit Druck durch ein Sieb, andere streuen ganz fein gehackte Pistazien darüber. Wir nehmen feste Italienische Baisermasse.«

Ein Konditor Anfang des 20. Jh.

Überraschenderweise handelte es sich also nicht um eine Biskuitrolle, die erst in den folgenden Jahren aufkam. Wie dem auch sei, die Pariser Bûche wurde zu einer festen Größe und breitete sich wie so vieles mehr auch von der Hauptstadt aus langsam im gesamten Frankreich aus.

Die Pariser Bûche wurde landesweit zu einer festen Größe.

Auguste Escoffier, König der Köche

Auguste Escoffier, der vielleicht berühmteste Koch Frankreichs, hat wie kein anderer die französische Küche in ihrer Vorbildfunktion gefestigt. Sein persönlicher Aufstieg war auch der eines ganzen Berufsstandes. Escoffier verstand sich als Kunsthandwerker und behauptete sich als Unternehmer.

Le Petit Moulin Rouge

Auguste Escoffier wurde 1846 in Villeneuve-Loubet im heutigen Departement Alpes-Maritimes geboren und stammte aus einfachen Verhältnissen, weshalb er, der eigentlich Bildhauer werden wollte, wie er in seinen *Souvenirs inédits* berichtete, sich zu einer Kochlaufbahn gezwungen sah. Mit 13 Jahren begann er eine Lehre im Restaurant seines Onkels in Nizza, das Français.

Mit 19 Jahren kam er nach Paris, im April 1865 begann er als Küchenhilfe im Petit Moulin Rouge in der Nähe der Champs-Élysées. Es war ein bei der Pariser Hautevolee beliebtes Etablissement, dessen Restaurant so eingerichtet war, wie es sich für ein Haus dieser Art gehörte: zwei große Säle im Erdgeschoss, zwei große Salons im ersten Stock, mehrere kleine Salons im zweiten und dritten Stock, insgesamt etwa 30.

Zwischen 1865 und 1870 arbeitete sich Escoffier nach oben, während er in der Sommerpause andernorts seine Talente auslebte. Zunächst wurde er auf diese Weise Chef Gardemanger, dann im Jahr 1870 Chef Saucier. Während des Deutsch-Französischen Krieges diente er 1870 in der Küche des Generalstabs von General Bazaine.

Auguste Escoffier, dargestellt von Alfred Schmidt im Jahr 1923

Als Küchenchef

Nach verschiedenen Anstellungen kehrte Escoffier 1873 ins Petit Moulin Rouge zurück, nun als Küchenchef. Es war ein von vielen Berühmtheiten frequentiertes Haus: »Ich hatte die Ehre, Prinzen, Herzöge, die größten Persönlichkeiten aus Gesellschaft und Politik, die bedeutendsten Könige und Finanzfürsten zu bedienen«, schrieb er in seinen *Souvenirs inédits*. Der Kontakt zum Who-is-Who dieser Welt war für ihn eine Form der Anerkennung. In seinen Erinnerungen berichtet er, dass die Entente Cordiale, die erst 1904 zwischen Frankreich und dem Vereinigten Königreich geschlossen wurde, wahrscheinlich im Petit Moulin Rouge eingefädelt worden war, als Premier Léon Gambetta und der spätere Edward VII., damals Prince of Wales, dort konferierten.

In jenen Jahren lernte er unter anderen Cora Pearl, die berühmteste Halbweltdame des Zweiten Kaiserreichs, die Schauspielerin Sarah Bernhardt (über den Maler Gustave Doré) und Blanche d'Antigny, eine berühmte Kurtisane, kennen. Letzterer widmete er einen Eisbecher, den Coupe d'Antigny, der »zum ersten Mal anlässlich eines Abendessens, das Prinz Galitzine der freundlichen Künstlerin zu Ehren gab, serviert wurde«.

César Ritz

Im August 1878 verließ Escoffier endgültig das Petit Moulin Rouge. Er hatte sich bewährt und genoss einen guten Ruf in der Branche. So gut, dass sein Name César Ritz, dem Direktor des Grand Hôtel in Monte Carlo, zu Ohren kam. In ihren Memoiren erzählte Ritz' Frau, sie habe von Escoffier durch ihren Chefkoch Jean Giroux erfahren, der gerade zur Konkurrenz ins Hôtel de Paris gewechselt war.

Escoffier nahm seine Arbeit im Oktober 1884 auf. Die Chemie zwischen den beiden Männern stimmte. Als Ritz im folgenden Jahr für die Sommersaison ins Grand Hôtel National nach Luzern zurückkehrte, begleitete Escoffier ihn. Diese Praxis sollte sieben Jahre lang währen, bis ein neues Kapitel begann und Escoffier, der bereits mit der internationalen Elite verkehrte, endgültig im Zeitalter der Luxushotels ankam.

Das Savoy

Das 1889 eröffnete Hotel Savoy hatte nicht den von seinem Besitzer Richard D'Oyly Carte erhofften Erfolg. Darauf bot er Ritz die Leitung an, der das Angebot annahm und in Begleitung von Escoffier anreiste. Die beiden Herren bezogen die Örtlichkeiten im April 1890. Ihre Mission wurde ein Erfolg, die Geschäfte liefen gut. Ritz brachte als Direktor seinen Sinn für Luxus und perfekten Service zum Tragen und verwandelte das Hotel in einen Tempel der Eleganz. Escoffier führte als Küchenchef die feine Hochküche ein, verschlankte die Abläufe und etablierte ein System von Festpreismenüs, zugeschnitten auf eine anspruchsvolle Kundschaft. Doch wurde ihr Erfolg durch einen Finanzskandal getrübt. 1897 wurden Ritz, Escoffier und der Maître d'hôtel Échenard wegen verschiedener Unterschlagungen aus dem Savoy entlassen. Escoffier wurde u.a. beschuldigt, Bestechungsgelder von Lieferanten angenommen zu haben.

Vom Ritz ins Carlton

Unterdessen erlebte César Ritz' Plan, ein Hotel seines Namens zu gründen, unterstützt von reichen Finanziers, seine Verwirklichung. Das Hotel wurde am 1. Juni in Anwesenheit von »Tout-Paris« eingeweiht. Diesmal übernahm Escoffier die komplette Organisation sowie die Ausstattung von Küche und Restaurant. Doch die beiden hyperaktiven Gastronomen zog es bald weiter ins Carlton nach London, das im Juli 1899 eröffnete. Sie stellten ihre Koffer ab und krempelten die Ärmel hoch – wieder einmal mit Erfolg. Ritz' Gesundheit spielte jedoch nicht mit und ohne ihn hatte

Auguste Escoffier und Premierminister Édouard Herriot bei einem Bankett im Palais d'Orsay zu Ehren des Kochs im Jahr 1928

Meister des guten Tons

Vom Zügellosen war es nur ein kleiner Schritt zum Vulgären. Es wurde in der Küche geflucht und geschrien, junge Lehrlinge wurden oft brutal behandelt. Escoffier fühlte sich eines menschenwürdigen Umgangs zu sehr verpflichtet, um solche Praktiken zu dulden. Zunächst kämpfte er gegen den Küchenjargon und die vulgäre Sprache. Fluchen und vulgäre Kraftausdrücke waren nicht mehr gestattet.

Erlaubte sich ein Mitarbeiter ein allzu loses Mundwerk, gab ihm Escoffier ein Zeichen und sagte: »Hier wird von Ihnen erwartet, dass Sie wie Polizisten sind. Hier wird erwartet, dass Sie höflich sind. Jedes andere Verhalten widerspricht unseren Gepflogenheiten …« Was er lehrte, setzte er in der Praxis konsequent um und bewahrte in jeder Situation absolute Ruhe. War er wegen eines groben Schnitzers besonders verärgert, fuhr er mit seiner linken Hand über sein Gesicht, rieb sich die Wange und zupfte am Ohr. Dann sagte er mit sanfter Stimme: »Ich gehe hinaus, ich merke, dass ich mich ärgere.«

Erfahrungsbericht von Eugène Herbodeau und Paul Thalamas in George Auguste Escoffier, London, Practical Press, 1955.

das Carlton keinen Hotelier von Format, der mit D'Oyly Carte konkurrieren konnte. Escoffier indes leitete weiter die Küche des Carlton, das in London das Maß der Dinge blieb. Er blieb bis 1920, bevor er sich aus Alters- und Gesundheitsgründen zu seiner Familie nach Monte Carlo zurückzog, wo er seine Erinnerungen, Artikel, Rezepte ... verfasste.

Wichtige Rolle in der Hotelküche

Escoffier verfügte über Talent, Qualitäten und die Möglichkeiten, die sich durch die Begegnung mit Ritz auftaten, zu nutzen. Jener wiederum hatte das Glück, in Escoffier den kongenialen Partner zu finden, denn seiner Frau zufolge war er überzeugt: Ein Hotel steht und fällt mit seiner Küche.

Tatsächlich war Escoffier eine Schlüsselfigur in der Ära der Palasthotels. Diese Institution war der Inbegriff von Luxus, insbesondere in kulinarischer Hinsicht. Es war ein Ort, der denjenigen, die seinen Erfolg begründeten, internationale Strahlkraft verlieh.

Für Escoffier war der Umgang mit den Großen der Welt eine Auszeichnung, eine Form der Werbung in eigener Sache. Seine Art, den Gästen zu schmeicheln, indem er Kreationen nach ihnen benannte, war ein Instrument der Öffentlichkeitsarbeit. Escoffier verstand es, ein Image und eine Reputation aufzubauen, er wusste zu bezaubern. Es zeigt sich am Beispiel der »Erdbeeren Sarah Bernhardt« oder am »Pfirsich Melba«. Als die Sängerin Nellie Melba zum Abendessen lud und in der Oper Lohengrin sang, dachte sich Escoffier dieses Dessert aus:

> »In Erinnerung an den majestätischen Schwan aus Lohengrin ließ ich einen aus einem Eisblock geschnitzten Schwan, der mit einem Schleier aus gesponnenem Zucker überzogen war, zwischen seinen Flügeln Pfirsiche auf einem Bett aus Vanilleeis in einer mit Intarsien verzierten silbernen Terrine präsentieren. Dazu ein süßes Himbeerpüree.«

Der »Guide culinaire«

Wenn es ein Werk gibt, das Generationen von Kochprofis im 20. Jh. geprägt hat, dann ist es der *Guide culinaire*. Das Buch erschien erstmals 1903, also zu einer Zeit, als die klassische französische Küche ihren Zenit erreichte. Es stand zwar in der Tradition von Antonin Carême, strebte jedoch nach Vereinfachung insbesondere bei Präsentation und Dekoration, im Gegensatz zu den Gepflogenheiten des 19. Jh. Der *Guide culinaire*, der sich an Fachleute richtet, etabliert sich als Referenz, erneuert das Repertoire und legt Gepflogenheiten fest.

Beispiel: die Germiny-Suppe. Heute wird sie meist mit Sauerampfer zubereitet. Ab den 1860er-Jahren gab es jedoch auch Versionen auf Basis von Erbsenpüree oder Römersalat. Escoffier bereitete die Suppe mit Sauerampfer zu; er etablierte den Standard.

Escoffiers Schriften und die diversen Ausgaben seines *Guide culinaire* prägten bis ins 21. Jh. hinein über Generationen hinweg die französischen Hotelfachschulen. Umso mehr, als Théodore Gringoire und Louis Saulnier, zwei seiner Schüler, 1914 *Le Répertoire de la Cuisine* veröffentlichten. Das kleine Werk hat die Jahrzehnte überdauert und wesentlich dazu beigetragen, das Erbe Escoffiers fortzuschreiben. Es gilt immer noch in der Ausbildung und für den Küchenprofi als unerlässliche Lektüre und hilfreicher Wegweiser.

Erfinder der Küchenbrigade?

Oft wird behauptet, Escoffier habe das Konzept der Küchenbrigade im Londoner Carlton eingeführt. Er selbst gab das jedoch nie vor, vielmehr stammt die Zuordnung aus dem Buch *George Auguste Escoffier* (1955) von Eugène Herbodeau und Paul Thalamas. Die Autoren behaupten, Escoffier habe die Prinzipien des Taylorismus bereits vor der Industrie angewandt. Doch war die Spezialisierung in Großküchen bereits in den ersten Restaurants zu beobachten. Spätestens seit den 1860er-Jahren wurden Postenköche mit spezifischen Titeln bezeichnet, deren Aufgaben präzise definiert waren.

Die Organisation der Arbeitsabläufe stand noch auf einem anderen Blatt. Herbodeau und Thalamas erklären, wie es Escoffier gelang, durch Aufgabenteilung und die Synchronisierung der Posten die Abläufe effizienter zu gestalten. Ihre Darstellung deckt sich jedoch nicht mit dem, was Escoffier selbst über seine Bemühung zur Verbesserung der Effizienz in großen Hotelküchen schrieb. Nur eine der achthundert Seiten seines *Guide culinaire* widmet sich der Arbeitsorganisation in großen Hotels. Auguste Escoffier hat die Küchenarbeit also mitnichten revolutioniert.

Auszug aus dem Manuskript *Ma cuisine*, Escoffier, erschienen 1934

à raison de 250 grammes de sucre par bouteille de vin et un décilitre de gelée de groseille.
Laisser refroidir dans le sirop ; dresser les pêches dans une timbale avec le sirop.
Servir en même temps des macarons de Nancy.

<u>Pêches Dame-Blanche</u>. — Préparer les pêches comme il est expliqué pour les "Pêches Aiglon" ; les débarrasser de leur pelure, les déposer dans une terrine, les couvrir de sirop bouillant, les laisser refroidir dans le sirop.
Au moment de servir, égoutter les pêches et les disposer en couronne sur un lit de glace à la vanille dans laquelle on aura mêlé des petits dés d'ananas légèrement confit, dressée dans une coupe en cristal. Sur le centre un rocher de crème Chantilly.

<u>Pêches Eugénie</u>. — Choisir des pêches mûres à point ; enlever le noyau avec précaution. Les dépouiller de leur pelure, les disposer dans une timbale en les intercalant de fraises des bois. Arroser de quelques cuillerées de Kirsch et Marasquin, les saupoudrer de sucre fin et tenir sur glace.
Au moment de servir, masquer les pêches d'un Sabayon au Champagne très froid.

<u>Pêches Melba</u>. — Choisir des pêches à chair tendre n'adhérant pas au noyau ; les plonger une minute dans de l'eau bouillante puis dans de l'eau glacée comme il est expliqué aux "Pêches Adrienne", les déposer sur un plat, les saupoudrer de sucre et les tenir au frais.
D'autre part, on aura préparé une glace à la vanille très crémeuse et une purée de framboises aussi fraîches que possible et sucrée.

ranger dessus des demi-abricots pochés. Recouvrir de Meringue ordinaire façonner à volonté, soit en forme de dôme ou de charlotte, décorer au cornet avec la même meringue ; saupoudrer de sucre glace et mettre à four doux pour cuire et colorer légèrement la Meringue.
Servir comme accompagnement une sauce abricot ou sauce groseille.

<u>Ananas Condé</u>. — Faire macérer au Kirsch et sucre des tranches d'ananas partagées en deux sur le milieu.
Les dresser en turban sur une bordure de riz préparée comme il est dit aux "Abricots Condé" ; décorer avec cerises mi-sucre et petits cercles d'angélique ; napper d'un sirop au Kirsch.

<u>Bananes Flambées</u>. — Retirer l'écorce ; saupoudrer les bananes de sucre fin. Les passer à la farine et les cuire au beurre clarifié.
Dresser les bananes sur plat long l'une à côté de l'autre ; saupoudrer de sucre, les arroser de Kirsch chauffé et faire flamber à table.
On pourra remplacer le Kirsch par du Rhum.
Comme variante, on pourra entourer les bananes de Cerises Jubilé et faire flamber.

<u>Cerises</u>

<u>Cerises Jubilé</u>. — Dénoyauter de belles cerises ; les mettre dans un poêlon avec 150 grammes de sucre pour une livre de cerises. Couvrir le poêlon, donner 6 à 8 minutes d'ébullition et mêler aux cerises 200 grammes de gelée de groseille.
Dresser les cerises dans des petites cassolettes en argent, à mi-hauteur des cassolettes ; les couvrir avec leur cuisson ; verser dans chaque cassolette sur les cerises une cuillerée de Kirsch chauffé et l'enflammer au moment de les servir.
<u>Nota</u>. — On peut se procurer en toutes saisons de belles cerises conservées au sirop, avec lesquelles on peut préparer les entremets

avec son beurre de cuisson.
Au moment de servir, ajouter quelques cuillerées de bon jus réduit.

<u>Carré d'Agneau Grillé</u>. — Le carré ayant été écourté et paré, l'assaisonner, l'arroser de beurre fondu et le griller doucement. Lorsqu'il est à peu près à point, le saupoudrer de mie de pain et colorer celle-ci en complétant la cuisson.
Servir en même temps une garniture au choix.

<u>Carré d'Agneau Mireille</u>. — Mettre le carré dans un plat ovale en terre de dimension exacte ; l'arroser de beurre et le cuire 7 à 8 minutes au four. Retirer le carré du plat ; tapisser le fond du plat d'une couche de pommes de terre tournées en forme d'un bouchon ordinaire et émincées et d'un bon tiers de fonds d'artichauts crus et finement émincés. Remettre le carré dans le plat sur la garniture, arroser de beurre, cuire doucement au four.
Au moment de servir, ajouter quelques cuillerées de bon jus réduit.

<u>Carré d'Agneau Mistral</u>. — Procéder identiquement comme pour le "Carré Mireille", sauf qu'au lieu d'ajouter au dernier moment du jus, celui-ci est remplacé par des lamelles de truffes fraîches des Garrigues Vauclusiennes légèrement chauffées dans un jus de veau un peu corsé.
La saison des truffes correspond à l'époque où nos agneaux de Provence sont excellents.

<u>Poularde Récamier</u>. — Pocher la poularde dans un fonds blanc. Lorsqu'elle est prête, lever les deux suprêmes ; détailler sur chacun 4 escalopes ; les mettre dans une casserole avec une cuillerée de beurre, ajouter à peu près le même volume de truffes soigneusement pelées et coupées en lamelles, une douzaine de belles crêtes de coq, une cuillerée de Madère ; faire chauffer et y joindre 4 décilitres environ de sauce suprême ou de sauce Allemande. Couvrir la casserole ; tenir au chaud.
D'autre part, supprimer les os de l'estomac de la poularde ; remplir la carcasse d'une garniture composée de : macaroni coupé en petits bâtonnets cuits à l'eau salée, les égoutter, les lier avec quelques cuillerées de sauce Béchamel et parmesan frais râpé ; additionnée ensuite de foie gras et truffes coupés en dés. Dresser la garniture de manière à rendre à la poularde sa forme primitive.
Couvrir le macaroni de sauce Béchamel, saupoudrer de fromage râpé, arroser de beurre fondu. Passer la poularde au four, pendant quelques minutes, le temps nécessaire pour obtenir une jolie couleur or. Dresser la poularde sur plat ovale, l'entourer de petites bouchées garnies de pointes d'asperges bien vertes.
Servir en même temps et bien chaud les escalopes et garniture, dans une timbale en argent.

Das Ritz – ein Restaurant des Auguste Escoffier

Ende des 19. Jh. wurde das Palasthotel zum neuen Schauplatz, an dem sich die französische Haute Cuisine entwickelte. Für César Ritz erforderte ein Etablissement von Rang einen ebensolchen Koch, und die Partnerschaft mit Auguste Escoffier, die 1884 begonnen hatte, gipfelte in der Eröffnung des Ritz an der Place Vendôme 1898.

Ein Mann, ein Hotel

Alles begann, als César Ritz nach einer langen Laufbahn in der Luxushotelbranche mit Unterstützung einiger Financiers das Ritz Hotel Syndicate gründete. Zum ersten Mal war er nicht nur Direktor, endlich trug ein Hotel seinen Namen. Er beauftragte den elsässischen Architekten Charles Mewès und Auguste Escoffier mit Konzeption und Ausstattung der Küche sowie des Restaurants.

Das ehemalige Hôtel de Gramont, Anfang des 18. Jh. erbaut, wurde fürs neue Ritz fast vollständig abgerissen. Nur die Fassade blieb erhalten, wurde jedoch durch die Öffnung von vier ihrer sechs Bögen umgestaltet. Dahinter entstand ein Gebäude, das mit 95 Zimmern, auf fünf Stockwerke verteilt, von relativ geringer Größe war. Ein rechteckiger Garten, der an das Gebäude angrenzte, nahm den Rest des Grundstücks ein. Am 1. Juni 1898 wurde das Hotel Ritz an der Place Vendôme in Anwesenheit der Pariser Prominenz eingeweiht.

Ein Besuch im Ritz

Der Weg ins Ritz führte einen Wandelgang am Garten entlang, bevor die Gäste das Restaurant betraten, wo sie der Maître d'hôtel zum Tisch führte. Der etwa 210 Quadratmeter große Speisesaal im Regency-Stil mit seinem eleganten Gewölbe vermittelte das Gefühl, im Speisesaal eines großen aristokratischen Anwesens zu tafeln. Große, sich zum Garten öffnende Fenster sorgten für viel Licht, das die Spiegel an den gegenüberliegenden Wänden reflektierten. Bei schönem Wetter konnte das Essen auch im Freien serviert werden. Die kleine grüne Oase im Herzen der Metropole trug nicht unwesentlich zum Erfolg des Hauses bei. Der *Gourmet's Guide to Europe* (1903) der Briten Nathaniel Newnham-Davis und Algernon Bastard bekräftigte dies: »Das Ritz ist in erster Linie ein Restaurant und erst in zweiter Linie ein Hotel.« Dass ein Hotelrestaurant einen solchen Status erlangte, war ein Novum. In einem Artikel aus dem Jahr 1924 hieß es, dass von einem Gesamtumsatz von 2,5 Millionen Francs, 1,5 Millionen auf das Restaurant entfielen.

Sämtliche Einrichtungsgegenstände und Ausstattungen wurden auf Bestellung von renommierten Herstellern angefertigt. Das Tafelsilber – im Regency-Stil – stammte von Christofle, die Glaswaren von Baccarat und die handgewebte Tischwäsche von La Grande Maison de Blanc (Brüssel). Für das Restaurant entwarf Mewès gemäß seinem Auftrag das Muster des dicken Teppichs oder das Design des Tafelgeschirrs. Ritz hatte die Idee, die Stühle aus gewachstem Walnussholz mit einer wendbaren Sitzfläche auszustatten, sodass die Gäste die Wahl zwischen dem warmen, weichen Genueser Samt und einem eher kühlen Rohrgeflecht hatten. Eine vergleichbare Sorgfalt wurde selbstredend auch auf das Design der Beleuchtung verwendet. Kerzenförmige Leuchter mit Glühbirnen darauf und hohe, illuminierte Blumenständer spendeten den Gästen stilvolles Licht.

Abendessen im Garten des Hotels Ritz zu Beginn des 20. Jh.
(Pierre-Georges Jeannot, 1904)

Teestunde

Die Rechnung ging auf, das Ritz wurde zum Treffpunkt der kosmopolitischen Pariser Gesellschaft. Zudem traf sich die Hautevolee nicht nur abends an der Place Vendôme, sondern auch zur Teestunde. Der Tee wurde in der Galerie, im benachbarten Vestibül und auf der Terrasse eingenommen:

> »Am Nachmittag ist der lange Wandelgang mit seinen himbeerfarbenen Stühlen, Teppichen und Vorhängen voller Teetrinker, denn der ›5 o'clock‹ ist ausgesprochen beliebt in Paris und das Ritz ist einer der elegantesten Orte, wenn nicht der eleganteste, um Tee zu trinken.« *(Gourmet's Guide)*

Um diese anspruchsvolle Kundschaft zufriedenzustellen, werkelte hinter den Kulissen eine wahre Armee. Traditionsgemäß befanden sich Küche und alle Spezialbereiche unterirdisch – Spülküche, Fleischerei, Konditorei, Kühlhaus, Magazin für das Tafelsilber, Weinkeller (Tageskeller – in der Nähe der Küche – Champagner-, Weißwein-, Burgunderkeller) ...

Der Erfolg ermutigte César Ritz zu einemn weiteren Abenteuer, dieses Mal auf der anderen Seite des Ärmelkanals.

Kaum war sein Pariser Luxushotel eröffnet, machte sich Escoffier 1899 mit Mewès an der Seite auf den Weg nach London, um das Carlton zu eröffnen.

Erst Grill Room, dann Espadon

Nach Escoffiers Aufbruch nach England übernahm Georges Gimon die Küchenleitung im Ritz 1899, er blieb dort fast 41 Jahre. Im Jahr 1900 wurde im Untergeschoss ein Grill Room eröffnet. Diese im Trend liegende, schnelle und ungezwungene Art zu essen bot jedes Palasthotel an, das etwas auf sich hielt. Man wählte aus dem gezeigten Angebot an Fleisch und Gemüse aus, und das wurde direkt auf dem Holzkohlegrill zubereitet.

Im Zuge einer Erweiterung des Ritz wurde der Grill Room in die Rue Cambon 38 verlegt. Daraus ging 1956 L'Espadon hervor, ein nach Zeitgeschmack neu gestaltetes Restaurant, mit Fischgerichten. In den frühen 1990er-Jahren übernahm das Hauptrestaurant des Ritz den Namen Espadon, der Beginn einer besonders erfolgreichen Ära unter der Leitung von Michel Roth.

Gastronomische Debatten – französische Leidenschaft

Zu genießen, was man isst, ist eine Sache, die Eindrücke und Empfindungen eines Essens in Worten kundzutun, noch mal eine andere. Der kulinarische Diskurs und die Gastro-Kritik florierten ab Anfang des 19. Jh. dank zweier einhellig gerühmter Urväter: Grimod de la Reynière und Brillat-Savarin.

Au Gourmand. Schild des Esswarenhändlers Corcellet, 104, Palais-Royal, Galerie de Valois, um 1801

Was bedeutet »Gastronomie«?

Bevor wir uns auf die Geschichte des gastronomischen Diskurses in Frankreich stürzen, sollten wir den Begriff »Gastronomie« definieren. Das Wort fand 1801 mithilfe des Gedichts *La Gastronomie ou l'Homme des champs à table* von Joseph Berchoux Eingang in die französische Sprache. Der Autor hatte sich vom Titel eines Gedichts von Archestratos (Dichter aus dem 4. Jh. v.Chr.) inspirieren lassen.

Im Laufe der Zeit versuchten sich Wörterbücher an einer Definition für »Gastronomie«, die häufigste lautete: »die Kunst des guten Essens«. Demnach war ein *restaurant gastronomique* eines, in dem man das bestmögliche Essen servieren möchte. Stellt sich jedoch die Frage, woraus es besteht und welche Regeln dafür gelten. Das bringt uns zur Etymologie der Gastronomie: *nomos* als »die Regeln«; und *gaster* für: »[durch den Mund und in den] Magen«. Diese Definition betrifft die Kompetenz des Gastronomen, der über seinen persönlichen Geschmack hinaus nach Prinzipien urteilt, die er kennt und selbst festlegt.

Welches Regelwerk als Basis?

Der gastronomische Diskurs erfolgte nach den Regeln für gutes Essen in einem hedonistischen Sinne, für maximalen Genuss, zwar nicht frei von moralischen und diätetischen Erwägungen, doch mittlerweile zweitrangig. Dieser Diskurs, so heißt es oft, habe in Frankreich zu Beginn des 19. Jh. begonnen. Der Historiker Bruno Laurioux hat jedoch gezeigt, dass bereits im Mittelalter in zahlreichen medizinischen, kulinarischen und literarischen Schriften über gutes Essen debattiert wurde. Im Italien des 15. Jh. führte etwa *De honesta voluptate et valetudine*, ein Buch über die Kochkunst des Maestro Martino, diesen Diskurs.

Es ist richtig, dass im 19. Jh. vermehrt die Kunst des guten Essens diskutiert wurde, ohne dass dabei wohl andere Überlegungen eine Rolle spielten als die Freude am Essen. Diese Schriften bereiteten den Weg und erzählten die Geschichte der Esskultur, sie machten sie zum Gegenstand des Studiums und der Betrachtungen. Das Sinnieren über die Freuden des Essens wurde zu einer völlig legitimen Tätigkeit.

Kulinarischer Sachverstand bedeutete auch, gut zu essen und zu wissen, wie und was man isst, es galt als ein akzeptiertes Kriterium sozialer Abgrenzung. Das Aufkommen

Frontispiz des *Almanach des Gourmands: Bibliothèque d'un Gourmand* (1803); *Les méditations d'un Gourmand* (1806)

des Restaurants war sicherlich nicht ganz unbeteiligt an diesem Trend; man verlangte nach Orientierung.

Alexandre Grimod de La Reynière

Urvater der Gastrosophen war Alexandre Grimod de La Reynière (1758–1837). Der Anwalt und Journalist wollte mit seinem *Almanach des gourmands* (acht Ausgaben 1803–1812) »die Gourmands im Labyrinth ihrer Aperitiffreuden erleuchten«. Die kritische Bewertung von »Künstlern des guten Essens« erfolgte insbesondere auf seinem »Spaziergang eines Feinschmeckers durch Paris«, einem Abschnitt, in dem er seine Meinung über Gastronomen und Erzeuger der Stadt kundtat – Konditoren, Senf- und Essigmacher, Schlachter und Zuckerbäcker, Feinkosthändler und Metzger ... Ab 1806 berief er sich auf eine »Verkostungsjury«, die sich aus Gastronomieexperten zusammensetzte. Ungeachtet der Arbeitsweise dieses Gremiums stellte die Veröffentlichung mit einer solchen Bewertungsinstanz als Basis in einem Gastro-Führer eine Innovation durch Grimod dar, der heute als Erfinder der Gastronomiekritik gilt.

Seine Bücher waren ein großer Erfolg. Grimod musste seine Zeitgenossen nicht erst von seinem Vorgehen überzeugen. Er fand sogar Nachahmer wie Honoré Blanc mit seinem *Guide des dîneurs ou statistique des principaux restaurants de Paris* aus dem Jahr 1814. Im Gegensatz zu Grimods Stil ist jenes Werk sachlich gehalten, dennoch vermittelte dieser Führer zu den großen Pariser Restaurants seine ganz persönlichen Ansichten.

Über gutes Essen - Savarin

Im Jahr 1825 verlieh Jean Anthelme Brillat-Savarin (1755–1826), ein fest in seiner Zeit verwurzelter Gourmet, mit der Veröffentlichung seiner *Physiologie des Geschmacks* der gesamten gastrosophischen Literatur das Gütesiegel. Das

Sitzung einer Expertenjury (1805); Frontispiz von Grimod de la Reynières *Almanach des Gourmands*

Gastrosoph Anthelme Brillat-Savarin nach Berdall
(*Die Physiologie des Geschmacks*, 1848)

Werk des französischen Richters und Politikers ist eine Abhandlung über die Kochkunst und die Tafelfreuden. Das ebenso philosophische wie praxisbezogene Buch nimmt verschiedene Aspekte der Ernährung, des Geschmacks und der Tischkultur unter die Lupe, es befasst sich mit dem Genuss zu essen und zu trinken ebenso wie mit der Verdauung und den Auswirkungen unserer Ernährungsweise auf die Gesundheit. Auch beschäftigt es sich mit der Herkunft der Speisen und Essgewohnheiten. Brillat-Savarin verbindet wissenschaftliche Betrachtungen mit persönlichen Anekdoten und philosophischen Überlegungen zu einem elementaren Werk über die französische Lebensart.

Gastrosophen im Zweiten Kaiserreich

Ab jener Zeit traten namhafte Gastrokritiker mit unterschiedlichen Ansätzen und Stilen hervor. Als im Zweiten Kaiserreich die Boulevardpresse entstand, fand darin selbstverständlich auch die gastronomische Kolumne ihren Platz. Als ihr Pionier gilt Baron Léon Brisse. Nachdem er 1864 das nur zwei Jahre währende Gastronomiemagazin *La Salle à manger* gegründet hatte, wurde er von der Zeitung *La Liberté* des Verlegers Émile de Girardin angestellt und dabei zum

Illustration aus *Die Physiologie des Geschmacks* von Anthelme Brillat-Savarin

wohl weltweit ersten kulinarischen Kolumnisten einer Tageszeitung. Er stellte jeden Tag ein neues Menü vor, dessen Rezepte er detailliert beschrieb. Seine Kolumnen waren ein enormer Erfolg und machten ihn berühmt. 1867 veröffentliche er *Les Trois Cent Soixante-Six Menus du Baron Brisse*, eine Sammlung von Menüs für jeden Tag des Jahres. Seine einfachen und für jedermann zugänglichen Rezepte richteten sich an bürgerliches Publikum.

Eine eher literarisch gelagerte Ader hatte Charles Monselet (1825–1888), Schriftsteller, Journalist und Freund des Baron Brisse, der nicht nur für seine Schriften über die Kochkunst und die Tafelfreuden bekannt war, sondern auch für seine zahlreichen Romane, Gedichte und Theaterstücke. Sein heiterer und geistreicher Schreibstil trug ihm eine gewisse Popularität ein, in literarischen wie in kulinarischen Kreisen.

Im Jahr 1858 gründete er *Le Gourmet*, eine »Zeitung für gastronomische Belange«, von der jedoch nur wenige Ausgaben erschienen. Ein Jahr darauf (1859) gab er *La cuisinière poétique* heraus, ein Sammelwerk mit kulinarischen Beiträgen zahlreicher Autoren, in dem Alexandre Dumas ein farbenfrohes Rezept für Brathähnchen vorstellte. Mit seinem *Almanach des gourmands* etablierte er sich in den 1860er-Jahren zweifellos zum führenden Gastro-Kritiker seiner Zeit. Es folgten weitere Publikationen, darunter *Gastronomie. Récits de table* (1874), die *Lettres gourmands. Manuel de l'homme à table* (1877) und *Mois gastronomiques* (1880).

Dumas: »Grand dictionnaire de cuisine«

Wie könnte man das *Große Wörterbuch der Kochkunst* von Alexandre Dumas an dieser Stelle unerwähnt lassen? Der große Romancier war auch ein großer Liebhaber der guten Küche, ein Feinschmecker und Gourmand. Sein 1873, drei Jahre nach seinem Tod, erschienenes *Dictionnaire* ist eine Mischung aus Enzyklopädie und Rezeptsammlung. Das Werk spiegelt seine Leidenschaft für gutes Essen wider und enthält Hunderte von Zubereitungen sowie kulinarische Tipps, gastronomische Betrachtungen und historische Anekdoten.

Dumas widmet sich einem breiten Spektrum an Themen, von der Zubereitung exotischer Gerichte bis hin zu Überlegungen zu Essgewohnheiten auf der ganzen Welt. Die Texte sind in einem literarischen, oft humoristischen Stil verfasst, für den Dumas bekannt war. Das *Grand Dictionnaire de cuisine* ist nicht nur ein Zeugnis des kulinarischen Reichtums des 19. Jh., sondern ein Spiegelbild der intellektuellen Neugier und der Genusssucht seines Autors. Es ist nach wie vor ein unverzichtbares Standardwerk für Liebhaber der guten Küche und Literatur.

Aufstieg des Gastro-Tourismus

Ende des 19. Jh. verbündete sich die Gastronomie mit dem aufkommenden Tourismus, mit der Unterform eines kulinarisch geprägten Gastro-Tourismus. Die Entwicklungsphasen des berühmten *Guide Michelin* zeugen davon. In jener Epoche wurden Gastronomieführer zu einem wichtigen Instrument im Dienste der Regionalwirtschaft sowie lokaler Spezialitäten. Oft waren es Automobilklubs, die diese Führer herausgaben, wie der 1912 gegründete Club des Cent, der für seine Mitglieder ab 1923 ein Verzeichnis guter Restaurants in Frankreich veröffentlichte.

Zeitgleich entwickelte sich ab den 1880er-Jahren ein regiogastronomischer Diskurs. Er intensivierte sich in den 1920er/30er-Jahren verstärkt und verteidigte regionale Traditionen. Maurice Edmond Sailland, genannt »Curnonsky«, war einer der wichtigsten Vertreter dieser Bewegung. Er wurde 1927 von der Zeitschrift *La bonne table et le bon gîte* zum »Prinz der Feinschmecker« gewählt, im selben Jahr gründete er die Académie des gastronomes. Sein wichtigstes Werk, *La France gastronomique*, dessen zahlreiche Bände (1921–1928) mit dem Schweizer Schriftsteller Marcel Rouff entstanden, war der erste Reiseführer, der sich speziell der Regionalküche (in puncto gastronomischer Angebote, Produkte, Rezepte) widmete.

Zwar war das 19. Jh. nicht die Geburtsstunde der gastronomischen Debatten, doch erlangten sie in jener Zeit eine prägende Bedeutung und rückten Restaurants, Küchen und Köche ins Rampenlicht. Im Laufe des Jahrhunderts nahm die Gastro-Kritik vielfältige Formen an (Zeitungskolumnen, Magazine, Bücher usw.) und der für die Zeit typische Duktus spiegelte die Persönlichkeit jedes einzelnen Autors und seine Sicht auf die Gastronomie. Nach dem Zweiten Weltkrieg nahm der gastronomische Diskurs völlig andere Formen an, insbesondere durch die Arbeit von Henri Gault und Christian Millau.

Als Verfechter der Nouvelle Cuisine der 1960er-Jahre galten die beiden Journalisten als Gegenpol zur Generation von Curnonsky, die für eine schwere und erstarrte Küche stand. Henri Gault und Christian Millau stellten dagegen Natürlichkeit und Originalität in den Vordergrund. Solche Werte wurden von Chefköchen wie Paul Bocuse und Michel Guérard in der Praxis verkörpert.

Henri Gault und Christian Millau gründeten 1972 ihren berühmten Gastronomieführer und schlugen so aus ihrem bereits gewonnenen Ruf Kapital.

Ende des 19. Jh. wurden Gastroführer zu einem wichtigen Instrument im Dienste der Regionalwirtschaft sowie lokaler Spezialitäten.

Drei Kaiser zum »dîner«

Im Jahr 2020 widmete eine überregionale Tageszeitung eine Artikelserie den großen Gastmahlen der französischen Geschichte. Den Auftakt machte das Dîner der drei Kaiser im Café anglais: »Am 7. Juni 1867 trafen sich Zar Alexander II., der preußische König Wilhelm I. und der spätere Reichskanzler Bismarck während der Weltausstellung im Pariser Café anglais. Auf dem Programm standen Diplomatie und Gastronomie.« Ein außergewöhnliches Treffen, das reichlich kommentiert wurde. Der Haken: Das Mahl hat nie stattgefunden.

Der Tagesablauf der Protagonisten

Erstens: Niemand scheint zum Zeitpunkt der Ereignisse von dem Treffen gewusst zu haben, während Journalisten stündlich mit Berichten über sämtliche Termine der bei der Weltausstellung anwesenden Staatsoberhäupter aufwarteten. Ein solches Gipfeltreffen sollte unbemerkt geblieben sein? Das ist schlicht unvorstellbar.

Graben wir tiefer. Wir wissen genau, was der Zar am 7. Juni tat: Er verbrachte den Nachmittag bis 17:00 Uhr im Louvre, nahm anschließend die Rue de Rivoli entlang zur Bastille, besuchte erst den König von Preußen im Pavillon Marsan [Tuilerienpalast], dann Napoleon III. und begab sich schließlich zum Abendessen ins Café anglais, bevor er die Comédie-Française besuchte. Er hat also tatsächlich im Café anglais zu Abend gegessen.

> »Der Zar gab ein Abendessen im Café anglais, in dem Séparée, das der Pariser Welt unter dem Namen ›Grand Seize‹ bekannt ist.
>
> Das *dîner* umfasste vierzehn Gedecke. Die Rechnung belief sich auf 1500 Francs.« *La Presse*, »Nouvelle du Jour«, 14. Juni 1867, S. 2

Doch weder Bismarck noch Wilhelm I. waren zugegen. Im Übrigen hatte der preußische König beschlossen, an keiner offiziellen Veranstaltung aufgrund des Todestages seines Großvaters Friedrich Wilhelm III. teilzunehmen. Ein Abendessen an einem Ort wie dem Grand Seize wäre zweifellos pietätlos gewesen.

Eine gastronomische Legende

Schuld am Märchen war der Journalist Gustave Claudin mit den 1884 veröffentlichten *Mes Souvenirs*, in denen er in Erinnerungen an die turbulenten Vergnügungen schwelgte, die während der Weltausstellung stattfanden:

> »Der König von Preußen, der Kronprinz, Kaiser Alexander, der Zarewitsch und Herr von Bismarck besuchten die Großherzogin im Théatre des Variétés und kamen zum Abendessen ins *cabaret*, will sagen ins Grand Seize des Café anglais, wo Adolphe Dugléré, der letzte große Koch, ihnen ein Festmahl bereitete.«

Und Claudin listet das Menü jenes Mahls. Wenige Nachforschungen genügen, um diese Version der Ereignisse als wenig glaubwürdig zu entlarven – nicht immer ist das Gedächtnis zuverlässig und nicht immer kann man dem Drang, eine spannende Geschichte zu erzählen, widerstehen. Claudin selbst gab später andere Versionen zum Besten. Doch der Samen war gesät, und als ab 1910 die Schließung des Café anglais drohte, verwiesen die Huldigungen in der Presse immer wieder auf dieses Essen; dass es stattgefunden hatte, stand bereits außer Zweifel.

Das Menü

Wer gastronomische Anekdoten liebt, wird sich die Augen reiben: Es gibt tatsächlich eine authentische Menükarte dieses *dîners*. Tatsächlich bewahrt man im La Tour d'Argent ein Exemplar auf; was die Legende weiter befeuert. Es wurde Claudius Burdell, seit 1893 Besitzer des Café anglais,

Bei einem *dîner* im Café anglais im Jahr 1867 sollen der spätere Reichskanzler von Bismarck, Zar Alexander II. und König Wilhelm I. von Preußen zusammengekommen sein. Eine schöne Geschichte, aber eine Legende.

von Wladimir Alexandrowitsch, dem dritten Sohn von Alexander II. aus Russland zugeschickt, der 1867 gerade 20 Jahre alt war. Er liebte Paris, das er mehrmals besuchte. Die Notiz zum wertvollen Dokument:

> »Menü endlich wiedergefunden. Ich biete es Ihnen an. Bin in Sorge. Habe die schwache Hoffnung, mich ihrer eines Tages bei Ihnen, unter Ihnen zu entledigen. Viel Glück für Sie. Für Ihr Land.« Wladimir, St. Petersburg, 8. Februar 1905

Der Ton ist ernst, die Revolution von 1905 war gerade ausgebrochen, als Wladimir diese Zeilen schrieb. Doch was beweisen die beiden Stücke? Lediglich, dass Großfürst Wladimir am 7. Juni 1867 an der Seite seines Vaters anwesend war. Das ist kein Geheimnis.

Zweifellos wäre das Treffen eines amtierenden und zweier zukünftiger Kaiser ein herausragendes Ereignis gewesen. Doch von nicht weniger großem Interesse ist, was Adolphe Dugléré, die Koryphäe unter den Pariser Köchen, dem Zaren servierte:

HORS-D'ŒUVRES
- *Potages* [Suppen]
- *Potage Impératrice* [mit Tapioka gebundene Hühnerbrühe mit Eigelb, Sahne und einer Farce aus Hühnerfleisch, Hahnenkamm, Innereien und Erbsen]
- *Potage Fontanges* [Consommé mit pürierten Erbsen]
- *Soufflé à la reine* [Hühner-Soufflé mit Trüffeln]

RELEVÉS [HAUPTSPEISEN]
- *Filets de sole à la vénitienne* [Seezungenfilets in Weißweinsauce]
- *Escalope de turbot au gratin* [gratinierter Steinbutt]
- *Selle de mouton, purée bretonne* [Lammrücken mit Bretonischer Sauce]

ENTRÉES [ZWISCHENGERICHTE]
- *Poulets à la portugaise* [in Adobo mariniertes und mit Tomaten-Reis gefülltes Brathähnchen]
- *Pâtés chauds de cailles* [warme Wachtelpasteten]
- *Homard à la parisienne* [Hummer auf Pariser Art]
- *Canetons à la rouennaise* [Entenküken aus der Blutpresse]
- *Ortolans sur canapés* [Fettammern auf Röstbrot]

ENTREMETS [GEMÜSE]
- *Aubergine à l'espagnole* [spanische Art]
- *Asperge en branche* [Stangenspargel]
- *Cassolette princesse* [Auflauf umkränzt mit Herzoginkartoffeln und einer Füllung aus Spargel in Sahnesauce]

DESSERTS
- Eisbombe

WEINE
- Madère retour de l'Inde 1810
- Xérès retour de l'Inde 1821
- Château d'Yquem 1847
- Champagne Roederer
- Chambertin 1846
- Château Margaux 1847
- Château Latour 1847
- Château Lafite 1848

Das Bistro und seine Geschichte

Auf den ersten Blick könnte man meinen, die Bistroküche gehöre nicht zur Gastronomie. Und doch transportiert diese »einfache Kneipenkost« Bilder, die jeder, in Frankreich wie auch andernorts, im Hinterkopf hat, wenn es um die französische Küche geht. Das Bistro und seine Küche ist so etwas wie die »Gastronomisierung« eines eigenen kulinarischen Universums.

Le Café de l'Écrevisse, Anonym, um 1880

Nebulöser Ursprung

Im Paris des 19. Jh. gab es Restaurants für jeden Geldbeutel. Arbeiter und Mittellose besuchten oft einfachste Gasthäuser, Weinhandlungen, Suppenstände, Milchläden, Bouillons – Bewirtungsbetriebe, für die es heute kaum oder keine Entsprechung mehr gibt und deren Vielfalt kaum vorstellbar ist, ein Angebot, das an den Lebensstil und die Gesellschaft einer Zeit angepasst war, in der man gezwungen war, außer Haus zu essen, selbst wenn man kaum einen Sous hatte. Es ist schwierig, sich in dem undurchdringlichen Dickicht der zahllosen Einrichtungen zurechtzufinden. Müßig, sie genau zu definieren, um sie voneinander zu unterscheiden.

Und das Gleiche gilt für das Bistro, dessen Etymologie bis heute ein Rätsel ist. Der Begriff tauchte erstmals in den *Souvenirs de la Petite et de la Grande Roquette* des Abbé Georges Moreau aus dem Jahr 1884 auf: »Das Schwesterlein arbeitet in der Vorstadt und isst beim Bistro.« Bistro meint hier also den Wirt. Von einer neuen Art von Lokal kann keine Rede sein: »Bistro« war ein Weinhändler.

Doch was isst man dort?

Eugène Briffault, Autor von *Paris à table* (1846), teilte die Restaurants entsprechend einer schlecht erklärten Hierarchie der Preise und der Qualität der Speisen in vier Kategorien ein. In die vierte Kategorie fielen die *gargotes* [frei: »Spelunken«]:

> »Wenn der Tisch nicht eh nackt ist, wird er mit einem furchtbar fleckigen Tischtuch bedeckt. Morgens werden die Schüsseln gefüllt, und man serviert einen Teller Ragout; um drei isst man gekochtes Rindfleisch mit Gemüse; Wein kostet extra, das Brot bringt man mit.«

Der Weinhändler würde in die vierte Kategorie fallen. Ab etwa 1880 blieb diese Art von Essen der Standard. »Und wir eilen zu einem Bistro in der Nähe, wo wir wie unsere Ahnen unsere Gedärme mit einer würzigen Brühe wärmen und unsere Kräfte mit einer dicken Scheibe Rindfleisch wiederherstellen«, heißt es in einer Zeitung 1898.

Ist die Bistroküche vor allem eine mit Rind? Es scheint, als konnte man dort vieles mehr essen, zumal es 1900 allein in Paris fast 12000 Weinhändler gab. In einem Roman von 1907 lässt Autor Jean Merlin zwei Protagonisten »bei einem

Bistro« zu Mittag essen. Sie nehmen beim dicken Alfred Platz, »Weinhändler und Gastwirt in der Rue de Véron«. Die Kundschaft ist zwielichtig, das Essen ausgesucht: Auf »verschiedene Vorspeisen«, »Omelett Alfred« mit Trüffeln und »Makrele de la Butte« à la Maître d'hôtel folgt das »Apachen-Filet (so nennt Spaßvogel Alfred das Rind gern) mit Pommes soufflées [gepuffte Kartoffelscheiben] à la Goulue«, dazu weißer Burgunder und alter Bordeaux.

In der Zwischenkriegszeit wurden laut Zeitungsartikeln und Romanen im Bistro Bœuf Bourguignon, Salat mit gekochtem Rindfleisch, Bœuf gros sel [gekochtes Rindfleisch mit grobem Salz], Kaninchen nach Jägerart, Kalbsbrust mit kleinen Zwiebeln, Miesmuscheln mit Pommes frites, gebratene Andouille [Kuttelwurst], Boudins blancs, gepökelter Schweinebauch mit roten Bohnen ... serviert.

Die Bistroküche

Einfache, volkstümliche Kost, angelehnt an bürgerliche Küche, gegart auf kleiner Flamme ... Die Bistroküche wurde empfehlenswert und weiterempfohlen. 1922 unterschied *Le Guide du gourmand à Paris* sechs Typen: »Spitzenklasse«, »Luxusrestaurants«, die Kategorien »mittel«, »preiswert« und »einfach« (s. u.) sowie »Hotels und Buffets«:

> »Typ ›Bistro‹: fast immer die unvermeidliche, mit Flaschen und Gläsern gespickte Theke. Oft gibt es einen angrenzenden Raum, der mit Moleskinbänken und Marmortischen ausgestattet ist. Das Essen in diesen kleinen Häusern ist meist ausgezeichnet, mitunter werden bemerkenswerte Spezialitäten aus der Provinz serviert.«

Unter den 21 aufgeführten Lokalen erweist sich die Bandbreite der angebotenen Speisen als ausgesprochen groß: Cassoulet, Entrecôte Bercy, Steinpilze nach Bordeaux-Art, Hummer auf amerikanische Art, getrüffelte Geflügelleber in Madeira und in Cognac, Hähnchencurry, Huhn im Topf mit Gemüse ... Eine Adresse zeichnet sich durch ihre »bürgerliche Küche« aus, eine andere durch »einfache Küche«, eine ist »Grill Room«, die andere »Gasthaus«.

Es vollzog sich eine Art »Gastronomisierung« des Bistros. Von Briffaults Verachtung für die *gargotes* und ihre »Nicht-Küche« war man weit entfernt. Natürlich gab es eine unendliche Vielfalt von Bistros; in viele hätte ein Feinschmecker nie einen Fuß gesetzt. Doch aus kulinarischer Sicht wurde das Bistro zu einem Ort, an dem sich durchaus mit Genuss speisen ließ und den schließlich auch die Wohlhabenden für sich entdeckten, wie die Journalistin Blanche Vogt 1934 feststellte, als sie nicht ganz fehlerfrei fragte: »Sollte man beim Bistro speisen?«

Der 1958 erschienene Führer *Le Bottin de la commère. Pour bien manger à Paris* von Carmen Tessier widmete einen langen Abschnitt den »kleinen und großen Bistros« (in Abgrenzung zu »kleinen und großen Restaurants«). In den 1970er-Jahren drückte sich die gewachsene Wertschätzung in den Titeln der Publikationen selbst aus: Robert Landry, Guide Yvelines: *Bonnes table, bons bistrots*, 1973; Paul Wermus, *Guide des bistrots de moins de 30 francs*, 1977; Raoul Vilette, *Guide des bons bistrots*, 1981.

Ab 1980 – das Bistro in Gefahr?

Die Zahlen sind sehr schwer einzuordnen, doch halbierte sich die Schenkenzahl von 100 000 (1978) bis Mitte der 1990er-Jahre auf 50 000. Dazu kommt eine kulinarische Dimension. In den 1980er-Jahren eroberte der schnelle Imbiss die Bistros, der Feind des Feinschmeckers und die Antwort auf Fast Food. Machte der Croque Monsieur etwa dem guten, alten Teller Hausmannskost den Garaus? Die Verteidiger der Bistroküche waren kampfbereit.

Die »Bistronomie« lässt sich als neue Etappe in der langen Geschichte der kulinarischen Legitimation des Bistros verstehen, ein Begriff, den der Journalist Sébastien Demorand Anfang der 2000er-Jahre prägte.

Das Bistro ist also in erster Linie eine Vorstellung, eine Kulisse – karierte Tischdecken und eine leicht verschlissene Theke – eine Atmosphäre (der Geselligkeit und menschlichen Wärme). Der Zusatz »Bistro« weckt Assoziationen von einem Ort, wo man sich an guter Hausmannskost wärmt. Doch die Geschichte dieser Welt, selbst wenn man sie auf ihre kulinarischen Aspekte beschränkt, ist nicht so einfach zu schreiben. Wie kam es zum Beispiel zu jenem Repertoire an »kleinen Speisen«, die zum Inbegriff eines typischen Bistros wurden? Eier mit Mayonnaise, heute von Feinschmeckern ins Herz geschlossen, Lauch mit Vinaigrette oder Hering mit Kartoffeln in Öl – typische Bistrokost, die in den letzten Jahrzehnten des 20. Jh. entstanden ist. Dazu gibt es noch viel zu recherchieren.

Die Mayonnaise

Sie ist eine der berühmtesten Saucen Frankreichs und wird fast überall auf der Welt genossen, sodass ihr Name in alle Sprachen übernommen und eingebürgert wurde. In den Kochbüchern tauchte die Mayonnaise bereits Anfang des 19. Jh. auf, ihr Rezept in seiner heutigen Form etablierte sich schnell.

Etymologische Spurensuche

An Hypothesen zur Herkunft des Wortes »Mayonnaise« mangelt es nicht. Grimod de La Reynière stellte bereits 1808 die Weichen für die Debatte:

> »Über die Bezeichnung dieser Art von Ragout sind sich die kulinarischen Puristen nicht einig. Einige nennen sie Mayonnaise, andere Mahonnaisen und wieder andere Bayonnaisen. Erstere Bezeichnung ist kein Französisch und die zweite deutet auf eine Stadt [Bayonne im Baskenland], die nicht für ihr gutes Essen bekannt ist; deshalb haben wir uns für Bayonnaise entschieden, das auf den Namen einer Stadt verweist, die zahlreiche erfindungsreiche Feinschmecker hervorgebracht hat und darüber hinaus jedes Jahr die besten Schinken Europas produziert.«

Sieben Jahre später entgegnete Antonin Carême, dass in den Hochküchen, wo die »Puristen residieren«, nur der Begriff *magonaise* verwendet werde und der Name der Sauce – »es ist kein Ragout« – vom Verb *manier* (im kulinarischen Kontext »bearbeiten«) abgeleitet sei. Im 20. Jh. behauptete Prosper Montagné (1865–1948), ebenfalls eine Kapazität, die Wurzel des Wortes ginge auf das altfranzösische *moyeu* für Eigelb zurück – eine *moyeunaise*.

Vielfach wird behauptet, die Mayonnaise stamme aus der Region Mayenne. Die für viele reizvollste Erklärung ist jedoch, dass die Sauce *mahonnaise* genannt wurde, um an die Einnahme von Port Mahon (Hauptstadt von Menorca) durch den Herzog von Richelieu 1756 zu erinnern. Eine Hommage des Kochs an seinen Herren, den Herzog, oder sogar eine Laune des Marschalls selbst. Die älteste Erwähnung des heutigen Begriffs »Mayonnaise« findet sich in einem deutschen Buch aus dem Jahr 1804. In seinen Erinnerungen aus Paris berichtet der Schriftsteller August von Kotzebue von den Freuden der Stadt der Lichter, bedauert jedoch, dass Besucher aus dem Ausland die Namen der Speisen nicht verstünden. Als Beispiel führt er die »Mayonnaise de Poulet« an.

Lachs mit Mayonnaise (Illustrationen in *Le livre de cuisine* von Jules Gouffé, 1867)

Hummersalat und Mayonnaise mit Seezungenfilets

»En mayonnaise«

André Viards *Le Cuisinier impérial* aus dem Jahr 1806 enthielt verschiedene Gerichte *en mayonnaise* (in Mayonnaise) und *à la mayonnaise* (mit Mayonnaise). Doch die Begrifflichkeiten führen wieder einmal in die Irre. Sein »Huhn in Mayonnaise« bestand aus Hühnerfüßen, die in einer Kasserolle mit Velouté (einem Jus aus Kalb, Geflügel und Brühe), Gelee, Estragonessig und Pfeffer gekocht werden. Vor der Zugabe von Brühe wird die Mischung reduziert und die fertige Sauce dann über die erkalteten Hühnerfüße gezogen. Eine Sauce, die kaum unserer Mayonnaise ähnelt und sicherlich jene, die den Weg des Herrn Kotzebue kreuzte.

Die »Remoulade« besteht bei Viard wiederum aus zwei Eigelben, die mit Öl, Essig und Senf zu einer homogenen, gebundenen Sauce verarbeitet werden. Anders gesagt: Viards Mayonnaise erinnert an die Remouladenrezepte des 18. Jh., während seine Remoulade der modernen Mayonnaise ähnelt. Auch wenn das Grundprinzip lange bekannt war, in jedem Fall war die Vorstellung dieser Emulsion auf der Basis von Eigelb eine echte kulinarische Innovation.

»Weiße Mayonnaise« von Antonin Carême

Antonin Carême griff das Verfahren 1815 wieder auf, jedoch um eine »weiße Magnonnaise« aufzuschlagen, der entscheidende Schritt war getan. In *Le Cuisinier royal* von 1820 ist Viards Rezept für »Huhn in Mayonnaise« noch immer vertreten, allerdings in Gesellschaft einer modernen Mayonnaise. Er empfiehlt sie zu kalten Fischvorspeisen oder zu Salaten aus in Salzwasser gekochtem Gemüse. Doch stellt er eine Bemerkung voran, die aufhorchen lässt:

> »Diese Sauce lässt sich auf viele Arten zubereiten, mit rohem Eigelb, mit Gelee, mit Kalbs-Glace oder Kalbshirn.«

Eine Mayonnaise, bei der Kalbshirn die Eier ersetzt? Ein kleiner archaischer Rückfall, eine Reminiszenz an frühere Mayonnaisen.

Im 19. Jh. reiste die Mayonnaise, getragen von der Strahlkraft der französischen Küche, um die ganze Welt. In die englische Sprache hielt die Sauce in den 1840er-Jahren Einzug. Sie leistete damit der Vinaigrette Gesellschaft, die überall unter »French Dressing« firmierte.

Die Vorstellung dieser Emulsion auf der Basis von Eigelb glich einer echten kulinarischen Innovation.

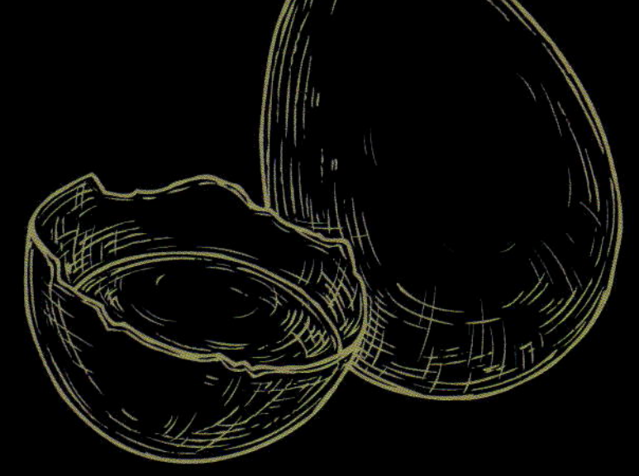

Bürgerliche Küche

Unter der bürgerlichen Küche versteht man in Frankreich die Küche der wohlhabenden Stadtbevölkerung, in Abgrenzung zur feinen komplexeren Küche der Restaurants, zur Haute Cuisine und zu den Regionalküchen. Doch sind die Grenzen fließend und durchlässig.

Eine andere Küche

Die bürgerliche Küche existierte bereits, bevor sie als solche bezeichnet wurde. Der *Ménagier de Paris*, um 1393 von einem Pariser Bürger zur Unterweisung seiner jungen Frau verfasst, präsentierte zwar eine ganz andere Küche als jene, die sich im 19. Jh. durchsetzen sollte, doch zeugte das Werk von der alten Pariser Tradition einer nicht-aristokratischen, schlichteren und weniger kostspieligen Küche.

Im Jahr 1691 erschien *Le Cuisinier roïal et bourgeois* von François Massialot. Dieses Werk bot alles, was Speisen schmackhafter machte und dazu für jedermann die Möglichkeit, sie an die eigenen Mittel anzupassen:

> »Befindet man sich an Orten, an denen die Bedingungen es uns nicht erlauben, dort hinzugelangen, werden wir uns nicht mit weniger Gutem begnügen, indem wir versuchen, dem so nahe wie möglich zu kommen & deshalb wird dieses Buch in bürgerlichen Häusern, in denen man sich an wenig halten muss, nicht nutzlos sein.«

Solcherlei Aussagen waren nichts Neues, doch hatte diese eher anspruchslose Küche nun einen Namen. Im Jahr 1742 trug ein Kapitel im *Suite des Dons de Comus* den Titel »Kurzer Abriss der bürgerlichen Küche«, das der Autor Marin für Bürger mit »mittelmäßigem Vermögen« bestimmt hatte, denen das Unrecht zuteil wurde, »ihren Tisch mit Speisen zu decken, die sie viel kosten, ohne ihnen Ehre zu machen, da sie nicht von geschickter Hand zubereitet wurden«.

Schließlich erschien 1746 Menons *La Cuisinière bourgeoise* (»Die bürgerliche Köchin«), der kulinarische Bestseller schlechthin im Zeitalter der Aufklärung. Es folgten zahlreiche überarbeitete und erweiterte Auflagen (bis 1866 insgesamt 122). 1818 trat *La Cuisinière de la campagne et de la ville* von Eustache Audot in gewisser Weise die Nachfolge des Bestsellers von Menon an. Auch dieses Werk wurde mehrfach erweitert und erlebte seinerseits bis in die Zwischenkriegszeit unzählige Neuauflagen.

Dutzende weitere Titel ließen sich an dieser Stelle ebenfalls aufzählen: *Manuel complet de la cuisinière bourgeoise* von Mademoiselle Catherine (1851), *La parfaite cuisinière bourgeoise* von Mademoiselle Madeline (1864) ...

Die bürgerliche Köchin um 1828 (Lithografie von Charles Philipon, 19. Jh.)

Eine sparsame und diskrete Küche

Wie lässt sich diese neue Art der Küche definieren? Wie Massialot bereits andeutete, war sie einfach, verglichen mit der Raffinesse und der technischen Komplexität der gehobenen Küche; sie bevorzugte langsame Garmethoden wie das Schmoren. Auch war sie weniger luxuriös, da sie auf günstigere Zutaten zurückgriff und weniger davon verwendete. Die Kennzeichnung *à la bourgeoise* (»auf bürgerliche Art«) ab dem 17. Jh. für bestimmte Rezepte macht dies deutlich. Nehmen wir ein konkretes Beispiel: Karpfen *à la Chambord*. Das Rezept von Antonin Carême (1783–1833) ist technisch äußerst anspruchsvoll. Die Farce besteht aus Seezungen-Klößchen mit Pilzessenz, das begleitende Ragout aus Stintklößchen, Austernnüsschen und Trüffeln. Die Garnitur kommt mit Karpfenmilch, Lachsschnitzeln und Aalstücken daher. In Urbain Dubois' *Nouvelle Cuisine bourgeoise pour la ville et pour la campagne* (1888) wird der Karpfen in einer Court-Bouillon aus Rotwein gegart; die Garnitur besteht aus Fischmilch, Trüffel und Champignons. Aus dem Garsud wird eine Sauce bereitet. Ein Rezept, das zwar nicht im Geringsten einfach zu nennen wäre, jedoch Lichtjahre von dem Carêmes entfernt ist.

Die bürgerliche Küche war sparsam, wusste Reste zu verwerten. Man kann sogar davon ausgehen, dass es innerhalb dieser Küche ein Gefälle gab, wie u.a. der Titel des Buches von Baron Brisse nahelegt: *Rezepte für den Gebrauch in bürgerlichen Haushalten und kleinen Haushalten mit der Möglichkeit, sämtliche Reste erneut zu servieren* (1884). Und der Autor stellte heraus, dass diese »kleinen Haushalte« aus wenig gutem Essen bereiten mussten:

> »Für die Tafelfreuden braucht man weder Trüffel noch feines Wildbret, sonst könnten sich die Armen nicht gut ernähren, und ich maße mir zu behaupten an, dass sie diese Freuden ebenso gut und sogar besser erfahren können als die Reichen, da ihnen jenes Gewürz, das man Appetit nennt und das man nicht kaufen kann, stets zu Diensten ist.
>
> Welch Genuss ist eine gut zubereitete Kohlsuppe? Welch wunderbares Gemüse ist die Kartoffel und welchen Preis würde man dafür zahlen, wäre sie so selten wie die Trüffel? Und die Eier, die sich so vielfältig zubereiten lassen! Delikatessen werden nur ihrer Seltenheit wegen delikat genannt; die sogenannten vulgären Speisen sind nur deshalb vulgär, weil es sie im Überfluss gibt.«

Frontispiz von *La Cuisine bourgeoise* von Joseph Menon (Ausgabe von 1825)

Eine häusliche Küche

Schließlich sei noch hinzugefügt, dass sich die bürgerliche Küche als eine Küche der Frauen etablierte, zubereitet von Dienstmädchen oder Köchinnen unter Aufsicht und nach den Anweisungen der Hausherrin. Im 18. Jh. schalteten wohlhabende Haushalte Anzeigen, um »ein Mädchen, das die bürgerliche Küche zuzubereiten weiß, als Hausangestellte einzustellen« (Aushang in Lyon, 4. April 1770).

Es handelte sich in erster Linie um eine häusliche Küche, serviert im Speisezimmer, wo die Familie aß und Gäste zum Abendessen empfangen wurden. Theoretisch sollte dieser Raum hoch, geräumig und hell sein, im Winter gut beheizt und mit einem dicken Teppich ausgestattet, im Sommer jedoch angenehm kühl. Er beherbergte spezielles Mobiliar, darunter die Kredenz (Anrichte). Der Esstisch, idealerweise aus Mahagoni, wurde nur bei Benutzung ausgezogen und zu Mahlzeiten stets mit weißem Tischtuch bedeckt. Um 1900 wurde das Mittagessen in Paris um 12:00 Uhr, das Abendessen um 19:30 Uhr eingenommen. Das galt auch für manche Restaurants, Brasserien und Bouillons.

Anne Vallayer-Coster, *La Soupe*, 1771

Bouillons und Suppen

Im 19. Jh. begann jedes bürgerliche Kochbuch, das etwas auf sich hielt, mit dem Suppenkapitel. Auftakt machte der Pot-au-feu, Symbol und Grundkomponente der bürgerlichen Küche, der eine würzige Brühe und gutes Siedefleisch lieferte. »Eines der Talente einer echten bürgerlichen Köchin muss es daher sein, ihre Herren dazu zu bringen, gekochtes Rindfleisch zu essen, zunächst ohne weitere Beigaben und dann in den diversen Abwandlungen, die das übrig gebliebene Fleisch am Tag nach dem Pot-au-feu ermöglicht«, erklärte Jule Gouffé (*Le livre de cuisine*, 1867).

Urbain Dubois bekundete die herausragende Stellung der Suppe: »In Frankreich gilt die Suppe in den bürgerlichen wie in den einfachen Haushalten als Grundlage einer guten Mahlzeit: kaum ein Haus, in dem sie nicht täglich auf den Tisch kommt.« Und nach dem Rezept für Pot-au-feu erklärt er, wie man sie alle zubereitet – klare Brühe, Geflügelbrühe, Wildbrühe, Brühe mit Nudeln oder Klößen, Julienne-, Frühlings-, Bauern-, Kürbis-, Reis-, Sauerampfersuppe …

Die Literatur liebte es, die Tafeln der Bourgeoisie in Szene zu setzen. Die anschaulichen Schilderungen von Balzac, Zola, Maupassant und den Goncourts geben Einblicke in die kulinarischen Sitten der Pariser im 19. Jh. und der Belle Époque. Was das Fleisch angeht, so standen verschiedene Stücke vom Rind und Kalb an höchster Stelle der literarischen Gunst: Steak, Filet, Keule, Koteletts. Ganz zu schweigen vom Blankett!

In der Rubrik Geflügel rangiert das Huhn, gebraten, sautiert oder als Frikassee, ganz oben. Truthahn und gebratene Gans waren ebenso präsent, auch Kaninchen tauchte regelmäßig auf. Unter den Fischen finden wir Rochen, Forelle und Wolfsbarsch. Beim Gemüse liegt die Kartoffel auf Platz eins, vor grünen Bohnen und Blumenkohl.

1995 befürchtete Barbara Ketcham Wheaton, Expertin für die Geschichte der französischen Gastronomie, die bürgerliche Tradition könne verloren gehen. Die Vorliebe der Gastro-Kritik für Originalität, exotische Zutaten und für die Küchenkulturen in aller Welt bedrohten ihre Existenz.

Mittagessen in einem bürgerlichen Haus im 19. Jh. (Stich zur Illustration von Honoré de Balzacs *Le Père Goriot*, um 1885)

Kein Zweifel, mit dem steigenden Lebensstandard hat sich die bürgerliche Küche demokratisiert.

Ist es also nicht eher die Bezeichnung, die aus der Mode gekommen ist, als die Sache selbst? Geht es den Klassikern wirklich schlecht? Viele Restaurants bekennen sich jedenfalls stolz zur Tradition. Die heute so beliebten »Bouillons« schöpfen größtenteils aus ihrem Reichtum; Zeitungen und Websites berichten regelmäßig über die »Rückkehr« der bürgerlichen Küche.

Die bürgerliche Küche war einfach, verglichen mit der Raffinesse und der technischen Komplexität der Haute Cuisine.

Ein bürgerliches Menü

Der Koch Auguste Colombié (1845–1920) wies darauf hin, wie schwierig es ist, ein Menü nach allen Regeln der Kunst zusammenzustellen:

»Mittags sollte man nie große Stücke Fleisch servieren, ebenso wenig wie gegrilltes Fleisch – Steaks, Koteletts und dergleichen – zum Abendessen. Eier sind im Allgemeinen für den Morgen reserviert, desgleichen gewöhnliche kleine Fische.«

MITTAGSMENÜ

- Kalte Vorspeisen; Radieschen, Prévalaye-Butter, Sardinen, Wurst
- Eier aller Art oder gebratener Fisch oder gekochte Krustentiere
- Helles Fleisch, Kalb oder Geflügel, in einer Sauce
- Gegrilltes rotes Fleisch
- Ein Kartoffelgericht mit Sauce oder Pommes frites, wenn der Fisch in einer Sauce serviert wird
- Kaltes Fleisch: Galantine, Terrine oder Pastete, oder anderes Fleisch, für das es keine ähnliche warme Speise gibt.
- Ein warmes grünes Gemüse oder ein Gemüsesalat
- Ein warmes *Entremets* ist obligat, man kann ein kaltes hinzufügen oder auch zwei kalte servieren.
- Käse, Früchte, Kaffee oder Tee, Liköre

ABENDMENÜ

- Eine oder zwei Suppen, eine ungebundene, eine gebundene, niemals zwei pürierte Suppen
- Warme Vorspeisen, Ausnahme sind Austern.
- Großer, erlesener Fisch, heiß und mit heißer Sauce
- Ein Entrée vom Spieß, vorzugsweise ein großes Stück rotes Fleisch mit brauner Sauce und Beilage
- Ein zweites, leichteres Entrée aus Wild, Geflügel, Kalbsbries usw., mit einer feineren Beilage und einer Sauce, die sich farblich und geschmacklich unterscheidet.
- Sorbets und ein Gemüse
- Ein warmer und ein kalter Braten; kalter Fisch oder kalte Krustentiere sind zulässig, ebenso wie Pasteten, Salat
- Grünes Gemüse oder Entremets als Übergang
- Eis oder andere Süßspeisen
- Käse, Früchte, Petits Fours
- Tee oder Kaffee, Liköre«

Auguste Colombié, *La cuisine bourgeoise: traité pratique à l'usage des jeunes filles*, Meulan, 1906. (»Die bürgerliche Küche: Ein praktisches Lehrbuch für junge Mädchen«)

Le Rocher de Cancale

Der Rocher de Cancale, Zeugnis für die Austernbegeisterung der Pariser im 19. Jh., war nicht immer dort, wo man ihn vermuten würde: in der Rue Montorgueil 78, mit der bis heute erhaltenen neoklassizistischen Fassade. Das Restaurant war in der ersten Hälfte des 19. Jh. ein beliebter Tummelplatz für Gourmets und für jeden, der sich an der Haute Cuisine erfreuen wollte.

Die Nähe zu Les Halles

Bereits 1803 erwähnte Grimod de La Reynière in seinem *Almanach des gourmands* den Besuch dieses Restaurants als lohnenswert, und 1805 sprach er sogar von einem Ort, den man sich nicht entgehen lassen sollte:

> »Der Rocher de Cancale ist Treffpunkt für all jene, die zu jeder Jahreszeit ausgezeichnete Austern, exzellentes Geflügel und Wild genießen und mit hervorragendem Wein begießen möchten. Es wimmelt dort von Menschen, ein unaufhörliches Kommen und Gehen.«

Damit wird das Restaurant erstmalig erwähnt, sein genaues Gründungsdatum – um 1800 – ist jedoch schwer zu bestimmen. Sicher ist, dass der erste Wirt ein Austernhändler namens Alexis Balaine aus den nahe gelegenen Les Halles war. Er eröffnete sein Lokal (an der Stelle eines ausgedienten *cabaret* an der Kreuzung der Rue Montorgueil und der Rue Mandar) an einem Ort, an dem die hauptsächlich aus der Normandie und der Bretagne angelieferten Austern abgeladen wurden.

Dank dem geschickten Patron und seiner guten Beziehungen zu führenden Restaurantkritikern wie Grimod de La Reynière und Honoré Blanc wurde das Restaurant schnell zu einer beliebten Adresse. So stellte Blanc 1814 den Erfolg des Lokalbesitzers heraus und bemerkte:

> »Ansonsten ausgezeichnete Austern, ausgezeichneter Fisch, ausgezeichnete Chansons. [...] Dies ist der Treffpunkt der fröhlichen Jünger Epikurs.«

Die Stärke des Rocher de Cancale bestand darin, dass es im Gegensatz zur Konkurrenz Meeresfrüchte von unvergleichlicher Frische anbot, was es wahrscheinlich zum ersten Restaurant dieser Art machte. Journalisten und Kolumnisten lobten das Lokal in den höchsten Tönen als Tempel der Haute Cuisine, in dem man sich unbedingt sehen lassen sollte, wie die Zeitschrift *La Mode* 1834 feststellte:

> »... und da sie [Persönlichkeiten der Julimonarchie] gehört hatten, dass in vornehmen Kreisen auch der Rocher de Cancale hoch in der Gunst stand, dass dort unter dem Kaiserreich und der Restauration feine Abendessen und stilvolle Soupers abgehalten wurden, dass sich der Hofstaat dort im Negligé einfand und dass die vornehmsten jungen Leute und die Damen der besten Gesellschaft einen Firnis des guten Tons auftrugen, [...] suchen die Herren des Gefolges Louis-Philippes, bürgerliche Menins des Herzogs von Chartres, die Dandys der Zentren, in den Salons von Borel die Ausdünstungen der Aristokratie ...«

Die Fassade des Rocher de Cancale stammt aus dem Jahr 1850.

Jener Borel, ehemals Maître d'hôtel von Innenminister Jean-Pierre de Montalivet, erwarb das Restaurant im Jahr 1815 von Alexis Balaine und schloss es 1846, als die Besucherzahlen aufgrund neuer, im Trend liegender Konkurrenten wie dem Café anglais oder La Maison dorée zu sinken begannen. Schließlich übernahm 1850 ein Weinhändler in der Rue Montorgueil 78 das Etablissement, hielt jedoch nicht den kulinarischen Standard. Aus jener Zeit stammt das neoklassizistische Dekor der Fassade, das bis heute erhalten ist.

Hochburg der geselligen Schlemmerei

Ist das Restaurant in der Literatur vor allem als Treffpunkt der Figuren aus Balzacs *Die menschliche Komödie* bekannt, so war es auch einer der Orte, an dem sich zu Beginn des 19. Jh. ein neuer gastrosophischer Diskurs entwickelte. Grimod de la Reynière stand dem Besitzer des Rocher de Cancale, Alexis Balaine, sehr nahe, vermutlich der Grund, warum das Restaurant in seinem *Almanach des gourmands* immer wieder lobend erwähnt wurde, so auch 1810:

> »Trifft ein Ausländer in Paris ein, ist dies der erste Tisch, an dem er Platz nimmt, und hat er ihn einmal besucht, kehrt er immer wieder zurück [...], so er in den höheren Sphären einer kunstreichen Küche schweben möchte.«

Grimod de La Reynière war auch Mitglied des Caveau Moderne, eines singenden und speisenden Zirkels, der sich wöchentlich in einem Salon des Rocher de Cancale traf, um Lieder, Gedichte und (zuweilen schlüpfrige) Oden auf gutes Essen und Trinken zum Besten zu geben. Darüber hinaus veröffentlichte die Gesellschaft unter *Le Caveau moderne, ou le Rocher de Cancale* Sammlungen von Texten, die bei Treffen vorgetragen wurden, ein Beleg für die enge Verbundenheit mit der Lokalität.

Auch die Titel der Lieder zeugen von der Stimmung in dieser Gesellschaft und ihrer engen Verbindung zum Etablissement des Monsieur Désaugiers, *L'Histoire de la gaîté* zum Beispiel (»Die Geschichte der Vergnügtheit«), das im Rocher de Cancale gesungen und den Mitgliedern des Caveau Moderne dargeboten wurde. Es wurde von dem Erfinder Chevallier als Hommage an die »fröhlichen Brüder« und Mitglieder des Caveau geschrieben, veröffentlicht im Jahr 1846. Das Lied spricht vom »Singen, Lachen, Lieben und Trinken« mit den »werten Freunden« am Tische von Désaugiers im Rocher de Cancale:

Ô vous qui venez dans ces lieux
Pour chanter, rire, aimer et boire,
Tendres amis, frères joyeux,
De la Gaîté sachez l'histoire. [...]

Salut, aimables chansonniers,
Que chaque mois, elle régale;
À votre table Désaugiers
Préside au Rocher de Cancale.

Der Rocher de Cancale galt in der ersten Hälfte des 19. Jh. bei Zeitgenossen als einer der Tempel des ultimativen Genusses. In der Geschichte der Gastronomie nimmt dieses Pariser Restaurant einen bedeutenden Platz ein, da es die Veränderungen im Laufe des 19. Jh. mitgestaltete und zugleich einen neuen gastronomischen Diskurs aus der Taufe heben sollte.

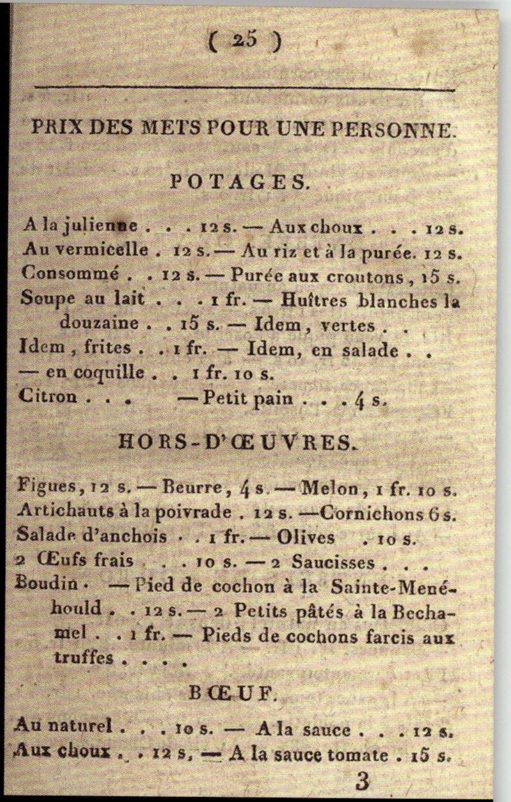

(25)

PRIX DES METS POUR UNE PERSONNE.

POTAGES.

A la julienne . . . 12 s. — Aux choux . . . 12 s.
Au vermicelle . 12 s. — Au riz et à la purée. 12 s.
Consommé . . 12 s. — Purée aux croutons, 15 s.
Soupe au lait . . . 1 fr. — Huîtres blanches la douzaine . . 15 s. — Idem, vertes . .
Idem, frites . . 1 fr. — Idem, en salade . .
— en coquille . . 1 fr. 10 s.
Citron . . . — Petit pain . . . 4 s.

HORS-D'ŒUVRES.

Figues, 12 s. — Beurre, 4 s. — Melon, 1 fr. 10 s.
Artichauts à la poivrade . 12 s. — Cornichons 6 s.
Salade d'anchois . . 1 fr. — Olives . 10 s.
2 Œufs frais . . 10 s. — 2 Saucisses . . .
Boudin . — Pied de cochon à la Sainte-Menéhould . . 12 s. — 2 Petits pâtés à la Bechamel . . 1 fr. — Pieds de cochons farcis aux truffes . . . .

BŒUF.

Au naturel . . . 10 s. — A la sauce . . . 12 s.
Aux choux . . 12 s, — A la sauce tomate . 15 s.

3

Auszug aus der Speisekarte des Rocher de Cancale, erschienen in: Honoré Blanc, *Le guide des dîneurs*, 1814

Seezunge normannisch

Die Seezunge nach Art der Normandie, so heißt es oft, soll Langlais, der Küchenchef des Rocher de Cancale, Ende der 1830er-Jahre erfunden haben. Doch ist diese Version durch nichts belegt. Kulinarische Abhandlungen legen zudem nahe, dass das ursprüngliche Rezept aus den 1810er-Jahren stammt. In der heute üblichen Version handelt es sich um in Weißwein und Sahne gedünstete Seezunge, garniert mit Pilzen, Muscheln oder Austern und Garnelen oder Flusskrebsen.

Seezunge auf normannische Art, eine französische Spezialität

Der Aperitif und das Ritual

Der Aperitif ist ein fest im französischen Alltag verankerter Brauch. Heutzutage kann es sich um ein einfaches (nicht-)alkoholisches Getränk zu Beginn einer Mahlzeit handeln, bis hin zum *apéro dînatoire*, zu dem alle möglichen mehr oder weniger aufwendigen Häppchen statt Abendessen serviert werden. Die Gewohnheit »einen Aperitif zu nehmen«, ein besonderer Moment der Geselligkeit, wandelte sich im Laufe des 19./20. Jh.

Von medizinischer Gabe …

Im gesamten Mittelalter hatte ein *apéritif* die Funktion einer Arznei, um »den Bauch freizumachen«, d.h. er hatte eine abführende Wirkung. Bis ins 18. Jh. war der Begriff in Frankreich mit dieser Bedeutung gebräuchlich, gleichzeitig begann man jedoch, alles, was den Appetit anregte, als »Aperitif« zu bezeichnen. Darüber hinaus wurde ein mehrgängiges Essen von drei *coups*, drei »Hieben« – vorweg, in der Mitte und nach der Mahlzeit – unterbrochen, und wie *Le Gastronome français* (1828) erklärt:

> »Der erste ›Hieb‹, dessen Aufgabe es ist, den Magen zu öffnen und ihn zu großen Taten anzuregen, besteht aus einem Glas Wermut, Wacholder, Kirsch oder Ginn [sic] und sollte in einem Zug getrunken werden.«

Daher sei jener »Hieb vorweg« in Frankreich wenig beliebt; Grimod de La Reynière räumt ein, dass Schnaps den Magen eher verschließt als öffnet. Auch das von Paul Guérin herausgegebene *Dictionnaire des dictionnaires* (1884) zeichnet diese Praxis nach und erklärt unter dem Eintrag *apéritif:*

> »Einst verstand man darunter Substanzen, die geeignet waren, Verstopfungen zu lösen, die Verdauungswege zu öffnen, die Körpersäfte zu verflüssigen, ihren Fluss, ihre Sekretion zu erleichtern. Heute ist die Bedeutung des Begriffs viel enger und weniger vage; es sind Medikamente und auch Hygienemittel, die anregen und den Appetit wecken. Zu Ersteren zählen bittere Substanzen wie Chinarinde, Enzian, Bitterenzian, Kamille usw. […]
>
> Viele Menschen haben die Angewohnheit, vor dem Essen ein Glas Absinth, Wermut oder einen Bitter zu trinken.«

Ende des 19.Jh. wurde der Aperitif, ob zu Hause oder im Bistro genommen, zu einem regelrechten Ritual (Édouard Manet, *Bar in den Folies-Bergère*, 1882).

… zu einem Drink aus Vergnügen

Dubonnet, Kultmarke der ersten Aperitifs aus Chininwein

Liköre, Brände oder mit verschiedenen Zusätzen versetzte Weine – die als Aperitif galten – erlebten erst in der zweiten Hälfte des 19. Jh. ihren eigentlichen Durchbruch. Ärzte lobten die stärkende Wirkung der Alkoholika, und die mittels Mazeration von Chinarinde hergestellten Aperitifs gehörten zu den beliebtesten jener Zeit. Im letzten Drittel des 19. Jh. boten Hunderte Handelsmarken ihren mit Chinarinde vergorenen Wein an, zu den bekanntesten zählten Byrrh und Dubonnet.

Diese Quasi-Medikamente mutierten de facto zu Getränken zum reinen Genuss. Durch ihre zunehmende Verbreitung und bessere Erhältlichkeit erreichten sie alle sozialen Schichten. Der Aperitif wurde zu einem täglichen Ritual, dem manche zweimal, sei es zu Hause oder im Bistro, mit einem Gläschen nachgingen.

Der »apéro« zu Hause

War die Stunde des Aperitifs ein fest im Alltag verankerter Brauch vor allem der Männer, die ihn außer Haus einnahmen, hielt er nach dem Zweiten Weltkrieg auch in die Privathaushalte Einzug. Während der *Trente Glorieuses* (»Glorreichen Dreißig«: 1945–1975) stieg der Lebensstandard, das Zuhause wurde wohnlicher und die Mittelschicht begann Gäste zu empfangen. Der Aperitif verließ die Cafés und wanderte in die »Sitzecke«, die das Esszimmer verdrängte. So wurde die Geselligkeit noch bedeutsamer, es wurde nicht mehr nur getrunken, es gab auch etwas zu essen.

Der Aperitif sollte nun nicht nur den Appetit wecken, er eröffnete das Essen. Und manchmal sorgte man sich, dass man bei diesem Auftakt, der die Form einer ganzen Mahlzeit (dann *apéritif dînatoire* genannt) annehmen konnte, nicht zu viel aß. Die Beliebtheit des Aperitifs ist ungebrochen, wie eine kürzliche Umfrage ergab: 90 Prozent der Befragten in Frankreich gaben an, mindestens einmal pro Woche einen Aperitif zu nehmen.

Der Digestif

Im 17. Jh. war ein Digestif eine Substanz, die dem Magen bei der Erfüllung seiner Aufgabe half. Es musste sich nicht um Alkohol, ja nicht einmal um ein Getränk handeln, auch dragierte Gewürze fielen in die Kategorie. Doch bereits im Mittelalter gab es spezielle Getränke für das Ende einer Mahlzeit, um die Gäste von ihren Exzessen zu kurieren, allen voran der Hypocras (S. 11). Zur Herstellung laut *Ménagier de Paris* (um 1393) werden Zimt, Ingwer und Galgant zermahlen. Das wird mit Zucker vermengt und zieht in Wein, abschließend wird es filtriert.

Dass dieser Wein die Verdauung fördern solle, hielt sich bis weit über das Mittelalter hinaus. Im 19. Jh., dem golden Zeitalter der Liköre, gab es ein breites Spektrum an Digestifs, die je nach Milieu variierten. Doch das Essen mit einem zuträglichen Gläschen zu beschließen, war weitverbreitet. Serviert wurden, wie zum Aperitif, Brände oder gesüßte und mit pflanzlichen Zusätzen versetzte (mazeriert oder destilliert) Spirituosen. Im Gegensatz zum Aperitif ist dieser sehr maskuline Brauch (gern in den privaten Salons der Wohlhabenden mit einer Zigarre in der Hand genossen) in den letzten Jahrzehnten weitgehend aus der Mode gekommen.

Der Aperitif wurde mit der Zeit zu einem täglichen Ritual zu einer festen Stunde, bei dem manche ein oder auch zwei Gläschen außer Haus (im Bistro) genossen.

Blanquette de veau

Wenngleich das erste bekannte Rezept für Blankett ausschließlich aus Kalbfleisch bestand, erwies sich seine Sauce im Laufe der Zeit als einfache Möglichkeit, alle möglichen Dinge, insbesondere Reste von kaltem Fleisch, zu verarbeiten. Unterdessen entstand im 19. Jh. ein neues Rezept für die Blanquette de veau (»Kalbsblankett«), die allmählich ihren Platz unter den Klassikern der bürgerlichen Küche erobern sollte.

Das erste Rezept

Das Geburtsdatum von Blanquette de veau lässt sich leicht bestimmen: 1733 veröffentlichte der französische Koch Vincent La Chapelle sein *Modern Cook*, in dem er ein Rezept für *veal blanquets* vorstellte. Zwei Jahre später erschien es auf Französisch:

> »Man nehme ein großes Stück kalten Kalbsnierenbraten und schneide es in kleine Scheiben; man gebe ein Stück Butter in eine Kasserolle; sobald sie geschmolzen ist, gebe man eine Prise Mehl hinein, röste es einen Moment an und gebe Lauchzwiebel hinzu; dann gebe man das Kalbfleisch zu, würze es mit Salz und Pfeffer, wende es zwei- oder dreimal um, lösche mit etwas Brühe ab und lasse alles drei oder vier Mal aufkochen; dann binde man die Sauce mit drei oder vier Eigelben, Sahne und etwas gehackter Petersilie und rühre beständig um, damit sie nicht anbrennt: Sobald sie gebunden hat, sorge man dafür, dass alles von gutem Geschmack ist. Man richte auf einem Teller an und serviere heiß. Will man es mit Verjus bereiten, muss mit Verjus statt Sahne gebunden werden.«

Lebensmittelhändlerin (Lithografie aus dem 19. Jh.)

Im Mittelalter stößt man auf die *blancs brouets de chapon* – weiße Kapaunbrühen –, die offensichtliche Gemeinsamkeiten mit dieser Art der Zubereitung aufweisen. Dafür wird das Fleisch in einer Mischung aus Brühe und Wein pochiert, in Stücke zerlegt, in Schmalz angebraten und in einer Sauce aus der Brühe und gemahlenen Mandeln fertiggestellt. Zuletzt kocht man Essig mit Gewürzen auf, gebunden mit verschlagenem Eigelb, das kommt in die Brühe.

Eine weitere Variante findet sich einige Jahre vor La Chapelle in *Le cuisinier roïal et bourgeois* (1691) von François Massialot: ein weißes Frikassee von Schildkröte oder Hühnerfleisch in einer unter Zugabe von Eigelb gebundenen Verjus-Sauce.

Bürgerliche Resteverwertung

Das Blankett von La Chapelle ließe sich durchaus als bürgerliches Gericht bezeichnen, doch war es eine Alltagsspeise, keine, die man Gästen servierte, zumal man für die Zubereitung auch Reste von gebratenem Fleisch verwendete. Fast anderthalb Jahrhunderte folgten Kochbücher diesem Konzept, stets verwendete man dünn geschnittenes kaltes Fleisch. Es gab zahlreiche Varianten, doch bei allen wurde das Fleisch in einer kurzen Sauce erhitzt und diese immer mit Eiern, oft unter Zugabe von Sahne, gebunden. Viele Rezepte empfahlen dazu ein säurehaltiges Element wie Zitrone, Essig oder Verjus. Auffallend ist auch, dass ab dem 18. Jh. Fleisch und Fische aller Art für die Blanquette zum Einsatz kamen: Seeteufel, Spanferkel ... Die moderne Blanquette wie wir sie heute kennen tauchte erst in der zweiten Hälfte des 19. Jh. in kulinarischen Texten auf. Vermutlich als Erster stellte Jule Gouffé in seinem *Livre de cuisine* (1867) ein Rezept vor, allerdings als eine der alltäglichsten Speisen und nur für den Hausgebrauch. Sein Kalbsblankett bestand aus gewürfelter Kalbsbrust, in reichlich Wasser auf ganz kleiner Flamme gekocht. Die erst im letzten Moment zugegebene Sauce war eine mit Brühe aufgegossene helle Mehlschwitze, gebunden mit Eiern.

Das Werk stellte übrigens alle Arten von Blanketts vor, da sich der Begriff auf die Verwendung einer Sauce allemande (»Deutsche Sauce«) bezog, einer Sauce aus Geflügel-, Pilzessenz und einer Velouté – auf der Basis von Kalbsunterschale und Huhn –, die reduziert und mit Eigelb und Butter legiert wird. Und Gouffé bot noch mehr Varianten: Kalbsfilet mit Artischocken-Blankett, in Schnitzel geschnittene Artischockenböden, nappiert mit einer Deutschen Sauce; Blankett von Kalbsbries mit Trüffeln – Kalbsbries und in Scheiben geschnittene Trüffel in Deutscher Sauce, angerichtet in Kruste; Kardonen-Blankett ...

Anbraten oder nicht?

Zwar ist die Version mit kaltem Braten aus den Kochbüchern verschwunden, doch herrscht teils Uneinigkeit über die richtige Vorgehensweise. Einige befürworten bis heute, das Fleisch zu Beginn anzubraten. Der große Gastrosoph und Historiker Jean-Louis Flandron widmete der Geschichte dieses ruhmreichen Gerichts ein ganzes Buch. Er sieht darin eine »kulinarisch fragwürdige« Praxis, da das anfängliche Bräunen oder Rösten die Harmonie des Gerichts und »die subtile, dezent säuerliche Süße« der Sauce beeinträchtigt.

Blanquette de veau war eine Alltagsspeise, keine, die man Gästen servierte, zumal man für die Zubereitung auch Reste von gebratenem Fleisch verwendete.

Das Bankett der Bürgermeister

Am Samstag, dem 22. September 1900, fand im Rahmen der Weltausstellung und zur Feier des Jahrestages der Ausrufung der Ersten Republik (1792) ein spektakuläres Bankett für die Bürgermeister Frankreichs statt. Elf Jahre zuvor (am 18. August 1889) waren auf Initiative der Stadt Paris im Palais de l'industrie 11 000 Stadtverordnete zu einem ähnlichen Festmahl zusammengekommen.

Am Bankett der Bürgermeister im Tuileriengarten nahmen mehr als 22 000 Gäste teil (illustrierte Beilage des *Petit Parisien*, 22. September 1900).

Generalstabsmäßige Organisation

Dieses Mal waren mehr als 22 000 Personen der Einladung des Staatspräsidenten Émile Loubet gefolgt, hinzu kamen zahlreiche Abgeordnete, Senatoren, Präfekten und Journalisten. Insgesamt waren es fast 23 000 Menschen, die in riesigen Zelten auf einer Fläche von mehr als drei Hektar im Tuileriengarten untergebracht waren. Die Pioniere mussten den zivilen Arbeitern zur Hand gehen, um den Aufbau in den frühen Morgenstunden fertigzustellen.

Die Federführung bei diesem außergewöhnlichen Event hatte *traiteur* Potel et Chabot und Herr Legrand, der Direktor des ehrwürdigen Pariser Hauses, führte Regie. Am Donnerstags wurden Tische eingedeckt, am Freitagabend Gläser und Stühle platziert, am Tag selbst ab sechs Uhr morgens Brötchen, Wein und die Speisekarten aufgetragen. Gegen zehn war alles an seinem Platz. Am späten Nachmittag des Vortages waren die Speisen und das Fleisch eingetroffen, Weinflaschen in von Schutzmännern bewachten Regalen verstaut worden. Kaffeemaschinen, die mehr als 300 Liter Kaffee auf einmal brühen konnten, standen bereit.

Entlang der Festzelte wurden zwölf Küchen samt Speisekammern angeordnet. Dort war man jeweils für eine bestimmte Anzahl von Tischen zuständig. Die Vorgabe: zeitgleich zu bedienen – was auch gelang. Potel et Chabot mussten dafür ehemalige Mitarbeiter aus dem Ruhestand zurückholen; 1215 Oberkellner, 3645 Kellner, Köche und Tellerwäscher standen Gewehr bei Fuß.

Eine sieben Kilometer lange Tafel

Ab etwa 10 Uhr treffen die Bürgermeister ein. Nachdem alle Platz genommen haben, betritt Émile Loubet um 12 Uhr den Bankettsaal. Die Marseillaise ertönt, er wird unter riesigem Applaus begrüßt. Umgeben von hochrangigen Gästen nimmt er in der Mitte der Ehrentafel Platz. Gegenüber stehen neun weitere Ehrentische, dann folgen in alphabetischer Anordnung die Departements-Tische, die sich über sieben Kilometer erstreckt haben sollen.

Das Essen beginnt um 12:05 Uhr, die Speisekarte umfasst neun Gerichte. Eine Zubereitung *à la parisienne* eröffnet das Mahl, das auch Geflügel aus Rouen und der Bresse sowie Weine aus Bordeaux, der Champagne und dem Burgund bereithält. Drückt sich in der Vielfalt der Bezeichnungen und Terroirs der Wunsch aus, die Einheit der Nation zu feiern? In jedem Fall sind es hochwertige Speisen und Getränke, die zu Ehren der Gäste aufgetragen werden.

Beeindruckende Zahlen

Ganze 2 Tonnen Lachs, 2430 Fasane, 2700 Jungenten, 2500 Bresse-Hühner, 1200 Liter Mayonnaise, 10 000 Pfirsiche, 20 000 Pflaumen, 60000 Brötchen, 44 000 Scheiben Wurst … Auch für Getränke ist mehr als reichlich gesorgt: 22 000 Flaschen Tischwein, 11 000 Flaschen gehobener Wein, 7000 Flaschen Champagner, 3000 Liter Kaffee …

Und was ist mit den Bergen an Geschirr und Tischwäsche (in solchen Mengen schwer zu beschaffen)? 95000 Gläser, 250 000 Teller und Platten, 30 000 Servietten; das Essen endet mit einer Rede des Präsidenten – der Text liegt vor den Gästen, die ihn eher mitlesen als hören.

Abschließend eine Zigarre für jeden Gast, um 13:20 Uhr entzündet. Dann verlässt der Präsident unter den Rufen »Lang lebe Loubet!« den Ort des Geschehens. 23000 Personen innerhalb von 1¼ Stunden zu verköstigen, ist eine Leistung, vor der man sich verneigen muss. Die Veröffentlichung des Menüs in der Tagespresse ermöglichte es ganz Frankreich, sie zu würdigen.

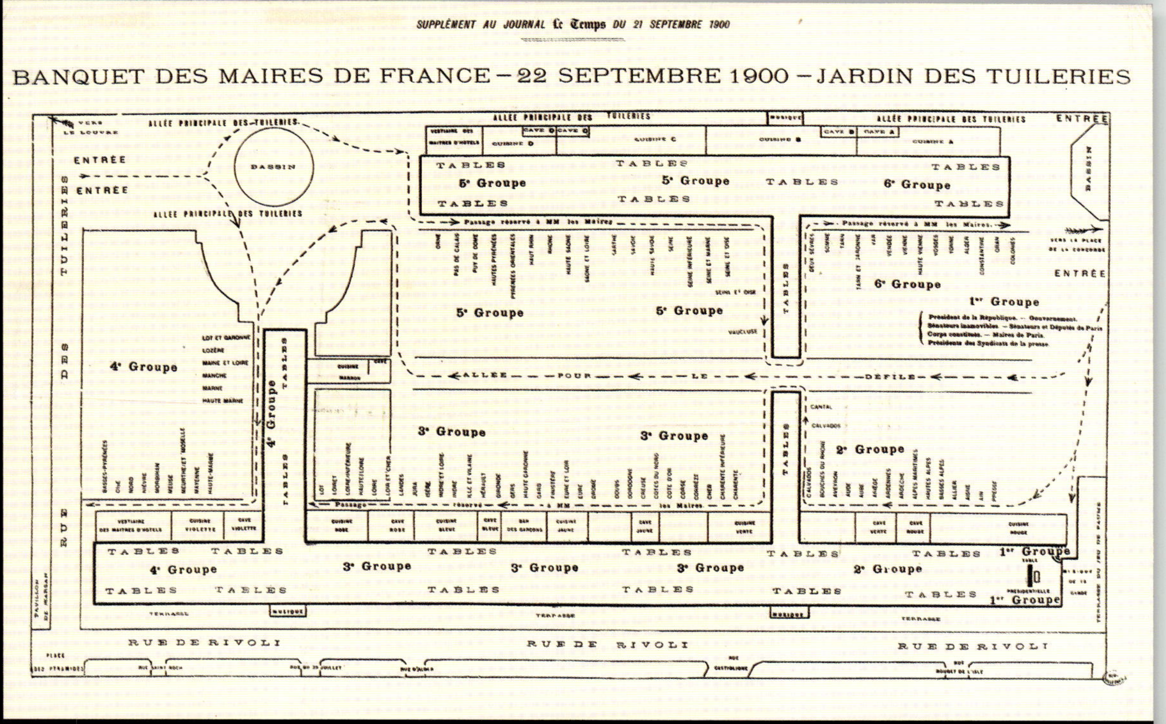

Tischplan für das Bankett der Bürgermeister von Frankreich (veröffentlicht in *Le Temps*, 1900)

Menükarte der während des Bankettes servierten Speisen

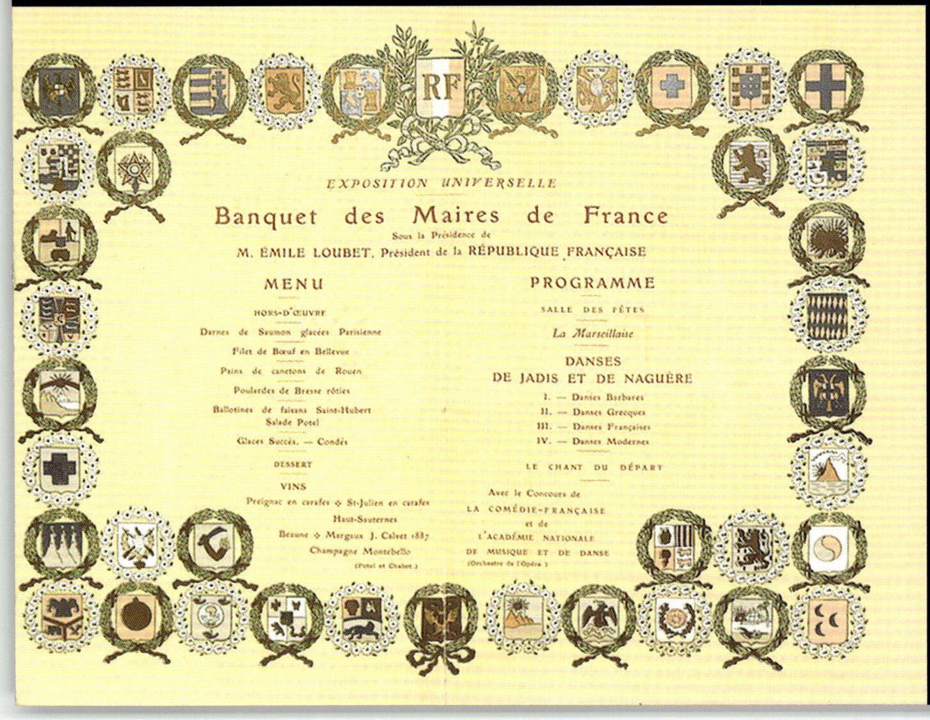

EXPOSITION UNIVERSELLE

Banquet des Maires de France

Sous la Présidence de M. ÉMILE LOUBET, Président de la RÉPUBLIQUE FRANÇAISE

MENU

HORS-D'ŒUVRE

Darnes de Saumon glacées Parisienne

Filet de Bœuf en Bellevue

Pains de canetons de Rouen

Poulardes de Bresse rôties

Ballotines de faisans Saint-Hubert
Salade Potel

Glaces Succès. — Condés

DESSERT

VINS

Preignac en carafes ◇ St-Julien en carafes
Haut-Sauternes
Beaune ◇ Margaux J. Calvet 1887
Champagne Montebello
(Potel et Chabot.)

PROGRAMME

SALLE DES FÊTES

La Marseillaise

DANSES DE JADIS ET DE NAGUÈRE

I. — Danses Barbares
II. — Danses Grecques
III. — Danses Françaises
IV. — Danses Modernes

LE CHANT DU DÉPART

Avec le Concours de
LA COMÉDIE-FRANÇAISE
et de
L'ACADÉMIE NATIONALE DE MUSIQUE ET DE DANSE
(Orchestre de l'Opéra.)

Das Haus Potel et Chabot

Der offiziellen Geschichte des Hauses zufolge schlossen sich 1820 der Rôtisseur-Pâtissier Jean-François Potel und Étienne Chabot, Koch des Herzogs von Orléans, zusammen, um ein Lebensmittelgeschäft zu eröffnen. Jedenfalls begann das Unternehmen in den 1830er-Jahren seinen Ruf zu festigen.

Waren die Geschäfte am Boulevard des Italiens und in der Rue Vivienne, damals Neuve-Vivienne, für die Qualität der Produkte bekannt, so war es die Organisation großer Bankette, die den Ruhm der beiden Geschäftspartner begründete. Ihr erster Erfolg war sicher das opulente Mahl, das die Handelskammer am 16. März 1845 in der Pariser Börse (Palais Brongniart) dem Marschall Bugeaud gab. 430 Gäste waren zu bewirten, ein »gigantisches Mahl, zubereitet in weniger als 24 Stunden«, wie ein Journalist im *Courier du Midi* kommentierte. Dank der regelmäßigen Ausrichtung von Essen, die in vielen Städten anlässlich der Eröffnung von Eisenbahnstrecken gegeben wurden, entwickelte das Haus eine einzigartige Kompetenz. Nicht verwunderlich, dass es mit der Ausrichtung beider Bankette der französischen Bürgermeister (1889 und 1900) beauftragt wurde.

Potel et Chabot überstand das 20. Jh. und baute seinen Ruf als renommierter Caterer weiterhin derart aus, dass der *traiteur* vom Wirtschafts- und Finanzministerium als »Unternehmen des lebendigen Kulturerbes« ausgezeichnet wurde.

Patisserie, eine französische Geschichte

»Patisserie: Gesüßte Zubereitung aus bearbeitetem Teig, die im Ofen und/oder in einer Form gebacken, mit verschiedenen Füllungen (Cremes, Früchte) versehen ist und meist frisch verzehrt wird, hauptsächlich als Zwischengericht oder Nachspeise.« Die Patisserie, die Kunst der Konditorei, besteht also laut dem *Trésor de la Langue Française* in der Herstellung süßer Zubereitungen – übrigens auch ohne Füllung. Das war aber nicht immer so, denn ursprünglich war der Patissier derjenige, der die Kunst des Teiges und Backens beherrschte. Auch wenn sie im Laufe der Jahrhunderte nicht immer süß und von Sahne geprägt blieb, war und ist die Patisserie nach wie vor ein Aushängeschild der kulinarischen Traditionen Frankreichs.

Frontispiz des *Pastissier françois* von La Varenne, Ausgabe von 1655

Die Patisserie-Gemeinschaft

Beginnen wir diesen historischen Rückblick im späten Mittelalter. Wie andere städtische Berufe waren auch die Konditoren in Gemeinschaften organisiert. Sie gaben sich von den königlichen Behörden anerkannte Statuten und Vorschriften, die den Berufsstand reglementierten und insbesondere die Bedingung für den Zugang zu ihm regelten. Die ersten Statuten, die den Konditoren in Paris zugebilligt wurden, stammen aus dem Jahr 1440.

Diese Texte bezeugen das Angebot: mit Fleisch (vor allem Kalb und Schwein) gefüllte *rissoles*, Pasteten, Flans, Tartelettes, *darioles*, *ratons*, *casse-museuaux*, Apfeltartes, *talmouses* (S. 23). Auch die kleinen Windbeutel wurden in den Statuten von 1566 erwähnt, in denen die Berufe des *oubloyeurs* (S. 23) und des Patissiers zusammengefasst wurden. Diese Produkte verkauften sie in ihren Geschäften oder auf der Straße, auf Wunsch wurde geliefert.

Königshäuser und der Hochadel beschäftigten ihre eigenen Konditoren, während in weniger betuchten Häusern die Köche derartige Zubereitungen übernahmen. Die Domäne des Patissiers war Teig, nicht Zucker. Man werfe nur einen Blick auf die Anzeige des »Sieur Vincent«, ein *pâtissier de luxe* in der Rue Saint-Jacques, aus dem Jahr 1769. Was bot er an? Pasteten mit Bayonne-Schinken in feiner Kruste, Poularde mit Périgord-Trüffeln, Truthahnfleisch mit Trüffeln, Rothühner, Feldlerchen mit Gänseleberfüllung, Kalbsnierenpasteten ... Im 17./18. Jh. wurden Pasteten warm als Vorspeise oder kalt als Entremets serviert. Dennoch waren Letztere eine Speisenfolge, in der es an süßen Genüssen nicht mangelte. In der *Suite des Dons de Comus* (1742) finden sich als »verschiedenes Gebäck für Entremets«: Obstpasteten, *rissoles*, Kuchen und Kleingebäck, *petits choux*, Brioches, Flans, Waffeln, Meringen, Macarons und Marzipan.

Spezialitäten aus der Konditorei

Im Verlauf des 19. Jh. entwickelte sich die uns heute bekannte Patisseriekunst. Als Grimodde La Reynière 1804 ein Loblied auf den Pariser Konditor Rouget sang, einen Experten »in der Kunst des Backens«, pries er seine Lasagne-Timbales und seine Burgunder-Ramequins ebenso wie seine meisterhafte Pastillage und das Zuckergespinn. Im Jahr 1863 unterteilte Journalist Pierre Vinçard die Konditorei in drei Spezialgebiete: die »feine Patisserie«, die der süßen Kuchen, der Genüsse »mit Frangipani oder Mandelfüllungen, die Madeleines und Babas, die Nougats, Saint-Honorés ...«. Es folgt die »gewöhnliche Patisserie« des einfachen, günstigen (Straßen-)Gebäcks: »Brioches, Croquets, Apfel- und Pflaumentaschen, Milch- und Butterbrötchen, Blätterteiggebäck, Nanterre-Brioche, *échaudé* ...« Dann kommt die Disziplin der »Fleischpasteten«:

> »Einige Patissiers in Paris haben sich dieser Spezialität verschrieben, doch bereiten alle ansässigen Betriebe Pasteten aus Schlachtfleisch, Schinken oder Wild zu; fügen wir hinzu, dass die erlesensten und köstlichsten aus Straßburg, Colmar, Nérac, Ruffec, Angoulème und Toulouse stammen.«

Anschließend behandelt Vinçard einige Erzeugnisse gesondert – Lebkuchen, Macarons, Waffeln ... Eine solche Unterteilung in verschiedene Disziplinen war gewiss nicht immer so einfach – und viele Autoren trafen sie auch nicht –, interessant ist jedoch, dass Vinçard den Fleischpasteten eine eigene Kategorie zubilligt, in der zudem die Konkurrenz von Metzgern und Lebensmittelhändlern drohte.

Zu jener Zeit stachen renommierte Häuser durch eine oder zwei Spezialitäten aus der Masse heraus. Zu ihnen gehörte Chiboust, Rue Saint-Honoré, deren Saint-Honoré-Torte – die sich sicherlich von ihrer heutigen Version unterschied – Furore machte. Félix in der Passage des Panoramas war für

Ein Teesalon Ende 19. Jh. (*Tableaux de Paris*, Émile Goudeau, Zeichnung von Pierre Vidal, 1893)

Brioches bekannt, die Brüder Julien an der Place de la Bourse, die vielleicht am stärksten frequentierte Adresse, reüssierten mit Savarins und dem Gâteau Trois-Frères.

Tableaux de Paris, Paris qui consomme von Émile Goudeau (1892) enthält die sehr anschauliche Beschreibung einer Konditorei jener Zeit, eines Ortes, der auf den heutigen Leser nicht allzu exotisch wirkt:

> »Die tausend und eine Konditorei mittlerer Klasse, die in der gesamten Stadt verstreut sind, sehen alle gleich aus. Auf einer kleinen, weißen Marmortheke reihen sich Teller mit den klassischen Gebäcksorten: Eclair mit Kaffee- und Schokoladencreme, Baba, der wie ein zu hoher Savarin aussieht, und Savarin, der ein geriffelter Baba ist, cremegefüllte Windbeutel, Tartelettes, Nougat und schließlich Tartes. In dem kleinen Tabernakel, in dem eine ewige Hitze herrscht, gibt es Häppchen mit Austern oder Geflügel, winzige Makkaroni-Timbales, Reisküchlein und Törtchen mit einer Mischung aus Äpfeln und Reis.
>
> In der Auslage die großen Kuchen, die sich auf drei Prototypen reduzieren lassen: 1. Die Tartes mit Kirschen, Aprikosen, Birnen oder mit Apfelkompott, bedeckt mit einem Teiggitter; 2. Die cremegefüllten Kuchen und Torten: die berühmte Saint-Honoré mit

gekochter Sahne und ihren Zinnen aus Eiskugeln; die Réligieuse, die nichts anderes als eine Anhäufung von Kaffee- und Schokoladen-Eclairs ist; der Mont-Blanc aus einem runzeligen Maronenpüree, das einen Felsen simuliert, der mit einem Schnee aus Schlagsahne bedeckt ist. 3. Und das Genueser Gebäck, dick glasiert mit einem einfachen Überzug in verschiedenen Geschmacksrichtungen, Mokka oder Schokolade [...], zugespitzt durch Blätterteigstangen und *rocailles* [buttrig gebratene Mandelblatthäufchen]. Darüber Brioches, Babas, Kuchen für die Abendgesellschaft, Timbale und Eiscreme-Attrappen aus bemaltem Weißblech.«

Treffpunkt Salon de Thé

In den 1870er-/1880er-Jahren entstanden mit den Salons de Thé Teestuben, die zugleich als Restaurant und Geschäft fungierten. Dort wurden der bürgerlichen Dame und ihren Kindern Konditorwaren, Gebäck und Sandwiches angeboten, dazu Tee, Schokolade und Süßweine. Zahlreiche Läden und neu eröffnete Bewirtungsbetriebe stellten auf das neue Konzept um. Und das alles in einem eleganten Ambiente.

Aufschlussreich ist das 1909 unter dem Titel *Traité de pâtisserie moderne: guide du pâtissier-traiteur* erschienene Werk von Émile Darenne und Émile Duval. Darin ist die Zubereitung salziger Speisen zu einem Nebenprodukt geworden, das dem *traiteur* zufällt. Die Autoren widmen ihm ein eigenes Kapitel, mit mehr als bloßen Ofenzubereitungen. Viele Konditoren vergaben diese Tätigkeit übrigens an Subunternehmer. Der Konditor war nunmehr zu einem Spezialist für Süßes geworden.

Konditorkunst im Wandel

Eine weitere Entwicklung, die der Gastronom Châtillon-Plessis (Pseudonym von Émile-Abel Chizat) 1894 in *La vie à table à la fin du XIXe siècle* messerscharf diagnostizierte, war der Umstand, dass die mächtigen, reich verzierten und spektakulären Kreationen aus Zucker und diversen Pasten ebenso wie die auf einem Sockel präsentierten Babas, Brioches und Croquembouches, welche mit dem Aufkommen des *service à la Russe* (S. 75) verschwunden waren.

Der Konditor war zu einem Spezialisten für Süßes geworden.

Im 19. Jh. sah sich die Patisserie zwischen der Forderung nach künstlerisch-imposanten Kreationen und dem Anstieg des täglichen Abverkaufs im Laden. 1900 gab es die großen Torten noch immer. Die kulinarischen Wettbewerbe, die sich seit über einem Jahrzehnt entwickelt hatten, boten Konditoren Gelegenheit, ihre technische Virtuosität unter Beweis zu stellen. Allerdings standen sie nicht mehr im Mittelpunkt des Metiers, eine Entwicklung, die Antonin Carême, Apostel der Konditorkunst und Architekt der *pièces montées*, sicher bestürzt hätte. Die Konditorkunst passte sich nunmehr den Vorlieben der Kundschaft, Moden und neuen technischen Bedingungen an. In der ersten Ausgabe seines *Mémorial historique et géographique de la pâtisserie* (1890) kommentierte dementsprechend Pierre Lacam – sicherlich überspitzt:

> »Wir haben das Zeitalter der Spritztüten-Dekors erlebt, das der Früchte-Dekors, der Mokka- und sonstiger Cremes, die Ära der italienischen Baisermasse

Ein Teesalon Ende 19. Jh. (*Tableaux de Paris*, Émile Goudeau, Zeichnung von Pierre Vidal, 1893)

Auslage eines Patissiers Ende 19. Jh. (Gustave Caillebotte, 1881)

(sie bleibt standhaft), das Zeitalter der Praline-Cremes, der Maronen- und Walnussfüllungen. Sie alle sind innerhalb eines Jahrhunderts verblasst. Die Zukunft hält noch mehr für uns bereit.«

Eine köstlich kreative Dynamik

Der Untertitel von Lacams Werk kündigte immerhin bereits 1600 Rezepte an, eine von seinem Schwiegersohn aktualisierte und erweiterte Auflage (aus dem Jahr 1934) enthielt gar 3500 Rezepte. Diese Zahl verrät viel über die Kreativität der Konditoren.

Das 20. Jh. stellte diese erschaffungsfreudige Dynamik keineswegs infrage und schaffte es sogar, Kreatives zu ehren. Denn obwohl der Berufsstand schon immer große Persönlichkeiten hervorgebracht hat, waren sie der breiten Öffentlichkeit oft weniger bekannt als Starköche. Gaston Lenôtre sollte diesen Umstand als einer der Ersten ändern, gefolgt von Yves Thuriès, Pierre Hermé …

Der Koch als Unternehmer tauchte erstmals während der Glorreichen Dreißig (1945–1975) auf; die Konditoren scheinen ihm später gefolgt zu sein.

Mont-Blanc

Saint-Honoré

Eiskalte Tradition

Der Brauch, frische oder gekühlte Getränke mit Schnee oder Eis zu mischen, verbreitete sich im 16. Jh. in Italien und Spanien, später auch in Frankreich. Die fortschreitende technische Entwicklung ermöglichte neue Anwendungen, wie die Herstellung gefrorener Tischdekorationen. Aus dieser Praxis entstanden im frühen 17. Jh. die Sorbets, wie wir sie heute kennen, und auch das Speiseeis.

Im Café Frascati, Paris 1807 (Druck von Louis Philibert Debucourt, 19. Jh.)

Eine schwierige Datierung

Bereits 1589 beschrieb Giambattista della Porta in der zweiten Ausgabe von *Della magia naturale*, wie sich Wein in einem Glas gefrieren ließ, nämlich indem man es in eine Mischung aus Salpeter und Schnee tauchte. Wann wurde das Verfahren von den Köchen damals aufgegriffen? Wir wissen es nicht. Erst 1694 stellte Antonio Latini im zweiten Band von *Lo scalco alla moderna* seine *sorbetti* und *acque ghiacciate* (»Eiswasser«) vor. In Frankreich stoßen wir im *Nouveau confiturier françois*, veröffentlicht unter dem Namen La Varenne, aus dem Jahr 1682 auf die ersten Rezepte für Eiscreme sowie für »Orangenblütenschnee« und »Korianderschnee«: ein Sorbet, da der Schnee weder Milch noch Sahne enthielt.

Nicht zu vergessen Spanien, denn das älteste schriftlich fixierte Rezept für Eiscreme findet sich in einem unveröffentlichten Manuskript von Lady Fanshawe, der Frau des ehemaligen englischen Botschafters, das Mitte der 1660er-Jahre entstand. Die Herstellung von Speiseeis mit Schnee und Eis scheint Frankreich, Italien und Spanien in den Jahren 1650–1660 gleichermaßen umgetrieben zu haben. Nach heutigen Kenntnissen ist eine genauere Datierung jedoch nicht möglich.

1667 wurde in Paris der Berufsstand des *limonadiers* eingeführt, der das Monopol auf »gefrorenes Wasser mit geeisten Früchten und Blumen« hatte, eine Bezeichnung, die sich zunächst nur auf gefrorene Sirupe, nicht auf Eiscreme bezog. Anders als oft behauptet war es nicht der Sizilianer Procope-Couteaux – vor seiner Einbürgerung Michel Coltelli –, der die Pariser auf den Eisgeschmack brachte. Er eröffnete sein Lokal 1686 in der Rue des Fossés-Saint-Germain, heute die Rue de l'Ancienne Comédie, es gilt als

Eistasse aus Porzellan, um 1800

Geeister Vacherin à la Blanquin (aus *Glacier classique et artistique* von Pierre Lacam und Antoine Charabot, 1893)

ältestes Café in Paris. Eines ist jedoch sicher, sein Sohn und Nachfolger Laurent Alexandre Procope-Couteaux war einer der großen Eismacher seiner Zeit – »er ist sehr versiert und sehr gefragt für prunkvolle Desserts und alles, was dem Service im *office* unterliegt, Eis sowie kalte und warme Liköre«, konnte man im *Mercure de France* (März 1736) lesen. In Adelshäusern oblag die Herstellung von Speiseeis dem Service im *office* [Empfangsbereich], nicht der Küche, da es zu den Desserts zählte. In den Städten genoss man es bei *limonadiers* und in Cafés. Die Auswahl der frostigen Genüsse wurde stetig größer.

Italienisches in Paris

Dass Italien damals als das Mekka des Speiseeises galt, lag vor allem daran, dass es dort viel beliebter war und stärker konsumiert wurde als im restlichen Europa, vor allem in Neapel, wo Händler mit ihren geschulterten »Eismaschinen« durch die Straßen zogen. In einem mit Schnee und Salz gefüllten Holzzylinder steckte ein zweiter, in dem sich das Eis befand. Mit einem langstieligen Löffel schöpfte es der Händler aus seinem tragbaren Bottich und servierte es in kleinen Schalen.

Velloni, Zoppi, Corazza ... Ende des 18. und Anfang des 19. Jh. eröffneten mehrere Italiener in Paris Edel-Cafés, spezialisiert auf Eiscreme. Ein vermutlich aus Neapel stammender Mann namens Garchi, ein in Paris bekannter Eismacher, eröffnete 1798 in einem prunkvollen Pavillon an der Ecke Rue de Richelieu/Bd Montmartre das Frascati. »Es ist weder Carchi [sic] noch sein ausgezeichnetes Eis, weder sein Orchester noch sein Garten, kurz, es ist nicht das Frascati, das man im Frascati zu sehen bekommt, es ist ganz Paris.« (*Journal de Paris*, 1. September 1799). Im Kaiserreich entwickelte sich das Café zu einem bedeutenden Ort des gesellschaftlichen Lebens.

Noch Mitte des 19. Jh. wurden Speiseeis und Sorbets von den *limonadiers* – in vornehmen Cafés – und von rund 40 Eismachern, mitunter kleine Betriebe mit einem Dutzend Beschäftigten, hergestellt.

> »Für die Abendgesellschaft bereiten die Eismacher in Form gegossenes Halbgefrorenes, eigefüllte Biskuits und *mousses glacées*; für Abendgesellschaften und *dîners* Sorbets und für Desserts Eisbomben, *fromages glacés* und Chateaubriand glacée [Vanille-Pfirsich-Eiskugeln und Früchte]. Für Abendessen und kleinere Gesellschaften bereiten die Eismacher auch mit Sahne aufgeschlagenen Frischkäse, der als Dessert gegessen wird« (Jean C.A. Husson, *Les Consommation de Paris*, 1856).

In *Le Glacier classique et artistique en France et en Italie* (1893) fordern Antoine Charabot und Pierre Lacam:

> »Jeder Konditor, Koch oder Süßwarenhersteller sollte sich mit Eiscreme auskennen. Und das ist heute keine Kleinigkeit, wenn man bedenkt, wie viele verschiedene Sorten es mittlerweile gibt, mit Crème double oder Schlagsahne, mit Krokant und Pürees aller Art (...) Wie oft habe ich schon gehört, mit Eis könne man doch nichts anfangen; doch wer es herzustellen weiß, kann damit alles machen, was sie wünschen. Man lasse sich nicht täuschen. Ein echter Eismacher ist ein Künstler, ein Talent, er muss einen feinen Gaumen haben, um seine Zubereitungen zu schmecken und zu genießen. Er muss die Ideen für sein Handwerk haben, um das eine Aroma mit dem anderen, diese Creme mit jenem Krokant zu mischen, und ist die Mischung fertig, muss er sie kosten.«

In den großen Städten genoss man Speiseeis bei »limonadiers« und in darauf spezialisierten Cafés.

Das Eclair

Wie ein ewiger Evergreen thront das Eclair in all seiner Schlichtheit in den Auslagen sämtlicher Patisserien Frankreichs, ein unverrückbarer Bestandteil der nationalen Konditorkunst. Tatsächlich kann das beliebte Backwerk auf eine jahrhundertealte Geschichte zurückblicken.

Am Anfang war die Brandmasse …

Die Brandmasse gehört zu den Grundzubereitungen der französischen Patisserie, allerdings lässt sich ihr Ursprung schwer zurückverfolgen. Das vermutlich älteste Rezept findet sich in der handschriftlichen Rezeptsammlung der deutschen Sabina Welser aus dem Jahr 1553 für die Zubereitung von »Fässchen«. Im 16./17. Jh. fand diese Art von Masse, wie sie insbesondere in den englischen Abhandlungen erwähnt wurde, hauptsächlich für die Zubereitung von Beignets Verwendung. Sicherlich verkauften die Pariser Konditoren zu jener Zeit bereits ihre *petits choux*, doch Bezeichnungen sind trügerisch, denn die »kleinen Windbeutel«, von Händlern in der französischen Hauptstadt lauthals auf den Straßen angepriesen, unterschieden sich definitiv von den uns heute bekannten. *Le Thresor de santé*, ein Werk anonymer Urheberschaft (1607), bestätigt es:

> »Die Pariser *petits choux* werden zubereitet, indem man viel fetten und sehr weichen Käse mit einigen Eiern kräftig zerquetscht und reichlich Mehl hinzugibt, damit der Teig, der kräftig geschlagen werden muss, fest wird. Dann formt man die *petit choux* – groß, klein oder rund wie einen Apfel – und schiebt sie in den Ofen. Und wenn sie halb gar sind, schneidet man sie kreuzweise ein und backt sie fertig.«

Erst in Menons *Nouveau traité de la cuisine* aus dem Jahr 1739 stößt man auf die *petits choux*, die den heutigen Windbeuteln entsprachen, also zweifach gegart: Zuerst wird im Topf die Brandmasse zubereitet und diese nach Einarbeiten der Eier im Ofen gebacken. In diesem Fall bestand die Brandmasse aus knapp 250 ml Wasser, 125 g Butter, 125 g Mehl, 6 Eiern, etwas Salz und Limettenabrieb.

Eclairs von Urbain Dubois, 1872

Erste Eclairs?

Bleibt die Frage, wann sich die luftigen, aufgeplusterten Teigbällchen in die Länge zogen und in Eclairs verwandelten. Diese Metamorphose ist dank der *Suite des Dons de Comus* von François Marin (1742) belegt, führte jedoch nur zur Geburt der *cartouches*:

> »Man nehme *pâte royale* und fette ein Blech ein. Man ziehe den Teig in der Form einer *cartouche* in die Länge und backe ihn im Ofen wie den *poupelin* [großer Windbeutel]. Ist er gebacken, öffne man ihn und fülle ihn mit was immer man möchte, sei es Sahne oder Konfitüre. Nun kann man ihn servieren.«

Jener *pâte royale* ist tatsächlich unsere Brandmasse, fehlt nur noch die Glasur, die zu jedem anständigen Eclair gehört. In seinem *Pâtissier royal parisien* (1815) spricht Antonin Carême u.a. von *pains à la duchesse* (»Brote nach Herzoginart«):

»Betrachtungen zum Schokoladen-Eclair« (1886)

»Appetitlich sitzt es da wie im Geigenkästchen, doch ist es oft ein Trompe-l'œil [optische Täuschung] und ein »Trompe-Gusto« dazu; ist es ein Eclair mit Schlagsahne: falsches Eclair, so schlecht wie das andere gut. Das Eclair ist in kleinen Bissen zu genießen, damit die Creme nicht austritt; es gefällt der Dame mit empfindlichem Magen; sie liebt es und es betrügt sie nie. Weit öffnet sie den Mund, den Kopf nach vorne gereckt, Körper nach hinten, Teller unter dem Kinn, und im Handumdrehen ist das Eclair verschwunden! Dazu genehmigt sie sich ein Gläschen Frontignan.«

»Betrachtungen zu den Küchlein«, *La Vie parisienne*, 27. Februar 1886

Eine Konditorei im 19. Jh. (Jean Béraud, *La Pâtisserie Gloppe*)

»Wenn Ihre *pains à la duchesse* erkaltet sind, schneiden Sie sie an einer Seite auf, öffnen den Schnitt ein wenig und füllen das Gebäck mit Aprikosen- oder Pfirsichmarmelade [sic] oder mit Johannisbeergelee. Dann verschließen Sie die Öffnung und richten das Entremets an.«

Die Bezeichnung »Eclair« tauchte vermutlich in den 1840er-Jahren auf, etwa 20 Jahre später war sie zumindest allgemein gebräuchlich. »Eclairs sind Küchlein, die jeder liebt, weil sie einfach und zugleich ausgezeichnet sind«, heißt es 1872 in Urbain Dubois' *Cuisine artistique*. Mit Schokolade bot er sie allerdings nur in Form einer dicken Glasur an, gefüllt waren sie mit Vanillecreme.

Ein Jahr später stellte *Le livre de pâtisserie* von Jules Gouffé unzählige Varianten für die *pains à la duchesse* vor – ein Begriff, den er selbst verwendete, jedoch für verdrängt erklärte durch die Bezeichnung »Eclair« – gefüllt mit einer Chantilly *au chocolat*, *au café* ... Als diese Rezepte erschienen, konnte man die Küchlein bereits stückweise in den Pariser Konditoreien kaufen. Die Versionen mit Schokolade oder Kaffee, wie auch immer sie ausgesehen haben mochten, waren die beliebtesten.

Die Religieuse

Im Jahr 1873 erklärte Jule Gouffé, wie man einen *flan à la religieuse au café* zubereitet. »Flan« ist hier gleichbedeutend mit »Tarte«: ein Teigboden von 15 cm Ø, gefüllt mit sechs ovalen Windbeuteln, ein Windbeutel darauf, alles mit Kaffeecreme gefüllt, die auch den Teigboden bedeckt, und mit einer Kaffeeglasur überzogen. Variationen dieser Kreation tragen den Namen »Religieuse«, eingeführt von Lacam in seiner Abhandlung.

Seine Version war noch 1938 im *Larousse Gastronomique* zu finden, allerdings war die Metamorphose bereits vollzogen und die Konditoreien vertrieben die Religieuse, die wir heute kennen. Auch die Ausgabe von 1934 des *Nouveau mémorial de la pâtisserie* von Lacam, der 1902 starb, trug dem Rechnung, allerdings mit zweierlei Cremes: zwei Kugeln aus Brandmasse, eine mittlere und eine kleine, die eine mit Kaffeecreme, die andere mit Schokoladencreme gefüllt, mit Fondant glasiert, die kleine Kugel auf die große gesetzt und mit Buttercreme verziert.

Rechts: Die Religieuse von Jules Gouffé (*Livre de pâtisserie*, 1873)

Baba au rhum

Diesem Klassiker der französischen Patisserie werden ausnahmsweise mal ausländische Wurzeln zugestanden. Der Held dieser Geschichte ist Stanislaus Leszczynski (1677–1766), ein polnischer König, der nach dem Sturz ins Exil nach Frankreich ging und Herzog von Lothringen wurde. Er soll den Baba auf Schloss Lunéville erfunden oder bereits im Gepäck gehabt haben, als im Königreich Ludwig XV. eintraf.

Polnische Wurzeln

Es gibt tatsächlich ein polnisches Backwerk namens *baba* – der Begriff ist seit dem 17. Jh. belegt –, dabei handelt es sich um einen safrangelben Kuchen. Den Namen verdankt er möglicherweise seiner Form, die an einen Rock erinnert – *baba* bezeichnete ursprünglich eine alte Frau. Diese Art von Kuchen, der bereits früh mit dem Osterfest assoziiert wurde, blieb bis ins 19. Jh. und darüber hinaus beliebt. Kaum überraschend, wenn Stanislaus und sein polnisches Gefolge ihn während des langen französischen Exils genossen hätten, doch gibt es keine eindeutigen Beweise dafür. Und könnte nicht auch die französische Königin Marie Leszczynska (1703–1768), Ehefrau von Ludwig XV. und Tochter von Stanislaus, eine Rolle gespielt haben?

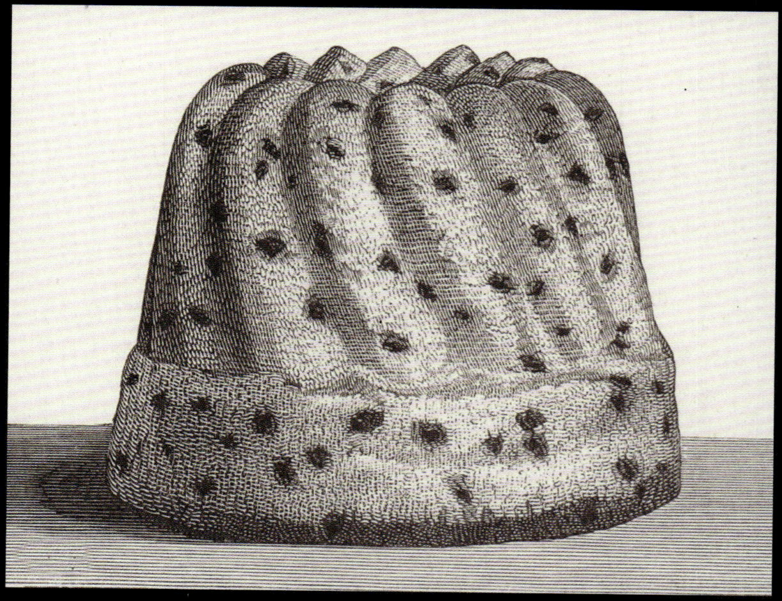

Illustration von Baba-Formen, Jules Gouffé in *Le livre de pâtisserie*, 1873

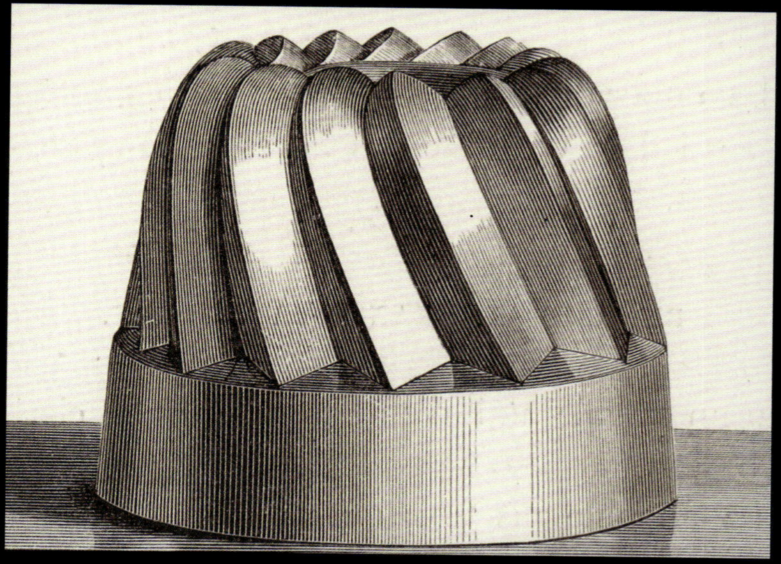

Die erste gesicherte Verwendung des Begriffs »Baba« hat keinen Bezug zu Lothringen, sie datiert auf das Jahr 1767 und stammt aus der Feder Diderots. Während seines Aufenthalts im Château du Grand Val in Sucy-en-Brie schrieb er seiner Geliebten Sophie Volland, seine Gastgeber hätten eine Menge Lebensmittel kommen lassen, darunter auch *babas*. Ein Einzelfall, denn seltsamerweise tauchte der Baba erst drei Jahrzehnte später in den 1800er-Jahren wieder auf – und zwar als alltäglich. Grimod de La Reynière beschrieb ihn 1806 als eine Art Savoyer Biskuit mit Safran und Korinthen. Er behauptete als Erster, dass Stanislaus ihn in Frankreich bekannt gemacht habe. Im selben Jahr erklärte André Viard in seinem *Cuisinier impérial*, wie man den Teig zubereitet: ein mit Rosinen und gemahlenem Safran angereicherter Briocheteig. Im Jahr 1815 stellte Antonin Carême in *Le Pâtissier royal parisien* ein ähnliches Rezept für »polnischen Baba« vor, das ebenfalls nach Madeirawein, Muskatellertrauben, Zitronat und Safran

Stohrer

Im Jahr 1725 reiste Marie Leszczynska anlässlich ihrer Hochzeit mit Ludwig XV. nach Paris. Der Konditor ihres Vaters, Nicolas Stohrer, reiste mit. 1730 eröffnete Stohrer in der Rue Montorgueil eine Konditorei, deren große Spezialität der Baba war. In Wirklichkeit hieß der deutsche Gründer des Hauses Johann Jacob Stohrer. Er hatte seinen Vornamen französisieren lassen; sein Geschäft eröffnete nach 1806.

Erst in den 1840er-Jahren tauchten Texte auf, die Stohrers Babas lobten, wenngleich ihr guter Ruf wohl schon älter war. Der Stohrer, von dem hier die Rede ist, war sicherlich Karl-Friedrich, der Sohn des Gründers. Im Laufe des 19./20 Jh. wechselten die Besitzer, doch das Renommee der Babas blieb. So sehr, dass Gustave Garlin in seinem 1887 veröffentlichten Werk *Le Cuisinier moderne* ein Rezept für Babas »Stohrer« vorstellte. Als der Illustrator und Autor Georges Cains 20 Jahre später über die Rue Montorgueil schrieb, wie sie die »Naschlust weckt«, lobt er die cremigen »mit reichlich Rum getränkten« Babas von Stohrer (*À travers Paris*, 1910). Ihr Ruf ist bis heute ungebrochen.

Die Konditorei Stohrer im 1. Arrondissement der Hauptstadt

verlangte, diesmal in Form eines Aufgusses. Dadurch entstand ein luftiger Kuchen mit rötlicher Färbung. Diese Art des Gebäcks kennzeichnete die feine Pariser Patisserie.

Rum – der Baba wird modern

Der Baba wandelte sich. In den 1830er-Jahren erschien er in den Konditoreien als handliches Napfküchlein. Auch das Tränken mit Rum entwickelte sich zu jener Zeit. Bereits 1807 erklärte Grimod de La Reynière, »es ist der Wein der Champagne, mit dem der Baba gewöhnlich übergossen wird«, eine Praxis, die ihm zufolge in den Städten der Champagne verbreitet war. Auch Süßwein erfüllte häufig diesen Zweck. Der Griff zur Rumflasche war also zunächst nur eine unter mehreren Optionen, wurde jedoch bald zum Standard, während der »polnische« Baba allmählich dem »modernen« Baba wich.

Der Durchbruch für Letzteren kam Mitte des Jahrhunderts. Im Jahr 1856 veröffentlichten Urbain Dubois und Émile Bernard in *La Cuisine classique* ein Rezept für »große Babas« und zwei weitere, die sie als polnisch deklarierten: die Babas *à la varsovienne* und *à la podolienne*. Wichtig dabei: Dem großen Baba fehlte der Safran, dafür enthielt er Korinthen, Malaga-Rosinen und kandierte Zitrusschalen. In seiner Rumversion wurde er »mit Punsch getränkt«, einem Sirup auf Madeira-Basis und einem Schuss Rum. Der »Warschauer Baba« enthielt hingegen Zimt und Safran sowie süße und bittere Mandeln. Im Jahr 1873 bestätigte Jule Gouffé in seinem *Livre de pâtisserie*, dass der »moderne« Baba den »polnischen« verdrängt habe.

Die Geburt des Savarin

Ein Neuankömmling machte die Dinge noch komplizierter. Mitte der 1840er-Jahre erfanden die Brüder Julien, berühmte Konditoren an der Place de la Bourse, den Savarin, einen ringförmigen Kuchen aus Hefeteig, der mit einem hausgemachten Sirup getränkt und mit gehackten Mandeln bestreut wurde. Bald wurde in Lehrbüchern, deren Rezepte sicherlich vom Original abwichen, für Baba und Savarin derselbe Teig verwendet. Neben der Form unterschieden sie sich durch Rosinen (im Baba) und durch die Flüssigkeit, mit der das Backwerk getränkt wurde – das eine mit Sirup auf der Basis von Kirsch, das andere mit Rum. Die vielen Ableitungen dazu verschweige ich an dieser Stelle lieber.

Heute ist das Verwirrspiel komplett. Der Begriff Savarin ist weitgehend in Vergessenheit geraten. In der Auslage thront meist ein ringförmiger, rumgetränkter Baba, der in der Mitte mit Konditorcreme und Schlagsahne angefüllt ist. Der Teig ist übrigens nicht mehr der eines Dubois oder Gouffé, geschweige denn buttrig. Und Zitrusfrüchte sind auch nicht mehr gefragt. So geht die Kreativität der Patisserie ihren Weg.

Baba au rhum von Stohrer

Das Millefeuille

Es liegt auf der Hand: ohne Blätterteig kein Millefeuille. Doch war diese raffinierte Teigware im Mittelalter unbekannt. Tatsächlich hatte die in italienischen Abhandlungen jener Zeit beschriebene *tourte de Hongrie* (»ungarische Pastete«), die aus dünnen Teigschichten, getrennt durch ausgelassenen Speck, bestand, wenig mit dem modernen Blätterteig zu tun.

Die Erfindung des Blätterteigs

Erst im 16. Jh. tauchten in verschiedenen Dokumenten die ersten *gâteaux feuilletés* (»Blätterteigkuchen«) auf, so zum Beispiel in Rabelais' *Quarts Livre* (1548), wo die »Gastrolaten« ihn ihrem dickbäuchigen Gott Gaster anbieten.

Die *gasteaux feuilletéz* im *Thresor de santé* (1607) verlangten unterdessen nach einem »sehr weichen und gut mit Eiern, Butter und etwas Wasser verschlagenen Teig«, der unseren Blätterteig zwar ankündigt, ihm aber noch nicht entspricht: Man rollt den Teig »sehr dünn« aus, »bestreut ihn hier und da mit vielen kleinen Stücken frischer Butter«, schlägt sie in Teig ein und wiederholt das drei- oder viermal. Der »gebutterte« Teig wird in der gewünschten Größe rund ausgewellt. Dann wird er gebacken.

Tatsächlich wurde die Herstellung von Blätterteig in seiner modernen Form erstmals 1651 in *Le Cuisinier françois* von François Pierre de La Varenne skizziert. Zwei Jahre später beschrieb der anonym verfasste *Pastissier françois* die Technik genauer:

> »Breiten Sie den Blätterteig auf nicht gefettetem Papier aus: Geben Sie ihm die Dicke einer Finger- oder Daumenbreite und schneiden Sie ihn rundherum mit einem Messer in die Form eines runden Kuchens. Bestreichen Sie ihn mit Eigelb und schieben Sie ihn in den Ofen. In etwa einer Stunde ist er gebacken und getrocknet.«

Was die »Feuillantines« betrifft, ein Rezept aus demselben Werk, diese bestanden aus zwei zusammengesetzten runden Blätterteigböden, die mit einer Creme gefüllt waren, also ein erster Schritt in Richtung Millefeuille.

Auszug aus dem *Pâtissier royal parisien*: Zeichnung Nr. 1 stellt eine große Meringe nach Pariser Art dar, Zeichnung Nr. 2 einen Croquante mit Marzipan, verziert mit kleinen weißen Ringen und Teigblättern mit Pistazien, Zeichnung Nr. 3 zeigt einen mit Meringen, Zucker und Pistazien verzierten Blätterteigkuchen.

Erste Millefeuilles: mit Konfitüre

Der *cake of mille feuilles* aus dem *Modern Cook* von Vincent La Chapelles aus dem Jahr 1733 ist das älteste bekannte Rezept für den »Tausendblätterkuchen«. In der französischen Ausgabe seines Werke *Le Cuisinier moderne* griff es der Koch wieder auf:

> »Das erste Teigblatt mit einer Schicht Aprikosenkompott bedecken; ein weiteres auflegen und dieses

mit Johannisbeergelee bestreichen; nun erneut ein Teigblatt darauflegen und mit Himbeerkonfitüre bedecken; ein weiteres Teigblatt folgen lassen und mit Apfelgelee bestreichen. Abermals ein Teigblatt auflegen und mit Johannisbeergelee bestreichen; alles mit einem letzten Teigblatt bedecken, in Stücke schneiden und glasieren.«

La Chapelle empfiehlt, das Backwerk mit drei eingefärbten Glasuren – weiß, rot und grün – zu verkleiden, »damit nicht zu sehen ist, dass es mehrere Teigblätter sind«.

Konfitüre blieb lange Zeit die Standardfüllung der großen, zylinderförmigen Kuchen. So kamen für die über 30 cm hohe Version in Antonin Carêmes *Pâtissier royal parisien* (1815) Aprikosenkompott, Johannisbeergelee aus Bar-le-Duc (Beeren mit Gänsefeder entkernt), Apfelgelee aus Rouen und Mirabellenkonfitüre zum Einsatz. Nur die oberste Etage des »Bauwerks« wurde mit Schlagsahne verkleidet. Dann wurde das Ganze noch einmal maskiert, mit gezuckertem Eischnee bedeckt und anschließend sanft abgeflämmt. Gouffés Version (*Le livre de pâtisserie*, 1837) wechselte Aprikosenkonfitüre/Johannisbeergelee ab. Der Rand wurde mit einem stark eingekochten und passierten Apfelkompott verkleidet, alles glasiert mit Aprikosenkonfitüre.

Siegeszug der Schlagsahne

Die Verwendung von Schlagsahne oder Konditorcreme war also allenfalls eine Option als Vorschlag der Autoren – gelegentlich wurde sogar empfohlen, die Sahne oder Creme verschiedenfarbig einzufärben.

Vertraut man den Lehrbüchern der Patisserie, so musste man bis Anfang des 20. Jh. warten – mittlerweile sprach man nur noch von *mille-feuilles* –, bis Schlagsahne und Cremes mit der Konfitüre gleichzogen. *Le nouveau mémorial de la pâtisserie* von Pierre Lacam (1934) bot drei Rezepte an, ein »quadratisches *mille-feuilles* mit Sahne«, ein »(sonstiges) quadratisches *mille-feuilles*«, also mit Konfitüre, und »kleine *mille-feuilles*«, mit Konditorcremes gefüllt.

Zu jener Zeit waren die großen Millefeuilles in der Tradition Carêmes aus runden Teigböden, die mit Meringe oder einer Glasur überzogen wurden und für Buffets bestimmt waren, durchaus noch gang und gäbe. In den Auslagen der Konditoreien wurden indes die kleinen Quader einer vereinfachten Zubereitung zum Standard.

A L'EMBLÈME DU GOUT.
LE
PATISSIER ROYAL
Parisien,
ou
TRAITÉ ÉLÉMENTAIRE
et Pratique
de la Pâtisserie
ANCIENNE ET MODERNE;
de l'Entremets de sucre, des entrées froides et des socles.
Composé par M. A. CARÊME de Paris.
Paris,
J. G. DENTU, Imprimeur-Libraire, Rue du Pont de Lodi, N° 3.
1815

Frontispiz im *Pâtissier royal parisien* von Antonin Carême, 1815

Konfitüre blieb lange Zeit die Standardfüllung der großen, zylinderförmigen Blätterteigkuchen.

Modernes Millefeuille mit Konditorcreme, wie wir es heute kennen

»Omelette norvégienne«

Das *Omelette norvégienne* (besser bekannt als *Omelette surprise*) stammt ursprünglich aus der Haute Cuisine, was oft vergessen wird, da es mittlerweile alltäglich geworden ist und die Tiefkühltheken füllt. In den 1970er/80er-Jahren noch sehr in Mode, ist das »Überraschungsomelett« heute selten geworden. Immerhin ist es noch nicht ganz verschwunden. Nach wie vor ist es das süße Aushängeschild der Brasserie Georges in Lyon.

Wer erfand das »Omelette norvégienne?«

Ein Norweger? Wann? Und wo? Fragen, die sich unweigerlich stellen, sobald man sich Gedanken über die Geschichte einer spektakulären Speise macht. Gewissheit zu finden, ist wohlweislich schwierig.

Eine mögliche Fährte ist die Theorie einer französischen Urheberschaft. Viele behaupten, der Küchenchef des Grand Hôtel, ein gewisser Balzac, habe 1867 anlässlich der Weltausstellung in Paris ein von der Arbeit des Reichsgrafen von Rumford (1753–1814) inspiriertes Dessert kreiert. Der Physiker Rumford war für seine wegweisende Forschung in der Wärmelehre bekannt. Zum Betrachten dieser Hypothese bietet die am 6. Juni 1866 in der Tageszeitung *La Liberté* veröffentlichte Kolumne des Baron Brisse einen Ansatzpunkt. Darin berichtet der Feinschmecker, dass der Entremetier des Grand Hôtel gerade von einem Koch einer diplomatischen Abordnung aus China gelernt habe, »Vanille- und Ingwereis im Ofen zu backen«:

> »Man gefriert es fest, hüllt das Eis in eine ganz leichte Teigkruste und schiebt es in den Ofen. Der Teig backt durch, bevor das Eis schmilzt; die Hülle verhindert, dass die Hitze bis zum Eis vordringt.«

Dies widerlegt zwar die Theorie einer Erfindung im Jahr 1867, stützt jedoch die These einer Geburt im Grand Hôtel – und tatsächlich gibt es Hinweise auf Gerichte aus der chinesischen Küche, die auf diesem Wechselspiel von Kalt und Heiß basierten. Brisses Schilderung nährt im Gegenteil die Vermutung, dass tatsächlich Balzac der Schöpfer war, der in der Tat zu jener Zeit die Küchen des Grand Hôtel leitete. Doch kein Zeitgenosse hat je davon berichtet, dort oder anderswo etwas gegessen zu haben, das einem *Omelette surprise* ähnelt. Und wenn 40 oder 50 Jahre später aus dem Nichts eine Geschichte auftaucht, so ist sie stets mit Vorsicht zu genießen.

Tafel mit der Darstellung einer blühenden Vanille-Orchidee (Anfang des 20. Jh.)

Die Spur »Rumford«

La Grande Cuisine illustrée (1900) von Salles und Montagné enthielt ein Rezept für »*Omelette norvégienne* oder *Soufflé surprise*«, das Rumford zugeschrieben wird. Durchaus möglich, dass seine physikalischen Experimente einen Koch inspirierten. In mehreren viel gelesenen populärwissenschaftlichen Publikationen des Physikers wurden sie einer breiten Öffentlichkeit vorgestellt. In *Le Ménage: causerie d'Aurore avec ses nièces sur l'économie domestique* (»Der Haushalt: Aurora plaudert mit ihren Nichten über Hauswirtschaft«, 1875) werden physikalische Zusammenhänge in der Hausarbeit erklärt. Und Tante Aurora präsentiert ebenjenen gefrorenen Käse, überzogen mit einer »sehr schaumigen Mousse aus verschlagenen Eiern«, den Rumford in den Ofen schob: »Auf diese Weise erhält man ein heißes *omelette soufflée*, das im Innern gefrorenen Käse beherbergt.« Bei Montagné handelte es sich um Plombière-Eis auf einem mit Likör getränkten Genueser Biskuitboden, umhüllt mit Omelett-Soufflé-Masse, einer Mischung aus Eigelben und Eischnee. Er stellt zwei Varianten vor, eine mit Schokolade, eine mit Nougat.

Es ist in etwa das Rezept, das zu jener Zeit überall beschrieben wird. Es entwickelte sich weiter, als Escoffier es 1903 in die erste Ausgabe seines *Guide culinaire* aufnahm und für die dritte Ausgabe im Jahr 1912 modifizierte. Nun umgab eine Schicht gewöhnliche Meringe oder sehr feste italienische Meringe das Eis. Ganz nach dem »norwegischen« Vorbild präsentierte Escoffier eine ganze Armada von Überraschungsomeletts – *à l'Islandaise*, *aux mandarines*, *Mylady*, *Mylord* … Das omelettlose Omelett wurde zum Standard, vor allem in der Vanilleversion.

Ein anderes Szenario

Dieses führt auf die andere Seite des Atlantiks, wo das Dessert mit »Baked Alaska« betitelt wird (zumindest gleichen sich dabei die Breitengrade). Versetzen wir uns vom Grand Hôtel nach New York und genehmigen uns eine Version dieser Geschichte, der zufolge Charles Ranhofer, ein Franzose und Küchenchef im Delmonico's, damals dem berühmtesten Restaurant in ganz New York, 1867 das Baked Alaska kreierte, und zwar zur Feier des gerade von Russland erworbenen neuen Staates – vielleicht auch erst 1877 zum zehnjährigen Jubiläum.

Auch hier gibt es keine direkten Zeugenaussagen, doch der Bericht des britischen Journalisten George Augustus Sala über ein Abendessen im Delmonico's ist aufschlussreich:

> »Neujahr 1880, ein gebackenes Eis, treffend ›Alaska‹ genannt. Das Herzstück dieser glühend-eisigen Zubereitung war sehr festes Vanilleeis. Es war von einem Soufflé oder Schlagsahne umhüllt, ich weiß nicht mehr, was von beidem. Dann wurde das Ganze kurz im Ofen gebacken. Das Soufflé war sehr heiß und das Eis klirrend kalt.«

Es ist nicht bekannt, ob es sich dabei um eine Spezialität des Restaurants handelte, und man sollte sich hüten, von einer Erfindung zu sprechen, zumal Mary Foote Henderson in ihrem 1876 erschienenen Buch *Practical Cooking and Dinner Giving* ein Rezept für *German steamer baked ice-cream* vorstellte, das sie nach eigenen Angaben auf einem deutschen Transatlantikschiff gegessen hatte und das eindeutig ein *omelette norvégienne* war: Biskuit (*sponge cake*) überzogen mit Meringe oder Eischnee.

Was Ranhofer anbetrifft, so bestand sein »Alaska Florida«, vorgestellt 1894 in seinem Buch *The Epicurean*, aus einem Savoyer Biskuitboden, bestrichen mit einer Schicht Aprikosenkonfitüre sowie Bananen- und Vanilleeis und einer Baiserhülle. Zwei Jahre später legte Fannie Merritt Farmer in ihrem beliebten *Boston Cooking-School Book* sowohl den endgültigen Namen (Baked Alaska) als auch das Rezept selbst fest. Es ist exakt das moderne Rezept für *omelette norvégienne* …

Îles flottantes

Wenn man in Frankreich im Restaurant eine Île flottante (wörtlich »schwimmende Insel«) bestellt, kommt ein Dessert aus gesüßtem, gegartem Eischnee auf den Tisch, der mit Karamell beträufelt in einer üppigen Vanillesauce schwimmt. Das war nicht immer so. Die »schwimmenden Inseln« des 19. Jh. hatten nichts mit denen gemein, die wir heute kennen.

Erste Rezepte

Le Livre fort excellent de cuisine (1542) enthielt bereits ein Rezept für »gefälschten Schnee«, eine Schneeimitation:

> »Nimm ein Viertel gute, fettreiche Milch. Es muss ein Jahr her sein, dass die Kuh gekalbt hat. Gib sechs Eiweiß, ein bis zwei Unzen Reismehl und eine Handvoll Puderzucker dazu und schlage alles wie Butter. Schöpfe ab, was aufschäumt. Dies ist der Schnee. Gib ihn in eine Schüssel.«

Ähnliche Zubereitungen findet man in verschiedenen europäischen Rezeptbüchern aus jener Zeit. Die Art von Gericht war so bekannt, dass es sogar in Rabelais' Aufzählung süßer Leckereien im *Quart livre* (1548) als »Schnee aus Sahne« erwähnt wird. Ein Jahrhundert später erklärte La Varenne in *Le cuisinier françois* (1651), wie man »Schnee-Eier« zubereitet. Diese scheinen uns aus heutiger Sicht weniger rätselhaft, wenngleich das »Eigelb« verwirrt:

> »Die Eier aufschlagen, Eiweiß und Eigelb trennen, das Eigelb mit Butter in eine Schüssel geben, salzen und in die heiße Asche stellen. Die Eiweiße gut aufschlagen und kurz vor dem Servieren mit einem Tropfen Rosenwasser über das Eigelb geben, die Pfanne vom Feuer nehmen, süßen und servieren.«

Von jenem Zeitpunkt an blieben Schnee-Eier ein fester Bestandteil des kulinarischen Repertoires Frankreichs.

Ein typisch bürgerliches Familienessen Ende des 19. Jh. (Ferdinand Lunel, um 1890)

Schnee-Eier

Besonders das Bürgertum war im 19. Jh. ganz versessen auf diese Schnee-Eier, die nunmehr zu Kuppeln geformt und mit Vanillesauce überzogen wurden – Œufs à la neige Réjane, mit dem Spritzbeutel dressiert und paarweise nebeneinandergesetzt …

In *L'Orgueil* (1847) beschreibt Eugène Sue ein herbstliches Abendessen, zubereitet von einer Madame Barbançon, Verwalterin und Vertraute eines pensionierten Kommandanten:

»Sie hatte mit größter Sorgfalt einen triumphalen Pot-au-feu zubereitet, dem saftige Koteletts, ein ausgezeichnetes Brathähnchen und Schnee-Eier folgten, deren makelloses

Weiß in einer samtenen Vanillesauce badete. Dieses Menü war der Höhepunkt der kulinarischen Kunstfertigkeit von Madame Barbançon.«

Es bleibt jedoch die Frage bestehen, seit wann diese in einer Sauce badenden Schnee-Eier den Namen Îles flottante tragen.

Wechselnde Rezepte

Die 33. Ausgabe von Louis-Eustache Audots *La Cuisinière de la campagne et de la ville* aus dem Jahr 1853 enthält dieses Rezept für das schwimmende Eiland:

> »Acht oder neun schöne Äpfel in kochendem Wasser garen; wenn sie abgekühlt sind, durch ein Sieb streichen, guten Zucker unterrühren; vier oder fünf Eiweiße mit einem Löffel Rosen- oder Orangenblütenwasser aufschlagen; nach und nach die Äpfel zugeben und weiterschlagen, bis die Masse luftig ist. Diese Mousse anschließend auf einem schönen, ausgebreiteten Gelee, das den Boden bildet, oder auf einer gestürzten Creme anrichten.«

Mit einer Île flottante hat das alles wenig zu tun. Der Rückgriff auf den *Guide culinaire* (1903), das Standardwerk von Auguste Escoffier, ist daher noch überraschender:

> »Einen altbackenen Savoyer Biskuit in dünne Scheiben schneiden, diese mit Kirsch und Maraschino tränken, mit Aprikosenkonfitüre maskieren und mit Korinthen und gehackten Mandeln bestreuen. Die Scheiben in der Form des ursprünglichen Biskuits wieder übereinanderlegen und mit einer Schicht gesüßter Vanille-Chantilly maskieren.
>
> Die Oberfläche der Creme mit gestiftelten Pistazienkernen und Korinthen bestreuen, in einer Kompottschale anrichten und mit Vanillesauce oder Himbeersirup umgeben.«

Das war das akademischste Rezepte für die Île flottante zu jener Zeit. In den Zwischenkriegsjahren geriet das Dessert jedoch in Vergessenheit. Zum Bedauern des ersten *Larousse Gastronomique* aus dem Jahr 1938: »Dieses Entremets war einst sehr beliebt. Heute wird es weniger häufig zubereitet, bedauerlicherweise, denn es ist ausgezeichnet.«

Während also die »schwimmende Insel« in der Version von Auguste Escoffier – als eine relativ komplexe Zubereitung – verschwand, wurde ihr Name nach und nach auf die

Île flottante (»schwimmende Insel«)
wie sie heutzutage zubereitet wird

Schnee-Eier übertragen, die seit Jahrhunderten in verschiedenen Formen genossen wurden, allerdings nie unter dieser Bezeichnung.

Wie sich diese Begriffsverschiebung zwischen den beiden Desserts vollzog, ist nicht ganz einfach zu rekonstruieren. Möglicherweise hatte die Form der beiden ausgefeilten Desserts, serviert in einer Vanillesauce, Einfluss auf den alltagssprachlichen Gebrauch, und als die Fachwelt sah, dass der Platz der »historischen« Île flottante frei war, haben sie ihn kurzerhand besetzt.

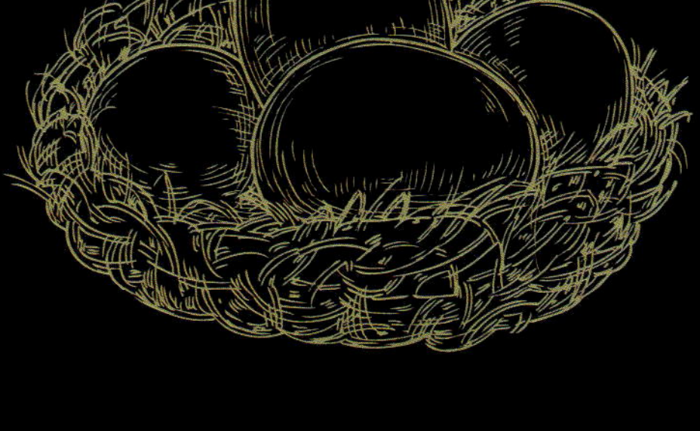

Regionale Küchen

Im Idealfall ist eine Regionalküche das Resultat einer perfekten Übereinstimmung zwischen einer Gemeinschaft, einem Terroir und bestimmten kulinarischen Praktiken. Und unter Küche verstehen wir eine spezifische Art der Verarbeitung von Lebensmitteln, in der Wahl der Zutaten, in ihrer Anrichtung, Zubereitung und in der Art und Weise, wie sie verzehrt werden. Handelt es sich jedoch um eine sehr große Region, ist es oft schwierig, von einer territorialen Einheit zu sprechen. Wie groß muss eine Region für die Einheit einer Regionalküche sein? Wie viele lokale Spielarten gibt es innerhalb einer Regionalküche?

Eine Geografie der Essgewohnheiten

Regionalküchen gelten als »traditionell«, ursprünglich und bodenständig. Gab es sie im Frankreich vor der Revolution? Die Verbindung zwischen bestimmten Gegenden und Erzeugnissen ist nicht neu. Im 1600 publizierten *Théatre d'agriculture* skizzierte Agrarwissenschaftler Olivier de Serres eine Geografie der Ernährungspraktiken:

> »Meerrettich wird gemeinhin nur roh gegessen, Rüben hingegen ausschließlich gegart, außer im Limousin, in der Auvergne, in Savoyen und in einigen Gegenden, wo die Armen davon leben. [...] Verschiedene Regionen des Königreichs sind reich an Kastanien. Die Dauphiné, die Haute-Provence, ein Teil des Languedoc wie auch das Vivarais, das Gévaudan und das Velay. Ebenso vielerorts in der Auvergne, dem Limousin, dem Périgord, der Guyenne und der Gascogne.«

Es handelte sich um Gerichte, die Autoren als typisch für eine bestimmte Region bezeichneten. Der *Thresor de santé*, ein 1607 in Lyon veröffentlichtes Werk anonymer Urheberschaft, beschreibt, wie die Provenzalen eine Pasta namens *fidaux* zubereiteten:

> »[Die Nudeln] werden in der Provence auf weißen Tüchern in der Sonne getrocknet und ein bis höchstens zwei Jahre aufbewahrt. Man kocht sie eine Stunde in einer Suppe. Beim Servieren gibt man überbackenen Käse und milde Gewürze hinzu. Andere kochen sie in Ziegen- oder Mandelmilch, da aber die Milch nicht so stark kochen soll, gart man sie zuerst in Wasser, dann gibt man Milch hinzu. Beim Servieren bestreut man alles mit Zucker.«

Wenn auch nicht immer festzustellen ist, wie belastbar solche Aussagen sind, so gab es zweifellos Gerichte, die für mehr oder weniger klar umrissene Räume typisch waren. So hat die Mediävistin Carole Lambert anhand der Analyse eines kulinarischen Manuskripts aus dem Languedoc aus dem späten 16. Jh. nachgewiesen, dass es bereits damals möglich war, für Südfrankreich spezifische Gerichte und kulinarische Besonderheiten zu isolieren.

Kulinarische Landkarte

Seit dem Mittelalter bis in die Neuzeit wurden einige berühmte Produkte mit Städten und Regionen in Verbindung gebracht – Dijonsenf, Bayonne-Schinken, Kapaune aus Maine [Loire], Äpfel aus der Normandie usw. Im Jahr 1807 forderte Grimod de La Reynière die Erstellung einer Karte Frankreichs, auf der »die köstlichen Produkte, die unsere Städte berühmt gemacht haben«, verzeichnet sind – er empfahl, Enten-Pâté aus Amien, Rothuhn-Terrine aus Nérac und Schweinsfüße aus Troyes abzubilden.

Dieser Wunsch wurde ihm 1809 von Charles-Louis Cadet de Gassicourt in seinem Werk *Cours gastronomique ou Les dîners de Manant-Ville* erfüllt, das die erste »gastronomische Karte Frankreichs« enthielt. Weine, Eaux-de-vie und Roherzeugnisse dominierten – Austern aus Cancale, Feigen und Oliven aus Marseille –, doch waren auch verarbeitete Produkte aufgeführt, darunter Andouillette aus

Gastronomische Landkarte Frankreichs aus dem Jahr 1932 von Alain Bourguignon

Chalons, getrüffelte Rebhuhnpastete aus Angoulême, Schokolade aus Bayonne, Mandelkuchen aus Pithiviers und Käse aus Meaux.

Man darf auch nicht vergessen, dass die Produkte aus der Neuen Welt in Frankreich nur sehr allmählich Fuß fassten. Im 17. Jh. war Mais in der Küche des Südwestens noch unbekannt, in der Provence gab es noch keine Tomaten, in den französischen Alpen noch keine Kartoffeln. Das Baskenland wiederum entdeckte gerade Chili. Etliche der vermeintlich uralten Rezepte existierten damals eben noch überhaupt nicht.

Seit dem Mittelalter bis in die Neuzeit wurden berühmte Produkte mit Städten und Regionen in Verbindung gebracht – etwa Dijonsenf, Bayonne-Schinken, die Kapaune aus Maine oder Äpfel aus der Normandie …

Eine Küche des Südwestens?

Der Historiker Philippe Meyzie widmete seine Dissertation »einer gemeinsamen Esskultur« in der Gascogne des 18. und der ersten Hälfte des 19. Jh. – d.h. im Südwesten Frankreichs, vom Bordelais bis zum Baskenland und vom Périgord bis zum Agenais [historische Region im Südwesten]. Seine Untersuchungen förderten eine klare Vorliebe der Region für Schweinefleisch zutage, ebenso wie für Kabeljau und Austern – frisch oder getrocknet –, die er auf den dominierenden Wein zurückführte. Austern spielten quer durch alle sozialen Schichten eine zentrale Rolle für die dortige Esskultur. Walnüsse und Kastanien waren beim Volk ebenso beliebt wie in der Elite, Knoblauch und Zwiebeln verwendete man häufig. Bei den Zubereitungsarten lagen Confits, Wurst- und Fleischwaren – vor allem Schinken – sowie Pasteten, Terrinen und Frittiertes weit vorn.

Allerdings, so schloss Meyzie, unterschied sich die Küche Aquitaniens aufgrund ihrer Merkmale nicht grundlegend von anderen französischer Provinzen, auch bestand eine kulinarische Identität zunächst nur aus Außenansicht. Die kulinarische Literatur – die Ursprungsbezeichnung *périgourdine* gab es – und Reiseberichte, die regionaltypische Produkte wie Bordeaux-Wein, Bayonner Schinken, Geflügel und Trüffel hervorhoben, zeichneten ein von Stereotypen geprägtes Bild. Es waren also eher ihre Darstellungen als die örtliche Realität, die eine kulinarische Identität des Südwestens prägten und klar erkennbar machten.

Eine Pariser Definition?

Ab 1900 begann man in Paris die Küchen der Regionen anzupreisen, wenn auch noch zögerlich. Edmond Richardins *L'Art du bien manger* (1901), ein mit regionalen Rezepten gespicktes Sammelsurium, läutete die neue Ära ein. Im Jahr 1913 veröffentlichte Marthe Daudet unter dem Pseudonym »Pampille« *Les Bond Plats de France*. Seinen Höhepunkt erreichte dieser Trend in der Zwischenkriegszeit. *La France gastronomique* von Curnonsky und Marcel Rouff war so etwas wie der Auftakt. Die mehrbändige Sammlung gastronomischer Führer über Frankreichs Provinzen war etwas völlig Neues. Der erste Band war dem Périgord gewidmet, 27 weitere Bände folgten 1921–1928.

Curnonsky war lediglich der berühmteste Vertreter einer Bewegung, die weit über ihn hinausging. Zum ersten Mal

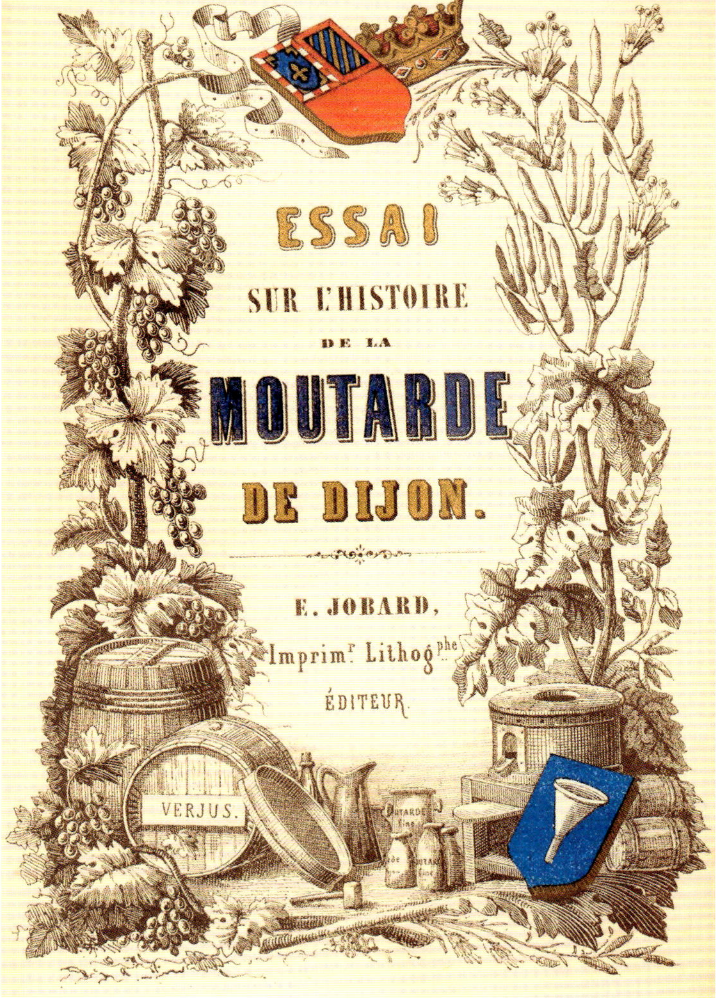

Aufsatz über die Geschichte des Dijonsenfs, 1854

rückten regionale Rezepte und Praktiken ins Rampenlicht. Man begnügte sich nicht mehr damit, der Provinz lobend auf die Schulter zu klopfen, dass sie in der Lage war, Paris mit Rohmaterial zu versorgen. Nun lud man die Leserschaft ein, den kulinarischen Reichtum vor Ort selbst zu entdecken. Plötzlich war die Provinz Teil des Gastro-Diskurses und erschien als Fundament, auf dem die kulinarische Größe des Landes ruht. Diese Rolle hatte bislang Paris für sich beansprucht. Der Salon d'Automne, eine alljährliche Kunstausstellung, widmete im Jahr 1923 einen Bereich der »regionalen Küche«, in dem Erzeugnisse in ihrer »typischen« Umgebung präsentiert wurden. Austin de Crozet erklärte: »Das schönste Merkmal der französischen Kochkunst ist, dass sie hervorragend regional geprägt ist und ein homogenes, vielgestaltiges und perfektes Ganzes ergibt – als französische Küche.«

Paradoxerweise scheint genau jener technische Fortschritt, den man häufig für den Niedergang kulinarischer Traditionen verantwortlich macht, eine Regionalität überhaupt erst ermöglicht zu haben. Das Automobil und der Tourismus spielten dabei eine wesentliche Rolle. Der 1912 gegründete Club des Cent verkörperte diesen Zeitgeist. Er hatte sich »Werbung für die Gastronomie und den Tourismus«

auf die Fahnen geschrieben und startete landesweite Aktionen zur Förderung regionaler Kochkunst.

Man darf sich diese Kampagne jedoch nicht wie den Werbefeldzug für ländliche Küche vorstellen. Diese regionalen Küchen waren die Antwort auf eine Nachfrage. Es handelte sich um Gasthausküchen – Restaurants, die Touristen und Liebhaber guter Kost willkommen hießen; bürgerliche Küchen, die lokale Produkte und Techniken nutzten, um Neues zu kreieren, indem sie Rustikales verfeinerten.

Die Provence als Fackelträger?

Zu den Hauptanliegen der Regionalisten, die ab der zweiten Hälfte des 19. Jh. für Bewahrung und mehr Kultur in den Provinzen eintraten, gehörte die Kochkunst nicht. Dennoch war sie in ihrer Rhetorik präsent. Der Félibrige, eine 1854 von Fréderic Mistral (1830–1914) und sechs weiteren Dichtern gegründete Bewegung zur Wiederbelegung der provenzalischen Kultur, nannte eine ihre Zeitungen, die 1891–1899 erschien, sogar *L'Aiòli*. Die Sauce war eine Metapher für die Einheit des provenzalischen Volkes:

> »[…] provenzalische Fragen in unserer eigenen Sprache stellen, wälzen, durchkauen. Wir möchten die *Aiòli* auf dem Land, in der Laube oder auf dem Bauernhof unter uns essen und dabei Provenzalisch sprechen, weil wir die einzigen sind, die es verstehen und man weder ein Diplom noch eine Schule braucht, um zu scherzen und zu singen!«

Im Rahmen einer Bewegung zur Förderung der regionalen Kultur wurde Gerichten ein identitätsstiftender Wert zugesprochen. Ihren Status als kulinarisches Totem hat die Aioli neben der Bouillabaisse nie verloren. Die Küche der Provence ist an der Küste sicherlich näher an der anderer Regionen rund um das Mittelmeer als an der Küche des Hinterlandes, wobei Letztere eher der Küche der französischen Alpen ähnelt. Doch stellt sich diese Frage nicht. Da die Provence ein etablierter und allgemein bekannter Vorstellungsraum ist, bestreitet niemand die Legitimität des Etiketts »provenzalische Küche«, die so unterschiedliche Gerichte wie die Bouillabaisse aus Marseille und den Tourton aus dem Champsaur-Tal, eine Art mit Kartoffeln und Käse gefüllter Krapfen, umfasst.

Ein 1895 in der *Revue de Berry* veröffentlichter Artikel über Clafoutis bringt es auf den Punkt. Darin macht der Gelehrte Claude-Charles Duguet seinem Unmut Luft: »Die Limousiner haben nicht das Monopol auf diesen uralten Kuchen. Auch wir aus La Châtre essen Clafoutis.« Das Clafoutis ignoriert die Grenze zwischen dem Berry, dem Limousin und der Marche – die kulinarische Landkarte entspricht nicht der Topografie. Bei der Definition der regionalen Küche ist die Region entscheidend, nicht die Küche.

So etablierte sich im Laufe der Jahrzehnte, von Ort zu Ort in sehr unterschiedlichen Zeiträumen, das kulinarische Image der Regionen bis heute. Im Zuge einer allgemeinen Bewegung bildete sich entsprechend der spezifischen lokalen Gegebenheiten Gemeinsames heraus. Eine Identität entwickelte sich analog der Symbole und Traditionen. Aus diesem langwierigen Prozess gingen die Regionalküchen hervor.

Was ist das Terroir?

Die Franzosen betonen gern, dass der Begriff »Terroir« unübersetzbar sei, als sei er einzigartig für Frankreich. Es gibt jedoch eine offizielle Definition, die aus der Arbeit der französischen Institute INRA (Agrarforschung), INAO (Herkunft und Qualität) mit der UNESCO hervorging:

> »Terroir ist ein begrenzter geografischer Raum, der von einer Gemeinschaft definiert wird, die im Laufe ihrer Geschichte eine Reihe distinkter kultureller Merkmale, Fähigkeiten und Praktiken entwickelt hat, die auf systematischer Interaktion zwischen der Natur und menschlichen Faktoren beruht. Die dabei eingesetzten Fertigkeiten sorgen für Originalität und Typizität, die solche regionalen Produkte und der dort lebenden Menschen wiedererkennbar machen. Terroirs sind lebendige und innovative Räume, die nicht allein mit Tradition gleichzusetzen sind.«

Das Terroir ist ein Ort, an dem die Natur (Geologie, klimatische Bedingungen usw.) und die Kultur – das Know-how das in jeder Phase der Produktion zum Einsatz kommt, die ausgewählten Pflanzensorten oder Tierrassen bis hin zur Aufbereitung – aufeinandertreffen. All diese Faktoren definieren einen ursprünglichen Raum, in dem Erzeugnisse von einzigartiger Qualität entstehen. Dennoch sollten wir anerkennen, dass der Begriff *produit du terroir* im täglichen Sprachgebrauch gleichbedeutend mit regionalen, traditionellen oder bäuerlichen Produkten ist. Begriffe, die uns an herzhafte Gerichten glauben lassen, die aus einer nicht klar umrissenen Gegend stammen, hervorgegangen aus einem überlieferten Wissen. Oder ließe sich das Produkt des Terroir besser indirekt definieren? Dann wäre es das Gegenstück zum Produkt der Agrarindustrie.

Das Cassoulet

Castelnaudary, Carcassonne und Toulouse streiten sich um die Urheberschaft des Cassoulet. Auch an Debatten über das »wahre« Rezept mangelt es nicht. Eine echte Rivalität, die Bände über den Status dieses Klassikers spricht. Das Cassoulet ist mehr als ein Gericht, es ist ein lukullischer Fixpunkt regionaler Identität und hat es durchaus verdient, dass man sich darum streitet!

»Lou Cassoulet«: Liedtext Joseph Sarlet, Musik: Édouard Marsal, 1892

Vom »cassolo« zum Cassoulet

Im 18. Jh. widmeten dem *cassolo* mehrere Wörterbücher des Languedoc einen Eintrag. Er bezeichnete sowohl eine Terrine aus Keramik als auch eine Suppe aus Reis, Grütze oder Linsen und Fleisch (Speck oder Hammel), die im Ofen in eben jenem Geschirr gegart wurde. Von *cassolo* leitet sich der Begriff »Cassoulet« ab, eine Verkleinerungsform, die ebenfalls das Gargeschirr bezeichnet. Es würde nicht überraschen, hätten Bohnen (aus Amerika zugereist) den Reis in den Eintöpfen abgelöst, da sie wahrscheinlich bereits in den 1590er-Jahren im Languedoc angebaut wurden und im Zeitalter der Aufklärung weitverbreitet waren.

Der Begriff »Cassoulet« setzte sich spätestens in der ersten Hälfte des 19. Jh. im Laraugais (Region zwischen Toulouse, Carcassonne, Pamiers und Castres) als Bezeichnung für eine mit Bohnen zubereitete Form des *cassolo* durch. Die restlichen Zutaten, davon ist auszugehen, variierten noch erheblich. In seiner Studie *Économie rurale, moeurs et usage du Lauragais* (»Ländliche Wirtschaft, Sitten und Gebräuche im Lauragais«, 1867) stellte Félicien Pariset fest, dass *cassoulé* ein beliebtes Regionalgericht ist:

> »[Es] wird aus Schweinefleisch und Bohnen zubereitet und zwangsläufig im Ofen geschmort. Diese Zubereitung, bei der die festen Zutaten in einem Bad aus Fett schwimmen, ist eher für den robusten Magen als für den feinen Gaumen gemacht. *Cassoulé* wird zum Abend serviert und gern auch sonntags im Sommer als Zwischenmahlzeit um drei oder vier am Nachmittag.«

Obwohl Cassoulet zu jener Zeit über die Gerüchteküche auch in Paris einen gewissen Ruf erlangte, war es dort nicht verbreitet. Zur gleichen Zeit veröffentlichte der Gastro-Kritiker Charles Monselet den Brief eines Bekannten, eines gewissen G. Boué. Ein Dokument, das uns möglicherweise

Das Fleisch vom Cassoulet

Im Jahr 1929 schreibt der aus Carcassonne stammende Koch Prosper Montagné (1865–1948):

»Das [Cassoulet] aus Castelnaudary (der Urahn, der Anführer) wird aus folgenden Zutaten zubereitet: frisches Schweinefleisch, Schinken, Schweinshachse, Wurst und frische Schwarten; jenes aus Carcassonne zusätzlich mit diesen Bestandteilen: gekürzte Hammelkeule und, à la maison, Rebhuhn; das aus Toulouse enthält zusätzlich immer Brustspeck, Toulouser Wurst, Hammelfleisch (Hals oder ausgelöste Brust) und Gänse- oder Enten-Confit.«

Er fügt hinzu, in der Praxis sei »Cassoulet im Grunde fast überall nur ein saftiger Eintopf aus Schweine- und Hammelfleisch und weißen Bohnen, der mit Schwein [...], Hammel und Gänse- oder Enten-Confit zubereitet wird«.

das erste bekannte Rezept für Cassoulet liefert. Zunächst wird minutiös die Vorbereitung beschrieben, bei der Bohnen mit Wurst, magerem Schinken, Gänse-Confit und Kräutern garen. Dann wird das Fleisch herausgenommen, die Bohnen werden in einer Steingutform mit Deckel mit Geflügel-, Wachtel- und Rebhuhnjus sowie einer Schinkenessenz vermischt und im Ofen gegart:

> »Sieben- oder achtmal wird das *cassolet* herausgenommen und mit der Jus übergossen, die [...] auf der Oberfläche nicht etwa eine Kruste erzeugt, jedoch eine Art cremigen Kleber von goldener Tönung.«

Klartext: »kein einziges Atom Fleisch im festen Zustand«.

Vom Land in die Stadt – eine Speise mit ausgeprägter Identität

Wird das Cassoulet mit der ländlichen Küche assoziiert, fällt schnell der Name Castelnaudary. Die lokale Töpfertradition mit den berühmten *cassoles*, Steingutgefäße, die im Nachbardorf Issel hergestellt werden, mögen diese geografische Zuordnung erklären. Auf jeden Fall setzte sich das Cassoulet als die große regionale Spezialität durch. Im Jahr 1889 widmete der okzitanische Dichter Auguste Fourès (1848–1891) dem Cassoulet eine Studie und lieferte das »genaue

Ob Toulouse, Castelnaudary oder Carcassonne, das Rezept für Cassoulet variiert von Stadt zu Stadt.

Rezept für das beliebte Cassolet aus Castelnaudary«, seiner Heimatstadt: Nachdem man runde weiße Bohnen aus Pamiers – nicht aus dem Lauragais! – gekocht hat, wandern sie mit frischer Schwarte, Schweinshachse und etwas eingesalzenem Gänsefleisch in eine *cassole* aus Issel – Fourès gestattet auch Wurst oder Schweinefleisch. Das Gänse-Confit darf durch eine Lammkeule oder Rebhühner ersetzt werden. »Nach mehreren Stunden im Ofen wird es serviert.«

Bereits 1868 stellte Urbain Dubois in der *Cuisine de tous les pays* das Cassolet aus Castelnaudary/Carcassonne vor. Neben Unterschieden bei den Zubereitungsschritten enthält Ersteres Gänse-Confit (aus Keule und Flügel) und eine kleine Wurst, während Letzteres mit Hammelkeule, Rebhuhn, leicht gepökeltem Schweinebauch (*petit salé*) und Räucherwurst zubereitet wird. Das *Dictionnaire universel de cuisine* (Joseph Favre, 1889) stellte fest, dass »dieses Gericht eine Spezialität aus Toulouse, Castelnaudary und Carcassonne« sei. Auch im 20. Jh., als das Cassoulet zur nationalen Spezialität wurde, hörten die Kontroversen über das echte Rezept nicht auf. Vom Fleisch (nur Schwein vs. Schwein, Geflügel und Hammel) über die Bohnensorte (Tarbais, Lingot de Castelnaudary oder Coco de Pamiers) bis zum Fett – an strittigen Fragen mangelt es nicht.

Cassoulet ist mehr als ein Gericht, es ist ein lukullischer Fixpunkt regionaler Identität.

Feinschmecker in Lyon

Die Entstehung einer regionalen Küche stützt sich auf drei Säulen: das Terroir, die Restaurants und die Köche. Lyon und dem Umland ist es gelungen, diese drei Faktoren zu weltweiter Anerkennung zu vereinen.

Feinschmecker-Hauptstadt

Vor den Toren der Stadt verkündet ein Schild: »Lyon, Feinschmecker-Hauptstadt«. Stimmt, ist aber zu kurz gefasst:

> »Unsere Stadt wurde zur Hauptstadt der Feinschmecker gekürt. Der Ruhm ihrer Köche und kleinen Restaurants schallt über die Grenzen hinaus […]. Die Lyoner Küche wird sowohl für ihre aufwendigen als auch für ihre einfachen Gerichte geschätzt.«

So schrieb der Gelehrte und Lyon-Liebhaber Paul Feuga (Bürger von Lyon) im Jahr 1977. Aussagen dieser Art findet man überall, es gibt mittlerweile etliche davon. Doch wenn die Reiseführer bereits in den letzten Jahrzehnten des 19. Jh. das Bild einer Stadt zeichneten, in der Touristen stets ein gutes Restaurant finden, hätte damals niemand gewagt – nicht einmal die Autoren der Region, die so gern ein Loblied auf ihre Heimat singen –, die kulinarische Überlegenheit der Hauptstadt der Gallier zu beschwören.

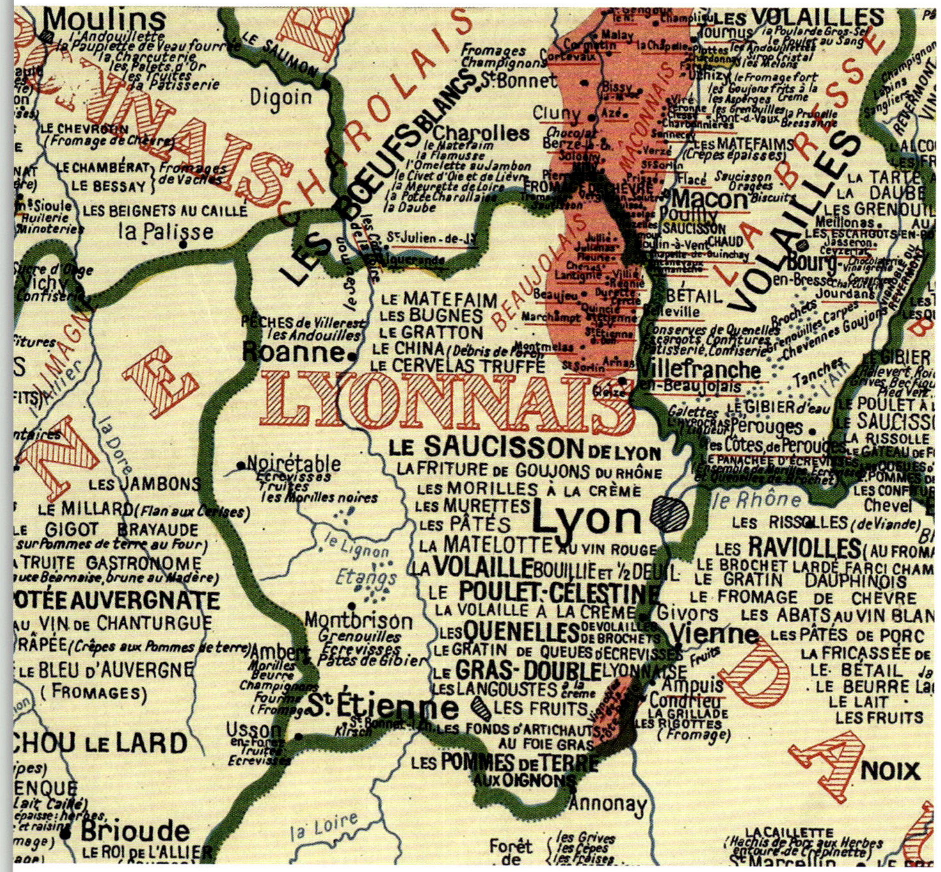

Besonders in der Zeit zwischen den Kriegen bauten Lyon und die Region langsam einen kulinarischen Ruf auf. Diese Spezialitäten prägen heute die kulinarische Identität der Stadt (gastronomische Karte, veröffentlicht von Alain Bourguignon, 1929)

Sollten wir die Geburtsstunde dieses kulinarischen Stolzes bestimmen, käme das Jahr 1925 infrage. In jenem Jahr veröffentlichte Curnonsky in seiner Reihe *La France gastronomique* einen Band über Lyon und die Region. Am Ende der Einleitung bemerkt er: »Lyon, wir zögern nicht es zu sagen, zu schreiben und zu verkünden, ist die Gourmet-Hauptstadt der Welt.« Allerdings hatten ihn Superlative noch nie geschreckt. Vier Jahre zuvor hatte er vom Périgord geschwärmt als »eine der Regionen unseres Landes, in der man seit Jahrhunderten am besten isst«. Und 1923 bescheinigte er Dijon, »eines der seltenen Paradiese auf Erden« zu sein. Dennoch, Curnonsky blieb dabei: Im Jahr 1935 veröffentlichte er mit Marcel Grancher ein Werk mit dem Titel *Lyon, capitale mondiale de la gastronomie* (»Lyon, Welthauptstadt der Feinschmecker«).

Das Gemeinschaftswerk hatte in der Welt der Lyoner Gastronomie wenig Erfolg, höchstwahrscheinlich weil die Mitwirkenden hauptsächlich aus Paris stammten. Diese Konstellation war das perfekte Spiegelbild eines allgemeinen Phänomens. Die Zurschaustellung und Aufwertung der Regionalküchen, die Entwicklung ihres Renommees, ging ausgerechnet von der Hauptstadt aus. Die treibende Kraft hinter dem Projekt kam jedoch tatsächlich aus Lyon: Marcel Grancher, der als Vierjähriger in die Region Saône und

Rhône zog. Er scheint auch Curnonsky ein wenig unter Druck gesetzt zu haben, für den Paris die wahre Gourmet-Hauptstadt war. Die einzige, in der man alle Küchen probieren konnte: gehobene, bürgerliche und regionale Spezialitäten. Das Buch war Teil einer Reihe von Initiativen, die von Stadt, Tourismusverband und einigen lokalen Akteuren gefördert wurde. Im November 1934 fanden beispielsweise die Lyoner Küchentage statt, in der Zeitung *Le Temps* folgendermaßen angekündigt:

> »Die gesamte Organisation dieser Tage wird von einer gewichtigen Gruppe Lyoner Gastronomen durchgeführt, deren Namen für Feinheit, Wohlgeschmack und Einfachheit stehen, die den kulinarischen Ruf dieser Stadt, einer Hauptstadt des guten Essens, begründeten.«

Die Maschinerie war in Gang gesetzt und sollte nicht mehr stillstehen. Alle beteiligten Akteure, von Politikern bis zu Handwerkern, schmiedeten am Image einer kulinarischen Identität und unterfütterten die Stellung Lyons als die Vorzeigestadt des französischen Feinschmeckertums.

Viele Terroirs in unmittelbarer Nähe

Ein Trumpf, den man Lyon schon seit Langem zuschreibt, sind die Reichtümer seiner unmittelbaren Umgebung. Ein Vorteil, den Brillat-Savarin der Stadt bereits 1825 (*Physiologie des Geschmacks*) bescheinigte und den der Journalist Edmond Texier 1853 bekräftigte:

> »Lyon, das sich zwischen die Weinlagen Burgund und Hermitage schmiegt, Lyon, das zu seinen Gunsten die Forellen aus dem Genfer See, die Krebse aus Nantua, die berühmten Karpfen aus der Saône, die Hechte aus der Rhône, das Geflügel aus der Bresse und die fetten Rinder aus dem Charolais zu nutzen weiß, ist die gastrosophische und kulinarische Stadt par excellence.«

Der Ruf der guten Lyoner Küche gründete auf dem Reichtum der nahen Regionen – u.a. sind als »Juwelen« auch Karpfen und Hechte aus Forez und Dombes zu nennen …

In der zweiten Hälfte des 20. Jh. verstand es Lyon, auch die Qualitäten seiner Erzeuger und des Lebensmittelhandwerks ins Licht zu rücken: Bobosse (s. rechts) und seine Andouillettes aus Kalbsgekröse, die Käsemacherin Renée Richard und ihr Saint-Marcellin, Charcuterie Sibilia samt Patronin Colette, der Chocolatier Bernachon …

Restaurants und Bouchons halten die lokale kulinarische Tradition lebendig.

Lyoner Bouchons

Die berühmten Lyoner Bouchons definierte René Besson, alias Bobosse, Ende der 1970er-Jahre: »Das Grundkriterium für den Bouchon ist eine Liste von zehn Standardgerichten«. Präziser: Es geht um »eine limitierte Auswahl, kein Restaurantbetrieb nebenbei. Keine Schummeleien.« Diese Liste sehe wie folgt aus: Schweinsfuß, Kutteln nach Lyoner Art, *tablier de sapeur* (»panierte Kutteln«), Andouillette, *cochonnaille* (»Fleisch- und Wurstwaren«), Rochen in schwarzer Butter, heiße Wurst, *salade de groins d'âne* (»Eselsschnauzensalat: Löwenzahnsalat«) mit Grieben, Linsensalat, *cervelle de canut* (»Frischkäse mit Kräutern«), Saint-Marcellin-Käse.

Nur drei Weine sollten dazu zur Seite stehen – Beaujolais, Côtes-du-Rhône und Mâcon. Offensichtlich handelte es sich um seine ganz persönlichen Regeln. Für andere Lyoner wäre ein Bouchon ohne Kardonengratin, überbackene Makkaroni und Geflügelleber-Kuchen nicht vorstellbar.

Ein Element, das Bobosse erstaunlicherweise ebenfalls verschweigt: Das Lyoner Ritual namens *mâchon*, das der Gelehrte Felix Benoît (1917–1995) folgendermaßen definierte:

»Ein Imbiss, der gegen neun Uhr morgens genommen wird, um den Vormittag zu überbrücken, und gegen fünf am Nachmittag, um das Warten auf das Abendessen zu verkürzen.«

Dieser Brauch entstand im Zweiten Kaiserreich (1852–1870), als sich der Lebensstandard der Seidenarbeiter verbesserte. Beim *mâchon* kamen Bürger und Seidenarbeiter zusammen; er zeichnete sich durch gutes Essen, Geselligkeit unter Männern sowie Redefreiheit aus.

Das Restaurant La Mère Guy, um 1910

Diese handwerkliche Kunstfertigkeit erhielt mit den Paul-Bocuse-Markthallen ab 1971 größere Aufmerksamkeit.

Die »Mères lyonnaises«

Das große Prestige der Lyoner Küche ist auch Verdienst zahlreicher Köche und Köchinnen, in Lyon selbst wie in der Region. Ab der Zwischenkriegszeit gelangten die berühmten *Mères lyonnaises*, die »Mütter Lyons« zu landesweitem Ruhm. Diese Frauen waren die Hüterinnen einer Küche, die ihre Inspiration sowohl aus dem bürgerlichen als auch aus dem volkstümlichen Repertoire bezog, eine Küche, die viele regionale Erzeugnisse veredelte. Dank ihres Wissens und ihres Erfolges wurden Speisen zu Spezialitäten der Stadt – so entsteht eine regionale Küche.

Am 28. Juni 1996 versammelten sich auf Initiative von Paul Bocuse 600 Lyoner Köche auf der Place Antonin Poncet zum Fototermin für die Lyoner Küche.

Als »Ur-Mutter« der *Mères lyonnaises* wird gewöhnlich Mère Guy genannt, die Ende des 18. Jh. in La Mulatière (Gemeinde nahe Lyon am rechten Saône-Ufer) eine *guinguette* (einfaches Ausflugslokal) betrieb. Sie war für ihre Fischragouts, vor allem vom Aal, bekannt. Die »echte« Mère Guy, an die man sich besser erinnert, entfaltete ihre Talente in der zweiten Hälfte des 19. Jh. Die komplette feine Gesellschaft speiste in ihrem Haus. Kaiserin Eugénie, die Frau Napoleons III., aß bei ihr zu Mittag, wenn sie zum Kuren nach Aix-les-Bains fuhr. Ihre Küche schöpfte aus dem nahen Fluss: *matelotes* (Fischragouts), Flusskrebsmousse, gefüllte Forelle, gratinierte Krebsschwänze …

Dann kam Mère Fillioux, mit bürgerlichem Namen Françoise Fayolle (1865–1925), die ein in den 1890er-Jahren beliebtes Restaurant in der Rue Duquesne betrieb. Als Vorspeise servierte sie Schinken, Wurst und Galantinen, zum Hauptgang getrüffelte Poularde *demi-deuil* (»Halbtrauer«), gratinierte Fischklöße mit Flusskrebsbutter, Artischockenböden mit getrüffelter Foie gras und zum Dessert Nougateis. Der »Triumph des Hauses« war das Geflügel *demi-deuil* mit unter die Haut geschobenen schwarzen Trüffelscheiben, das in einer Brühe aus Kalbshachse, Lauch und Karotten gegart wurde. Die berühmteste aller »Mütter«, Mère Brazier, arbeitete an der Seite von Mère Fillioux, bevor sie auf eigenen Füßen stand.

Einige der von den Lyoner Müttern geführten Restaurants wurden später mit Michelinsternen ausgezeichnet. Das Restaurant von Marie Bourgeois (gestorben 1937) in Priya (60 Kilometer nordöstlich von Lyon) erhielt 1933 die Maximalzahl von drei Sternen – auf der Speisekarte standen u.a. warme Pâté und frische Frösche. Das Restaurant der Mère Blanc (1883–1949), von Curnonsky zur »besten Köchin der Welt« gekürt, in Vonnas (70 Kilometer nördlich von Lyon) wurde 1933 mit zwei Sternen ausgezeichnet. Bei ihr gab es Bresse-Huhn mit Morcheln und Kalbskotelett mit Sauerampfer.

Im 20. Jh. gab es vermutlich etwa 30 *mères*. Paulette Castaing, die 1950–1988 in Condrieu die Gaumen verwöhnte und deren Restaurant 1964 zweifach »besternt« wurde, starb 2014 im Alter von 103 Jahren. Ihr Tod markierte den Schlusspunkt eine Epoche.

Heute mag sich die Küche der renommierten Lyoner Restaurants (ein Pfeiler, auf dem sich der kulinarische Ruf der Region gründet) von der Küche der *Mères lyonnaises* entfernt haben. Dennoch treten viele Köche der regionalen Gastrolandschaft in den 1960-/1970er-Jahren in gewisser Weise das Erbe an: Der junge Bocuse arbeitete für Mère Brazier, George Blanc ist der Enkel von Mère Blanc. Doch von diesen Sterneköchen wurde eine Kreativität erwartet, die man von den Müttern alter Zeiten nie verlangt hätte.

Ein Trumpf, den man Lyon schon seit Langem zuschreibt, ist seine Fähigkeit, aus den Reichtümern der unmittelbaren Umgebung zu schöpfen.

Eugénie Brazier in der Küche ihres Chalets, um 1970

Mère Brazier – berühmteste Lyoner Mutter

Eugénie Brazier (1895–1974) aus Bourg-en-Bresse trat mit 20 Jahren in den Dienst einer großen Lyoner Familie, wo sie das Kochen erlernte. Sie arbeitete für Mère Fillioux und später in der Brasserie du Dragon, wo sie sich einen Namen zu machen begann. 1922 eröffnete sie ihr eigenes Lokal (Rue Royale).

Diese Dame bürgerlicher Herkunft machte die Adresse bekannt, Bürgermeister Édouard Herriot wurde zum Stammgast. 1928 zog sie sich in ein bescheidenes Chalet am Col de la Luère, etwa 20 Kilometer von Lyon entfernt, zurück. Das war von kurzer Dauer, denn bereits im Jahr darauf wurde das Lokal an Wochenenden und schönen Tagen quasi zur Außenstelle der Rue Royale.

1933 verlieh der *Guide Michelin* beiden Häusern – erstmals überhaupt – drei Sterne. Auf der Speisekarte zu finden, fast genau wie bei Mère Fillioux: Artischockenböden mit Foie gras oder Bresse-Huhn *demi-deuil* (»in Halbtrauer«). Ende 1974 ging Mère Brazier in den Ruhestand, drei Jahre später verstarb sie.

Gratin dauphinois

Stimmt es, dass das Gratin dauphinois erstmals bei einem Essen auftauchte, das Herzog von Clermont-Tonnere am 12. Juli 1788 für die Amtsträger der Stadt Gap ausrichtete? Bei dem in Wirklichkeit von den Konsuln der Stadt Grenoble organisierten Festmahl wurden 25 Gerichte serviert. Neben glasierter Kalbsnuss mit Sauerampfer, Pastete mit Aspik und Erbsen mit Speck gab es tatsächlich ein »Gratin«. Es war zwar die erste dokumentierte Verwendung des Begriffs »Gratin« in der Dauphiné [heutige Departements Isère, Drôme, Hautes-Alpes], doch trug das Gericht weder den Zusatz »dauphinois«, noch wissen wir, woraus es bestand.

Werbeplakat für das Gratin dauphinois, Anfang des 20. Jh.

Das Gratin – vielseitiges Allerlei

Dass Vorsicht bei Herkunftsvermutungen geboten ist, zeigt sich 30 Jahre später, als das »Gratin« erneut auftaucht. Es ist September 1819, der Schriftsteller Étienne de Jouy besucht Grenoble, ein kurzer Aufenthalt, den er in *L'Hermite en province* (1822) beschreibt. Um neun Uhr am Abend erklärt ihm sein Führer, ein örtlicher Buchhändler, dass sich nun »alle zurückziehen [...], um mit der Familie das Gratin zu essen«, und nimmt ihn zum Abendessen bei einem Freund mit. Ihr Gastgeber, ein »etwas seltsamer, aber sehr gelehrter Literat«, zeigt ihnen seine Bibliothek, bis das Gratin angekündigt wird. Étienne de Jouys Begeisterung über die Neuentdeckung hält sich in Grenzen:

> »Diese Nudeln, die mal mit Kräutern, mal mit Fleisch vermischt zwischen zwei Feuern gegart werden, eingebettet in eine doppelte Kruste, die man ›Gratin‹ nennt, sind zweifellos nahrhaft und angenehm im Geschmack, doch um es in seiner Gänze zu würdigen, muss man wohl aus Grenoble sein.«

Wir sind weit von dem Gratin entfernt, wie wir es heute kennen, aber auch hier sollten wir uns vor voreiligen Schlüssen hüten. Der Begriff »Gratin« bezog sich möglicherweise zunächst auf eine Art der Zubereitung. Entscheidend war die Kruste, nicht die Zutaten, die wohl durchaus stark variieren konnten.

Die Kartoffel in der Dauphiné

Zumindest belegen verschiedene Texte der ersten Hälfte des 19. Jh. die Existenz eines Kartoffelgratins in den Alpenregionen. Die Dauphiné gehörte zu jenen Regionen Frankreichs, in denen die beständige Knolle am frühesten ihre Wurzeln schlug – um 1800 bedeckte die Pflanze um die fünf Prozent der Anbaufläche. Wenn eine *Géographie des Departements Isère* (V. Brunet) 1857 feststellte, dass »das Gratin [...] fast täglich Teil der Mahlzeiten der Bewohner im Arrondissement Grenoble ist«, und wenn 1866 der Grenobler Gelehrte Gustave Vallier es als »Nationalgericht« seiner Heimatstadt bezeichnete, so ist mit Sicherheit das Kartoffelgratin gemeint.

Dieses ursprünglich eher aus Grenoble als aus der Dauphiné stammende Gericht avancierte für die Bewohner der Provinz innerhalb weniger Jahrzehnte zu einer identitätsstiftenden Spezialität. Ein 1884 gegründeter Verein der Dauphinois in Paris nannte sich »Le Gratin«. Sein 1886 ins Leben gerufenes Blatt erhielt denselben Namen – *Le Gratin, petite gazette dauphinoise* (»Das Gratin, kleine Gazette aus der Dauphiné«). Der Begriff »Gratin dauphinois« wurde gebräuchlicher; in zahlreichen Publikationen tauchten immer mehr Rezepte auf.

Und wie gelingt das Gratin nun?

In seiner *Cuisine dauphinoise à travers les siècles* (1938) formulierte René Fonvieille, ein ausgewiesener Dauphiné-Experte, eine simple Grundregel: »Vor allem keine Eier und keinen Käse. Sonst ist es kein Gratin dauphinois mehr.« Für viele ein ehernes Gesetz. Doch vor fast 150 Jahren, (1889), erklärte Charles Dauphin in seiner *Grande Symphonie, apothéose du gratin: poème funambulesque* in Reimform detailliert die Zubereitung eines »guten Gratins de Parmentières«, die ausgiebig mit dieser goldenen Regel bricht:

Et d'abord. – de ce tubercule Parez une livre en taillon, Que vous noyez, c'est la formule, Dans de la crème ou du bouillon.	Von dieser Knolle, wer hätt's gedacht ein Pfund bereite (es lohnt die Mühe), das du versenkst, so wird's gemacht, In reichlich Sahne oder Brühe.
Salez, poivrez, avec la crème Cassez un œuf, c'est suffisant, Mêlez avec un soin extrême Et saupoudrez de parmesan;	Salze, pfeffere und in die Creme, schlag ein Ei, schnell ist's getan, gut vermengen, so ist's genehm, und obendrauf streu Parmesan.
Brisez dessus cent vingt- cinq grammes De beurre frais et, dans un four Vivement chauffé par les flammes, Faites dorer avec amour.	Nun bröckle Butter drüber, möglichst frisch, 125 Gramm genügen, schieb in den Ofen das Gemisch und lass es bräunen mit Vergnügen.

Vier Jahre zuvor empfahl ein Gastronom aus der Gemeinde Allevard (Isère), Kartoffelscheiben mit einer Mischung aus Sahne, Milch und Eiern zu übergießen und vor dem Ofengang mit geriebenem Gruyère zu bestreuen! Man findet mühelos weitere Belege dafür, dass die Dauphinois von einst die Anordnungen der heutigen Puristen missachteten. Wieder ein Beispiel dafür, dass die Jagd nach dem »wahren Rezept« vergeblich ist.

In jener Zeit fand das Gratin dauphinois, bis dato ein rein regionales Gericht, Eingang in das nationale kulinarische Repertoire. Auguste Escoffier räumte ihm 1903 einen Platz in seinem *Guide culinaire* ein. Seine Version verzichtet auf Milch und Sahne, verlangt stattdessen nach Gruyère und Butter. Ob das wohl ausreichte, um einen Grenobler an den Rand einer Ohnmacht zu treiben?

Die Kartoffel war nicht immer Hauptzutat des Gratin dauphinois. Sie wurde es erst im 19. Jh.

Die Kruste war ausschlaggebend, während die Zutaten durchaus stark variieren konnten.

Foie gras

Bereits die Römer, die Gänse mit getrockneten Feigen mästeten und als Braten zubereiteten, schätzten die Gänseleber, doch nach dem Untergang des Römischen Reiches verlor sich ihre Spur. Erst im 16. Jh. tauchte sie in kulinarischen Traktaten wieder auf. Seither hat die Foie gras den Gipfel der feinsten Tafeln erklommen und gilt als erlesene Delikatesse.

Gans, aber auch Huhn, Schwein …

Die Stopfleber tauchte Ende des 16. Jh. in den Werken des Italieners Bartolomeo Scappi (*L'Opera dell'arte del cucinare*, 1570) und des Deutschen Marx Rumpolt (*Ein new Kochbuch*, 1581) auf. Scappi, der mehrere Päpste bekochte und Rumpolt, der Mundkoch im Dienste des Mainzer Kurfürsten war, beschreiben, wie sie von den jüdischen Gemeinden Roms und Böhmens riesige Gänselebern bezogen. Beide Autoren empfahlen, sie in Schweinenetze einzuschlagen und am Spieß zu braten, ein heikles Unterfangen.

Der Begriff »Foie gras« wurde in französischen Texten erstmals in *Le cuisinier françois* (1651) von La Varenne verwendet: Foie gras als Ragout, vom Grill, in Asche gegart, in Teig gebacken. Doch deutet alles darauf hin, dass es sich bei diesen Lebern, deren Beschaffenheit nicht näher erläutert wird, nicht um Foie gras im modernen Sinne handelte, wie u.a. der *Traité des aliments* von Louis Lémery aus dem Jahre 1702 umreißt:

> »Wir essen mit Genuss die Fettlebern von Hühnern, Hähnchen, Kapaunen, Gänsen und jungen Schweinen, die wir vor dem Schlachten eine Zeit lang mit Mehl, Milch, getrockneten Feigen, Bohnen und vielen ähnlichen Dingen füttern.«

Ein Schlachter, Ende des 19. Jh.

Auch in zahlreichen Rezepten, die sich im Laufe des 18. Jh. in den verschiedenen Werken finden, werden diverse Arten von Foie gras verwendet, seien es die »kleinen getrüffelten Foie-gras-Pasteten« im *Cuisinier gascon* aus dem Jahr 1740, die *rissoles de foie gras* und andere »warme Foie-gras-Pasteten« oder die »gebratene Foie gras« aus der *Suite des dons de Comus* von François Marin (1742).

Wendepunkt im späten 18. Jh.

Allerdings gewinnen nur die Lebern von Gänsen und Enten mittels intensiver Mast deutlich an Größe. Sie allein liefern diese ganz besondere Delikatesse.

Die »echte« Foie gras betrat im Laufe der 1770er-Jahren die kulinarische Bühne. Verschiedene Berichte präsentierten damals Gänsestopfleber aus Metz und Gänseleberpastete aus Straßburg und Toulouse als Produkte von ausgesuchtem Ruf. Paris schwärmte von diesem raffinierten neuen

Einblick in eine Küche, David Teniers, 1644

Gaumenkitzel. Im Jahr 1787 verkündete Sieur de Lavoyepierre in einer Anzeige, dass Gourmets in seinem Laden in der Rue Saint-Honoré u.a. »Pasteten aus 1,2,4 Gänselebern mit Trüffeln« in einer feinen Teigkruste oder in einer Steingutterrine erstehen könnten.

Mit Foie gras und Fasanenbrust gefülltes Huhn nach Berthold-Art, um 1880

In Straßburg wird die Erfindung der Stopfleberpastete gern dem Konditor Jean-Pierre Clause zugeschrieben und auf die 1780er-Jahre datiert. Diese Geschichte hält einer Überprüfung jedoch nicht stand. Ein anderer Konditor, ein Nicolas-François Doyen, soll seinerseits die Pastete erstmals getrüffelt haben. Das war ein Jahrzehnt später – das goldene Zeitalter der Straßburger Pâté de Foie gras begann. Auch in Toulouse wurde Gänseleberpastete hergestellt, doch die Spezialität der Stadt war eine Pastete aus Entenstopfleber, die einem Dokument aus dem Jahr 1782 zufolge aus Entenleber, Trüffeln, Speck, Hackfleisch, Gewürzen, Eiern, Butter und Mehl zubereitet wurde.

Konserven im Dienste der Stopfleber

Es entwickelte sich eine gesamte Industrie mit modernen Stopfmethoden. Auf Gänsemast spezialisierte Betriebe entstanden, vor allem im Elsass. Mit der Appertisierung, einer Konservierungstechnik samt Sterilisation, wurden nicht nur Pasteten, sondern Stopflebern im Ganzen gehandelt.

Die Regionen Périgord, Angoumois [heute etwa die Charente] und Limousin sprangen auf den Zug auf. Die Konservenindustrie boomte. Das – betuchte – Klientel war so begeistert, dass die *terrines de Nérac* und die *pâtés de Périgueux*, ursprünglich getrüffelte Rebhuhnpasteten, die Überarbeitung ihrer Rezepturen hinnehmen mussten. Zum Leidwesen ihrer Liebhaber verdrängte die Stopfleber diese anderen Urzutaten. Die Eisenbahn ermöglichte außerdem nun auch den Handel mit frischer Foie gras.

Die Eroberung der Hochküche

In der Haute Cuisine wurde die Stopfleber unweigerlich zu einer tragenden Säule. Um sich davon zu überzeugen, genügt ein Blick in die »Bibel«, den *Guide culinaire* von Escoffier (1903), in dem Foie gras allgegenwärtig ist:

»Zwar wird Foie gras recht häufig als Vorspeise serviert, doch ist ihre Rolle in der warmen Küche auf die einer Garnitur oder eines Trägers kräftiger Würzungen beschränkt.«

Die Stopfleber taucht als Suppeneinlage auf, in Form von Klößen oder püriert zum Füllen von Ravioli oder Brandteig. Immer wieder ist sie Teil von Farcen, sei es für Vorspeisen oder für Geflügel. Escoffier stellte außerdem verschiedene Zubereitungsarten für Foie gras vor, für kalte Speisen und auch für warme – in Form von Schnitzeln, geschmort, soufflíert, als Tourte oder Timbale. Und immer mit reichlich Trüffeln.

Diese lange Geschichte zeigt, wie die Foie gras zu einer Ikone der französischen Esskultur wurde. Im 20. Jh. überarbeiteten sie besonders die Köche der Nouvelle Cuisine. So konnten sie die Foie gras den verändernden geschmacklichen Vorlieben des Publikums anpassen.

Escoffier stellte außerdem verschiedene Arten der Zubereitung für Foie gras vor – als Schnitzel, geschmort, als Soufflé, Tourte oder Timbale. Und immer mit reichlich Trüffeln.

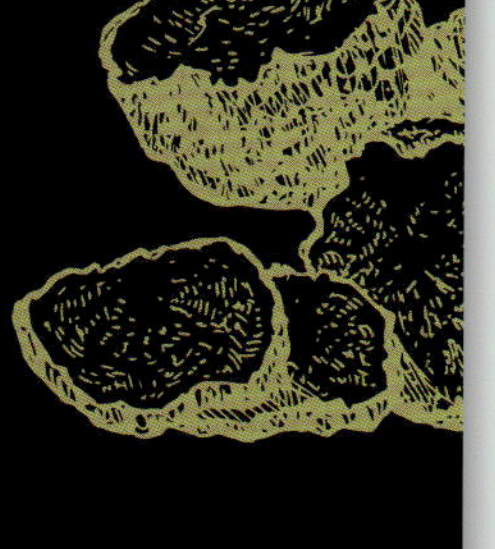

Coq au Vin: aus der Auvergne?

Ein Gericht der französischen Küche mit Symbolcharakter: der Hahn als Wahrzeichen des Landes, gepaart mit Wein als französische Spezialität von Weltruf. Doch wie bei allen traditionellen Gerichten verliert sich die Spur zu seinen Ursprüngen in einem Dickicht aus Legenden, das es zu lichten gilt.

Verschmähtes Fleisch

Noël Chomel, Autor des 1732 erschienenen *Dictionnaire œconomique* konstatierte: »Das Fleisch des Hahns ist in der Küche kaum zu gebrauchen, denn egal, wie man es zubereitet, es ist immer trocken, fade und schwer verdaulich.« Ein Urteil, dem sich Charles-Yves Cousin d'Avallon ein Jahrhundert später anschloss: »Sein Fleisch ist trocken und findet in der Küche kaum Verwendung; sein Kamm ist indes eine delikate Speise.« (*Nouvelle dictionnaire de cuisine*, 1825). Stapelweise ähnliche Zitate ließen sich finden: Nur der Hahnenkamm und bisweilen die Nieren wurden geschätzt.

Das Fleisch des Hahns findet die Gnade von Köchen – und Ärzten – nur für die Zubereitung einer stärkenden Kraftbrühe. Es wird in Wein gegart, sei es als *gibelotte*, eine Art Frikassee, mit Kräutern, oder als *matelote*, ein Ragout in einer Mischung aus Brühe und Weißwein.

Zwei Legenden um ein Rezept

Erst in den 1880er-Jahren trat Coq au Vin in der Auvergne aus dem Schatten. Vor allem dank zweier Etablissements in Royat, dem Au Rendez-vous des artistes der Mère Fournier und dem Hôtel des Marroniers, Lokal von Marie Quinton, genannt La Belle Méunière (»hübsche Müllerin«).

Letztere wurde zu ihrer Zeit nicht nur wegen ihres Erfolges als Gastronomin berühmt, sondern auch durch die Veröffentlichung ihrer Aufzeichnungen über die Liebschaft des Generals Boulanger und Marguerite Brouzet (1895), an deren Grab sich der General das Leben nahm. Die Tageszeitung *La Fronde* – die erste in Frankreich, deren Redaktion nur aus Frauen bestand – übertrug ihr eine Kolumne, in der sie drei Ausgaben lang über die Herkunft des Coq au

Der Hahn (Lithografie 1893)

Geflügelmarkt in Paris, um 1830

Vin berichtete. Wie sie von einem ehemaligen Pfarrer der Stadt erfahren habe, stamme das Rezept aus dem Gallischen Krieg, als Caesar die Arverner belagerte, die sich auf dem Puy Giroux verschanzt hatten. Der spätere Eroberer von Alesia habe von seinem Koch einen Hahn zubereiten lassen, den ihm die Gallier zum Spott geschickt hätten, und ihn mit drei der Arverner-Köche geteilt. Die Verwandlung dieses alten, abgemagerten Hahns in eine erlesene Speise sei von pädagogischem Wert gewesen: Das war es also, was die armseligen Gallier Rom zu bieten hatten. Nach dieser Geschichtsstunde lieferte Marie Quinton auch das Rezept:

> »Man nehme einen Hahn, zerlege ihn, – gebe ein Viertel Pfund feine Butter und kleine, magere Speckwürfel in einen Topf und brate sie an, – werfe den Hahn hinein und brate ihn mit Salz, Pfeffer und einem Bouquet garni an, – bemehle ihn leicht – gebe dann ein Viertel Liter kleine weiße Zwiebeln und eine schöne gehackte frische Trüffel hinzu, – lasse alles gute fünf Minuten angehen, – gieße schließlich eine Flasche ausgezeichneten alten Wein aus der Auvergne (Chanturgue rouge) hinein und lasse alles eine Stunde köcheln. Dann serviere man alles sehr heiß.
>
> Und nun erlauben Sie mir noch einen letzten ›Tipp‹. Sie möchten, dass der Coq au Vin perfekt wird? Gut, dann ersetzen Sie den Hahn, der kaum zu gebrauchen ist, durch eine nette appetitlich runde Henne ...«

Dies ist wohl das älteste bekannte Rezept für Coq au Vin.

Im Jahr 1909 griff Journalist Adolphe Brisson in einem Bericht über eine Reise durch die Auvergne ein Rezept für Coq au Vin auf, das er in der Auberge du Temple de Mercure, einem Restaurant in Orcines auf dem Gipfel des Puy de Dôme, entdeckt hatte. Der Wirt soll Brisson ein Heft aus dem 16. Jh. gebracht haben, in dem das Rezept eines gewissen Maître Bertrand stand, der zur Zeit Heinrichs IV. ein Gasthaus namens Mercure Gallois betrieben habe. Für jene Version wurde ein »junges Huhn« in sechs Stücke zerlegt und mit Speck sowie kleinen Zwiebeln in Butter angebraten. Dann gab man Knoblauch, Kräuter, Morcheln und Champignons hinzu und ließ das Ganze Farbe nehmen, bevor man einen Fingerbreit Branntwein zugoss ...

Im 19. Jh. wurde der Coq au Vin zu einem Gericht der bürgerlichen Küche (Gustave Caillebotte, Ende des 19 Jh.).

»Man gieße einen Schoppen guten alten Weines, vorzugsweise Chanturgue, darüber, und wenn am Ende alles bei lebhafter Hitze gut durchgegart ist, Hahn, Gewürze und Weinsauce, serviere man es heiß mit zerlassener Mehlbutter bestrichen.«

Geburt einer regionalen Spezialität

Die beiden Texte illustrieren wunderbar, wie sich eine regionale Spezialität entwickelt. Dabei handelte es sich um Gebiete, in denen gerade der Tourismus boomte – Royat war ein beliebter Kurort und auch der Puy de Dôme zog bereits viele Besucher an. Es ist kein Zufall, dass eine Pariser Tageszeitung einer Gastronomin aus der Provinz ein Forum bot und ein bekannter Journalist über seine Reise durch diese Landstriche berichtete.

Um einer neuen Nachfrage gerecht zu werden, entstanden Lokale, die regionale Spezialitäten auf die Speisekarte setzten. Doch wer würde annehmen, dass die bäuerliche Kost, die vor Ort tatsächlich auf den Tisch kam, die bürgerlichen und adeligen Urlauber und Sommerfrischler begeistern könnte? Sie musste angepasst, umgewandelt und verfeinert werden. Der Coq au Vin, so wird oft behauptet, sei in den ländlichen Gegenden der Auvergne entstanden, um das viel zu zähe Fleisch alten Geflügels am Ende seines Lebens zu verarbeiten. Mag sein, und was empfahlen unsere Gourmets für diesen Fall? Ein Huhn zu nehmen, also einen Coq au Vin ohne Coq, angepasst an den empfindlichen Gaumen – ganz zu schweigen von der Zugabe von edlen Trüffeln und Morcheln.

Schließlich führte Marie Quinton die gesamte Entstehung des Gerichts geschickt auf Julius Caesar zurück. Ihr Kollege behauptete, ein handschriftliches Rezept aus dem 16. Jh. zu besitzen. Eine schöne Folklore, die das Gericht noch fester in seinem Terroir verankerte.

Als der Coq au Vin auf Reisen ging

Zwischen den beiden Weltkriegen war der Coq au Vin noch durch und durch in der Auvergne verhaftet. Als der Präsident der Republik, Alexandre Millerand, im Juli 1923 in Clermond-Ferrand weilte, wurde ihm Coq au Vin serviert. Wenn die Ligue Auvergnate & du Massif-Central [Auvergne-Förderer] in Paris ihr monatliches Mittagessen veranstaltete, stand das Gericht regelmäßig auf der Speisekarte.

Und doch begann seine kulinarische Vereinnahmung durch die Auvergne allmählich zu bröckeln. Unter den »1400 köstlichen traditionellen Rezepten aus allen Provinzen Frankreichs«, die Austin de Croze 1928 veröffentlichte, fand sich nicht nur der Coq au Vin de Chanturgue (»äußerst schmackhaft auf dem Puy de Dôme«), sondern auch ein Coq au Vin *champenois*, in den eine halbe Flasche Rotwein aus der Champagne floss, sowie ein Coq *à la bourguignonne au Chambertin*, eine Version mit Burgunder. Die engen Bande zwischen dem Coq au Vin und der Auvergne scheinen sich im Lauf der Zeit also gelockert, wenn auch nicht ganz gelöst zu haben.

Nicht wenige Weinbaugebiete beanspruchen mittlerweile ihre eigenen Coq-Versionen. Im Elsass verwendet man etwa Riesling; in der Franche-Comté badet der Hahn in Vin Jaune als ein köstlicher, zeitloser Leckerbissen der Feierlichkeiten zum Jahresende. Durch die ausländische Brille betrachtet, ist der Coq au Vin jedoch schlicht eines der großen französischen Gerichte.

Der Coq au Vin, so wird oft behauptet, sei in den ländlichen Gegenden der Auvergne entstanden, um das viel zu zähe Fleisch alten Geflügels am Ende des Lebens zu verarbeiten.

Heute hat der Coq au Vin die Grenzen der Auvergne überschritten und ist zu einem gesamtfranzösischen Gericht geworden.

Das Elsass – alte kulinarische Traditionen

Das Elsass – die Vorzeigeregion der französischen Gastronomie? Sein reiches Erbe, das nicht zuletzt auf die wechselvolle Geschichte der Region zurückgeht, erweist sich als äußerst vielfältig und quicklebendig.

An der Schnittstelle

Im Zuge der politischen Umbrüche in dieser Region Europas wurde die elsässische Küche auf vielfältige Weise beeinflusst, was sie einzigartig machte. Das Elsass gehörte zunächst zum Heiligen Römischen Reich Deutscher Nation und wurde erst 1648 Teil des Königreichs Frankreich, ein Umstand, der zweifellos auch Folgen für die Küche und die Esskultur hatte.

Bis ins 18. Jh. ähnelten die Kleidungs- und Essgewohnheiten in Straßburg, Colmar oder Mulhouse/Mühlhausen denjenigen in Mainz, Frankfurt oder Basel. Dort herrschte ein vorwiegend germanischer Einfluss, auch in Kochbüchern. Dasjenige von Abt Buchinger aus dem Jahr 1671, gewissermaßen die erste elsässische kulinarische Abhandlung, ist eine Hommage an die »deutsche« Küche, weitgehend ohne französischen Einfluss.

Nach dem Dreißigjährigen Krieg wurde das Elsass durch Frankreich annektiert. Zwischen 1648 bis 1700 erlebte es ein langes und manchmal mühsames Nebeneinander zweier Welten, Sprachen und Kulturen. So begann die örtliche Elite durch den Kontakt zu hohen, im Elsass stationierten Beamten und Militärs, die »französischen« Gepflogenheiten zu übernehmen. Der Einfluss der Pariser Haute Cuisine nahm zu. Die Entstehung der getrüffelten Gänseleberpastete aus Straßburg verdeutlicht vielleicht am besten dieses Zusammentreffen von nationalem und regionalem Know-how. Nicht zuletzt hinterließ auch die jüdische Küche ihre

Festschrift von 1910 anlässlich des Abendessens zur Feier des 15-jährigen Jubiläums von *L'Alsace à table* von Charles Gérard

Spuren im Elsass, das über Jahrhunderte hinweg jüdische Gemeinden aufnahm, sodass dort gemeinsame kulinarische Traditionen entstanden. Dieser jüdischen Präsenz verdanken die Elsässer die Geheimnisse der Zubereitung von Gänsen, Karpfen und Baeckeoffe.

Eine lange Tradition der Kochbücher

Eine der elsässischen Besonderheiten ist die lange und umfangreiche Tradition kulinarischer Publikationen, die bis in 16. Jh. zurückreicht. Das älteste elsässische Kochbuch stammt aus dem Jahr 1507, wurde regelmäßig nachgedruckt und erhielt 1519 den Titel *Küchenmeisterei*, ein Werk, das Kochrezepte mit Pflanzenkunde verband. Seit jener Zeit entstanden immer neue Kochbücher, wie das von Anne Keller (Colmar) oder das Kräuterbuch von Hieronymus Bock, eine Sammlung zahlreicher Ess- und Heilrezepte, die 1539 erschien.

Doch der wahre Gründungstext, die »Geburtsurkunde« der elsässischen Gastronomie, bleibt das 1671 veröffentlichte *Kochbuch, sowohl für Geistliche als auch für Weltliche*. Es wurde 1655 von Abt Bernardin Buchinger verfasst und enthält über 1000 nach religiösen Zyklen gegliederte Rezepte für das ganze Jahr. Es behandelt die wichtigsten Nahrungsmittel, die Methoden ihrer Zubereitung und stellt die wesentlichen Zutaten vor. Das bedeutende Werk eines ebenso bedeutenden Mannes zeugte von einem gewissen Widerstand gegen den französischen Einfluss, indem es die kulinarischen Gepflogenheiten der Provinz hervorhob. Mit Erfolg, denn bis Ende des 18. Jh. erschien kein weiteres Werk zu diesem Thema.

Der »regionalistische« Diskurs

Im 19. Jh. erschienen weitere Kochbücher, die Vorzüge der elsässischen Küche rühmten. Das erste und eines der wichtigsten dieser Werke aus jener Zeit war das *Oberrheinische Kochbuch* aus dem Jahr 1811. Es wurde von Margarete Spörlein verfasst und ist ein Kompendium der rheinischen Küche, deren Einzugsbereich sich bis in die Schweiz und nach Schwaben sowie Bayern erstreckte. Es behandelte sowohl die bürgerliche als auch die kostengünstige Küche. Es lasse sich nicht von »Beschreibungen komplizierter und kostspieliger Gerichte erdrücken, wie sie in anderen Werken dieser Art allzu oft vorkommen«. Das Buch, das sich an Frauen richtete, verstand sich offenbar als Teil eines Widerstandes gegen die Invasion der französischen Küche, die ständig bestrebt war, einfache Speisen durch elaborierte Verfahren zu veredeln. Im Laufe des Jahrhunderts erschien eine Vielzahl von Büchern über die elsässische Küche, doch blieb die kulinarische Literatur nicht darauf beschränkt. So veröffentlichte der Anwalt Charles Gérard aus Colmar nach umfangreichen Recherchen ab 1853 eine Reihe von Artikeln mit dem Titel *L'Ancienne Alsace à table*, die 1862 unter demselben Titel auch als Buch erschienen. Die von patriotischen Freunden unterstützte Neuauflage (1877) lässt sich ebenfalls als Akt des Widerstandes interpretieren, der einmal mehr die eigene Identität des Elsass proklamierte. In diese Phase der Elsaß-Annexion durch Deutschland fielen auch Betrachtungen der Küche als Ausdrucksform der elsässischen Kultur und Identität, insbesondere *L'Alsace: le pays et ses habitants* von Charles Grad (1899).

Als das Elsass schließlich in den französischen Nationalbund zurückfiel und das Zeitalter der Regionalküchen begann, wurde die Region 1933 von Curnonsky und Austin de Croze gebührend gefeiert:

> »Aus gastronomischer Sicht ist es eine der interessantesten und beliebtesten Provinzen Frankreichs, denn ihr Boden bringt großzügig alle essbaren Erzeugnisse hervor. [...] Da der Elsässer einen erfinderischen Geist hat, können nur sehr wenige französische Provinzen und noch weniger fremde Länder dem reisenden Gourmet eine solche Freude, Originalität und kulinarische Vielfalt bieten, wie es das Elsass gebefreudig tut.«

Typische Elsässer Produkte

... sind ein weites Feld; die Auswahl ist zwangsläufig willkürlich, da es zahllose, für die elsässische Küche und Gastronomie typische Spezialitäten gibt. Das Elsass war im Mittelalter und in der Renaissance vor allem als florierendes Weinland bekannt, doch dieser Reichtum litt unter den Folgen des Dreißigjährigen Krieges erheblich. Erst im 18. Jh. erwachte der Weinbau zu neuem Leben. Den Elsässer Weinen gelang die Rückkehr auf den Markt.

Der Elsässer Weinbau durchlebte zahlreiche Tiefpunkte der Geschichte (Revolution, Annexion durch Deutschland, die Reblaus) und hielt sich so gut es ging, wenngleich die Qualität der Elsässer Weine am Vorabend des Ersten Weltkrieges auf einem Tiefpunkt angelangt war. Ab 1919, nach der Wiedereingliederung der Region in Frankreich, starteten die Verantwortlichen im Elsässer Weinbau eine auch international angelegte Werbekampagne (und in Paris wurde eine Botschaft für Elsässer Wein eröffnet). Im Jahr

Brezeln und Trockenfrüchte, deutsche Spezialitäten, die in die Elsässer Küche einflossen (Otto Marseus van Schrieck, *Stillleben*, 17. Jh.)

1962 wurden die Weine in den Kreis der geschützten und kontrollierten Herkunftsbezeichnungen (*Appellation d'Origine Contrôlée*: AOC) aufgenommen.

Sauerkraut-Kult

Das andere Kultprodukt aus dem Elsass ist das Sauerkraut, der allseits bekannte geraspelte Weißkohl, der gesalzen, in Fässer oder Gläser geschichtet und so fermentiert wird.

Diese Technik scheint im Elsass bereits im Hochmittelalter verbreitet gewesen zu sein. Hieronymus Bock erklärte in seinem Kräuterbuch von 1539, dass das Einsalzen von Kohl (»der Kappes ist eingesalzen«) eine im Winter durchzuführende Arbeit sei. In der *Encyclopédie* schrieb der Autor des Eintrags »Sauer-Kraut«, dass es sich um eine Speise handele, die »von den Deutschen sehr geschätzt wird, aber«, so fügte er hinzu, »die Ausländer haben Mühe, Geschmack daran zu finden«.

Ende des 19. Jh. spielten die im Trend liegenden elsässisch geprägten Brasserien in Paris eine wichtige Rolle für den Siegeszug dieser Spezialität, denn die Pariser konsumierten Sauerkraut nun in großen Mengen. Dies sind nur zwei Beispiele unter vielen. Erwähnenswert sind auch die unendliche Vielfalt der Wurstwaren, die Tradition des Bierbrauens, die Strieble, Knepfle und Spätzle oder die Geschichte des Kougelhopfs, dessen vollständiges Rezept erst seit dem 19. Jh. existiert, obwohl man bereits entsprechende Formen aus dem 18. Jh. fand.

Eine Kultur des Feierns

Das Elsass ist ein Land mit äußerst lebendigen kulinarischen Traditionen, insbesondere jenen, die in Beziehung zum liturgischen Kalender stehen (wie der in der Region noch immer gefeierte Nikolaustag). Zudem hat man dort immer verstanden, in der Top-Gastronomie Glanzpunkte zu setzen. 1933 erhielten die Restaurants von Valentin Sorg in Straßburg und Paul Coutouly in Moosch drei Michelinsterne. In den 1990er-Jahren waren das Buerehiesel (1994–2006) und das Crocodile (1989–2001) an der Reihe.

Das Elsass war im Mittelalter und in der Renaissance vor allem als florierendes Weinland bekannt, doch unter den Folgen des Dreißigjährigen Krieges litt dieser Reichtum erheblich.

Weißwein aus dem Elsass

Elsässische Spätzle

Elsass: Land der Nudeln

Spätzle sind zwar die bekannteste Teigware aus dem Elsass, doch gab es vermutlich seit dem Ende des 15. Jh. bereits andere Nudelsorten in der Region. Tatsächlich erwähnte das allererste elsässische Kochbuch aus dem Jahr 1507 die Existenz der Wasser-Strieble. Ende des 17. Jh. stellte Abt Buchinger ein Rezept für Nudeln vor, das dem heutigen ähnelt: »Nudeln werden aus vielen Eiern, gutem Mehl und Salz zubereitet. Kein Wasser, aber reichlich Eier.« Im Jahr 1811 erschien im *Oberrheinischen Kochbuch* ein ähnlich veranlagtes Rezept, das für sechs Personen nach 6–8 Eiern verlangte.

Nach 1870 begannen Bäcker mit der Herstellung von Nudeln, die sie durch Trocknen in der Ofenhitze haltbar machten. Zur gleichen Zeit begann die Produktion im industriellen Stil. In der Nähe von Colmar wurde 1840 das Haus Scheurer gegründet. Das mit modernen Maschinen ausgestattete Unternehmen setzte Knetmaschinen und hydraulische Pressen ein. Als das Elsass 1871 an das Deutsche Reich fiel, entstanden dort rund 15 Nudelfabriken, die das Elsass zum bedeutendsten Produzenten von Eierteigwaren des Reiches machten. Erst in den 1960er-Jahren ging die Zahl der Produzenten zurück. Heute sind es noch drei: Thirion in Colmar, Heimburger in Marlenheim und Valfleuri in Wittenheim.

Baeckeoffe aus Kartoffeln, Gemüse und Lamm- sowie Rindfleischstücken

Elsässer Kougelhopf

Die Bretagne – Schlaraffenland für Genießer

Die Qualitäten der bretonischen Küche sind heute zwar weithin anerkannt, doch werden sie erst seit Kurzem richtig gewürdigt. Lange Zeit litt die Bretagne unter dem geringschätzigen Image einer abgelegenen, armen Provinz. Erst seit den 1960er-Jahren begann sie sich kulinarisch zu profilieren.

Austern und Butter

Im 17. Jh. lobten Besucher der Bretagne den heimischen Fisch und die Butter; Letztere ist so etwas wie ein Markenzeichen der Region – die Bretonen gelten als große Butterliebhaber. Auch die Austern aus Cancale genossen seit dem Ancien Régime einen ausgezeichneten Ruf. So überrascht es nicht, dass Grimod de la Reynière in seinem *Almanach des gourmands* (1803–1812) beide Produkte erwähnte, ein Beleg, dass sich ihre Qualität auch bis nach Paris herumgesprochen hatte.

Genossen einige Produkte der Region hohes Ansehen, so galt dies nicht für die Küche der Bretagne, die im Gegensatz zu anderen Gegenden Frankreichs im 19. Jh. keine kulinarische Beachtung fand. Dies ist zweifellos auf die abgelegene geografische Lage der Region zurückzuführen. Weder war sie touristisch erschlossen, noch lag sie an einer wichtigen Handelsroute. Außerdem galt die Bretagne als wilder und rauer äußerster Westen des Landes.

Links: Austernfischerin in Cancale (Lithografie von François Hippolyte Lalaisse, 19. Jh.)

Rechts: Butterdose aus dem frühen 20. Jh.

Langsames Erwachen

Die bretonische Küche als integralen Bestandteil der kulturellen Identität Frankreichs zu etablieren, war selbst unter Regionalisten nur ein langsam keimender Wunsch. Im September 1906 legte die Schriftstellerin Madeleine Desroseaux auf dem Kongress des Verbandes der Bretonischen Regionalisten einen Bericht vor, der einen sehr weit gefassten Begriff des »kulturellen Erbes« anregte:

> »Wir sind uns einig, dass das bretonische Erbe um jeden Preis erhalten werden muss, das heißt unsere Traditionen, unsere Trachten, unsere Denkmäler und unsere Sprache. [...] Es gibt keinen noch so kleinen Glanz, keine noch so bescheidene Kunst, die es nicht verdient hätte, ins Rampenlicht gerückt und bewahrt zu werden. Zu diesen bescheidenen Künsten gehört die Kochkunst. Die bretonische Küche zeichnet sich wie alles in unserem Land durch ihre Originalität, durch ihre besondere und einzigartige Note aus.«

Die Autorin stellt eine Liste mit rund 15 Gerichten vor, die angenehm überraschen könnten – von *mingots de Rennes* [handgemachten kleinen Käselaibern] über Guémené-Andouilles und *lesneven* [Frischkäse] bis zum Meeraal (*congre*) aus Lorient. Und als mit *Les Bons Plats de France* von Marthe Daudet, alias Pampille 1903 die Würdigung der Regionalküchen in Gang kam, widmete Desroseaux der Bretagne eine recht lange Einleitung, nicht ohne deren Schlichtheit zu betonen – ein ambivalentes Kompliment. Die Zeit zwischen den Weltkriegen bestätigte diesen Trend.

1938 pries Curnonsky im *Atlas de la gastronomie française* die bretonische Küche als »große, kulinarisch verkannte Region«. In der Tat habe man allzu oft wiederholt »in der Bretagne isst man nicht«. Dank der touristischen Erschließung verlor diese überkommene Verleumdung ihre Gültigkeit. Vor allem für »Ichthyophagen« (Fischesser) ist die Bretagne ein Paradies. Die bretonischen Fischer haben eine der besten Fischsuppen überhaupt erfunden: die Cotriade, die es sogar mit einer Bouillabaisse aufnehmen kann.

Diese Anerkennung blieb zunächst noch relativ verhalten. Im *Guide vert Bretagne* hieß es 1949: »Was die bretonische Küche auszeichnet, ist eher die Qualität der Produkte als die Raffinesse ihrer Zubereitung.« Erst 1965 erschien das erste der bretonischen Küche gewidmete Werk: *Gastronomie bretonne d'hier et d'aujourd'hui* von Simone Morand.

Buchweizen – ein kulinarisches Symbol

Die kulinarischen Aushängeschilder der Bretagne per se sind Crêpes und Galettes. Mehr Rampenlicht verdienen jedoch die Rohzutat Buchweizen und ebenso das bretonische Getränk schlechthin, der Cidre.

Der ursprünglich aus Asien stammende Buchweizen kam erst im späten Mittelalter nach Frankreich und gelangte möglicherweise Anfang des 16. Jh. in die Bretagne. Der Neuankömmling entwickelte sich insbesondere dank seiner Fähigkeit, auf allen Bodentypen zu gedeihen. Er wurde

Blühender Buchweizen

Im 17./18. Jh. dominierte Buchweizen nicht in der Bretagne; er wurde vorwiegend im Bistum Rennes angebaut. Andernorts wurden Roggen und etwas Weizen kultiviert.

Eine Crêperie in Quimper, Anfang 20. Jh.

Das Aushängeschild der bretonischen Küche (Postkarte, Anfang 20. Jh.)

durch sein schnelles Wachstum zur bedeutenden Nutzpflanze für die Ernährung der Provinz.

Im 17./18. Jh. dominierte Buchweizen noch nicht in der Bretagne, er wurde hauptsächlich im Bistum Rennes angebaut. Andernorts wurden Roggen und etwas Weizen kultiviert. Verzehrt wurde Buchweizen hingegen in der gesamten Bretagne in verschiedenen Formen, in Galettes, Brei oder Far. Um 1885 machte das Pseudogetreide ein Fünftel der Anbauflächen in den Departements Côtes-d'Armor und Ille-et-Vilaine aus, im Morbihan fast ein Drittel.

Im 20. Jh. ging der Anbau von Buchweizen infolge des Fortschritts in der chemischen Industrie und des intensiven Landbaus stark zurück; er verschwand fast völlig. Erst Anfang das 21. Jh. erlebte dieses Pseudogetreide eine Renaissance, getragen sowohl von ökologischen Überlegungen – Stichpunkt »regionale Produkte« – als auch von dem Wunsch, eine bretonische Tradition wiederzubeleben. Über Crêpes und Galettes schrieb Simone Morand 1986 in *Des Galettes et des crêpes en Bretagne*:

> »Die echte Galette wird heute nur noch in der Haute-Bretagne zubereitet, wo man diese Pfannkuchen seit jeher nur in der Pfanne backte [...] Die Galette wird aus Buchweizenmehl gemacht. Sie muss weich und hauchdünn sein. Eine Buchweizen-Crêpe wird lediglich in der Basse-Bretagne zubereitet, und obwohl sie jünger ist als die Galette, wurde sie bereits Mitte des 19. Jh. in Berichten erwähnt.«

Die Crêpe aus Weizenmehl, so die renommierte Expertin, entstand »vor etwa 100 Jahren. Der Teig wird mit Milch und Eiern bereitet, gesüßt und manchmal mit Rum oder Cidre aromatisiert«.

Cidre – bretonisches Elixier

Den berühmten Apfelwein – Cidre – begann man erst gegen Ende des 17. Jh. in der Haute-Bretagne (im Osten) und ein Jahrhundert später in der Basse-Bretagne (im Westen) herzustellen. Der Export von Cidre begann im 19. Jh. Heute

Bretonische Galettes

entfallen 46 Prozent der gesamtfranzösischen Produktion auf die Bretagne. Während der Großteil von wenigen großen Unternehmen stammt, tragen bäuerliche und traditionelle Kleinerzeugerbetriebe immer noch mehr als 10 Prozent zum regionale Ertrag bei, darunter der Cidre aus Kervéguen oder, im Süden des Finistère, seit 1999 die AOP-Cidres aus Cornouaille. Im Departement Morbihan stützt sich die gesamte Produktion auf eine einzige säuerliche Apfelsorte, den Guillevic.

Strahlkraft der bretonischen Küche

Brauchte die Küche der Bretagne auch lange, um sich einen gewissen Ruf zu erarbeiten, so ist sie mittlerweile für ihre Spezialitäten bekannt, die sowohl innerhalb Frankreichs als auch weltweit exportiert werden – man denke nur an die unzähligen Lokale, die sich in allen Städten Frankreichs als »Crêperie« bezeichnen. Doch die zunehmende Wertschätzung der bretonischen Küche manifestierte sich im 20. Jh. noch auf andere Weise, als regionale Rezeptnamen auftauchten, wie Makrele *à la quimpéroise*, Kabeljau *à la paimpolaise* oder Jakobsmuscheln *à la bretonne*. Zwar hat es eine Weile gedauert, doch die bretonische Küche hat heute ihren Platz unter den verschiedenen Regionalküchen Frankreichs gefunden.

Kouign-amann

Kouign-amann und Far

… sind die bretonischen Desserts schlechthin. Der Kouign-amann wurde zunächst nur in Douarnenez hergestellt, inzwischen ist er jedoch zu einem Aushängeschild der bretonischen Gastronomie geworden und wird in allen Departements der Region hergestellt. Angeblich wurde er in den 1860er-Jahren von dem Konditor Yves Renée Scordia kreiert. Allerdings beschrieb François-Marie-Guillaume Habasque (*Notions historiques, géographiques, statistiques et agronomiques sur le littoral du Departement des Côtes-du-Nord*) bereits 1832 einen Kuchen »mit Butter zubereitet« namens *bara amanéned*, der in der Gegend von Léon gegessen wurde. Könnte dieses Brot (*bara*) mit Butter (*amann*) nicht ein Vorfahre des Kouign-amann gewesen sein? Denn im Grunde ist das Gebäck ein mit viel Butter und Zucker angereicherter Brotteig.

Was den bretonischen Far angeht, so gibt es zwei Versionen: herzhaft und süß. Erstere wird oft aus Buchweizen zubereitet und zu Fleisch serviert, während die süße Version aus Weizenmehl besteht, einem Flan ähnelt und als Dessert genossen wird. Dieses wurde erstmals 1811 bei Peuchet und Chanlaire (*Description topographique et statistique de la France*) erwähnt. Ab Mitte des 19. Jh. verbreitete sich die süße Variante allmählich.

»Der Littré« (*Dictionnaire de la langue française* von Émile Littré) erkennt nur eine Bedeutung an: »Name einer Art Flan, der im Finistère aus Mehl und Eiern zubereitet wird.« (1863). Es ist derselbe Far, den Pierre Lacam 1890 in sein *Mémorial de la pâtisserie* aufnahm. In dem Werk wird der Far als »Spezialität aus Lorient« bezeichnet. Er wird aus Mehl, Zucker, Eiern, Butter und Milch zubereitet, mit Vanille aromatisiert und mit »geschälten Malaga-Rosinen« garniert.

Zwar hat es eine Weile gedauert, doch die bretonische Küche hat heute ihren Platz unter den verschiedenen Regionalküchen Frankreichs gefunden.

Frösche und Schnecken

Frösche und Schnecken gehören zu den klischeehaft-typischen französischen Gerichten. Vielen Menschen ist der Gedanke an den Genuss davon eher zuwider. Tatsächlich haben Frösche und Schnecken eine gemeinsame kulinarische Geschichte: Vom *Ménagier de Paris* (um 1393) bis zur Kochbuchikone Ginette Mathiot stehen sie in den Kochbüchern stets Seite an Seite, oft sogar mit der gleichen Zubereitungsart.

»Froschfresser« – passend?

In seinem *Essai sur la littérature anglaise* (1836) ärgerte sich Chateaubriand, dass die Engländer französische Anglomanie im 18. Jh. mit ihrer Frankophobie konterten:

> »Ein Engländer auf unseren Bühnen war immer ein Lord oder ein Kapitän, ein Held des Edelmuts und der Großherzigkeit. Im englischen Theater sah man bei allen Entgegnungen John Bulls einen dürren Franzosen, der die Aura eines Tänzers oder eines ausgehungerten Perückenmachers hatte. Man zog ihn an der Nase und er aß Frösche.«

Singulier traicte/ cōtenāt la proprietе des Tortues/ Escargotz/ Grenoilles/ & Artichaultz. Cōpose par Estiēne Daigue Escuyer/ Seignr de Beauluais en Berry. Nouuellemēt imprime.

Die einzigartige Abhandlung über die Beschaffenheit von Schildkröten, Schnecken, Fröschen und Artischocken von Estienne Daigue aus dem Berry, um 1530.

Dieses Klischee des Frösche vertilgenden Franzosen reicht mindestens bis ins 18. Jh. zurück. In William Davenants Theaterstück *The First Day's Entertainment at Rutland House* (1656) beklagt sich ein Pariser Bürger mit neidischem Blick auf die Londoner:

> »Ihre Küchen sind mit reichlich Rindfleisch angefüllt und die rege Aktivität Ihrer Schornsteine verursacht diesen Rauchschleier, der sich über Ihre Stadt legt, indes die Menschen auf dem Kontinent sich mit einem klaren Himmel begnügen und Fleisch als Delikatesse betrachten, und wir, Ihre armen französischen Frösche [your poor French Frogs], müssen uns damit bescheiden, zu singen und Salat zu essen.«

Der Grund für diese Stereotype ist unklar. Fakt ist, dass der englische Spitzname *frog eaters* für die Franzosen – Chateaubriand hatte recht – im Zeitalter der Aufklärung entstand. Mitte des 19. Jh. schließlich wurden die Franzosen zu *froggies*. Hier könnte man ein offenkundiges Unrecht beklagen, denn archäologische Funde bewiesen kürzlich, dass in Großbritannien bereits 6000 Jahre vor unserer Zeitrechnung Frösche gegessen wurden.

Die Vorliebe der Franzosen für Frösche reicht zwar nicht ganz so lange zurück, ist aber alt. Im *Ménagier de Paris* (um 1393) werden Froschschenkel »in Mehl gewendet und dann in Öl, Fett oder einer anderen Lösung gebraten. Dann legt man sie in einen Napf mit einem feinen Gewürzpulver.« (Letzteres ist eine zermahlene Mischung aus Zucker und Gewürzen.)

Ganz oder nur die Schenkel?

Von da an verschwanden Frösche nie wieder aus den Kochbüchern. In der Renaissance schrieb der Arzt Jean Bruyérin-Champier im *De re cibaria* (1560):

> »Ich habe oft festgestellt, dass man früher nur die Hinterbeine mochte, jetzt isst man [Frösche] ganz (außer dem Kopf). Sie werden gekocht, mit Mehl bestaubt und in der Pfanne gebraten, zuletzt mit Petersilie bestreut und serviert.«

La Varenne (*Le Cuisinier françois*, 1651) denkt nicht einmal daran, für seine »Froschsuppe mit Safran« oder seine »Frosch-Beignets« die Köpfe zu entfernen. Für die Beignets werden die Frösche in einen Krapfenteig getaucht und in Butter frittiert; es gab sie auch *à la poulette* oder *en fricassée de poulet*, also wie Huhn, in einer Suppe usw. gegart. Im 18./19. Jh. gab es ein begrenztes Repertoire an Rezepten, die weitgehend unverändert blieben.

In seinen *Souvenirs inédits* ironisiert Auguste Escoffier die Art und Weise, wie die Engländer die *frog eaters* verspotteten – und erinnert nebenbei daran, dass Frösche nicht nur in Frankreich geschätzt werden. Als schalkhafte Retourkutsche erlaubte sich der Koch, seiner Londoner Kundschaft einen kleinen Streich zu spielen:

> »Belustigt von der Polemik über Frösche, nahm ich mir vor, eines Tages während meines Aufenthalts im Savoy die englischen Gentlemen dazu zu bringen, *frogs* zu essen. Die Gelegenheit dazu ließ nicht lange auf sich warten. In den folgenden Tagen sollte ein großer Ballabend stattfinden. Die Speisekarte umfasste zahlreiche, möglichst abwechslungsreiche kalte Speisen, darunter eine Reihe von Gerichten mit dem Namen ›Nymphen im Morgengrauen‹.
>
> Die charmante und glänzende Gesellschaft sprach den ›Nymphen‹ reichlich zu, nicht ahnend, dass sie sich an diesen abscheulichen Froschschenkeln ergötzte. Nach diesem kleinen Sieg, werte Herren aus England, sollten Sie die Bezeichnung *frog eaters* nicht mehr allein für die Franzosen reservieren.«

Die Nymphen im Morgengrauen von Escoffier

In Weißwein pochierte Froschschenkel, abgekühlt, pariert, trocken getupft und mit einem paprizierten Chaud-Froid von Fisch in der Farbe des Morgengrauens überzogen. Auf einer quadratischen Silberplatte auf einer Schicht Champagner-Gelee angerichtet; garniert mit aus Kerbel und Estragon (als imitierende Wasserkräuter) und mit einer Schicht desselben Gelees überzogen. In durchsichtigem Eis serviert.

Auguste Escoffier, *Le Guide culinaire*, 1903

Eine volkstümliche Speise!

Auch wenn sich Froschschenkel ihren Platz auf der feinen Tafel eroberten, blieben sie eine Volksspeise, vor allem in der Nähe von natürlichen Feuchtgebieten. So waren sicherlich viele Regionen von »Froschessern« bevölkert, die dieser Bezeichnung würdig waren (etwa Dombes oder die Sumpfgebiete des Poitevin). Es entstanden regionale Rezepte – *à la lyonnaise*, *à la niçoise*. Am häufigsten werden Froschschenkel in einer Knoblauch-Petersilien-Butter gebraten. Heute ist der Verzehr von Fröschen von marginaler Bedeutung, wenngleich Frankreich als weltweit größter Konsument jährlich immer noch 3000 Tonnen importiert. Doch ist es nicht immer die faktische Bedeutung einer Praxis, die sie zu einem unverwechselbaren Merkmal macht, sondern vielmehr ihre Exotik, ihre Einzigartigkeit (um es freundlich auszudrücken) in den Augen anderer.

Schnecken – delikat oder verpönt?

Le Ménagier de Paris stellt zwei Rezepte für Schnecken vor: Entweder sie werden in Wasser gekocht und mit Brot gereicht oder aber mit Zwiebeln in Öl gebraten; in jedem Fall »isst man sie mit fein gemahlenen Gewürzen; es ist eine Speise für reiche Leute«. Diese Wertschätzung schien auch noch zu Beginn des 16. Jh. zu bestehen. Für ein Essen, das Louis II. de La Trémoille 1518 dem englischen Botschafter gab, standen Schnecken auf dem Einkaufszettel. Im

Froschschenkel mit Petersilie

Jahr 1538 kamen sie im Haus von Henri d'Albret, dem König von Navarra, auf den Tisch. Diese Vorliebe schien jedoch in der Folgezeit nachzulassen. In den Kochbüchern des 17./18. Jh. findet man die Weichtiere eher selten. In La Varennes *Le Cuisinier françois* tauchen Schnecken gar nicht auf, und Bonnefons stellte in *Délices de la campagne* (1654) zwar einige Rezepte vor, schickte ihnen jedoch eine Warnung voran:

> »Es erstaunt mich, dass sich die Seltsamkeit des Menschen bis zu diesem verdorbenen Ragout ausgewachsen hat, um die Extravaganz seiner Gefräßigkeit zu befriedigen, denn egal, wie und mit welcher Sauce man es zubereitet, es ist mir unmöglich, ihm meine Billigung zu gewähren.«

Eine Ablehnung, die offensichtlich von vielen geteilt wurde, doch aus anderen Quellen geht hervor, dass Schnecken beim Hochadel noch immer auf den Tisch kamen. Auch aus den Kochbüchern waren sie nicht verschwunden, so findet man in der *Suite des dons de Comus ou l'Art de la cuisine* (1742) Weinbergschnecken *à la poulette*. Schnecken begeisterten sicherlich nur eine Minderheit und Pierre de La Mésangère, Autor von *Le Voyager à Paris* (1797), schien unsicher zu sein, wer sich überhaupt noch traute, sie zu verspeisen:

> »Früher wurden Schnecken frisch oder gekocht gegessen, die reichen Leute aßen sie auch als Pastete oder gebraten. Im letzten Jh. wurden sie noch zu Suppen verarbeitet. Auch heute noch steht zu vermuten, dass es Menschen gibt, die sie essen, da sie in Paris auf den Märkten zu sehen sind.«

Doch gab es durchaus auch Fans der Schnecke, Grimod de La Reynière zum Beispiel. In der Aprilausgabe des Jahres 1806 des *Journal des gourmands et des belles ou l'épicurien français* lancierte er mit Weinbergschnecken *à la poulette* entsprechend dem Rezept aus *Suite des dons de Comus* ein regelrechtes Plädoyer für den Schneckenverzehr:

> »Viele hegen eine Abneigung gegen Schnecken, doch bedenken sie nicht, dass diese Tiere auf den ersten Blick viel weniger abstoßend sind als eine Auster, und wollte man sich auf all diese kleinen Abneigungen versteifen, die aus einer Schwäche der Organe oder einer kindischen Erziehung resultieren, so würde man sich einer Vielzahl kulinarischer Genüsse berauben, die das Feinschmeckerglück ausmachen.«

Eine regionale Spezialität

Viele Hinweise belegen, dass Schnecken im 19. Jh. regelmäßig verzehrt wurden. Ein 1811 in Metz veröffentlichtes

Schnecken wurden kaum dargestellt. Georg Flegels *Stillleben mit Schnecken und Hirschkäfer* aus dem 18. Jh. ist eines der wenigen Gemälde, wo sie mit auf dem Tisch stehen.

Manuel de la cuisine lässt keinen Zweifel an der regionalen Vorliebe für die Tiere: »Wir haben es den Römern gleichgetan [...] und züchten noch immer Schnecken in den sogenannten *escargotières*.« Und die Autoren empfehlen, sie zwei bis drei Stunden auf kleiner Flamme in Wasser mit Knoblauch, Petersilie und »etwas bemehlter Butter« zu kochen. Dann verstaut man sie mit etwas Court-Bouillon wieder in ihrem Gehäuse und verschließt es mit Kräuterbutter. Es handelt sich also zum einen um ein »bürgerliches« Gericht und zum anderen um eine Zubereitung, bei der die Schnecken in der Schale serviert wurden.

Auch in anderen Regionen schien man Schnecken zu mögen, insbesondere im Poitou, in der Provence, im Aunis (heute Charente-Maritime) und in der Saintonge (heute Charente). Im 19. Jh. erhielten die Charentais den Spitznamen *cagouillards*, abgeleitet von *cagouille*, im regionalen Dialekt die Bezeichnung für »Schnecke«.

Auch in den Pariser Abhandlungen wurde die Schnecke nicht völlig unterschlagen, die Rezepte waren zwar rar, kehrten jedoch regelmäßig wieder. In der Ausgabe von 1822 des *Cuisinier royal* von Viard und Fouret werden sie zubereitet als *matelote*, *à la poulette* oder auf bretonische Art vorgestellt – »Hauptsache, sie wurden sorgfältig gesäubert«.

Schnecken auf Burgunderart

Im Jahr 1825 erschien im *Nouveau dictionnaire de cuisine* von Borel das erste Rezept für Schnecken Burgunderart (*à la bourguignonne*): »In Court-Bouillon gegarte Schnecken, die anschließend mit Mehlbutter, feinen Kräutern sowie Salz und Pfeffer wieder in die Gehäuse gesteckt werden«. Oder auf Lothringer Art? Das *Manuel de cuisine* aus Metz und andere Dokumente sprechen sich für eine solche Bezeichnung aus. Die Burgunder gingen vielleicht auf dieselbe Weise vor, doch sei vor allem der gute Ruf ihrer Schnecken Grund für diese Bezeichnung.

Eines ist sicher: Diese Art der Zubereitung sollte im Laufe des 19. Jh. allen weiteren den Rang ablaufen. Der Historiker Philip Hyman vermutet, dass der Erfolg auf gewisse Vorteile der Zubereitung zurückzuführen ist: Das Rezept kommt skrupellosen Gastronomen entgegen, da sich mit der Knoblauch-Petersilien-Butter vieles kaschieren lässt, und – ein weniger unrühmliches Motiv – die Schnecken ließen sich so gut vorbereiten, mussten nur noch zum gewünschten Zeitpunkt fertiggestellt werden. Und Paris war verrückt nach Schnecken. Jean-Pierre-Armand de La Porte veranschlagte in seiner 1870 veröffentlichten *Hygiène de la table* den täglichen Schneckenkonsum der Hauptstädter auf über 45 Tonnen, wovon ein Teil aus den Zuchten im Poitou stammte.

Auch heute noch werden in keinem Land mehr Schnecken verzehrt als in Frankreich. Der jährliche Verbrauch liegt bei vermutlich über 30 000 Tonnen, wobei zwei Drittel dieses Konsums auf die Feiertage entfallen. Und es bestehen weiter deutliche regionale Unterschiede; besonders werden Schnecken im Osten des Landes (Elsass, Franche-Comté, Burgund) geschätzt.

Burgunderart – der Urvater

Im *Thresor de santé* (1607) findet sich das erste Rezept für Schnecken im Gehäuse:

»Die schnellste und beste Methode ist, sie einen ganzen Tag lang mit einer Handvoll heißer Asche in Wasser zu kochen, um sie zu säubern. Sind sie gar, zieht man sie aus dem Gehäuse, um die Schwänze zu entfernen und steckt sie wieder hinein. Anschließend gart man sie in einer *tartière* [von Konditoren verwendete Form] mit frischer Butter oder Olivenöl und einigen Gewürzen und lässt sie konfieren. Dann sind sie genau richtig gegart.«

Schnecken auf Burgunderart

Erfolgsgeschichte der Brasserie

Wenn die Bezeichnung »Brasserie« fällt, beginnt das Kopfkino: ein großer Saal mit klassischem Flair, in dem Holz und Kupfer dominieren. Ein altes Lokal oder eingerichtet wie aus längst vergangenen Zeiten. Es herrscht ein gediegener, manchmal etwas altmodischer Charme, ein Ort voller Atmosphäre. Es gibt gutbürgerliches Essen, das klassische Repertoire, in erster Linie Sauerkraut.

Paris: Mekka des Biers

Im Paris des Ancien Régime war die Brasserie ein Ort, an dem Bier gebraut und auch ausgeschenkt wurde. Doch erst ab Mitte des 19. Jh. kam Paris auf den Biergeschmack, zahlreiche Schankwirtschaften entstanden und der Ausschank florierte. Vielfach wird behauptet, die Brasserie Andler in der Rue Hautefeuille, wo sich Gustave Courbet mit seiner Künstlerclique traf, sei das erste Etablissement dieser Art in der Hauptstadt gewesen. Im Jahr 1857 äußerte sich der Chansonnier Marc Constantin in seiner *Histoire des cafés-concerts et des cafés de Paris* höchst alarmiert:

> »Das Bier ist dabei, den Wein zu entthronen, sogar in Paris. In den letzten fünf Jahren hat sich der Verkauf dieses widerlichen Getränks in der Hauptstadt mehr als verdreifacht. In ihrem nachahmenden Eifer haben sich die Pariser daran gemacht, die Deutschen nachzuäffen; überall entstanden Brasserien mit großen Sälen, die mit groben Tischen und schlecht gehauenen Bänken ausgestattet sind.«

Laut Armand Husson (*Les consommations de Paris*, 1875) wurden 1866 fast 300 000 Hektoliter Bier nach Paris transportiert, 80 Prozent davon stammten aus dem Osten des Landes. Dieser Boom der Brauereien außerhalb ihrer historischen Hochburgen war übrigens nicht nur in Paris zu beobachten, sondern auch in der Provinz, vor allem in Lyon und generell in den Großstädten. Entgegen der landläufigen Meinung entstanden die Pariser Brasserien also nicht erst nach der Annexion des Elsass durch das Deutsche Reich

Plakat von Alphonse Mucha für die Brasserie de la Meuse. Im unteren Bereich sind die Produktionsstätten in Bar-le-Duc und Sèvres abgebildet.

im Jahr 1871 und mit dem Zuzug von Elsässern und Moselanern. In seinem 1866 erschienenen Buch *Raphaël et Gambrinus ou L'art dans la Brasserie* glaubte der Journalist John Grand-Carteret, die Weltausstellung von 1867 habe das Bier aus Wien und die von 1878 das Bier aus München nach Paris gebracht. Im Jahr 1867 eröffnete der Deutsche Frédéric Bofinger – der angeblich die erste Bierzapfanlage in Paris installierte – seine Brasserie in der Rue de la Bastille 5. Elsässer und Moselaner gründeten noch heute berühmte Adressen: Léonard Lipp eröffnete 1880 seine Brasserie am Boulevard Saint-Germain, Alois Floderer weihte seine 1909 in der Passage des Petites-Écuries 7 ein. In Paris gab es damals mehr als 200 Brasserien. Diese Anfangsära ist auch eine der *brasseries à femmes*, in denen Kellerinnen in kurzen Röcken oder verkleidet in historischen oder exotischen Kostümen als Rotkäppchen, Bäuerinnen ... zum Konsum animierten.

Ein besonderes Ambiente

Wie definiert man eine Brasserie? Dem Führer zur Pariser Weltausstellung im Jahr 1900 zufolge gab es kaum einen Unterschied zwischen Cafés, Brasserien, Bars und Tavernen: allesamt Lokale, in den Getränke aller Art angeboten wurden. Keineswegs einheitlich war das Ambiente. John Grand-Carteret unterschied im 19. Jh. zwischen edel gestalteten Lokalen von schlichtem Dekor, den mit »bunt zusammengewürfeltem Allerlei« ausgestatteten der »Mittelklasse«, den künstlerisch-literarischen Kabaretts und schließlich den volkstümlichen »Brasserien auf den äußeren Boulevards, wo das Dekor dem intellektuellen und moralischen Niveau der Personen beiderlei Geschlechts entspricht, die sie frequentieren«.

Kupfer und lackiertes Holz, jede Menge Glas und Spiegel, in manchen Gaststätten auch Judenstildekor – es entstand ein expliziter Brasserie-Stil, der sich in den 1930er-Jahren durchsetzte. Einige traditionelle Häuser bieten großartige Beispiele, auch wenn ihre Einrichtung im Allgemeinen nicht mehr original aus der Zeit ihrer Entstehung stammt: Bofinger, Mollard, Lipp oder – fern der Hauptstadt – Brasserie Excelsior in Nancy, Le Grand Café des Négociants in Lyon oder La Cigale in Nantes.

Denn auch in der Zeit zwischen den Kriegen boomten die Brasserien in Paris, vor allem im Viertel Montparnasse, mit so renommierten Lokalen wie La Closerie des Lilas, La Coupole, Le Sélect, Le Dôme und La Rotonde. Dort wie auch andernorts sind nun zumeist Auvergnaten im Besitz dieser Häuser. Das bekannteste Beispiel ist Marcelin Cazes, der 1920 die Brasserie Lipp erwarb. Der aus Laguiole stammende Mann brachte das schwächelnde Etablissement schnell wieder auf die Beine und verwandelte es in eine echte Pariser Institution.

Sauerkraut (*la choucroute*), das legendäre Brasserie-Gericht

Sauerkraut – Star der Brasseriekarte

Seit ihren Anfängen in den 1850er-Jahren boten Brasserien auch etwas zu essen an. Star unter den Gerichten war Sauerkraut. Die Anzeigen in den Zeitungen gaben den Ton vor: »Sauerkraut mit Schinken und Straßburger Würstchen«. Im *Dictionnaire universel de cuisine pratique* von 1905 erklärte Jules Favre, dass man in deutschen Restaurants und Brasserien das Sauerkraut direkt aus der Küche holte. Beim Gang an der Kühltheke vorbei kam noch eine Scheibe kalter Schinken darauf. Vielerorts

Auch zwischen den Kriegen boomten Pariser Brasserien, vor allem in Montparnasse, etwa: La Closerie des Lilas, La Coupole, Le Sélect, Le Dôme und La Rotonde.

Die Brasserie Lipp in Saint-Germain-des-Prés im Jahr 1966 (Foto von Gérald Bloncourt)

wurde auch *choucroute garnie*, eine reich bestückte Sauerkrautplatte, angeboten. So gepflegt wie in Jules Gouffés *Livre de Cuisine* von 1867 ging es dabei wohl selten zu: 1 Kilogramm Sauerkraut, 200 Gramm Speck, eine Wurst à 200 Gramm, 8 Chipolatas, serviert mit dem in Stücke geschnittenen Speck: »Um das Sauerkraut herum anrichten, Wurstscheiben und Würstchen obendrauf legen.«

Zwiebelsuppe und Ochsenmaulsalat

Auch andere Gerichte kamen regelmäßig auf den Tisch: Zwiebelsuppe, Kartoffelsalat, Hering, Ochsenmaulsalat ... Die Brasserie stand für einfache und relativ preiswerte Kost. »Die Pariser Brasserie ist ein zweckdienlicher Ort zum Essen für Leute, denen Lärm und Rauch nichts ausmachen«, schrieb Rowland Strong in *Where and How to Dine in Paris* (1900). Das Angebot konnte stark variieren, von der Brasserie mit begrenzter Auswahl an Speisen – »Sauerkrautplatte zu jeder Zeit« – bis hin zu Lokalen mit umfangreicher Speisekarte. So lobte 1935 ein Artikel in der Pariser Zeitung *La Semaine* die Brasserie Balzar im Quartier Latin:

> »Schlichter, aber gemütlicher Speisesaal, diskreter und schneller Service; sehr angemessene Preise. Vorspeisen von bester Qualität (berühmt ist der Ostseehering, direkt aus der Region); zum Beispiel der Sellerie in Remoulade, hervorragend zubereitet. Reiche und abwechslungsreiche Auswahl an Tagesgerichten (8 Francs): Perfektes Salzfleisch mit Kohl, Kalbskopf (serviert mit Zunge und Hirn), ausgezeichnete Grillgerichte, im Sommer kalter York-Schinken aus eigener Herstellung, vor allem aber die bereits berühmten gegrillten Schweinsfüße. Perfekt gereifter Käse, tadelloses Obst, köstliche hausgemachte Kuchen. Ganz besonders zu erwähnen sind jedoch die Spezialitäten des Hauses: das Balzar-Sandwich, gebutterter Toast mit Schinken und Gruyère, im Ofen überbacken; Balzar-Sauerkraut, ein Traum (wie das Sauerkraut in der berühmten Brasserie Lipp am

Boulevard Saint-Germain-des-Prés, Schwesterhaus der Brasserie Balzar).«

Unveränderliches Repertoire

Wie ein Autor 1967 schrieb, »lässt sich die Bezeichnung Brasserie auf alle Cafés von einer gewissen Bedeutung anwenden, insbesondere auf solche, in denen man eine Mahlzeit zu sich nehmen kann«. Tatsache ist, dass dieser Ort, so schwer er auch zu fassen ist, eine einzigartige Vorstellungswelt transportiert. Seit Ende der 1960er-Jahre wissen Firmengruppen daraus Kapital zu schlagen. Auf der Speisekarte hält sich daher standhaft das historische Repertoire. Das Sauerkraut, das nunmehr auch in der Variante *paysanne* (»bäuerliche Art«) oder *de la mer* (»mit Meeresfrüchten«) kommen kann, bleibt ein Muss, ebenso wie eine eher auf Fleischesser ausgerichtete Kost mit Gerichten aus der bürgerlichen Küche. Und ist es im Grunde nicht eine der schon seit Langem bestehenden – kulinarischen – Stärken der Brasserie, dass der Gast schon vorher weiß, was es zu essen gibt?

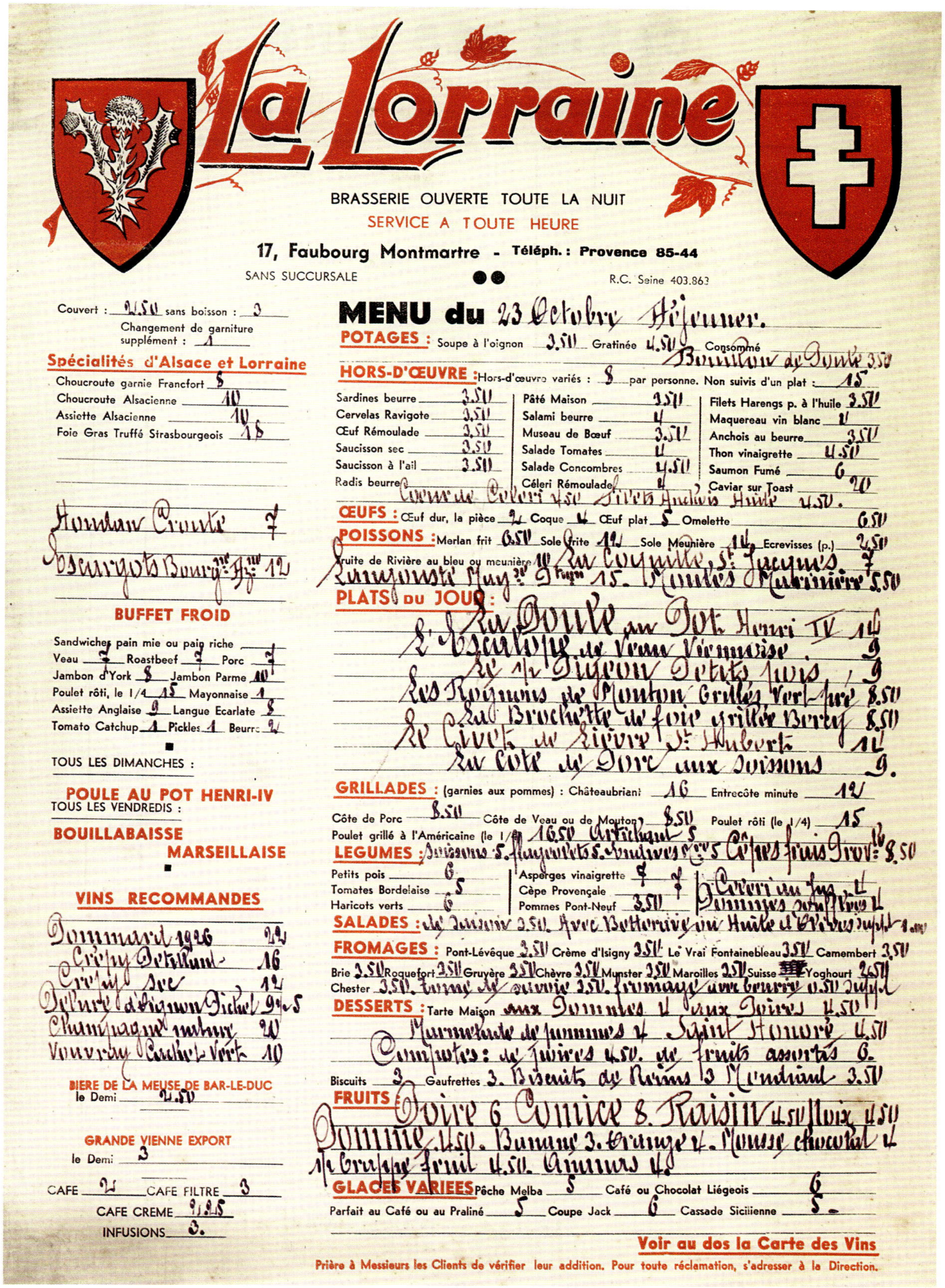

La Lorraine

BRASSERIE OUVERTE TOUTE LA NUIT

SERVICE A TOUTE HEURE

17, Faubourg Montmartre - Téléph. : Provence 85-44

SANS SUCCURSALE

R.C. Seine 403.863

Couvert : 2.50 sans boisson : 3

Changement de garniture supplément : 1

Spécialités d'Alsace et Lorraine

Choucroute garnie Francfort 8

Choucroute Alsacienne 10

Assiette Alsacienne 10

Foie Gras Truffé Strasbourgeois 18

Jambon Cru 7

Escargots Bourg. 12

BUFFET FROID

Sandwiches pain mie ou pain riche

Veau 7 Roastbeef 7 Porc 7

Jambon d'York 8 Jambon Parme 10

Poulet rôti, le 1/4 15 Mayonnaise 1

Assiette Anglaise 9 Langue Ecarlate 8

Tomato Catchup 1 Pickles 1 Beurre 2

TOUS LES DIMANCHES :

POULE AU POT HENRI-IV

TOUS LES VENDREDIS :

BOUILLABAISSE MARSEILLAISE

VINS RECOMMANDES

Pommard 1926 22

Crépy 16

Crépy sec 12

Champagne nature 20

Vouvray Cachet Vert 10

BIERE DE LA MEUSE DE BAR-LE-DUC

le Demi 2.50

GRANDE VIENNE EXPORT

le Demi 3

CAFE 2 CAFE FILTRE 3

CAFE CREME 2.25

INFUSIONS 3.

MENU du 23 Octobre Déjeuner.

POTAGES : Soupe à l'oignon 3.50 Gratinée 4.50 Consommé

HORS-D'ŒUVRE : Hors-d'œuvre variés : 8 par personne. Non suivis d'un plat : 15

Sardines beurre	3.50	Pâté Maison	3.50	Filets Harengs p. à l'huile	3.50
Cervelas Ravigote	3.50	Salami beurre	4	Maquereau vin blanc	4
Œuf Rémoulade	3.50	Museau de Bœuf	3.50	Anchois au beurre	3.50
Saucisson sec	3.50	Salade Tomates	4	Thon vinaigrette	4.50
Saucisson à l'ail	3.50	Salade Concombres	4.50	Saumon Fumé	6
Radis beurre		Céleri Rémoulade	4	Caviar sur Toast	20

ŒUFS : Œuf dur, la pièce 2 Coque 4 Œuf plat 5 Omelette 6.50

POISSONS : Merlan frit 6.50 Sole frite 12 Sole Meunière 14 Ecrevisses (p.) 2.50

Truite de Rivière au bleu ou meunière 10 La Coquille St. Jacques 7

Moules Marinière 5.50

PLATS DU JOUR :

La Poule au Pot Henri IV 14

L'Escalope de Veau Viennoise 9

Le 1/2 Pigeon Petits pois 9

Les Rognons de Mouton Grillés Vert-pré 8.50

La Brochette de foie grillée Bercy 8.50

Le Civet de Lièvre St. Hubert 12

La Côte de Porc aux Poissons 9.

GRILLADES : (garnies aux pommes) : Châteaubriant 16 Entrecôte minute 12

Côte de Porc 8.50 Côte de Veau ou de Mouton 8.50 Poulet rôti (le 1/4) 15

Poulet grillé à l'Américaine (le 1/4) 16.50 Artichaut 5

LEGUMES : Cèpes frais Prov. 8.50

Petits pois	6	Asperges vinaigrette	7
Tomates Bordelaise	5	Cèpe Provençale	7
Haricots verts	6	Pommes Pont-Neuf	3.50

SALADES :

FROMAGES : Pont-Lévêque 3.50 Crème d'Isigny 3.50 Le Vrai Fontainebleau 3.50 Camembert 3.50

Brie 3.50 Roquefort 3.50 Gruyère 3.50 Chèvre 3.50 Munster 3.50 Maroilles 3.50 Suisse Yoghourt 2.50

Chester 3.50.

DESSERTS : Tarte Maison aux Pommes 4 aux Poires 4.50

Saint Honoré 4.50

Compotes : de Poires 4.50. de fruits assortis 6.

Biscuits 3 Gaufrettes 3. Biscuits de Reims 3 Mendiant 3.50

FRUITS : Poire 6 Comice 8. Raisin 4.50 Noix 4.50

Pomme 4.50. Banane 3. Orange 4. Mousse chocolat 4

Grape Fruit 4.50. Ananas 4.

GLACES VARIEES Pêche Melba 5 Café ou Chocolat Liégeois 6

Parfait au Café ou au Praliné 5 Coupe Jack 6 Cassade Sicilienne 5.

Voir au dos la Carte des Vins

Prière à Messieurs les Clients de vérifier leur addition. Pour toute réclamation, s'adresser à la Direction.

Speisekarte einer Brasserie in Montmartre in den 1960er-Jahren

Die Brasserie steht für einfache und relativ preisgünstige Kost.

Nationalgericht Steak-frites

Steak mit Pommes frites, ein beliebter Klassiker, der in allen Brasserien Frankreichs serviert wird, ist im kollektiven Bewusstsein so fest verankert, dass der Philosoph und Literaturkritiker Roland Barthes ihm in den 1950er-Jahren in seinen *Mythen des Alltags* mehrere Seiten widmete. Wie haben sich diese beiden Speisen auf einem Teller eingefunden und zu einem Kultgericht vereint?

Runde Pommes frites

Auch auf die Gefahr hin, dass die belgischen Nachbarn verärgert sind: Pommes frites sind eine französische Erfindung, Paris ist ihr Geburtsort. Der Startschuss lässt sich wahrscheinlich auf die 1780er-Jahre datieren, als auf dem Pont Neuf die ersten Kartoffel-Beignet-Händlerinnen auftauchten. *La Cuisinière républicaine*, ein Werk aus dem dritten Jahr des Revolutionskalenders (1793–1794), das sich ausschließlich der Kartoffel widmete, enthielt auch eine Anleitung zum »Frittieren«: in Scheiben geschnittene Kartoffeln, die in einen Teig aus Kartoffelmehl getaucht und frittiert werden, bis sie »eine schöne Farbe« haben.

Es waren vermutlich dieselben Straßenhändlerinnen, die auf die Idee kamen, Kartoffelscheiben direkt ins siedende Öl zu tauchen. Anfang des 19. Jh. wurde diese kulinarische Innovation in mehreren Pariser Vierteln angeboten. Innerhalb kurzer Zeit avancierten die Pommes frites zu einer Volksspeise par excellence. Die Pommes-Verkäuferinnen mit ihren Tütchen wurden zu einer der großen Figuren der Pariser Folklore.

Pommes-frites-Händlerin Anfang des 19. Jh. in Paris

Mit einer gewissen Ironie beginnt der Roman *Carotin* von Paul de Kock aus dem Jahr 1845 mit einer Lobrede des Helden auf die »Fritte« und ihre namentlich nicht bekannte Erfinderin:

> »Zuerst erschien eine Frau … Ich werde ihren Namen nicht nennen … weil ich ihn nicht kenne! … Aber sie verdient es, Eva oder zumindest Kybele genannt zu werden! […] Was tat diese Frau? … Sie kaufte schlicht eine Bratpfanne und ein paar Pfund Schmalz […], und in das siedende Schmalz schnitt sie scheibenweise Kartoffeln, schöpfte sie frittiert wieder heraus und verkaufte sie an ihre Anhänger.«

Ehre dieser Frau, deren Geschichte zu meinem Bedauern nicht bis zu uns durchgedrungen ist! Es gibt viele bekannte Namen, die ihren Ruhm viel weniger verdient haben als sie. Doch es fehlte noch ein Schritt: Die runde Scheibe musste zum Stäbchen werden. Diese Metamorphose vollzog sich in den 1830er-Jahren und wahrscheinlich leisteten die Straßenhändlerinnen dabei erneut Pionierarbeit. Ab den 1850er-Jahren fand diese Revolution auch in den Kochbüchern ihren Widerhall.

Das Steak – »merci« an England

Das Steak lässt sich kaum als französische Erfindung bezeichnen. Das erste Steakrezept eines Franzosen stammt von Vincent La Chapelle, der teils auf der anderen Seite des Kanals wirkte. In seinem *Cuisinier moderne* von 1735 findet sich ein »Beef Steks à l'Angloise«. Die Anglomanie zur Aufklärung verhalf dem Rindfleisch, inklusive Steak, zu Popularität unter der französischen Elite. Im Jahr 1825 begrüßte Brillat-Savarin die kulinarischen Newcomer unter der Regentschaft Ludwigs XVI. und der Revolutionszeit. Freudig hieß er für Frankreich »Karik« und »Beefsteak« willkommen.

Die Mode der englisch geprägten Restaurants trug vermeintlich dazu bei. Ein Engländer, der 1788 Paris besuchte, berichtete, er habe bei Beauvilliers gegessen, der sich rühmte, seine Gäste »englische Art« zu bedienen. Sein Versprechen »abgesehen von Beefsteaks und Welsh-Rabbit« habe er jedoch kaum eingehalten. In einem englischen Reiseführer aus dem Jahr 1818 hieß es, dass Beauvilliers schon lange keine englische Küche mehr biete, sein »schlechtes Beefsteak« jedoch nach wie vor auf der Karte stünde – was den Gast nur enttäuschen könne.

Während englische Restaurants in Paris auch im 19. Jh. im Trend lagen, wurde das Beefsteak in die französischen Essgewohnheiten eingebürgert und stand nun auch in Restaurants auf der Karte, die keine britischen Wurzeln hatten. Es als Speise des Volkes zu bezeichnen, obwohl es bei Bauern nicht und sonst nur gekochtes Rindfleisch für einfache Stadtbewohner auf den Tisch kam, wäre gewagt. Gleichwohl war das Steak in jeder Art von Gaststätte vertreten – in stark schwankender Qualität – und wurde auch außerhalb der bürgerlichen Küche zu einem Alltagsgericht.

Steak-frites, endlich vereint

> »Wie der Wein ist das Steak in Frankreich ein Grundnahrungsmittel, mehr noch nationalisiert als sozialisiert; es ist in allen Bereichen des kulinarischen Lebens vertreten […]; es fügt sich jedem Rhythmus, der gemütlichen bürgerlichen Mahlzeit und dem unbekümmerten Imbiss eines Junggesellen […]; es verkörpert die bestmögliche Mischung aus Ökonomie und Effizienz. […] Gemeinhin mit Pommes frites kombiniert, verleiht ihnen das Steak seinen nationalen Glanz: Die Pommes frites sind so nostalgisch und patriotisch wie das Steak.«

Ob Roland Barthes' Urteil noch heute dieselbe Gültigkeit hat, ist schwer zu sagen, doch der Umstand, dass ein Intellektueller Mitte der 1950er-Jahre derart über das Steak-frites sinnierte, unterstreicht seine Bedeutung in der französischen Esskultur.

Die Kombination Steak und Pommes frites tauchte bereits recht früh in den Kochbüchern auf. Das »Rinderfiletsteak« im *Cuisinier impérial* von Viard aus dem Jahr 1806 wurde von Cornichons oder Kartoffeln begleitet, die in Butter sautiert wurden, »bis sie goldbraun sind«. Tatsächlich wurden Pommes frites schnell zum festen Bestandteil fast jeden Kochbuchs. Für Henri Duval sind sie im *Manuel du cuisinier* (1825) selbstverständliche Beilage: »Man umlegt das Steak mit Pommes frites, geschnittenen Cornichons und Kresse.« Zweifellos hat man es hier mit einer eher bürgerlichen als der Volksküche zu tun, doch Steak und Pommes frites ergeben sich als Kombination von selbst. Und zum »Beefsteak mit Kartoffeln« im *Cuisinier économe* von Archambault (1825) oder im *Livre de cuisine* von Jules Gouffé (1867) werden die Kartoffeln in der Tat frittiert.

34, Boulevard Clichy, 34 (Place Pigalle)

BRASSERIE DES FRITES RÉVOLUTIONNAIRES

PRIX

Frites à la Graisse
Avec une boule de son, un verre de vin rouge ou un bock.
OPPORTUNISTE
REVISIONNISTE 60 c.
HUISSIER

Frites à la Graisse
Avec une boule de son, un verre de Bordeaux ou de Chablis.
BOULANGISTE 75 c.

Frites soufflées à la Graisse
Avec une boule de son et un verre de Champagne.
BOURGEOISE
CLÉRICALE
ROYALISTE 1 fr.
BONAPARTISTE

FARIA

APÉRITIFS NOUVEAUX : AMER REVISION, AMER DISSOLUTION, 30 c.
Toutes les autres Consommations ordinaires, 30 c.

CITOYENS,

A la Brasserie des Frites Révolutionnaires, toutes les Consommations et l'Alimentation seront de provenances Françaises. Pour la Bière, j'ai traité avec la première Maison de la place de Paris, la Croix de Lorraine, dont l'usine est à Bar-le-Duc (Meuse).

Un plat de pommes de terre frites est une nourriture suffisamment abondante à l'existence, et mes concitoyens me sauront gré de leur avoir donné les moyens de vivre à bon marché. Pour bien se porter, il faut la sagesse d'un SPARTIATE et la sobriété du *Chameau*. — Je ne crois pas que nous serons obligés de supporter un nouveau siège. Cependant, avec cette nourriture saine et abondante, PARIS pourrait lutter *Dix années* contre un nouvel investissement, puisque l'on se serait habitué à ne prendre que la dixième partie de la nourriture qu'il faut aujourd'hui inutilement.

CONCLUSION. — J'aurai rendu service à mon pays, au point de vue **Humanitaire, Philanthropique, Hygiénique** et **Patriotique** !

Patriotique, oui, je le maintiens ! Le jour où il faudra fondre avec impétuosité sur les lignes assiégeantes, on nous verra reprendre le pas gymnastique avec l'élan de 92. Nous sommes certains à l'avance de remporter la victoire. Ce ne sera pas la **Graisse** qui nous empêchera de courir, pour vaincre et mourir. Dr MAXIME LISBONNE.

Quatre Estafettes à cheval assureront le service de la correspondance des clients et porteront à domicile les commandes de Frites Révolutionnaires

PARIS. — IMPRIMERIE LISBONNE, RUE ANDRÉ-DEL-SARTE, 8.

Maxime Lisbonne, Prospekt für das Kabarett Les Frites révolutionnaires, Ende des 19. Jh.

Das Duo eroberte in der zweiten Hälfte des 19. Jh. die beliebten Restaurationsbetriebe. Schätzungen zufolge hat sich der Pro-Kopf-Fleischkonsum zwischen Ende des 18. Jh. und den 1960er-Jahren vervierfacht. Die Geschichte des Steaks zeugt vom steigenden Lebensstandard. Überraschend und amüsant war, dass Barthes ein vermeintlich urfranzösisches Steak beschreibt, das seiner Beilage, den Pommes frites, den nationalen Charakter einhaucht, und aus dieser Vereinigung ein durch und durch französisches Gericht ableitet.

Pommes frites entstanden in Paris.

La Mère Poulard

Neben den Salzwiesenlämmern ist die Auberge de la Mère Poularde das andere kulinarische Wahrzeichen des Mont-Saint-Michel. Im Zuge des sich entwickelnden Tourismus Ende des 19. Jh. erlangten das Restaurant und seine Gründerin eine nationale und internationale Bekanntheit, die sie einer einfachen Küche verdankten, die mancher nur ungern als »fein« bezeichnen würde.

Anne Boutiaut

Im Mai 1872 reiste Anne Boutiaut zum ersten Mal zum Mont-Saint-Michel. Sie war damals das Zimmermädchen des Architekten Édouard Corroyer und seiner Frau. Jener war mit der Inspektion des Berges im Hinblick auf seine Restaurierung und Einstufung als historisches Denkmal beauftragt. Während des zweimonatigen Aufenthalts lernte Anne Boutiaut Victor Poulard, den Sohn des Bäckers, kennen. Im folgenden Jahr heirateten sie in Paris und übernahmen dank der Schirmherrschaft von Corroyer und seiner Frau einen Monat später im Februar 1873 das Hotel Saint-Michel Teste d'or auf dem Mont-Saint-Michel.

Ein Omelett zum Zeitvertreib

Infolge des Krieges mit Preußen erlebten die Wallfahrten zu den Heiligtümern ab 1870 einen neuen Aufschwung. Der Mont-Saint-Michel machte keine Ausnahme. Anne Poulard wiederum begriff schnell, dass sich der Betrieb ihrer Auberge optimieren ließ, wenn sie sich nach den Gezeiten richtete, die das Kommen und Gehen der Touristen bestimmten.

Wenngleich sie auch Speisen servierte, die mehr Zeit in Anspruch nahmen, beschloss sie, Omeletts anzubieten, die sie den Gästen, sobald sie das Restaurant betraten, servierte, um ihnen die Wartezeit zu verkürzen, bis beispielsweise das Fleisch fertig war. Dieselben Gäste konnten auch zusehen, wie sie im offenen Kamin Eier zubereitete, was dank der Geschicklichkeit der Wirtin zur warmherzigen, traditionellen Atmosphäre des Lokals beitrug.

Das Schild der Mère Poulard. – das Lokal wurde 1888 gegründet.

Das Omelett der Mère Poulard

Das Omelett der Mère Poulard

Der *L'Art culinaire* berichtete in einer Ausgabe aus dem Jahr 1908 über die ritualisierte Zubereitung des »Omelette de la Mère Poulard«:

»Die Methode unterscheidet sich nicht von der klassischen Vorgehensweise und das Rezept ist sehr einfach: In einer großen Wanne werden vorab etwa hundert Eier aufgeschlagen, gewürzt und mit etwa einem halben Liter Wasser verrührt.

Das Ganze wird dann zehn bis zwölf Minuten kräftig verschlagen. Ist der Moment der Zubereitung gekommen, schöpft der Koch eine große Kelle, die ein Dutzend Eier fasst, aus der Wanne heraus und gibt ein Viertel exzellenter geschmolzener Butter hinzu.
Dann gießt er die Mischung in die Pfanne, in der weitere Butter schäumt und drei Minuten später wird das auf den Punkt gegarte und makellos geformte Omelett von leicht goldbrauner Farbe, die es so appetitlich macht, auf einen Teller gestürzt und sogleich im Speisesaal nahe der Küche serviert. Dieser Vorgang wird beständig wiederholt, bis sämtliche Gäste am Tisch versorgt sind.«

Von Rang und Namen

Im Jahr 1888 musste das Ehepaar Poulard umziehen und kaufte das Hotel Lion d'or, während der jüngere Bruder Victors das alte Gasthaus der beiden übernahm und versuchte, es ebenso erfolgreich zu betreiben. Doch die Gäste strömten weiter in das Restaurant, das jetzt den Namen À l'Omelette trug und in La Mère Poulard umbenannt wurde. Durch die von Corroyer durchgeführten Arbeiten erstrahlte der Berg in neuem Glanz; er war nun mit der Eisenbahn erreichbar und verfügte über einen Zugangsdamm. Prominente Gäste ließen sich regelmäßig blicken (Clemenceau, Leopold II. von Belgien, Edward II. von England ...), aber auch Besucher aus aller Welt, wie das 1907 von New Yorker Gästen ins Leben gerufene Goldene Buch des Hauses belegt.

Auch Anne(tte)s Persönlichkeit selbst hatte erheblichen Anteil am guten Ruf des Hauses. Sie begrüßte jeden Gast persönlich und war eine überaus aufmerksame Gastgeberin, wie ein Journalist 1905 nicht ohne Ironie berichtete:

> »Sie ist übrigens da, die Mère Poulard, gut sichtbar; es gibt deren sogar zwei, die eine mit einer Pfanne in der Hand lebensgroß auf das Schild gemalt und über der Türzarge hängend, die andere aus Fleisch und Blut auf der Türschwelle, der Anblick, das Kostüm, die Erscheinung identisch mit dem Modell. Und alle grüßen sie: Sie hat viele Freunde, die Mère Poulard. Sie selbst kennt jeden, selbst die, die sie noch nie gesehen hat!«

Sie war so beliebt, dass ihr viele Pariser Zeitungen nach ihrem Tod im Jahr 1931 einen Nachruf widmeten, während die Grabinschrift auf dem Friedhof des Mont-Saint-Michel an die Gastfreundschaft des Ehepaars Poulard erinnert: »Hier ruhen Victor und Annette Poulard. Gute Eheleute, gute Hoteliers. Der Herr möge sie willkommen heißen, wie sie ihre Gäste willkommen hießen.«

An einem besonders privilegierten Ort gelegen, profitierte La Mère Poularde vom aufkommenden Tourismus. Vor allem diesem Umstand, mehr noch als ihrer Küche, verdankte sie ihren Erfolg. Die Pariser Kritiker schätzten die Atmosphäre des Lokals und die Persönlichkeit seiner Wirtin und verhalfen ihr zu einem landesweiten Ruf – zweifellos eine Premiere für ein »nicht-gehobenes« Restaurant.

Von der Nouvelle Cuisine *bis heute*

Die Nouvelle Cuisine

Mit dem Tod Escoffiers in Monte Carlo am 12. Februar 1935 schien eine lange Ära in der französischen Gastronomie zu Ende zu gehen. Das 20. Jh. wird bisweilen als eine nicht unbedingt höfliche Staffelübergabe zwischen der Küche »à la Escoffier« und der Nouvelle Cuisine begriffen. Sie erfüllte die nationale Kochkunst in den 1970er-Jahren mit neuem Leben. Fast ein Jahrhundert später wird die Haute Cuisine in der Zwischenkriegszeit oft als erstarrt beschrieben, als gefangen im Erbe ihres Meisters und seines Guide culinaire, unfähig, sich neu zu erfinden. Escoffier war jedoch der Erste, der erkannt hatte, dass sich eine Küche mit der Zeit weiterentwickeln konnte und musste: »Da sich alles verändert und wandelt, wäre es absurd, das Schicksal einer Kunst festlegen zu wollen, die in vielerlei Hinsicht der Mode unterliegt und ebenso unbeständig ist wie jene.« (Le Guide culinaire, 1903)

Auftrieb für regionale Küche

Die 1920er-/30er-Jahre waren geprägt von einer Aufwertung der Regionalküchen – deren Fürsprecher dem Stil der Palasthotels nach Art Escoffiers feindselig gegenüberstanden. Der *Guide Michelin* begann seine Sterne zu verteilen. Die Kochkunst war also nicht tot, doch war sie vielleicht eingenickt? »Leider gibt es kaum neue Kreationen zur Eroberung der Hitlisten der Köche, eher geschieht es in den Familien, dass sich die Hausfrauen der Fantasie des Anlasses hingeben und neue, originelle Gerichte ›erfinden‹«, beklagte sich 1951 der Gastrokritiker Robert J. Courtine.

Fernand Point bis Paul Bocuse

Doch gibt es sehr wohl Köche, die man häufig als Innovatoren und Vorreiter der Nouvelle Cuisine bezeichnet. Diese Pioniere waren Praktiker, die bei ihren Zeitgenossen – und oft auch beim *Michelin* – bekannt und anerkannt waren. Wegbereiter waren etwa Fernand Point (La Pyramide in Vienne) und Alexandre Dumaine (La Côte d'or in Seaulieu), die bereits vor dem Krieg erfolgreich waren – Point bildete Paul Bocuse, Claude Peyrot, Louis Outhier und die Brüder Troisgros aus. Andere Köche entwickelten in den 1950er-Jahren abseits der ausgetretenen Pfade eine individuell geprägte Küche, darunter Charles Barrier in Tours, Jean Delaveyne in Bougival, André Guillot in Marly, Raymond Oliver im Grand Véfour und Alexis Humbert im Maxim's. Charles Barrier war ein Verfechter der saisonalen Küche und ständig auf der Suche nach Neuerungen; André Guillot propagierte eine leichte Gangart und behauptete, 1947 als Erster die Mehlschwitze aus den Saucen verbannt zu haben. Diese Köche gingen der Generation Bocuse, Guérard, Troisgros, Haeberlin und Chapel voraus, die ihren Durchbruch ab 1960 erleben sollte.

Die beiden Gastrokritiker Henri Gault und Christian Millau, die bereits seit einigen Jahren zusammenarbeiteten und 1969 eine eigene Monatszeitschrift gründeten, waren fasziniert von der Kreativität dieser jungen Köche, ihrer Abwendung von der dogmatischen alten Schule und den schweren konventionellen Zubereitungen. Ihre Zeitschrift rückte die neue Generation ins Rampenlicht. Im Oktober 1973 erschienen ihre Zehn Gebote dazu (*»Vive la Nouvelle Cuisine française!«*):

1. Du sollst Speisen nicht zu lange garen.
2. Du sollst frische Produkte von guter Qualität verwenden.
3. Du sollst deine Speisekarte verschlanken.
4. Du sollst nicht kategorisch modernistisch sein.
5. Du sollst dennoch danach streben, neue Techniken zu erkunden.
6. Du sollst Marinieren, Faisandieren [Abhängen von Wildgeflügel], Fermentieren … vermeiden.

7. Du sollst auf schwere Saucen verzichten.
8. Du sollst die Diätetik nicht außer Acht lassen.
9. Du sollst bei der Präsentation der Speisen nicht täuschen.
10. Du sollst erfinderisch sein.

Gault und Millau erfanden den Begriff »Nouvelle Cuisine«, um eine Bewegung zu beschreiben, die bereits existierte, und sie formalisierten Grundsätze, die diese Köche auf individuelle Weise umsetzten. Man denkt unweigerlich an die Werke, die im 18. Jh. erstmals für eine »Nouvelle Cuisine« eintraten, insbesondere für eine Vereinfachung und für eine Rückbesinnung auf den wahren Geschmack der Dinge – auch im Sinne diätetischer Erwägungen, wenngleich es nicht um eine »schlanke« Küche ging. Ein altes Leitmotiv in der Geschichte der französischen Küche, wobei jede Generation glaubte, diese Vereinfachung geleistet zu haben – hatte nicht Escoffier die Küche des Urbain Dubois entschlackt?

Im Mittelpunkt dieser »Aufräumarbeiten« standen oft die in der französischen Küche so wichtigen Saucen. Die Nouvelle Cuisine hatte sich zum Ziel gesetzt, das Produkt zu optimieren und stellte die gängigen Methoden infrage. Louis Outhier vom L'Oasis (drei Michelinsterne) in Mandelieu-la-Napoule, ein weiterer prominenter Vertreter der jungen Garde, fasste später humorvoll zusammen:

> »Escoffiers Küche war so ausgelegt, dass die Speisen die Reise von der Küche der Palasthotels, die sich oft im Untergeschoss befand, bis zum 250 Meter entfernten Speisesaal schadlos überstanden. Die Gerichte mussten am Ende des langen Weges in gutem Zustand und noch warm sein! Die klebrigen, leicht pappigen Saucen halfen, das Ganze zusammenzuhalten.«

Anstelle der Mehlschwitze griff Michel Guérard zur Bindung seiner Saucen zu fettarmen Milchprodukten, die Jus erfuhr eine Aufwertung gegenüber herkömmlicher Saucen und die Reduktion wurde zur gängigen Technik – im Grunde hätten bereits die mittelalterlichen Praktiken das Zeug dazu gehabt, Gault und Millau zu begeistern. Es entspann sich ein Diskurs, insbesondere über das Produkt und jene Verfahren, die ein halbes Jahrhundert später als selbstverständlich gelten sollten.

Gault und Millau erfanden den Begriff »Nouvelle Cuisine«, um eine Bewegung zu beschreiben, die bereits existierte.

»Le repas gastronomique des Français«

Im Jahr 2010 wurde »Le repas gastronomique«, das gemeinsame Essen der Franzosen zu festlichen Anlässen, von der UNESCO in die repräsentative Liste des immateriellen Kulturerbes der Menschheit aufgenommen. Ein Schritt, der vom Europäischen Institut für Lebensmittelgeschichte und -kultur in Tours initiiert und gefördert wurde. Entgegen der landläufigen Meinung stand dabei nicht die französische Küche im Vordergrund, sondern das Essen als soziale Praxis. Im Grunde geht es um die französische Kultur des festlichen Speisens, die von der UNESCO gewürdigt wurde. Seitdem wurden zahlreiche weitere kulinarische Kulturgüter von der UNESCO ausgezeichnet, darunter das traditionelle Zeremoniell des türkischen *keskek* (2011), Thieboudienne (die Kochkunst des Senegal), und die haitianische Kürbissuppe *soupe joumou* (2021).

Das »festliche Mahl« in Frankreich ist durch Rituale und Bräuche gekennzeichnet, insbesondere durch eine festgelegte Abfolge von Gängen: »Eröffnet durch den Aperitif, beschlossen durch den Digestif, umfasst es aufeinanderfolgende Gänge: Vorspeise, Fisch und/oder Fleisch mit Gemüse, Käse, Dessert. Die Zahl der Gänge kann sich je nach Anlass von mindestens vier auf fünf oder sechs erhöhen.« Die Auszeichnung als Weltkulturerbe spiegelt einen allgemeinen Trend zur Bewahrung des kulinarischen Erbes wider, welcher weltweit zu beobachten ist.

Köche im Rampenlicht

Eine weitere Folge jener Zeit war, dass die Köche selbst stärker in den Fokus traten. In der Provinz besaßen Point, Dumaine und André Pic in Valence oder die Familie Bise in Talloires bereits ihr eigenes Geschäft und waren die Alleinherrscher in ihrem Reich. In Paris brach Raymond Oliver mit der Tradition, als er 1948 das Grand Véfour erwarb. Bis dahin hatten die Eigentümer der großen Restaurants in der Hauptstadt, die »Restauratoren«, das Rampenlicht für sich beansprucht. Sie führten meist im Speisesaal das Zepter, während die Köche in ihrem Schatten blieben, oft namenlos.

Gerade die Verschlankung der Küche in den 1960er-/70er-Jahren stellte die zentrale Rolle eines Maître d'hôtel infrage. Das Tranchieren am Wagen vor den Gästen oder das Flambieren waren Techniken, die als überholt galten. Der Tellerservice, den die Brüder Troisgros in ihrem Restaurant in Roanne sukzessive einführten, fand immer mehr Nachahmer. Schnellere Abläufe, wärmere Speisen und weniger Abgänge – die vielen Vorteile lagen auf der Hand. Auch das Vorlegen entfiel.

Einige Köche wurden zu regelrechten Unternehmern und Geschäftsleuten, eröffneten Niederlassungen im Ausland, betätigten sich als Berater und kooperierten mit der Lebensmittelindustrie. Ein Trend, der bis heute anhält. Das wachsende Geltungsbewusstsein der Köche ging Hand in Hand mit ihrer Mediatisierung – übrigens war bereits die Konzeptualisierung der Nouvelle Cuisine ein Medienphänomen. Raymond Oliver machte den Anfang. Im Jahr 1954 avancierte er mit Catherine Langeais in der Sendung *Art et magie de la cuisine* über zehn Jahre zu einem beliebten Fernsehduo. Auch in Zeiten zahlloser Kochshows, hoher Einschaltquoten, Klickraten in TV und sozialen Netzwerken ist der Ruhm der Star-Kochs hochaktuell.

»Bistronomie« und vegetarische Küche

Auch nach der großen Blütezeit der Nouvelle Cuisine erwies sich die französische Küche als dynamisch. Große Persönlichkeiten dominierten die Szene. Schulen, Fraktionen oder Strömungen konkreter einzukreisen, ist schwierig. Mit der »Bistronomie« kristallisierte sich in den 1990er-Jahren erneut ein Trend heraus, der in einem durch die Fooding-Bewegung angestoßenen Diskurs theoretisiert und mit einem prägnanten Namen versehen wurde. Auf welcher Basis? Der Aufschwung der vegetarischen Küche, zweifellos von großen Köchen wie Michel Bras, Alain Passard oder Alain Ducasse vorangetrieben, stellte die kulinarische Kreativität rund um pflanzliche Produkte in den Mittelpunkt. Die Gerichte wurden leichter, konzentrierten sich auf die Reinheit der Aromen und die Bewahrung der natürlichen Textur. Steckte nicht einmal mehr der Wunsch nach Vereinfachung dahinter, zumindest vordergründig?

Ein weiteres bedeutendes Phänomen war die Tatsache, dass sich die französische Küche mehr denn je zuvor Einflüssen aus der ganzen Welt öffnete. Wusste die Nouvelle Cuisine zahlreiche Dinge zu integrieren, so steht sie ganz besonders in der Schuld der japanischen Küche, was sich in der schlichten Präsentation der Speisen und in der Einführung der Dampfgartechniken äußerte. Die Globalisierung der Kochkunst hat diesen Trend nur noch verstärkt, wobei japanische Techniken durch Köche wie Alain Ducasse und Thierry Marx weiterhin ihre Spuren in der französischen Küche hinterließen. Namhafte Köche ließen sich u.a. von der chinesischen, peruanischen oder auch nordafrikanischen Küche inspirieren. Alain Ducasse interpretierte die Ceviche neu, Olivier Roellinger baute seine Küche rund um die Gewürze dieser Welt auf.

Abschließend der Verweis auf ein 2014 erschienenes Werk des Kochs Yannick Alléno mit dem Titel *Sauces. Réflexions d'un cuisinier* (»Saucen. Reflexionen eines Kochs«). Das Vorwort verfasste der Gastrokritiker Claude Lebey, der sich

Die Weinbegleitung

Als an der Schwelle zum 19. Jh. der kulinarische Diskurs Fahrt aufnahm, schenkte er der Kombination von Speisen und Weinen kaum Beachtung. Grimod de La Reynière begnügte sich in seinem *Almanach des gourmands* von 1905 mit der Unterscheidung zwischen feinen und gewöhnlichen Weinen, wobei er die edlen Tropfen dem Entremets – Clos-Vougeot, Romanet, Chambertin – und den Desserts – Rivesaltes, Madeira, Tokai – vorbehielt. Neben diesen Luxusweinen empfahl er zum Auftakt der Gaumenfreuden Weine aus dem Orléanais und der Basse-Bourgogne. Immerhin riet Grimod den Gastgebern – ohne Einzelheiten zu nennen – sich mit »ausgezeichnetem gewöhnlichem Wein« einzudecken und jeweils zur Hälfte Weiß- und Rotweine anzubieten, um jedem Geschmack gerecht zu werden. Dabei formulierte er eine einfache Regel: Man solle »die Weine nacheinander servieren und den schwersten zum Schluss«.

Die Idee, Weine und Speisen harmonisch miteinander in Einklang zu bringen, setzte sich nur langsam durch. Im Jahr 1878 empfahl Théophile Malvezin einige einfache, aber präzise Regeln: Weißwein zu Fisch, kräftige Rotweine zu Fleisch und zum Abschluss eines Mahls alte Rotweine, gefolgt von weißen Likör- oder Schaumweinen. Diese Empfehlungen, ähnlich jener für Burgunderweine zu kräftigen Fleischgerichten, setzten sich allmählich als Richtschnur durch. Der Wechsel zum russischen Service, bei dem einzelne Gerichte, nicht komplette Gänge serviert werden, begünstigte den Trend zu einer harmonischen Abstimmung von Speisen und Weinen.

Raymond Oliver in seinem Restaurant Le Grand Véfour im März 1973

bereits 1975 in einem Artikel über den Durchbruch der Nouvelle Cuisine freute und schrieb:

»Die Haute Cuisine lag im Sterben, erstickt an ihrem Prestige, erstarrt in ihren Dogmen und Saucen. […] Die ›Bocuse-Bande‹ hat den schweren Saucen, den Fonds und den diversen Trümpfen den Kampf angesagt. Sie entzauberte das Ritual der kultischen Verzierungen und entlarvte sie als Tarnung, um das Einzige, was zählt, zu entblättern und zu betonen: das, was auf dem Teller liegt.«

40 Jahre später arbeitet Claude Lebey mit Yannick Alléno zusammen, der »die Saucen wieder in den Mittelpunkt der Küche rücken« möchte. Der 2017 verstorbene Journalist steht zu dem scheinbaren Widerspruch seiner einstigen Haltung und dem Wunsch, das französische Saucenerbe zu bewahren:

»Ich bleibe Anhänger des Kreuzzuges gegen schwere Saucen, im gleichen Atemzug wie ich angesichts der Erinnerungen an elegante Saucen, die heute zu Unrecht verschwunden sind, einen schmerzlichen Verlust und eine dumpfe Nostalgie verspüre.«

Die französische Küche überarbeitet ihre Klassiker, erfindet sie neu, lässt sie wieder erstehen und gestaltet sie dem Zeitgeschmack und vielen Einflüssen entsprechend um. Sie ist nie dieselbe und doch nie völlig anders.

Fouquet's – Tummelplatz der Hautevolee

Fouquet's, seit über 120 Jahren in einem Haussmannschen Gebäude an der Ecke Champs-Élysées und Avenue George V untergebracht, mit ihrem unverwechselbaren roten Vordach über der Terrasse, ist eine der berühmtesten Adressen der Hauptstadt. Für Millionen von Franzosen ist es das »Edelrestaurant« schlechthin, ein Ruhm, der nicht nur auf die Qualität der Speisen zurückzuführen ist.

Brasserie Fouquet's in der ersten Hälfte des 20. Jh. (Zeichnung von Georges Redon)

Vom Paris Haussmanns zu den Michelinsternen

Das Gebäude an der Avenue des Champs-Élysées 99 entstand 1863, als Paris vom Baulärm der Haussmannschen Umgestaltung der Hauptstadt erfüllt war. Im Erdgeschoss befanden sich mehrere Gastrobetriebe, bevor Louis Fouquet am 28. September 1898 The Criterion Fouquet's Bar eröffnete. Englische Namen waren in Mode – Pierre Fraysse hatte 1860 das Peter's und Maxime Gaillard 1893 das Maxim's eröffnet – das galt auch für die Drinks (Cocktails), die den Gästen serviert wurden.

Louis Fouquet starb 1905 an Typhus, seine Nachfolge trat sein Schwager Léopold Mourier an. Der Geschäftsmann leitete bereits die Geschicke mehrerer berühmter Adressen – Café de Paris, Pavillon d'Armenonville, Pré Catelan. Unter ihm formte sich 1913 das Fouquet's, ein Gourmetrestaurant, das im ersten Stock und im Saal des Zwischengeschosses untergebracht war. Als er 1923 starb, trat sein Vertrauter Louis Barraya in seine Fußstapfen. Da auch er 1937 plötzlich verstarb, erlebte er nicht mehr, wie das Fouquet's im Jahr darauf mit drei Michelinsternen ausgezeichnet wurde, Lohn des Küchenchefs Gabriel Gaubert. In dieser Zeit wurde das Haus vollends zur Legende. Die Bar und das Restaurant im Erdgeschoss galten als der Treffpunkt der Stars aus der Film- und Varieté-Welt. Der Schauspieler und

Entertainer Raimu macht es zu seinem selbst ernannten »Büro«; Tino Rossi, Maurice Chevalier, Louis Jouvet, Arletty – sie alle frequentierten das Fouquet's. Berühmtheiten und Geschäftsleute gingen aus und ein und schlossen dort ihre Verträge ab.

Nach dem Krieg leitete Jean Drouant drei Jahrzehnte lang das Lokal, das nach seiner Renovierung durch Jean Royère im Jahr 1958 nach wie vor beliebt war und dessen Küche auch bei Feinschmeckern Anklang fand:

> »Es gibt zwei Fouquet's, das im ersten Stock, pompös, elegant, komfortabel und Grand Siècle, wo man nach allen Regeln der guten Manieren bedient wird und wo, das muss man sagen, sich nie jemand blicken lässt. Und dann gibt es noch das Erdgeschoss und die große Terrasse, die im Sommer die eleganteste in ganz Paris ist. (...) Man sollte das Tagesgericht essen, das immer ausgezeichnet und äußerst reichhaltig ist und mit ebenso oder fast so großer Sorgfalt serviert wird wie im großen Salon im ersten Stock.« Henri Gault und Christian Millau, *Guide Julliard de Paris*, Julliard, 1970

Neuer Schwung

Doch das Fouquet's döste so vor sich hin. Es erwachte wieder 1976 mit der Ankunft von Maurice Casanova an seiner Spitze. Es wehte ein frischer Wind, den der Gastrokritiker von *Le Monde*, Robert Julien Courtine, 1978 lobte und der sich auf dem Teller zeigte:

> »Das Fouquet's [...] in seinem wunderbar restaurierten Rahmen ist auf dem besten Weg ›das‹ Restaurant auf den Champs-Élysées zu werden, dank einer bemerkenswerten Abendkarte, die glücklicherweise klassisch geblieben ist, jedoch befreit von all dem falschen Firlefanz der Haute-Cuisine-Köche, Kinder des stupiden 19. Jh.
>
> Steinbuttparfait mit Krabbencoulis, Seezunge mit Kaviar, aber auch Schellfisch mit pochiertem Ei und Beurre Blanc, Jakobsmuscheln à la nage, kalte Languste mit Basilikumsauce, ein erstaunliches (und heutzutage seltenes) Buffet mit kaltem Fleisch, geschmortes Rindfleisch in Cahors, fünf Gemüse und Beilage (frische Nudeln, Spinatpüree, Soufflé-Kartoffeln, gefüllte Tomaten, frische grüne Bohnen), Tagesgerichte, die je nach Marktlage zuweilen angenehm herzhaft sind, schönes Gebäck, ein ziemlich bemerkenswerter Weinkeller und Donnerstagabends das berühmte Pot-au-feu royal!«

Fouquet's und die Hautevolee

Zwischen den beiden Kriegen waren viele Stars aus der Welt des Films zu Gast im Le Fouquet's. In den 1930er-Jahren galten die Champs-Élysées mit ihren Kinos und Produktionshäusern in der Umgebung als ein Hotspot für Filmschaffende. Produzenten und Schauspieler gaben sich regelmäßig ein Stelldichein. Diese Tradition setzte sich nach dem Zweiten Weltkrieg fort und es lag nahe, dass das Haus anlässlich der ersten César-Verleihung am 3. April 1976 ein Essen zu Ehren der Gewinner veranstaltete – für 400 Personen. Dieses Ritual besteht bis heute.

Maurice Casanova liebte diese Events als Highlights seiner Gastrokunst. Er organisierte außerdem das Galadinner zur Verleihung des Molière-Preises, dazu war sein »Königreich« Schauplatz zahlreicher medialer Premierenfeiern (*Rette deine Haut, Killer*, von und mit Alain Delon [1981], *Garçon! Kollege kommt gleich!* mit Yves Montand [1983]). Auch das *dîner* im Anschluss an die Premiere von *Cyrano de Bergerac*, gespielt von Jean-Paul Belmondo (1990 im Théâtre Marigny), fand im Fouquet's statt.

Auch die Farce-Hochzeit zwischen Thierry Le Luron und Coluche fand im September 1985 bei Fouquet's statt, wo die beiden Komiker auf dem Balkon des Restaurants der Menge zuwinkten. Seit fast einem Jh. tummeln sich Medien-Menschen in der Avenue des Champs-Élysées 99 – RTL und Europe 1 sind nur einen Katzensprung entfernt –, das Verlagswesen, die Politik … Kein Zufall, das Nicolas Sarkozy 2007 seinen Sieg als Präsident im Fouquet's feierte.

Dieser »königliche« Pot-au-feu bestand aus drei Gängen. Zuerst wurde die Brühe serviert, mit feinen Croûtons und

Die Bar und das Restaurant im Erdgeschoss sind Treffpunkt vieler Film- und Variete-Stars.

geriebenem Gruyère, es folgte eine Kombination aus Toast, Markknochen und gefülltem Kohl. Zuletzt kam das Fleisch (Rind, Kalb, Huhn, Wurst) mit dem Gemüse auf den Tisch.

In der Küche leitete Chefkoch André Fèvre, der seine Kunst seit 1962 zwischen diesen Mauern ausübte, eine Brigade von 40 Personen, angeblich eine der größten in ganz Frankreich, die in der Lage war, an 365 Tagen im Jahr täglich 800 Gäste zu verköstigen. Zwei Jahre später ging er in den Ruhestand und wurde durch Pierre Ducroux, einen weiteren »alten Haudegen« des Hauses ersetzt.

Eintragung als historisches Denkmal

Das Fouquet's ist mehr denn je ein Muss für das Who-is-Who von Paris. In die Casanova-Ära fiel auch die Eintragung mehrerer Gebäudeteile als historisches Denkmal, darunter der Raum im Erdgeschoss, Saal und die Salons samt Einrichtung (von Jean Royère) im Zwischengeschoss sowie der Teil, in dem sich das Restaurant befindet. Eine Entscheidung, die am 10. Dezember 1990 nach einer umfassenden Pressekampagne und dank der Unterstützung vieler Persönlichkeiten – treuer Gäste – getroffen wurde. Sie bewahrte das Fouquet's vor der Schließung, da sie die von den Eigentümern des Gebäudes geplante Umgestaltung des Gebäudes vereitelte.

Als Marlene Raimu traf

In einem Interview im französischen Fernsehen aus dem Jahr 1978 erzählte George Simenon von einem Treffen zwischen Marlene Dietrich und Raimu (Jules Auguste César Muraire 1883–1946) Mitte der 1930er-Jahre. Kaum in Paris angekommen, hatte »die Dietrich« verkündet, sie würde den Schauspieler und Entertainer sehr gern kennenlernen:

»Wir alle trafen uns mit ihm im Fouquet's [Marcel] Pagnol, Erich Maria Remarque, Marlene Dietrich und ich. Anders als man vielleicht glauben mag, floss bei diesem Treffen kein Champagner, sondern kräftiger Rotwein, den Marlene Dietrich und Raimu beide liebten. Ich sehe uns morgens um vier, das Lokal war längst geschlossen […]. Wir waren umringt von Stuhlpyramiden. Und in jenem Moment sagte Marlene zu Raimu: ›Für uns in Hollywood bist du der Größe, der Größte von uns allen.‹«

Hommage ans Fouquet's

Eine ebenso treffende wie emotionale Skizze der Atmosphäre im Le Fouquet's zeichnet der Klassiker der Paris-Literatur *Der Wanderer durch Paris* von Léon-Paul Fargue (1932).

Dort vergleicht der Schriftsteller den legendären Ort mit einem unerlässlichen Organ für die intakte Pariser Gesellschaft, welches ganz unterschiedliche Typen von Männern und Frauen anzieht. Eines bleibt dabei die unumstößliche Wahrheit: In dieser »Nationalbibliothek der Pariser Eleganz« regieren die Gesetze des Geldes.

Mit Maurice Casanova endete eine glanzvolle Ära. Sein Sohn übernahm einige Jahre, krönte diese Periode allerdings mit einem Skandal durch Veruntreuung (selbst von einigen prominenten Gästen) und Steuerschulden in Millionenhöhe.

Im Jahr 1998 kaufte die Barrière-Gruppe das angeschlagene Fouquet's und startete ein Mammutprojekt, bei dem durch die Zusammenlegung mehrerer Gebäude ein Luxushotel, das Fouquet's Barrière, entstand. Es wurde 2006 eingeweiht. Ein Restaurant, das Joy, öffnet sich zum Innenhof, während die historische Brasserie dem Hotel angeschlossen ist. Auch die Küche bleibt ambitioniert.

Im Rahmen einer 2015 eingefädelten Partnerschaft wirkte der Drei-Sterne-Koch Pierre Gagnaire an der Entwicklung der Speisekarte mit. Das markierte den Beginn eines neuen Kapitels im Leben dieser Pariser Institution, letzter Zeugin einer Zeit, als die Champs-Élysées als Treffpunkt der Hautevolee noch von vielen beeindruckend prächtigen Cafés gesäumt waren.

Rechts: Speisekarte aus dem Le Fouquet's, Abendmenü des 30. Januar 1932

MENU

Diner du 30 Janvier 1932

Huitres: Fines de Belon la demi douzaine 16
Portugaises de Claires la douzaine 18
Marennes extra la demi douzaine 15
Citron 2f. Pain beurré 2f. Couvert 8

½ Grape fruit 6f. aux liqueurs 8f. Caviar frais 30f. Rond de beurre 2.
Saumon fumé de Hollande 16. Jambon de Westphalie 14.

Potages: Petite Marmite 12f. Oxtail. Niçois 8f. Bisque 10
Croute au Pot. St Germain 9f. Tortue 12f

Merlan Menagère	9..	Buisson d'Eperlans	8
Rouget grillé beurre d'anchois	15..	Coquille St Jacques	10
Turbot sauce Hollandaise	15..	Truite Meunière	14
Saumon Jacqueline	25..	Raie au beurre noir	14
Filets de Barbue Duchet	15..	½ Homard Thermidor	s.l.g.
Filets de Sole Chevreuse	18	Langouste sauce Mayonnaise	s.l.g

Dinde de Houdan Canadienne 24
Ris de Veau braisé Toulouse 18
Tournedos grillé Massenet 18
Medaillons d'Agneau Monaco 18
Canard Sauvage au Porto s.l.g

Rôts: Poularde. Reine, Grain, Chapon Pigeon
Agneau de Pauillac, Carré et Selle d'agneau

Becasse Canard Sauvage

Parfait de Foie gras au Porto en Gelée 20
Viandes froides assorties 18f. Roastbeef, Veau Langue 15
Poularde froide le ¼ 22f Salade de Volaille "Café de Paris" 24
Terrines: de Volaille, de Canard 18.

Cardons, Choux de Bruxelles, Salsifis, Endives, Laitues, Choux fleurs 9
Petits Pois, Aubergines, Cèpes, Tomates, Haricots Verts, Artichaut, Céleris 9

Plum Pudding - Poire Cardinal - Pêche Melba 12f. - Fruits Rafraichis 9
Glaces: fraise, Café - Vanille 8f. - Pots de Crème: Vanille Café chocolat 8.
Compote 10f. - Coupe Jack 10f. Tarte aux fruits 6f.
Fruits de Saison

Les Plats soulignés sont prêts - Les Plats sont chiffrés par personne

COCKTAIL		8f
CHAMPAGNE COCKTAIL		10f
BEAUJOLAIS	LA CARAFE	12f
	LA ½	7f
VOUVRAY	LA CARAFE	15f
	LA ½	8f
MARGAUX ROSÉ	LA CARAFE	12f
	LA ½	7f
MACON VIEUX	LA BOUTEILLE	15f
	LA ½	8f
CHAMPAGNE	AYALA SEC LA BOUTEILLE	40f

CHABLIS 1929 la carafe 15f

Mêmes Maisons
CAFÉ DE PARIS
Av. de l'Opéra
FOUQUET'S RESTAURANT
99, Champs-Élysées
ARMENONVILLE
Bois de Boulogne
PRÉ CATELAN
Bois de Boulogne

Käseland Frankreich?

Hat Churchill wirklich gesagt, »ein Land, das in der Lage ist, der Welt 360 Käsesorten zu schenken, kann nicht sterben«? Wahrscheinlich nicht. Hat de Gaulle tatsächlich gesagt: »Ein Land mit 246 Käsesorten ist unregierbar«? Wohl auch nicht. Doch sind diese apokryphen Zitate nicht zufällig entstanden.

In der kollektiven Vorstellung sind die Franzosen unverbesserliche Käsegenießer, Frankreich ist ein großes Käseland und sein Käsereichtum ist Teil der kulinarischen Verdienste des Landes. Ganz zu schweigen von der Heiligen Dreifaltigkeit aus Baguette, Wein und Käse. Erstaunlicherweise ist dieses Klischee noch recht jung.

Käseladen im 19. Jh. (Gemälde von Édouard-Jean Dambourgez)

Eine gewöhnliche und einfache Speise

Sicherlich kann sich so mancher französische Käse einer langen, manchmal bis ins Mittelalter reichenden Geschichte rühmen – was jedoch nicht bedeutet, dass Maroilles aus dem 12. Jh. oder Munster aus dem 14. Jh. heute noch viel mit ihren jeweiligen Nachkommen gemein haben. Im Gegenteil. Dennoch erfreuen sich einige Sorten seit Langem eines guten und internationalen Rufes, beispielsweise der Brie, der im *Liber de coquina*, einem italienischen Text vom Anfang des 14. Jh., für ein Rezept verwendet wird.

Nicht ganz so lange zurück liegt die heute berühmte, jedoch ungeplante Debatte an Talleyrands Tisch auf dem Wiener Kongress (1814–1815). Beim Dessert entbrennt eine Diskussion, nicht etwa um die Festlegung von Landesgrenzen, sondern um den besten Käse. Ein Engländer plädiert für den Stilton, ein Italiener für den Mailänder Stracchino und ein Schweizer votiert für Gruyère. Talleyrand überzeugt zuletzt alle, indem er einen Brie herumreicht. Die Debattierer verneigen sich und verkünden, dass Frankreich, mit den Worten des anwesenden Malers Jean-Baptiste Isabey, das »gelobte Land des Käses« sei.

Und doch sollten weder diese Anekdote noch das Ansehen einiger altehrwürdiger Käsesorten Illusionen wecken, denn niemand kann glauben, dass Frankreichs Käse auch nur im Geringsten dem seiner Nachbarn überlegen ist. Kaum ein Franzose scheint stolz auf den Käsereichtum seiner Heimat. Gastrosophen wie Grimod de La Reynière und Brillat-Savarin räumten dem Käse in ihren Schriften nur wenig Raum ein und ausgerechnet sie, die den hemmungslosen Chauvinismus nie scheuten, schwiegen zu diesem Thema. Der Eintrag »Käse« im *Grand dictionnaire de cuisine* von Alexandre Dumas (1873) stellt die Allgegenwärtigkeit des edlen Milchprodukts im ganzen Land heraus:

> »Es gibt nur wenige Kantone in Frankreich, die keinen eigenen Käse haben, und es gibt nur wenige Restaurants, in denen er nicht in irgendeiner Form serviert wird.«

Wie seine Kollegen blickt auch Dumas für Lob ins Ausland:

> »Es gibt eine beträchtliche Anzahl von Käsesorten, die am meisten geschätzten sind: Brie, Hollande, Gruyère, Livarot, Maroilles, Camembert, Roquefort, Parmesan; und schließlich diese köstlichen kleinen Schweizer Käse, die im Geschmack wie in der Erscheinung veritable Sahnestücke sind und den Gourmets große Freude machen.«

19./20. Jh.: Terroir und Industrialisierung

Eine neue Ära brach an. In der zweiten Hälfte des 19. Jh. wurde der Inlandsmarkt vereinheitlicht, umfangreiche technische Anpassungen waren erforderlich, Produktionsstrukturen wandelten sich. Immer mehr Milchbetriebe entstanden, große Unternehmen sammelten die Milch ein und übernahmen deren Verarbeitung.

Im industriellen Stil wurde immer mehr Käse produziert, zulasten der traditionellen landwirtschaftlichen Erzeugung. Dieser Trend verstärkte sich im Laufe des 20. Jh. noch und führte zu einer nun verarmten Produktvielfalt. Dieser Wandel förderte jedoch auch klar identifizierbare regionale Spezialitäten, die ihr jeweils eigenes Renommee aufbauten.

Diese neue Geografie des Käses wurde durch den kulinarischen Diskurs, der zu Beginn des 20. Jh. entstand und der sich zwischen den Kriegen spürbar entwickelte, besiegelt und gefestigt. Bis dato unbekannt, erhielten regionale Küchen und Produkte mehr Gewicht. Im Jahr 1920 verkündete Elisabeth de Gramont (*Almanach des bonnes choses de France*) ohne mit der Wimper zu zucken: »Die französischen Käsesorten sind die besten auf der ganzen Welt.« Curnonsky, Gastrokritiker und Verfechter des Terroir, immer bereit, die Hymne der kulinarischen Überlegenheit Frankreichs anzustimmen, schloss sich ihr an. In einem Text aus dem Jahr 1934 mit dem Titel »Frankreich, das Käseparadies« schwärmte er:

> »Heute rühmt sich jede Nation in Europa ihres eigenen Käses, Frankreich hat 456. Die Franzosen [...]

Französischer Käse in Zahlen

- Es gibt in Frankreich 46 Käsesorten mit geschützter Ursprungsbezeichnung (AOP, *Appellation d'origine protégée*), darunter bekannte Sorten wie Époisse, Morbier und Munster sowie weniger bekannte wie Bleu du Vercors-Sassenage, Mâconnais, Picodon, Tome des Bauges.
- Mengenmäßig ist der Comté mit einer Produktion von 60 000 Tonnen pro Jahr der Spitzenreiter unter den Sorten mit einer AOP, weit dahinter liegen Reblochon, Roquefort und Saint-Nectaire mit jeweils etwa 15 000 Tonnen pro Jahr. Schlusslichter mit einigen Hundert Tonnen sind Langres, Brocciu, Bleu de Gex und Brie de Melun.
- Diese Zahlen repräsentieren nur einen kleinen Teil der französischen Produktion, die sich im Jahr 2021 auf 1,8 Millionen Tonnen belief – davon 100 000 Tonnen Ziegen- und 60 000 Tonnen Schafskäse.
- Roquefort besitzt die älteste Herkunftsbezeichnung für Käse, kraft eines Gesetzes vom 26. Juli 1925 »mit dem Ziel, die Herkunftsbezeichnung des Roquefort-Käses zu garantieren«.
- Wenngleich Camembert in ganz Frankreich (und im Ausland) produziert wird, ist die Bezeichnung »Camembert de Normandie« seit 1983 geschützt. Der muss aus der Normandie stammen, die Herstellung unterliegt Regularien wie etwa die Verwendung von Rohmilch einer regionalen Rinderrasse.
- Der Pro-Kopf-Verbrauch an Käse liegt in Frankreich bei 27 Kilogramm pro Jahr, womit die Franzosen die fleißigsten Käseesser der Welt sind.

haben auf die einmütige Bestätigung der Touristen gewartet, dass man nirgendwo besser isst als in Frankreich. Und das liegt neben anderen Faktoren wie Geografie, Klima und Tradition daran, dass jede Provinz ihre eigene Küche, ihre regionalen Spezialitäten, ihre Weine hat … und ihren Käse. Es war übrigens in der Ordnung der Natur angelegt, die alles gut macht (vor allem, wenn der Mensch dabei hilft), dass diese Form von präetablierter Harmonie zwischen Wein und Käse in einem Land, das die besten Tropfen der Welt hervorbringt, ihren vollkommensten Ausdruck findet.«

Le Trésor gastronomique de France, den Curnonsky 1933 gemeinsam mit Austin de Croze herausgab, verzeichnete als Bestandsaufnahme der Spezialitäten jeder Region auch die Käsesorten: 13 in Lothringen, zehn im Lyonnais, zehn im Berry …

Es ging nicht mehr nur um wenige Meisterwerke, die herausstachen, es war der Käse an sich, der Einzug in die Kulinarik hielt und somit in vollem Umfang zur Grandeur der französischen Esskultur beitrug. In seinen *Mythen des Alltags* erklärte Roland Barthes 1957, dass »die Franzosen den Wein als ein nationales Gut betrachten, das ihr eigen ist, ebenso wie die 360 Käsesorten und ihre Kultur«. Auch 60 Jahre später hat diese Auffassung nichts an ihrer Gültigkeit verloren.

In der zweiten Hälfte des 19. Jh. wurde der Inlandsmarkt vereinheitlicht, weitreichend technische Angleichungen waren erforderlich, Produktionsstrukturen wandelten sich. Immer mehr Milchbetriebe entstanden, große Unternehmen sammelten die Milch ein und übernahmen deren Verarbeitung sowie den Vertrieb.

Kleine Geschichte des Camemberts

Man schreibt das Jahr 1791. In dem Dörfchen Camembert im Pays d'Auge gewährt Marie Harel, die Frau eines Pflügers, einem Priester aus Brie Unterschlupf vor den Verfolgungen der Revolution. Zum Dank verrät ihr der Abbé, wie bei ihm Käse (Camembert) hergestellt wird. Soweit die schöne, mehr als zweifelhafte Geschichte.

Thomas Corneille schrieb in seinem 1708 veröffentlichten *Dictionnaire universel géographique et historique*, »dass in Vimoutiers jeden Montag ein großer Markt stattfindet, auf dem ausgezeichneter Käse aus dem Pays du Camembert angeboten wird«. Und da in dieser Region Käse hergestellt wurde, verwundert es kaum, dass sich Marie Harel und ihre Familie dem Gewerbe verschrieben. Ihre Erben machten den Camembert in der Normandie bekannt.

Ab Mitte des 19. Jh. transportierte die Eisenbahn ihn auch in die Hauptstadt. Andere Regionen sprangen auf. Eine Vielzahl von Produkten desselben Namens entstand, immer ein Weichkäse aus Kuhmilch mit einer Schimmelrinde von meist graublauer Farbe. Ab den 1890er-Jahren verpackte man Camembert in runde Holzschachteln; vorbei die Reisen auf einem Bett aus Stroh, die dem empfindlichen Käse nicht gut bekamen.

Ein weiterer Umbruch: Man verlegte sich auf weiße Edelpilze, weil die Blaufärbung der Rinde nicht gefiel. In der Zwischenkriegszeit wurde sie zur Norm. In dieser Zeit erfuhr der Käse auch seine landesweite Verbreitung. Im Ersten Weltkrieg war er ab 1917 Teil der Essensration französischer Soldaten. Nach Heimkehr von der Front erinnerten sie sich an den Camembert. So wurde er in ganz Frankreich beliebt.

In der zweiten Hälfte des 19. Jh. wurde der Inlandsmarkt vereinheitlicht, weitreichend technische Angleichungen waren erforderlich.

Camembert

Roquefort

Rouy

Tomme de Rodez

Ziegenkäserolle

Saint-Nectaire

Epoisses

Comte

Frischkäse

Pont-l'Évêque

Mimolette

Mont-d'Or

Bleu d'Auvergne

Boulette d'Avesnes

Morbier

Valençay

Munster

Emmentaler

Saint-Marcellin

Ziegenkäse, geräuchert

Die Macarons

Als international bekanntes Gebäck und Zeugnis für den Weltruf der französischen Patisserie ist das Macaron in seiner heutigen Form eine noch relativ junge Delikatesse. Seine Rezeptur, die seit dem 17. Jh. mehrere Überarbeitungen durchlief, etablierte sich erst in den 1950er/60er-Jahren.

Als Macarons noch Pasta waren …

Der Begriff »Macaron« tauchte in Frankreich offenbar erstmals im Jahre 1414 in der Übersetzung von Boccaccios (1313–1375) *Decamerone* von Laurent de Premierfait auf. Dort wird ein Schlaraffenland beschrieben:

> »Und auf diesem Berg sind einige Männer, die nichts anderes machen als Macarons und Ravioli, und dann kochen sie sie in Kapaunbrühe und lassen sie den Berg hinunter, und wer am meisten davon nimmt, hat mehr davon.«

Es ist offensichtlich, dass es sich bei den beschriebenen »Macarons« um Pasta, genauer gesagt um Makkaroni handelte. Tatsächlich meinte man in Frankreich lange Zeit Makkaroni, wenn man von *macarons* sprach. Natürlich kommt das Mandelgebäck auch in den italienischen Kochbüchern der Renaissance nicht zu kurz, doch nie unter *maccheroni*, während zur selben Zeit die Macarons in Frankreich bereits ein Gebäck waren. Rabelais erwähnt sie – als Erster? – im *Quart Livre* (1552), allerdings ohne den geringsten Hinweis auf ihre Zusammensetzung.

Macarons d'Amiens, eine regionale Spezialität

Die ersten Rezepte

Im Jahr 1617 erklärt John Murrell, wie man *French Macaroones* zubereitet:

> »Man zerstößt im Mörser ein Pfund Mandeln und formt daraus einen Teig, indem man ein halbes Pfund Zucker, sechs Löffel Rosenwasser und drei Körner Amber einarbeitet. Man lässt den Teig trocknen, bis er fest ist und vermischt ihn mit zwei zu Schnee geschlagenen Eiern. Daraus werden Röllchen geformt und im Ofen gebacken.«

In *Le Pastissier françois*, einem anonymen Werk aus dem Jahr 1653, heißt es, man solle ein Pfund Mandeln zu einer Paste zerstoßen, anschließend die gleiche Menge Puderzucker und 4 Eiweiße untermengen, das Ganze mit Rosenwasser abrunden und erneut im Mörser durcharbeiten:

> »Wenn der Teig fertig ist, lege man ihn in Stücken auf weißes Papier, sodass sie etwas Abstand zueinander haben und ein wenig länglich in der Art eines Macarons geformt sind, und bestreue sie mit feinem Zucker. Anschließend lasse man sie im Ofen trocknen, bis sie sich von oben recht fest anfühlen.«

Interessant ist die Formulierung »ein wenig länglich«. Könnte die Anlehnung an die länglichen Makkaroni dem Gebäck seinen Namen eingetragen haben?

Macarons – Provinz contra Paris

Bereits im Ancien Régime wurden sie in den Patisserien aller großen Städte in Frankreich hergestellt. Entgegen sich hartnäckig haltender Legenden wurden Macarons vielerorts erst im Laufe des 19./20. Jh. dank variierender Rezepturen zu regionalen Spezialitäten: in Saint-Jean-de-Luz, Montmorillon, Amiens, Cornery … all diese Macarons haben jedoch nur wenig mit jenen nach Pariser Art gemein, die durch Einarbeiten italienischer Meringenmasse in einen Teig aus Mandelmehl – die *macaronage* – erzielt wird. Die daraus gebackenen Taler werden mit Creme gefüllt und paarweise zusammengesetzt. Doch wann entstand dieses Rezept?

Die Form wird auch als *macaron Gerbet* bezeichnet, benannt nach dem Pariser Patissier Claude Gerbet, der in den 1880er-/90er-Jahren eine Konditorei in der Rue de Bac betrieb. Doch das einzige dokumentierte Rezept (1909 im *Traité de pâtisserie moderne* von Darenne und Duval) für »weiche Macarons« (Typ Gerbet) enthält keine italienische Baisermasse. Dennoch blieb die Bezeichnung »Gerbet« wahrscheinlich für verschiedene Rezepte für glatte und weiche Macarons gebräuchlich und wurde schließlich zum festen Terminus für die modernen Macarons.

In den zahllosen Rezepten des 19. Jh. wurde üblicherweise rohes Eiweiß in die Zucker-Mandel-Mischung eingearbeitet, auch die Zugabe von Eischnee war üblich, was den Macarons eine luftige Geschmeidigkeit verlieh. Darenne und Duval wiesen darauf hin, dass »Macarons, denen italienische Baisermasse oder *glace royale* [Eiweiß-Spritzglasur] beigemengt wurde, glatt und glänzend sind«. Ihre Patiences Vanille oder Patiences à la Royale kamen den Macarons, wie wir sie heute kennen, sehr nahe. Jene Art von Rezepturen scheint zwischen den beiden Kriegen an Boden gewonnen zu haben, wie beispielsweise die *macarons royaux*, die 1934 im *Nouveau mémorial de la Patisserie* entdeckt wurden. Obwohl sie süßer waren, ähnelte ihres bereits dem heutigen Rezept.

Doch wann kam jemand auf die Idee, die Hälften aufeinander zu kleben? Urbain Dubois tat dies bereits 1894 in seinem *La pâtisserie d'aujourd'hui*, in dem er seine *macarons indiens* paarweise mit Aprikosenkonfitüre zusammendrückte. Darenne und Duval taten dasselbe mit ihren *macarons hollandais moelleux*. 1934 bestand das gebackene »Jo-Jo« im *Nouveau mémorial de la pâtisserie* aus zwei Scheibchen Succès-Teig, die mit einer mit Pistazien aromatisierten Buttercreme zusammengefügt wurden.

Macarons heute

All diese Verfahren mussten noch zusammengeführt werden, um die heutigen Macarons hervorzubringen. Allerdings ist unklar, wer diesen Schritt als Erster tat. Eine Spur

Die Patisserie Ladurée – Geburtsstätte der modernen Macarons?

führt nach Zürich in die Konditorei Sprüngli, deren Luxemburgerli Zwillingsbruder des Macaron ist. Das Rezept wurde 1957 vom jungen Luxemburger Camille Studer erfunden, was auch den Namen seiner Kreation erklärt. Handelt es sich dabei um den Prototyp, den die Franzosen später übernahmen? Allerdings gab Studer zu, er habe sich von den *macarons de Paris* inspirieren lassen.

Eine andere Spur führt zur Pariser Edel-Patisserie Ladurée. Es ist in der Tat nicht ausgeschlossen, dass Pierre Desfontaines, damaliger Leiter des renommierten Hauses, um 1960 (nicht 1930, wie man vielfach liest) auf die Idee kam, eine dünne Schicht Ganache zwischen zwei Talern aus italienischem Baiser und Kakao zu schieben. Eine zweifache Innovation für einen großen Macaron, dem Markenzeichen von Ladurée. Während der 1960er-/70er-Jahre erweiterte sich die Palette der Aromen erheblich, auch eine nach Gewicht verkaufte Variante im Kleinformat erblickte das Licht der Welt.

Heute gibt es Pariser Macarons in zahllosen Geschmacksrichtungen.

Der »Guide Michelin«

Im Laufe des 20. Jh. gelang es der französischen Küche, auch weit entfernt von Paris zu glänzen. Der *Guide Michelin* trug seinen Teil dazu bei. Zwar ein Restaurantführer mit Pariser Wurzeln, richtete er sich an das gesamte mit dem Automobil zu erkundende Frankreich.

Führer für Auto- und Radfahrer

Der im Jahr 1900 veröffentlichte und jedem Käufer von Reifen der Marke Michelin ausgehändigte Führer enthielt zahlreiche praktische Informationen, die in einem Land mit nicht mehr als 3000 Autofahrern überaus wertvoll waren. Er verzeichnete die wenigen Werkstätten, die es gab, die Hotels, in denen man sich stärken konnte, die Lebensmittelgeschäfte, Tankstellen ... 1904 wurde unter Mitwirkung des Automobile Club de France eine Liste der »guten Restaurants und guten Zimmer« erstellt, 1914 kam eine Landkarte des »gastronomischen Frankreichs« dazu, mit folgender Legende:

> »Damit Touristen die kulinarischen Reichtümer der Regionen, die sie durchqueren, kosten können, haben wir auf der Karte unten, nach Provinzen unterteilt, die wichtigsten regionalen Gerichte verzeichnet und am Ende des Textes zu jeder Stadt die gänzlich lokalen Spezialitäten angegeben.«

Das war durchaus nichts Neues. Bereits im vorigen Jh. listeten Reiseführer derartige Informationen.

Die Bewertung der Restaurants

Im Jahr 1923, drei Jahre nachdem der *Guide Michelin* kostenpflichtig geworden war, führte er eine erste Klassifizierung in erstklassige, mittlere und einfache Restaurants ein, Empfehlungen, die sich zunächst auf bestimmte Großstädte beschränkten. Es dauerte jedoch einige Jahre, bis diese etwas nebulöse Kategorisierung klare Konturen erhielt. 1931 wurden Hotelküchen bewertet: Einen Stern gab es für eine »sehr gute Küche«, zwei Sterne für eine »hervorragende Küche« und drei für eine »feine und zu Recht berühmte Küche«. Im Jahr darauf wurden Restaurants in der Provinz mit wahlweise einem, zwei oder drei Sternen gekürt.

1933 schließlich wurde für ganz Frankreich die noch heute bekannte Klassifizierung eingeführt. Sie bezog sich ausschließlich auf die Küche (ignorierte also die ebenso bewertete »Klasse«): drei Sterne für »eine Reise wert«, zwei für »einen Umweg wert« und einen für »einen Stopp wert«. Gleich 23 Restaurants waren für den *Michelin* eine Reise wert, darunter Café de Paris, La Tour d'Argent, Lapérouse und Carton in Paris. In der Provinz waren es u.a. Mère Brazier in Lyon/Col de la Luère, Le Chapon fin in Bordeaux, La Réserve in Beaulieu und La Pyramide in Vienne.

Eine Gourmet-Landkarte

Sobald der *Michelin* mit der Vergabe seiner Sterne begann, schwärmten Kritiker in ganz Frankreich aus und wurden zu »Gastronomaden« , wie es Curnonsky treffend formulierte. Es erschienen Reiseführer, die dazu animierten, die kulinarischen Schätze und gute Adressen aller Regionen zu entdecken. Keineswegs unterschlagen darf man die bahnbrechende, 27-bändige Reihe *La France gastronomique* von Curnonsky und Marcel Rouff, die 1921–1928 entstand, für jede Region ein Band – lediglich Korsika, das Languedoc und die Picardie gingen leer aus. Zu erwähnen sind auch *Voyages gastronomique de France* von Jules-Alexis Paul Cousin (4 Bde, 1924–1928), *Le Gourmand vagabond* von Robert Burnand (1928) und *Guides gastronomiques* von Edna Nicoll (1930er-Jahre). Der *Michelin* unterschied sich in seiner Machart, lässt sich jedoch nicht von dieser Welle an Veröffentlichungen trennen, zumal das Unternehmen seine Stellung als Hotel-/Restaurantführer noch stärker behauptete. Als der Gourmet-Tourismus aufkeimte, entstand ein Phänomen – der Fuhrpark Frankreichs wuchs von 100 000 Autos im Jahr 1914 auf 2 Millionen (1939). Die Haute Cuisine verließ Paris. Es ging dabei nicht um die regionalen Küchen, sondern vielmehr um die gehobene Restaurantküche.

LA FRANCE GASTRONOMIQUE

Afin de permettre aux touristes de profiter des richesses gastronomiques des contrées qu'ils traversent, nous avons indiqué, d'une part, sur la carte ci-dessous et par province, les principaux mets régionaux, et, d'autre part, à la fin du texte de chaque ville, les mets absolument locaux.

Nous avons également cité à cet endroit les objets de fabrication spéciale, susceptibles d'être achetés et emportés.

Malgré le soin que nous avons apporté dans la rédaction de ce chapitre, des omissions ont pu se glisser ; nous prions donc les touristes qui en découvriraient de bien vouloir nous les signaler, afin de nous permettre de présenter un travail absolument complet dans les éditions futures de notre ouvrage.

Links oben: Gourmet-Landkarte Frankreichs von 1810
Rechts oben: Landkarte Frankreichs im *Guide Michelin* (1914)

Die Nationalstraßen

Die Verkehrsachsen vereinfachten es, gute Restaurants zu entdecken. Stark bereiste Gegenden zogen Feinschmecker an. Reiseführer wie der *Guide Michelin* bestimmten die Koordinaten dieser Geografie und verfügten gleichzeitig über die Macht, einen Ruf zu stärken oder zu zerstören.

Nichts veranschaulicht dieses Phänomen deutlicher als die Achse Paris-Mittelmeer, entlang der *Routes Nationales* (»Nationalstraßen«) 6/7. Von den 17 in der Provinz mit drei Michelinsternen ausgezeichneten Restaurants befanden sich sieben nahe an einer dieser Straßen. Als 1951 die Zahl der Sterne zurückging, waren es noch drei von vier, 1972 fünf von acht. Unter den legendären Häusern: La Côte d'Or (Saulieu), mit Alexandre Dumaine, das 1935 drei Sterne erhielt und sie bis zum Ruhestand Dumaines 1964 behielt (1975 übernahm Bernard Loiseau); Fernand Point und La Pyramide (Vienne), das Pic (Valence), später Les Frères Troisgros (Roanne; erhielt 1968 drei Sterne). So ist die gesamte Rhône-Achse mit Sternen gesegnet.

Vom Ruhm zum Niedergang?

Bereits vor dem Zweiten Weltkrieg hatte sich der *Michelin* als Gastro-Autorität etabliert, sein Wort hatte Gewicht. Betrug die Auflage am Vorabend des Zweiten Weltkrieges noch 100 000 Exemplare, so erreichte sie 1966 bereits 450 000. Auch die 1970er-Jahre änderten kaum etwas an seiner Vormachtstellung. Obwohl man dem *Michelin* Konservatismus und Zaghaftigkeit vorwarf und ihm attestierte, der *Gault-Millau* würde ihm das Wasser abgraben, weil der den Zeitgeist besser widerspiegele, stiegen die Verkaufszahlen weiter. Erst in den 2000er-Jahren kam es zur Wende. Die Auflage lag damals bei etwa 600 000 Exemplaren, ging jedoch Jahr für Jahr zurück und liegt heute bei 30 000 verkauften Exemplaren.

Die wiederholten Kontroversen, die Angriffe auf seine konservative Haltung, seine Intransparenz und der maßlose Druck, den er auf Köche ausübte, all das konnte dem Ansehen des *Guide Michelin* bisher nichts anhaben. Doch die Digitalisierung und die folgende neue Bewertungsmethode haben den Wandel teilweise möglich gemacht. Die Übernahme der Spitzenposition gelang jedoch bisher keiner anderen Institution.

Die Vergabe der Michelinsterne findet in der Gastronomie nach wie vor ein großes Echo und hat großen Einfluss auf die Karriere von Köchen und den Werdegang von Restaurants.

Fernand Point – ein Koloss mit Händchen für Saucen

Mit seiner imposanten Erscheinung (fast zwei Meter groß und über 160 Kilogramm schwer) war Fernand Point eine der Säulen der Küche im Lyonnais. Er ließ sich in Vienne nieder, wo er zusammen mit seiner Frau Marie-Louise, genannt »Mado«, eine Institution der französischen Gastronomie gründete: La Pyramide.

Von der Bresse nach Vienne

Fernand Point wurde 1897 in Louhans (Saône-et-Loire) in einer Wirtsfamilie geboren. Sein Vater betrieb ein Lokal im Bahnhof der Stadt. Im Alter von 18 zog Fernand los, um sich in renommierten Restaurants die Sporen zu verdienen (eine Ausbildung, die durch den Krieg unterbrochen wurde). Sein Weg führte ihn nach Paris, Menton und Evian. Neben dem Kochhandwerk erlernte er auch Konditorei und entdeckte die Wissenschaft in der Küche. Als Saucier im Hotel Royal erzählte er, von einem außergewöhnlichen Saucier im Hotel Foyot in Paris habe er enormes Wissen erworben.

Seine Eltern waren gezwungen, die Bresse zu verlassen und kauften im September 1923 ein Restaurant in Vienne, La Pyramide. Fernand schloss sich ihnen an und übernahm zwei Jahre später nach dem Tod seines Vaters die Leitung. In dieser Zeit lernte er Marie-Louise Paulin, genannt »Mado«, kennen, die er 1930 heiratete. Sie hatte einen ausgeprägten Geschäftssinn, arbeitete hart und leitete das Familienunternehmen mit Strenge und Umsicht. Als beispiellose Gastgeberin sollte sie großen Anteil an dem phänomenalen Erfolg des Lokals haben.

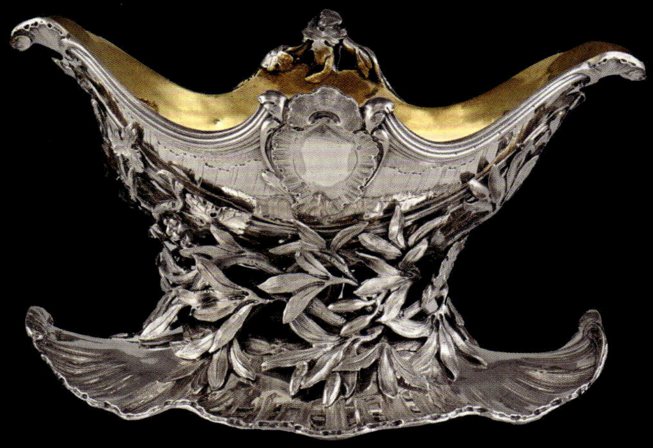

Saucière von Jean-Baptiste Chéret

Ein Muss auf der Nationalstraße 7

Das Renommee des Lokals ließ nicht lange auf sich warten. Während das System der Michelinsterne noch in den Kinderschuhen steckte, verlieh der *Guide Michelin* dem La Pyramide bereits 1926 zwei Sterne für »gute Küche«. 1929 berichtete Curnonsky in der Zeitung *Paris-Soir* über eine Reise des Clubs Purs Cent – eines sechs Jahr zuvor gegründeten (männlichen) Gastro-Clubs – durch das Beaujolais und das Lyonnais. La Pyramide war ein naheliegender Halt auf der Strecke und das Mittagessen der Gruppe »eine Wonne«:

> »Die Purs Cent schwelgten mit berechtigter Verzückung:
> Warme Bauernwurst mit frischer Butter
> Geeiste Melone
> Forellen aus der Ardèche nach Müllerinart
> Flusskrebsschwanzgratin mit Sahne (eines der Meisterwerke der französischen Küche!)
> Kartoffeln nach Dauphiné-Art
> Gebratene Bresse-Hühner

Käse der Region

Crème fraîche nature

Walderdbeeren, Himbeeren, Pfirsiche, Kirschen

Hausgemachte Kuchen

Wir tranken nur ›Landweine‹ ... Aber was für Weine! Köstlicher Condrieu Blanc 28, Côte-rôtie 26, Côte-rôtie Rouge 1915.

Point, der große Meister der einfachen und redlichen Küche, wurde von den Gästen ausgiebig bejubelt. Seit fünf Jahren verkünde ich, dass er einer der größten kulinarischen Künstler ist, die wir haben ...

Ein Mittagessen wie dieses wird mich nicht dazu bringen, meine Meinung zu ändern! Das Wunder dieser Küche ist, dass sie nicht im Geringsten beschwert. Am Abend ließ sich die Reisegruppe bei Mère Brazier nieder.«

Paul Bocuse in Collonges vor einem Abbild seines Meisters Fernand Point im Jahr 2006

Nicht überraschend, dass der *Guide Michelin*, der das bis heute gültige Bewertungssystem etablierte, 1933 La Pyramide und seinem legendären Koch drei Sterne verlieh.

Neben dieser Auszeichnung ist zu erwähnen, dass La Pyramide praktischerweise nur wenige Dutzend Meter von der *Route Nationale* 7 entfernt lag, jener beliebten Ferienstrecke gen Mittelmeer. Das Etablissement war regelmäßig Ziel kulinarischer Ausflüge, bei denen der Hausherr und seine Frau ihre exzellenten Qualitäten als Gastgeber demonstrieren konnten. Darüber hinaus war die Terrasse zum Garten für die Gäste eine wahre Oase der Ruhe. Der Erfolg setzte sich nach dem Krieg fort, und 1951, als der *Michelin* wieder seine Auszeichnungen vergab, kehrten auch die drei Sterne zurück. Doch Point war müde, schaute zwar nach dem Rechten, überließ seinem Stellvertreter Paul Mercier die Leitung der Brigade von etwa zehn Köchen.

Point folgt auf Point

1955 starb Fernand Point, doch seine Frau weigerte sich, La Pyramide zu schließen. Zunächst setzte sie Paul Mercier als Küchenchef ein. Nach dessen plötzlichem Tod 1962 bot sie Guy Thivard, der bereits seit drei Jahren bei ihr arbeitete, die Leitung an. Ein großes Wagnis – Thivard war erst 23 Jahre alt –, doch es sollte sich auszahlen. 24 Jahre lang, bis zum Tod von Mado im Jahr 1986, behielt der Koch das Heft in der Hand, und die drei Sterne gingen nie verloren. Seite 1989 lenkt Patrick Henriroux die Geschicke dieser Institution und hält sie mit Bravour am Leben.

Eine revolutionäre Küche?

La Pyramide präsentierte sich zunächst als Restaurant mit Lyoner Küche. Eine verkürzte Etikettierung, die jedoch Fernand Points Verbundenheit mit dem regionalen Handwerk unterstreicht. Bestes Beispiel ist das Gratin von Flusskrebsschwänzen, eine regionale Spezialität der feinen Küche, die das Renommee verschiedener Lokale begründete. Der Anthropologe Claude Fischler wies nach, dass ein solches Gratin bis in die 1970er-Jahre nahezu kategorisch auf der Speisekarte eines jeden Drei-Sterne-Restaurants vertreten war. Fernand Point war zweifellos einer der berühmtesten Vertreter dieser Tradition. Bei ihm wich die Béchamelsauce der Reduktion und auf das Flambieren verzichtete er ganz, um das Aroma der Flusskrebse und Trüffel zu bewahren. An der Schnittstelle verschiedener Einflüsse bemühte er sich, die Haut Cuisine zu vereinfachen.

»Point verstand es, aus den klassischen und gehaltvollen Grundprodukten eine leichte Küche zu machen. Er dachte als Erster daran, dass der Gast es verdauen muss«, urteilte Troisgros, der unter dem Meister gearbeitet hatte. Durchaus eine revolutionäre Küche: buttrig und dennoch leicht, die Produkte im Vordergrund, Saucen begleiten statt zu überdecken – sie sollen den Geschmack konturieren –, wo Gemüse möglichst kurz gegart wird, um das Aroma zu erhalten. Dieser Anspruch, die Aromen zu bewahren, kennzeichnete auch die Zusammenstellung seiner Menüs: Aromen reihten sich aneinander, sie artikulierten sich, antworteten einander, doch addierten sich nicht.

Michel Guérard: schlanke Küche

Michel Guérard, geboren 1933 als Sohn eines Metzger-Landwirts, verbrachte seine Kindheit in der Region Rouen. Abwechselnd als Konditor oder Koch war er einer der glühendsten Verfechter der Nouvelle Cuisine. Er gilt gleichzeitig als Schöpfer der »schlanken Küche«.

Erste Schritte in der Patisserie

Michel Guérard ist zwar für seine Kochkunst berühmt, doch glänzte er zunächst in der Patisserie. Nach einer »knallharten« Lehre bei dem *traiteur* Kléber Alix in Mantes-la-Lolie Anfang der 1950er-Jahre komplettierte er seine Ausbildung im Zwei-Sterne-Restaurant Le Cygne in Tôtes im Departement Seine-Maritime. Nach seinem Militärdienst wurde er 1957 Chefkonditor im Hôtel de Crillon, im Jahr darauf wurde er *Meilleur Ouvrier de France* (M.O.F.; »Bester Arbeiter Frankreichs«) in dieser Disziplin.

Nachdem er bei verschiedenen renommierten Adressen gearbeitet hatte (Lido, La Camelia in Bougival), beschloss Guérard, sich selbstständig zu machen und kaufte 1965 bei einer Kerzenauktion sein erstes Restaurant, ohne es vorher auch nur besucht zu haben – »Hätte ich es getan, hätte ich es sicher nicht gekauft«, sagte er später.

Michel Guérard im Pot-au-feu (Asnières) in den 1970er-Jahren

Das in einem Industriegebiet in Asnières gelegene Restaurant Le Pot-au-feu hatte einen schwierigen Start, insbesondere was die Gestaltung einer Speisekarte anging, die Kundschaft aus dieser Gegend ansprechen sollte. Doch dank der Hilfe von Jean Delaveyne (Chefkoch im Camélia) gelang es Guérard, die Gäste zu beeindrucken, indem er alten Klassikern einen innovativen und persönlichen Anstrich verlieh, wie dem Pot-au-feu mit Gänseleber. Zudem führte er den Tellerservice ein, um seine Küche besser zur Geltung zu bringen, ein damals noch innovatives Element, das auch ein ganz praktisches Problem löste: Das Restaurant war klein und hätte einen Maître d'hôtel mit dem Tranchieren am Tisch vor eine komplizierte Herausforderung gestellt. Dank Mundpropaganda gaben sich die Gäste, darunter schillernde Berühmtheiten (Claude François, Serge Gainsbourg und Jane Birkin) die Klinke in die Hand und 1967, kaum zwei Jahre nach der Eröffnung, erhielt Guérard seinen ersten Stern im *Guide Michelin*; 1971 folgte der zweite.

Guérard sorgte für Furore, indem er alten Klassikern einen innovativen und persönlichen Anstrich verlieh, wie dem Pot-au-feu mit Gänseleber.

Eugénie-les-Bains: dritter Stern

Im Jahr 1974 änderte sich alles für das Etablissement in Asnières. Der Pachtvertrag lief aus und in der Straße standen umfangreiche Bauarbeiten an. Höchste Zeit für Michel Guérard und seine Frau Christine (die er zwei Jahre zuvor über den befreundeten Küchenchef Pierre Troisgros kennengelernt hatte), sich eine neue Wirkungsstätte zu suchen. Das Paar beschloss, die Region Paris zu verlassen, um sich in dem Thermalbad Eugénie-les-Bains in den Landes niederzulassen. Die Idee stammte von Christine und ihrem Vater (Guérard hatte es zunächst vorgezogen, im Großraum Paris zu bleiben), da die erfahrene Geschäftsfrau dort bereits seit 1967 ein Hotel betrieb.

Das neue Restaurant im Herzen eines Hotel- und Thermalkomplexes erhielt den Namen Les Prés d'Eugénie. Es markierte einen Wendepunkt in der Karriere des Michel Guérard. Da der Ort ein beliebtes Ziel für Schlankheitskuren war, kam ihm die Idee, eine »schlanke Küche« zum Abnehmen zu kreieren – sie sollte eines seiner großen Anliegen und Erfolge werden.

Was die Sterne anbetraf, so begann alles wieder bei null, doch ab 1975 erwarb das Restaurant jedes Jahr einen weiteren Stern, bis 1977 der dritte Stern den Satz komplettierte. Der stetig wachsende Erfolg veranlasste das Paar 1993 ein zweites Restaurant zu eröffnen, La Ferme aux grives, das eine bürgerliche und familiäre Küche aus regionalen Produkten bot und sich von dem strengen Konzept des Les Prés d'Eugénie löste.

Eine diätetische und innovative Küche

Von den Pariser Spitzenköchen wurde Michel Guérard zu Beginn seiner Karriere diskreditiert, sie hielten seinen Stil – wie den aller Köche der Nouvelle Cuisine – für eine vorübergehende Mode. Er versuchte neue Wege zu gehen, indem er die Fettmengen reduzierte oder Zutaten auf neue Weise kombinierte, beispielsweise Foie gras und Essig, was heute ganz und gar nicht mehr abwegig erscheint. Eine der großen Besonderheiten der Küche Guérards bestand darin, dass er sie auf die Ansprüche seiner Gäste im Hinblick auf Gesundheit und Wohlbefinden ausrichtete und dementsprechend die Gourmet- und Diätküche zu einer Einheit zusammenführte. Das Konzept nahm sogar die Gestalt eines Buches an, *La grande cuisine minceur* (»Die leichte Große Küche«), das 1976 erstmals erschien und zum Bestseller wurde, sodass es Guérard im selben Jahr auf das Titelblatt des *Time Magazine* schaffte: »*The New Gourmet Law: Hold The Butter*« (»Das neue Gourmet-Gesetz: weniger Butter«). Seine Küche setzte auf viele leichtere Zubereitungen (beispielsweise keine mehlgebundenen Saucen) und die Reduzierung von Fetten – so kreierte er eine Sauce Béarnaise ohne Butter.

Das Minz-Sorbet von Michel Guérard

Tatsächlich veranlasste ihn der »medizinische« Aspekt seines Berufes in den 2000er-Jahren dazu, sich beim Gesundheitsministerium für ein Projekt rund um die gesunde Küche zu engagieren, sowohl im Rahmen von Thermalkuren als auch bei der Ausbildung von Gastro-Profis. Ein Ergebnis dieser Investition war 2013 die Eröffnung einer Schule für gesunde Küche in Eugénie-les-Bains.

Kurzum, die Karriere des Michel Guérard war geprägt durch Kühnheit und Innovation. Kühnheit, die er beim Kauf eines Restaurants in einem Pariser Vorort zu Beginn seiner Laufbahn bewies, Innovation, indem er die wachsende Bedeutung einer gesunden Ernährung für die Gäste erkannte. In seinen letzten Lebensjahren machte Guérard schrittweise der jüngeren Generation Platz, damit sie in Ruhe die Nachfolge in seinen Restaurants antreten konnten. Die beiden Töchter des Ehepaars Guérard sowie Küchenchef Hugo Souchet übernahmen die Leitung der verschiedenen Lokale, immer unter der Obhut des großen Meisterkochs, der auch mit über 90 Jahren noch am Herd stand und neue Projekte betreute.

Gaston Lenôtre: weltberühmter Patissier

Er ist zweifellos eine der weltweit bekanntesten Persönlichkeiten der französischen Gastronomie. Gaston Lenôtre baute im Laufe der Jahre ein wahrhaft globales Imperium auf. Der gelernte Konditor verstand es, sich vielseitig auszurichten, und brachte es auch als Gastronom und Caterer zu Ruhm.

Revolutionär der Patisserie

Lenôtre wurde 1920 in einem kleinen Dorf in der Normandie geboren und ging im Alter von 13 Jahren bei dem Konditor Alabarbe in Bernay in die Lehre. 1935 fand er eine erste Anstellung bei Tison in einer Konditorei in Pont-Audemer, eine kurze, aber wichtige Erfahrung, denn dort lernte er, Macarons herzustellen. Als junger Arbeiter setzte er in Paris und den nahen Vororten seine Laufbahn fort, bevor er während des Krieges in die Normandie zurückkehrte.

Frisch verheiratet erwarben seine Frau Colette und er 1947 die Konditorei des kurz zuvor verstorbenen Tison. Lenôtre begann seiner Kreativität freien Lauf zu lassen, indem er Altbekanntes wie Financiers oder Colombiers (Genueser Biskuit mit kandierten Früchten) neu interpretierte; er kreierte auch Eigenes. Etwa in den 1950er-Jahren die Feuille d'Automne: ein Succès-Biskuitboden (Mandel-Baiser), darauf französische Meringe und Mousse, das Ganze in Schokolade eingefasst und mit großen Schokospänen verziert. Hier zeigte sich bereits sein Streben nach weniger Zuckerhaltigem, eines seiner Markenzeichen.

Ein Pariser »Succès«

1957 zog das Ehepaar Lenôtre nach Paris (Rue d'Auteuil). Im Gepäck hatten sie die in der Heimat kreierten Spezialitäten

Gaston Lenôtre bei einem Empfang im Château de Breteuil im Jahr 1975

wie den Succès – zwei Succès-Biskuitschalen, die eine pralinierte Buttercreme umschließen. Die Kunden strömten in Scharen herbei, das Geschäft florierte, eine 400 Quadratmeter große »Backstube« wurde eingerichtet, die jedoch bald nicht mehr ausreichte. Im Jahr 1968 wurde in Plaisir (Yvelines) eine Produktions- und Forschungsstätte von 2500 Quadratmetern eingeweiht. Kurz darauf eröffnete 1971 ebendort die Lenôtre-Schule (*École française de perfectionnement gastronomique*), die sich zunächst an Profis richtete.

Es entstanden neue Läden, darunter in Boulogne-Billancourt, Parly 2, in Vélizy und in der Avenue Victor-Hugo im 16. Arrondissement von Paris. Ab 1964 betätigte sich Lenôtre außerdem als Caterer im Luxussegment. Einmal mehr stellte sich der Erfolg sofort ein: Große Pariser Unternehmen wie Europe 1 und Dassault beauftragten den edlen *traiteur* mit der Ausrichtung umfangreicher Bankette, manchmal für mehr als 1000 Gäste. Darüber hinaus erwarb das Unternehmen 1976 die Konzession für Le Pré Catelan im Bois de Boulogne, die perfekte Kulisse für kulinarische Großveranstaltungen. Sie wurde zur Domäne von Madame Lenôtre, die über die Geschicke wachte und dort einzigartige Empfänge ausrichtete.

Die Eroberung des Auslands

Die großen Stärken des Gaston Lenôtre waren seine Allgegenwart und seine obsessive Schaffenswut, mit der er das Wachstum seines Imperiums vorantrieb. So wurde er zu einer der führenden Persönlichkeiten der feinen französischen Küche. Als Freund von Paul Bocuse war er Mitglied der Grande Cuisine française – umgangssprachlich die »Bocuse-Bande« –, zu der ein Dutzend Köche gehörten, darunter Jean und Pierre Troisgros, Paul Haeberlin, Alain Chapel, Louis Outhier und René Lasserre. Diese Vereinigung war für die renommierten Starköche ein Mittel, die Werbetrommel in eigener Sache zu rühren und als weltweite Botschafter der französischen Exzellenz aufzutreten.

Die internationale Erfolgsgeschichte begann 1975 mit der Eröffnung einer Filiale in Berlin. Kurz darauf folgte eine Dependance in Japan; 1982 eröffnete Lenôtre gemeinsam mit Paul Bocuse und Roger Vergé ein Restaurant im französischen Pavillon (Epcot) der Disney World in Orlando. Doch es folgte ein herber Rückschlag. Eine 1983 in Houston (USA) gegründete Produktionsstätte brachte die Finanzen des Unternehmens in Schieflage. Das Angebot der Accor-Gruppe, als Investor einzusteigen, wurde angenommen. Diese erwarb nach und nach die Mehrheit des Unternehmens Lenôtre, während er selbst sich schrittweise aus dem Geschäft zurückzog. Als Gaston Lenôtre 2009 starb, zollte ihm Pierre Hermé, der sechs Jahre lang für das Haus gearbeitet hatte, seinen Tribut:

> »Lenôtre schuf die Grundlagen der Patissierie, wie sie heute praktiziert wird. Er entstaubte Archaisches, lockerte es auf, er begann zu ›entsüßen‹, moderne Fertigungstechniken zu etablieren und verlieh dem Handwerk eine neue Dimension.«

Lenôtres Erdbeertorte

Lässt sich die Walderdbeertorte von Pierre Lacam als Vorläufer des *fraisier* von Lenôtre betrachten? In der fünften Ausgabe seines *Mémorial historique et géographique de la pâtisserie* aus dem Jahr 1900 stellte Lacam diesen Kuchen vor, bei dem sich mit Aprikosensirup oder Madeira getränkte Biskuitböden mit Schichten aus in Madeira und Kirschwasser sautierten Walderdbeeren abwechseln. Gekrönt wurde das Ganze mit einer Haube aus gesüßter Vanillesahne.

Im Jahr 1909 stellten Darenne und Duval im *Traité de pâtisserie moderne* ein Rezept für Erdbeerkuchen vor, bei dem ein Genueser Mandelbiskuit mit einer Schicht Erdbeerkonfitüre mit Kirsch bedeckt wird. Der moderne Erdbeerkuchen scheint eine Reproduktion der *bagatelle* von Gaston Lenôtre aus dem Jahr 1966 zu sein: zwei Biskuitböden, getrennt durch eine mit Erdbeeren garnierte Buttercreme und mit einer dünnen Schicht Marzipan bedeckt. Kurzum, ein Erdbeerkuchen, wie wir ihn heute verstehen, auch wenn die Buttercreme inzwischen meist der leichteren Mousseline-Creme – einer mit Butter aufgeschlagenen Konditorcreme – gewichen ist.

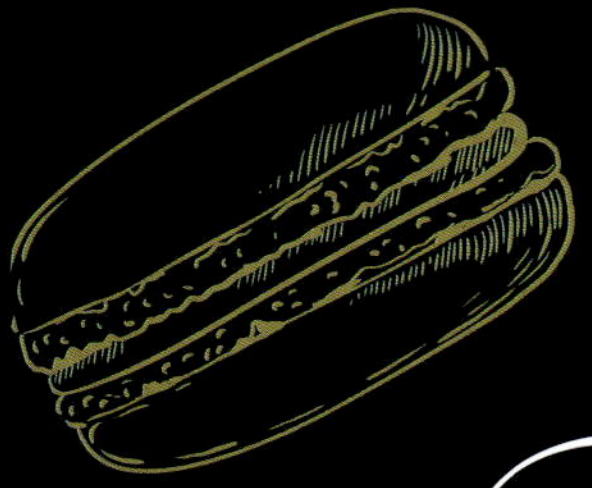

Pierre Hermé: die französische Patisserie erobert die Welt

Pierre Hermés Eltern, die in Colmar eine Bäckerei/Konditorei betrieben, dachten lange Zeit, dass ihr einziger Sohn das Geschäft übernehmen würde. Zwar schlug dieser tatsächlich die Karriere eines Konditors ein, allerdings fern der Heimat und in einem viel größeren Maßstab. Wie wurde aus einem gebürtigen Elsässer ein berühmter Konditormeister, der ein globales Imperium aufbaute?

Ein Spross der Lenôtre-Schule

Hermés früheste Erinnerungen ans Backen stammen aus einer Zeit, die er beim Vater in der Backstube verbrachte, wo er ihm bei der Arbeit zusah und teils zur Hand ging:

> »Im Laufe der Jahre wurde ich immer neugieriger. Ich wollte ständig etwas lernen, löcherte ihn mit Fragen, selbst wenn ich meinem Vater und auch dem Konditor Bernard Sessa, der mit ihm zusammenarbeitete, gehörig auf die Nerven ging.«

Obwohl seine Mutter ihm den Konditor ausreden wollte (»Kein guter Beruf, mein Junge! Du wirst nie eine Frau finden, wenn du das machst!«, sagte sie einmal zu ihm), begann der 14-jährige Pierre 1976 in der Nähe von Paris eine Ausbildung in der kürzlich eröffneten Lenôtre-Schule. Trotz der mütterlichen Vorbehalte stimmten die Leidenschaft des Sohnes für das Backen und die herausragenden Möglichkeiten seiner Ausbildung die Eltern zuversichtlich, dass Pierre das bereits in vierter Generation geführte Geschäft übernehmen würde. Als seine Eltern 1992 in den Ruhestand gingen, gestand er, dass das niemals geschehen würde.

In der Lenôtre-Schule lernte Hermé innerhalb von zwei Monaten in Theoriekursen sämtliche Techniken der Konditorei. Der zweijährige praktische Teil der Ausbildung folgte in den nahegelegenen Backstätten von Lenôtre. Der junge Hermé arbeitete anschließend weiter für das Haus, bevor er 1981 Militärdienst leisten musste. Diesen absolvierte er im Verteidigungsministerium als Konditor des Ministers Charles Hernu – Lenôtre hatte seine Beziehungen.

Das Macaron – erster Kontakt

Als Pierre Hermé in den 1980er-Jahren in großen Häusern arbeitete, stellte er alle möglichen Konditorwaren her.

Pierre Hermé 2020

Seine weltweite Anerkennung verdankt er jedoch dem Macaron, wenngleich er zahlreiche andere bekannte Kreationen schuf, wie das 2000 Feuilles (»2000 Blätter«) oder die »Unendliche Vanille-Tarte«. Woher also stammt seine große Kunstfertigkeit bei diesem Naschwerk?

Während seiner Ausbildung bei Lenôtre entdeckte Hermé die Geheimnisse der Macaron-Herstellung. Das Gebäck verlangt nach einer speziellen Rezeptur, bei der eine Masse aus Mandelmehl mit Eiweiß versetzt wird. Um die gebackenen Hälften zu verkleben, wird das Blech nach dem Backen leicht angefeuchtet, damit die Unterseite der Hälften aufweicht und haftet. Die Arbeitsschritte sind technisch derartig anspruchsvoll, dass sie nur wenige erfahrene Konditoren in den Lenôtre-Produktionsstätten Macarons ausführen durften. Dennoch erhielt Hermé die Erlaubnis, bei einigen mitzuwirken – ihm entging nichts.

Als Hermé 1986 bei Fauchon die Leitung der Konditorei übernahm (wo er elf Jahre blieb), lernte er eine andere Technik der Macaron-Herstellung kennen, bei der gemahlene Mandeln, Puderzucker und Eischnee vermengt wurden. Zur Verbesserung der Rezeptur beschloss er, anstelle des bestehenden Verfahrens italienische Meringe zu verwenden (für die auf 118–120 °C erhitzter Zucker in den Eischnee eingearbeitet wird). Gleichzeitig begann er, mit verschiedenen Aromen und Füllungen zu experimentieren. Der künftige World Champion der Macarons formte und feilte an seinem Material und trug so das nötige Wissen zusammen, um sein Naschwerk weltweit berühmt zu machen.

Die ganze Klaviatur der Aromen

Pierre Hermé nannte Gaston Lenôtre einmal einen »großzügigen und leidenschaftlichen Mann, der [seinen] Ehrgeiz weckte, indem er [ihm] die vielfältigen Möglichkeiten des Konditorberufs vor Augen führte«. Genau dieser Ehrgeiz trieb Hermé dazu an, rund um ein einziges Produkt – das Macaron – ein ganzes Universum an Aromen (in Hunderten von Variationen) zu erschaffen. Ein in seiner Form simples Backwerk eröffnete dem Konditor eine unendliche Zahl von Möglichkeiten, mit Aromen zu spielen.

Und so stellte Hermé sein Können 1997 in den Dienst des Hauses Ladurée (das bereits Macarons verkaufte) und leitete die Eröffnung einer neuen Filiale des Edel-Konditors auf den Champs-Élysées, die ausschließlich Macarons

verkaufte (ein Zeichen für die steigende Beliebtheit des edlen Gebäcks). Der Erfolg ließ nicht auf sich warten, vor allem dank der Vielfalt der angebotenen Geschmacksrichtungen. Das Jahr 1998 markierte jedoch den eigentlichen Beginn für den Weltruhm des Konditors. Hermé hatte im Jahr zuvor sein Unternehmen, das Maison Pierre-Hermé, gegründet; das erste Geschäft entstand in Tokio (Paris folgte 2001).

Seither reißt die Serie der Neueröffnungen nicht ab. 2016 wurde Hermé zum besten Konditor der Welt gekürt. Im Jahr 2023 waren es bereits 60 Filialen in elf Ländern, die sich ausschließlich dem Verkauf von Macarons widmeten, ein globales Imperium für »ein paar Gramm Glück«. Neben dem persönlichen Erfolg als Konditor trug er auch erheblich zum Prestige der französischen Esskultur bei. Zwar stehen die japanische oder die italienische Patisserie ihr in nichts nach. Die französische hingegen genießt auch heute noch Weltruhm; Pierre Hermé ist einer ihrer namhaftesten Vertreter.

Das Macaron Ispahan

Es ist eines der bekanntesten Macarons von Pierre Hermé. Es entstand Ende der 1990er-Jahre und ist von der Rosensorte Ispahan inspiriert, deren Farbe und Duft besonders charakteristisch sind. Es besteht aus einem Biskuit mit Rosenaroma und einer Creme, die die Aromen von Rosenblättern und Litschis vereint und durch Himbeeren ergänzt wird.

Das Macaron Ispahan mit Rosen, Litschis und Himbeeren

Paul Bocuse, Chef der »Bande«

Wenn es einen Koch gibt, der sich international einen Namen als Förderer und Botschafter der französischen Küche gemacht hat, dann ist es Paul Bocuse. Geboren in Collonges-au-Mont-d'Or, das zeitlebens sein Lebensmittelpunkt bleiben sollte, verstand es Bocuse, ein ganzes Team von Köchen und Vertretern der Nouvelle Cuisine um sich zu scharen und die Figur des Kochs aus dem Schattendasein hervortreten zu lassen.

Das Lyonnais im Blut

Die Auberge du Pont de Collonges ist das legendäre Restaurant in Collonges-au-Mont-d'Or, in dem Paul Bocuse sein ganzes Leben verbrachte. Doch was bringt einen Menschen dazu, sich ganz und gar einer Region zu verschreiben? Vielleicht seine Ausbildung: 1948 trat Bocuse in die Küchenbrigade von Fernand Point im La Pyramide in Vienne ein (der ihm zu einem 18-monatigen Aufenthalt bei Lucas Carton in Paris verhalf, bevor er nach Vienne zurückkehrte). Zuvor hatte er auf dem Col de la Luère als Geselle bei Mère Brazière gearbeitet. Ein weiterer Grund für diese Heimatverbundenheit mag die Familientradition sein. Tatsächlich entstammte Bocuse einer Linie von Wirten, die sich seit 1765 an der Saône niedergelassen hatten. Sein Vater erwarb das Hotel-Restaurant Pont in Collonges, dessen Leitung er 1959 übernahm.

Sein Leben lang kreierte Bocuse Menüs, die seine Wurzeln und seine Liebe zum regionalen Terroir spiegelten. Diese Verbundenheit zeigte sich beispielsweise in den verwendeten Produkten (Geflügel aus der Bresse, Kardonen), in den Zubereitungsarten (Gaudes, einfache Mehlsuppen, Nantua-Sauce) wie auch bei den Erzeugern und Bezugsquellen (Käse von La Mère Richard, einer Fromagerie in Lyon, Schokolade vom Lyoner Chocolatier Bernachon, Mièral-Geflügel …).

Speerspitze der Nouvelle Cuisine?

Ein Credo der Nouvelle Cuisine: frische, saisonale Produkte aus der Region Lyon. Die Bewegung entstand in den 1970er-Jahren; Paul Bocuse galt im In- und Ausland als einer ihrer Botschafter. Doch wenngleich er sich selbst gelegentlich auf dieses Konzept berief, fühlt man sich beim Lesen seiner Speisekarten eher an einen Vertreter der traditionellen französischen Küche erinnert, die er behutsam neu interpretierte und überarbeitete.

Letztlich war es vor allem die Verwendung frischer, saisonaler Produkte, die ihn auszeichnete. Darauf lag sein Hauptaugenmerk, ohne die Zubereitungen übermäßig zu komplizieren. Genau darauf wollte er hinaus, wenn er in der Einleitung zu seinem Buch *La Cuisine du marché* von 1976 die Nouvelle Cuisine als »echte Küche«, getragen »von der Sorge um die Qualität der Produkte«, definierte.

Starkult um den Koch

Das »Neue« an der Nouvelle Cuisine als Bewegung war, dass sie sich auch medial wirksam in Szene zu setzen wusste und die Figur des Kochs in den Mittelpunkt stellte, etwa durch die Vereinigung La Grand Cuisine française, die 1970 u.a. auf Initiative von Paul Bocuse entstand und elf Köche umfasste, davon sieben Drei-Sterne-Köche.

Bocuse wurde zu einem der berühmtesten und anerkanntesten Köche des 20. Jh. Es war nicht nur seine schillernde Persönlichkeit (ähnlich wie sein Lehrmeister Fernand Point), sein Ruhm gründete vor allem auf seiner Kochkunst. Das bezeugen die drei Sterne, die seit 1965 mehr als 50 Jahre in Folge über der Auberge du Pont de Collonges leuchteten (ein Rekord), sowie seine Krönung zum Koch des Jahrhunderts im Jahr 1989 (*Gault-Millau*).

Paul Bocuse in seinem Restaurant L'Auberge du Pont de Collonges in Collonges-au-Mont-d'Or in den 1980er-Jahren

Die von Bocuse ausgebildeten Köche und die nachfolgende Generation waren sich einig. Bocuse stellte seine Person in den Vordergrund, exponierte sich in den Medien, um den Typus des großen französischen Spitzenkochs zu erschaffen: »Er war der erste französische Koch, der die Bedeutung der internationalen Öffentlichkeitsarbeit verstand«, kommentierte sein Berufskollege Alain Ducasse.

Der Geschäftsmann Bocuse

Bocuse wusste seine Berühmtheit für seine persönlichen Belange zu nutzen. Im Laufe der Jahre baute er in Frankreich und auf der ganzen Welt ein Gourmet-Imperium auf. Den Auftakt machten ab 1997 vier Brasserien in Lyon, weitere folgten in den 2000er-Jahren in den Vororten.

Bocuse war ein Weltenbummler. So schloss er sich 1982 mit Gaston Lenôtre und Roger Vergé zusammen, um ein Restaurant im Disney World-Park in Florida zu eröffnen, doch vor allem in Japan baute er sein Imperium aus, wo er ab 1979 acht Brasserien eröffnete. Als er 2018 starb, hinterließ er im In- und Ausland rund 20 Restaurants.

Als Sinnbild seiner Bekanntheit steht im Grévin-Museum seit 1991 ein wächserner Bocuse. Er selbst prägte die Lyoner Küche (die Lyoner Markthallen tragen heute seinen Namen) und die gesamte französische Küche.

Ein medienwirksames Süppchen

Manche Spezialitäten von Paul Bocuse sind weltberühmt, wie Wolfsbarsch in der Kruste, gefüllt mit Hummermousse und Sauce Choron, in der Schweinsblase gegartes Huhn, frischer Lachs mit Dill – und die VGE-Suppe (VGE = Valérie Giscard d'Estaing). Letztere war von besonderer Bedeutung, da sie zur Mediatisierung und weiteren Berühmtheit des Kochs beitrug.

Die Rinderconsommé mit Trüffel und Blätterteigdeckel wurde am 25. Februar 1975 auf einem Bankett im Élysée-Palasts anlässlich der Verleihung der Ehrenlegion an Paul Bocuse durch den damaligen Präsidenten Valéry Giscard d'Estaing serviert.

Sein Leben lang kreierte Bocuse Menüs, die seine Wurzeln und Liebe zum regionalen Terroir widerspiegelten.

Frauen in der Gastronomie

Kochen ist Frauensache? Die Gastronomie jedoch Männersache? Rollen wir die Geschichte einer Diskriminierung und einer patriarchisch geprägten Rollenverteilung auf, die weit über die französischen Grenzen hinausreicht und noch lange nicht überwunden scheint.

Magd auf dem Weg zum Markt (1586)

Hausfrau und Haushälterin

Lässt sich behaupten, dass im häuslichen Bereich das Kochen universell als weiblich gilt? Möglicherweise: Eine Studie fasst die Ergebnisse mehrerer 100 anthropografischer und historischer Untersuchungen zusammen und kam zu dem Schluss, dass in den berücksichtigten 184 »traditionellen« Gesellschaften das Kochen nie eine ausschließlich männliche Aufgabe war. In 63 Fällen ist es eine eher weibliche, in 117 Fällen eine ausschließlich weibliche Domäne (lediglich in zwei Fällen ist es eine »eher männliche Aufgabe« und in zwei weiteren untersuchten Gemeinschaften eine »geteilte Angelegenheit«).

Die westliche Welt im Mittelalter machte da keine Ausnahme, auch in bürgerlichen Kreisen nicht: Obwohl die Dame des Hauses keine der Mahlzeiten zubereitete, war sie dennoch für die Küche zuständig. Der *Ménagier de Paris* (um 1393), ein Werk, das ein Pariser Bürger zur moralischen und praktischen Erziehung seiner jungen Frau verfasste, macht dies deutlich. Die Rezepte – nicht nur kulinarischer Natur – sollten nicht nur praktische Fertigkeiten vermitteln, sondern die Leserin befähigen, ihre Ausgaben zu kontrollieren und einen Haushalt zu führen.

Im 19. Jh. vertraten zahllose Handbücher für die »Hausherrin« eine ähnliche Auffassung von den Pflichten einer guten Ehefrau:

> »Die Rolle der Frau liegt im Innenbereich, sie betrifft viel weniger Personen und beschränkt sich auf das weibliche Personal; es wäre absolut lächerlich, würde

sich ein Mann in die Angelegenheiten der Wäscherin einmischen. Wenn er sich mit der Küche befasst, dann höchstens, um den Garpunkt eines Bratens oder die Würze einer Sauce zu bestimmen; er würde nur das Terrain seiner Frau betreten, um eine Süßspeise zu empfehlen oder die Ordnung des Kochgeschirrs zu prüfen.«

So schrieb Louise d'Alq 1882 in *Le Maître et la Maîtresse de maison*. Auch die Hauswirtschaftslehre, die seit den 1890er-Jahren in die Lehrpläne der öffentlichen Mädchenschulen Einzug hielt, zielte darauf ab, gute Hausfrauen auszubilden und der Arbeiterklasse eine Reihe von Werten zu vermitteln – Ordnung, Sparsamkeit, Vorausschau.

Die häusliche Köchin

Die eigentliche Herdarbeit oblag dem Dienstmädchen oder der Hausangestellten. Bereits im Mittelalter scheint es eine klare soziale Trennlinie gegeben zu haben. Bürgerliche Familien beschäftigten Köchinnen, beim Adel hingegen kochten die Männer. So sind auf mittelalterlichen Miniaturen mit Darstellungen des adeligen Milieus männliche Bedienstete am Werk, während in der bürgerlichen Welt geschäftige Frauen am Herd zu sehen sind. Kammerfrauen, die wir aus vielen literarischen Werken kennen, waren oft auch für die Küche zuständig.

Für das 17./18. Jh. gibt es zahlreiche Belege. Der Eintrag »Küche« im *Dictionnaire universel* von Antoine Furetière (1690) erläutert, dass die Bourgeoisie über »Küchendienerinnen« verfügte und der Adel über »Truchsesse für die Zubereitung der Speisen«. Das Werk *La Maison régie et l'art de dirigeant la maison d'un grand seigneur* von Audiger (»Hausführung und die Kunst, ein edles Haus zu leiten«, 1692) führt aus, dass es in den Häusern von »weniger hochgestellten Herrschaften, Geschäftsleuten, Bürgern und anderen [...] manchmal einen Koch gibt, oft jedoch nur eine Köchin«. Letztere kümmere sich um Einkauf, Abwasch, Reinigung der Küche, Buchhaltung ... Sie müsse wissen, wie man »eine gute Suppe kocht, alle Arten von Fleisch verkleidet, daraus Ragouts macht und wie man Fisch und Eier und alle Arten von Gemüse für die anderen Tage zubereitet«. Nicht zu vergessen Kompotte und Desserts. An jene Frauen richtete sich auch Menons *La Cuisinière bourgeoise* (1746). Im folgenden Jh. waren im gehobenen Bürgertum auch Männer beschäftigt. Diese Köche der großen Adelsfamilien und wohlhabenden

Miniatur aus dem 15. Jh.

Häuser, die ihre Kunst in Schlössern und privaten Herrenhäusern, umgeben von einem beachtlichen Aufgebot an Personal, ausübten, praktizierten die feine Hochküche. Die Rothschilds hatten Antonin Carême, Adolphe Dugléré und Urbain Dubois in ihren Diensten. Den deutlich schlechter bezahlten Köchinnen der bürgerlichen Mittelschicht und des Kleinbürgertums fiel die einfachere und gewöhnliche »bürgerliche« Küche zu. Die weitere Erörterung dieses Ungleichgewichts könnte einen ganz Band füllen. Es soll reichen, dass dieser Sachverhalt zu der Auffassung führte, es gäbe eine männliche und eine weibliche Küche, die eine kreativ, innovativ und komplex, die andere familiär, einförmig und einfallslos.

Frauen am Restaurantherd?

Als das Restaurant entstand, waren Frauen in der Küche Fehlanzeige. Die einzige unverzichtbare weibliche Person weilte im Speisesaal – die Dame am Tresen, oft die Ehefrau des Restaurantbesitzers. Sie wachte über das Lokal und sorgte dafür, dass alles ordnungsgemäß ablief. Im 19. Jh. waren Frauen in einfachen Wirtshäusern und in der Straßenküche vertreten. Im ersten Bouillon von Duval, der 1855 in der Rue Montesquieu eröffnete, stand ein Heer von Köchinnen an den in der Mitte des riesigen Saals platzierten Herden, während die Männer den Service erledigten.

Ende des 18. Jh. beschäftigten bürgerliche Haushalte Köchinnen (Willem Joseph Laquy, um 1770).

Als das Restaurant entstand, waren Frauen in der Küche Fehlanzeige. Die einzige unverzichtbare weibliche Person weilte im Speisesaal: die Dame am Tresen.

Das erstaunte die Gäste zunächst, doch war darin kaum ein Symbol des Wandels zu erkennen, denn einmal mehr waren die Frauen auf eine häusliche Küche (wenn auch im großen Stil) abonniert. Diesen faktischen Ausschluss der Frauen aus der Haute Cuisine beklagten Ende des 19. Jh., als sich der Berufsstand neu zu organisieren versuchte, sogar zahlreiche Köche.

Als 1887 in Rouen einer der ersten kostenlosen, öffentlichen Kochkurse für Frauen angeboten wurde, entspann sich in Artikeln ein kurzer Schlagabtausch zwischen Philéas Gilbert, einem renommierten Koch und leidenschaftlichen Verfechter seiner männlichen Zunft, und einem seiner Kollegen, einem Marius Berte. Eine Kontroverse, die Philéas Gilbert hierzu veranlasste:

> »Manche sagen, die Küche sei das Privileg der Frau. Ich stimme dem bis zu einem gewissen Grad zu, denn so wie es Reisig und Reisig gibt, gibt es auch Küche und Küche, und wir denken nicht im Traum daran, den traditionellen Pot-au-feu oder Hammeleintopf der Hausfrauen infrage zu stellen. Die Mehrzahl der Köchinnen sollte es dabei belassen und nicht so tun, als wollten sie sich in unsere Arbeit einmischen, die zum einen viel zu anstrengend ist für ihren weiblichen Teint und zum anderen viel zu umfangreich für ihre dürftigen Kenntnisse, und dass sie, was immer sie täten, nur eine sehr unvollkommene, ich würde sogar sagen, eine sehr schlechte Imitation abliefern könnten.« (*»Cuisiniers, cuisinières et journaux«*, *L'Art culinaire*, 1883, S. 123)

Die Benachteiligung der Frau setzte sich in der ersten Hälfte des 20. Jh. fort. Es drängt sich das unvermeidliche Gegenbeispiel der *mères* auf, die übrigens allzu oft vergessen werden und nicht nur aus dem Lyonnais stammten; es gab sie in der Bretagne (Mère Gloanec, 1839–1915), in der Normandie (Mère Poulard, 1851–1931) … Nicht zu vergessen, dass bei der ersten Verleihung der Michelinsterne im Jahr 1933 gleich zwei Frauen mit der Maximalzahl von drei Sternen ausgezeichnet wurden, Mère Bourgeois in Priya und Mère Brazier. Letztere übrigens gleich zweimal: für ihre Restaurants in Lyon und auf dem Col de la Luère.

Köchin Hélène Darroze im Jahr 2009

Allerdings ist der Status dieser »Mütter« voller Ambivalenz – die Bezeichnung *mère* ordnet sie dem häuslichen Bereich zu, als Hüterin des Herdes und der damit assoziierten Küche. Der Aufstieg dieser Frauen ging Hand in Hand mit der Aufwertung der Regionalküchen, sie standen für einen Bereich der Gastronomie, der zwischen Regional- und Hochküche anzusiedeln, jedoch nie vollständig als Haute Cuisine anerkannt war – strenge Äußerungen von Paul Bocuse (folgend) kamen nicht von ungefähr.

Zumindest lässt sich konstatieren, dass die Fachwelt am Status quo wenig Anstoß nahm. Im Jahr 1975 gründete die mit einem Michelinstern gekrönte Köchin Annie Desvignes vom La Tour du Roy in Vervins die Association des restauratrices-cuisinières (ARC – »Verband der kochenden Wirtinnen«), um die Anerkennung von Frauen in der Restaurantwelt zu fördern. Die von Gastrokritiker Robert J. Courtine (*Le Monde*) unterstützte Initiative war einigermaßen erfolgreich. Im Frühjahr 1977 sah sich Paul Bocuse genötigt, einen Brief an führende Persönlichkeiten der Bewegung zu schreiben:

> »Da ich die Kochkenntnisse meiner Frau zu verbessern wünsche und keine Erfahrung auf diesem Gebiet habe, möchte ich mich über die Aufnahmebedingungen in Ihrem Verband erkundigen (Ausbildung, Anzahl der Berufsjahre usw.), um sie im Hinblick auf die Umbenennung meines Restaurants etwa in Chez la mère Bocuse anzumelden. Ich möchte hier meine Überzeugung bekräftigen, dass Frauen sicherlich gute Köchinnen in der sogenannten traditionellen Küche sind: siehe Mère Filloux und Mère Brazier (zusammen 75 Jahre Erfahrung am Herd), aber: nur ein Menü – Artischockenherzen mit Foie gras, Quenelles Lyoner Art (sehr beliebt bei meinem Freund Courtine), Huhn in Halbtrauer, Mousse au Chocolat. Eine mitnichten einfallsreiche Küche, meiner Meinung nach, was ich bedaure.«

Es bleibt viel zu tun ...

Die Rolle der Frauen in der Gastronomie wandelt sich, Schritt für Schritt und unermüdlich erobern sie ihren Platz. Anne-Sophie Pic bleibt nicht die einzige Galionsfigur – obwohl sie als einzige Frau für ihre Küche seit 2007 drei Michelinsterne erhält. Nur Hélène Darroze und Stéphanie Le Quellec erhielten jemals zwei. Im Jahr 2024 wurden erstmals mehr als fünf Prozent der 639 französischen Michelin-Restaurants von Frauen geführt. Immerhin ist mehr als ein Drittel des Kochpersonals weiblich. Die Dinge ändern sich, jedoch sehr langsam ...

Le Cordon Bleu

Während Köche eifersüchtig über ihr Revier der Haute Cuisine wachten und sich hartnäckig gegen die Idee einer auch Frauen offenstehenden Berufsschule wehrten, beschloss die mutige junge Journalistin Marthe Distel (1871–1934) dieses Monopol zu brechen. Da sie die Kochkunst möglichst vielen Menschen zugänglich machen wollte, brachte sie 1895 die Zeitschrift *La Cuisinière Cordon Bleu* heraus. Sie bot eine Reihe von Rezepten, die in Kategorien wie »Haute Cuisine«, »bürgerliche Küche« und »Häusliche Küche« eingeteilt waren.

Im Januar 1896 eröffnete Marthe Distel die Cordon-Bleu-Kochschule mit einer Reihe von Angeboten, die speziell auf die Abonnenten der Zeitschrift zugeschnitten waren. Von Beginn an bot sie Grundkochkurse an; 1902 führte sie ein spezielles Kursprogramm ein, das sich an Damen und junge Mädchen aus dem Bürgertum richtete und von Küchenchef Henri-Paul Pellaprat (1869–1949) geleitet wurde. Er unterrichtete 32 Jahre in »praktischer, familiärer und hauswirtschaftlicher« Küche sowie »hoher Kochkunst«.
Trotz begrenzter Anerkennung in Frankreich, erlangte Le Cordon Bleu nach dem Krieg internationales Ansehen und wurde zur weltweit führenden französischen Kochschule mit 35 Standorten in 20 Ländern und mehr als 20 000 Studentinnen und Studenten.

Alain Ducasse: im Reich der Sterne

Alain Ducasse, geboren 1956 in der Region Landes, ist es gelungen, ein mit Sternen gespicktes Imperium aufzubauen. Er betreibt weltweit rund 30 Restaurants, darunter drei, über denen bis 2021 drei Michelinsterne leuchteten (in Monaco, Paris und London); bis 2025 heimste er insgesamt 21 Michelinsterne ein.

Familienbauernhof und erste Sterne

Alain Ducasse wuchs auf dem elterlichen Bauernhof in den Landes auf, wo er erstmals mit Produkten und der Küche der Region in Berührung kam. Nach der Hotelfachschule in Bordeaux absolvierte er eine Ausbildung u.a. bei Michel Guérard in Eugénie-les-Bains und Gaston Lenôtre in Paris. Doch erst bei Alain Chapel entdeckte er eine Küche, in der die Qualität der Zutaten ganz oben steht.

1990: drei Michelinsterne für Alain Ducasse

1984 erhielt Ducasse seine ersten Sterne im *Guide Michelin* (zwei für La Terrasse au Juana in Juan-les-Pins), erstmals drei Sterne wurden seiner Küche 1990 für das Restaurant Le Louis XV – Alain Ducass à l'Hôtel de Paris in Monaco verliehen.

Ducasse international

Im selben Jahr gründete Ducasse eine Unternehmensgruppe, sodass er weitere Häuser erwerben konnte. 1999 übernahm er die Kette Châteaux & Hôtels Collection, zu der damals 585 Hotels in 16 Ländern gehörten. Damit trieb er seine internationale Expansion voran, eine Strategie, die damals bereits Paul Bocuse verfolgt hatte.

Heute verfügt die Ducasse-Gruppe über mehr als 30 Restaurants auf drei Kontinenten mit mehr als 2000 Mitarbeitenden. Ihre Stärke liegt auch in der Diversifizierung: Seit rund zehn Jahren setzt der Konzern auf Schokolade, die nun 30 Prozent des Umsatzes ausmacht.

Neue Natürlichkeit

Das Markenzeichen der Küche des Alain Ducasse: *la naturalité* (»Natürlichkeit«), ein Konzept, das er als Küchenchef im Plaza Athénée entwickelte und dessen Ansatz er auf seine Kindheitserlebnisse zurückführt:

Das historische Bistro Chez Benoît wurde von Alain Ducasse übernommen. Er setzte David Rathgeber als Küchenchef ein. Die Speisekartenhalter gehören zum traditionellen Dekor des Parisers Bistros.

Mesclun-Salat mit schwarzen Trüffeln, ein Gericht aus dem Louis XV – Alain Ducasse à l'Hôtel de Paris

Aushängeschild der Natürlichkeit: Cookpot

In Anlehnung an sein Konzept der Natürlichkeit erschuf Alain Ducasse kürzlich den Cookpot, ein Gericht, bei dem Gemüse und Getreide im Mittelpunkt stehen. Es besteht aus sieben saisonalen Gemüsesorten, die schonend in einem speziell für das Rezept entwickelten Porzellangeschirr gegart werden, das den Garprozess optimiert. Der Cookpot ist variabel und passt sich dem saisonalen und regionalen Gemüseangebot an.

»Ich bin mir sicher, dass *la naturalité* – diese Küche, die Getreide, Gemüse und Fisch aus nachhaltigem Fang kombiniert und die ich 2014 im Plaza Athénée mit Küchenchef Romain Meder entwickelte – auf den Gemüsegarten meiner Kindheit zurückgeht, auf die Produzenten, denen ich begegnete und auf die Wälder, die ich zu allen Jahreszeiten stundenlang durchstreift habe.«

Aus einem Konzept wurde seine Devise: Essen mit Rücksicht auf die Umwelt und auf die verfügbaren Ressourcen, gesündere Kost, die Gemüse als Hauptelement in den Mittelpunkt des Tellers rückt.

Der kommerziellen Logik folgend präsentierte Ducasse sein Konzept 2015 auch in Form eines Buches mit dem Titel *Naturalité*; ein weiteres mit dem Titel *Le Grand Livre de la naturalité* und 120 Rezepten rund um dasselbe Konzept folgte 2020.

Nach 21 Jahren im Plaza Athénée verließ Alain Ducasse das Hotel, doch war der Bruch für den erfahrenen Koch und Geschäftsmann nur eine Gelegenheit mehr, eine Vielzahl neuer Projekte in Angriff zu nehmen, die den Erwartungen der Kundschaft und dem Zeitgeist entsprachen, darunter das Sapid, ein Restaurant, das ausschließlich vegetarische Küche bietet, oder eine Eismanufaktur.

Aus einem Konzept wurde seine Devise: Essen mit Rücksicht auf die Umwelt und auf die verfügbaren Ressourcen, gesündere Kost, die Gemüse als Hauptelement in den Mittelpunkt des Tellers rückt.

Die Pic-Dynastie

Ein Name kann dazu prädestinieren (oder gar verpflichten?), in die Fußstapfen der vorigen Generation zu treten. Wie in der Familie Pic, die in Valence im Departement Drôme seit drei Generationen Gastronomie betreibt. Da war zunächst Großvater André, der Gründer des Betriebes, dann Jacques, der die Geschicke fortführte, und schließlich Anne-Sophie, die sich ursprünglich nicht berufen fühlte, den Staffelstab zu übernehmen.

Jacques Pic im Hotel Grillon im Jahr 1984

André Pic, der Patriarch

Den Anfang des gastronomischen Epos der Familie Pic machte Sophie Pic, die in der Auberge du Pin in Saint-Péray in der Ardèche am Herd stand. Andrés Mutter bildete dort ihren Sohn bereits in jungen Jahren in den Küchen des Restaurants aus. Er lernte, ein Gratin von Flusskrebsschwänzen zuzubereiten (diese Spezialität steht in allen Edelrestaurants der Region Lyon auf der Karte), das seinen Ruhm begründen sollte. In einem der Restaurants von Anne-Sophie Pic (Le Bistrot André) findet es man heute noch auf der Speisekarte.

Nach dem Ersten Weltkrieg begann André an der Seite seiner Mutter im Gasthof zu arbeiten, zudem schien seine Lehre in namhaften Häusern (u.a. Mondy in Lyon und Palais d'Orsay in Paris) Früchte zu tragen. Als er 1921 die Leitung der Küche übernahm, setzte er Blätterteigtaschen mit Trüffeln, Hase à la Royale und Poularde à la crème auf die Karte. Sie alle wurden mitsamt Huhn in der Schweinsblase zu seinem Aushängeschild und bescherten ihm erste Michelinsterne: zwei im Jahr 1932 und drei 1934.

Das Renommee des Restaurants war so groß, dass André Pic und seine Frau Rose 1936 beschlossen, sich in Valence unweit der Nationalstraße 7 niederzulassen, einer für namhafte Gastronomen, darunter Fernand Point in Vienne, wichtigen Verkehrsader. Dem Ruf des Restaurants, das sowohl von Feinschmeckern der Region als auch von Politikern (Édouard Herriot, Léon Blum) und Persönlichkeiten aus der Welt der Unterhaltung (Sacha Guitry, Fernandel, Raimu u.v.m.) frequentiert wurde, schadete es nicht.

Das Restaurant in Valence mit seinen drei Michelinsternen, die es aus Saint-Péray mitgebracht hatte, ritt lange auf einer Welle des Erfolgs. 1957 beschloss André, sich aus gesundheitlichen Gründen aus der Küche zurückzuziehen und das Familienunternehmen seinem Sohn Jacques zu übertragen, ein Rückzug, den er jedoch nie ganz vollzog, er engagierte sich auch weiterhin in der Küche.

Jacques, der Schüler

Jacques verspürte zunächst nicht den Wunsch, in die Fußstapfen seines Vaters zu treten, sondern wollte wie sein Onkel Mechaniker werden. Da er zögerte, die Kochlaufbahn einzuschlagen, schickte ihn sein Vater in die Lehre. Nach seiner Wanderschaft als Geselle durch Frankreich kehrte er in den 1950er-Jahren in das Restaurant seiner Familie zurück, wo ihn sein Vater in die Geheimnisse der Saucen- und Fischküche einweihte. Als Jacques das elterliche Restaurant übernahm, war es an ihm, die kurz nach dem Zweiten Weltkrieg aberkannten Sterne zurück zu gewinnen. Den zweiten Stern erhielt die Küche unter seiner Leitung 1966, der dritte folgte im Jahr 1973.

Obwohl sich sein Vater offiziell längst im Ruhestand befand, verrät die Rückseite der Speisekarten aus den 1970er-Jahren bis zum Tode Andrés im Jahr 1984 die enge Beziehung der beiden Köche: »André und Jacques Pic, *cuisiniers restaurateurs*«. Auch wenn der Vater nicht mehr das Sagen hatte, blieb er präsent und wachte weiterhin über sein Restaurant, wie Robert J. Courtine 1970 in *Le Monde* schrieb:

> »André Pic, bald 80 Jahre alt, mit Schwierigkeiten beim Gehen, aber mit wachem Auge und feiner Nase, bezog seinen Posten vor der Küche und beobachtete, wie die Speisen den Pass verließen. Zweifellos hat das Auge des Meisters an der Arbeit seines Sohnes und besten Schülers Jacques nichts auszusetzen.«

Jacques betrachtete dies nicht als eine Form der Überwachung, sondern als Zusammenarbeit im Dienste der Kontinuität, als eine Arbeit Hand in Hand mit seinem Vater (ein von den beiden kommentierter *Guide culinaire* von Escoffier und einige von Anne-Sophie regelmäßig erwähnte handschriftliche Rezepte belegen dies).

> »Diese Kontinuität spiegelte sich auch in der Beibehaltung verschiedener Spezialitäten auf der Speisekarte, wie beispielsweise dem Bresse-Huhn in der Blase ›André Pic‹ (mit unter die Haut geschobenen Trüffelscheibchen, gefüllt mit Foie gras und in der Schweinsblase gegart). Jacques kreierte jedoch auch eigene Gerichte, wie etwa den Fischersalat mit Sherry – ein Salat aus Garnelen, Flusskrebsen, Hummer und Jakobsmuscheln, angerichtet auf in Butter sautierter und in Sherryessig marinierter Gemüse-Julienne, serviert mit Mayonnaise.«

Wolfsbarschfilets mit Kaviar

Ebenfalls berühmt ist Jacques Pics Wolfsbarschfilet mit Kaviar, ein Gericht, das er im September 1971 kreierte. Es besteht aus einem Wolfsbarschfilet, das kurz vor dem Servieren mit einer Schicht Kaviar bedeckt wird (damit dieser nicht infolge der Hitze zerfällt). Zur Veredelung wird der Fisch mit einer leicht säuerlichen Champagner-Sahne-Sauce serviert. Noch heute steht das Gericht auf der Speisekarte des Restaurants, in der leicht abgewandelten Form von Anne-Sophie Pic, die der Sauce in Form einer Emulsion einen leichteren Anstrich verlieh.

Das Rabelais-Menü

Ein weiteres Markenzeichen des Hauses Pic, das André und Jacques stets bewahrte, ist das Rabelais-Menü, dessen Zusammenstellung sich im Laufe der Zeit zwar veränderte, bei den Gästen jedoch stets Eindruck hinterließ. Es gilt als eines der ersten Degustationsmenüs in Frankreich, das vermutlich deshalb seinen Namen trägt, weil es der guten Küche des Autors von *Gargantua und Pantagruel* nachempfunden ist und vielleicht wegen seines gargantuesken Ausmaßes – vor allem was das Dessert angeht, das einen kompletten Servierwagen füllte, auf dem sich alle möglichen süßen Leckereien tummelten: Millefeuilles, Schokoladenkuchen, Früchte, Sorbets ... Auf jeden Fall schien dieses Menü ganz und gar nicht den Grundsätzen der Nouvelle Cuisine zu entsprechen (die damals noch voll im Trend lag und im Lyonnais sehr präsent war), denn es setzte nicht gerade auf Leichtigkeit und Schlichtheit.

Fleißige Anne-Sophie

Als Jacques Pic 1992 plötzlich starb, übernahm Anne-Sophies älterer Bruder Alain die Leitung der Küche. Auch dieser profitierte vom Vorbild seines Vaters, sodass die Übernahme anfangs reibungslos verlief, wie der Journalist Pierre Vallier berichtete:

Anne-Sophie Pic im Jahr 2018, als sie mit dem Creator Prize ausgezeichnet wurde

»Neulich Abend, erstes Abendessen bei Pic ohne meinen Freund Jacques. [...] Als wir gingen, flüsterte Alain mir zu: ›Er inspiriert uns noch immer.‹ Es stimmte, wir hatten alle gerade die typische Handschrift Jacques wiedererkannt. Wieder einmal wurden die Küchengeheimnisse vom Vater zum Sohn weitergereicht.«

Während jener Zeit war Anne-Sophie mit anderen Aufgaben betraut, die wenig mit dem Restaurant zu tun hatten – Management, Hotellerie ... Obwohl sie in der Gastro-Welt aufgewachsen war, absolvierte sie ihre Ausbildung nicht in der Küche, sondern an einer Handelsschule. Ironischerweise hatte sie wenige Monate vor dem Tod ihres Vaters angekündigt, nach Valence zurückzukehren, um eine Ausbildung zur Köchin zu machen. Das Geschäft lief immer schlechter, das Restaurant verlor allmählich seinen Nimbus und 1995 sogar einen Stern. Alain Pic zog sich aus dem Familienbetrieb zurück (und eröffnete in Isère ein kleineres Lokal). Anne-Sophie beschloss, die Leitung der Küche zu übernehmen, was nicht ohne Schwierigkeit verlief.

Die Rückkehr des dritten Sterns

»Der Verlust des drittens Stern war für mich, als sei mein Vater ein zweites Mal gestorben. Deshalb beschloss ich, in die Küche zurückzukehren.«

So Anne-Sophies berührende Worte, als dem Restaurant der dritte Stern aberkannt wurde. Es brachte sie aber auch zu der Überzeugung, dass ihr Platz von nun an in der Küche war. Dennoch sollte es zehn Jahre dauern, bis der verlorene Stern wieder leuchtete.

Der Anfang am Herd war sehr hart. Sie sah sich der Ablehnung der Köche gegenüber, die sie nicht als Teil des Berufsstandes akzeptierten – was anfangs teilweise auch stimmte, wie sie selbst zugab –, sondern lediglich als »Tochter von«. Sie zeigten ihr gegenüber auch eine latente Frauenfeindlichkeit. Davor hatte ihr Vater sie immer gewarnt.

So war die Wiederbelebung des Hauses Pic für Anne-Sophie fast ein Ding der Unmöglichkeit. Im Gegensatz zu ihrem Bruder Alain hatte sie nur indirekt von familiären Küchengeheimnissen profitiert, wenn sie als Kind dem Vater lauschte, wenn er über das Kochen sprach:

»Eine direkte Weitergabe hat es nicht gegeben, sie erfolgte eher über die vielen kleinen Bemerkungen, die er bei den Mahlzeiten zu Hause oder gegenüber den Auszubildenden machte, wenn er sie auf Prüfungen vorbereitete. [...] Ich hörte es als Kind, als Teenager, ich habe es aufgesaugt.«

Sie musste sich ständig beweisen und erntete sowohl von Gästen als auch von Mitarbeitern harte Kritik:

»Alle waren überrascht. Ich konnte den Sarkasmus hinter meinem Rücken hören. Das Personal verstand

Die Küchenchefin verlegte sich auf mehrere Kompromisse. Sie überarbeitete einige Rezepte, um Gerichte moderner und leichter zu gestalten.

meine Absichten nicht. Ich war Chefin und Lehrling zugleich.«

Das ist wohl Anne-Sophies Stärke, das ständige Bewusstsein, dass alles noch zu lernen ist:

»Ich habe alle Zeit der Welt zu lernen; jeder Tag ist ein einziges Hinterfragen. Das ist das Spannende an diesem Job. Es wäre schlimm, wenn ich bereits am Ende meiner Entwicklung angelangt wäre.«

Und diese offene Haltung trug Früchte: Im Jahr 2007 gewann das Maison Pic seinen dritten Stern im *Guide Michelin* zurück; im selben Jahr erhielt sie die noch viel persönlichere Auszeichnung als Köchin des Jahres (als erste Frau seit Einführung des Preises im Jahr 1987).

Die Erbin und Erfinderin

Das kulinarische Erbe einer Familie kann Fluch und Segen zugleich sein. Die Gäste sind an die Küche der Altvorderen gewöhnt und erwarten die Spezialitäten des Hauses (als Anne-Sophie einmal das Wolfsbarschfilet mit Kaviar von der Karte nahm, erregte sie den Zorn eines Gastes, der eigens gekommen war, um es zu probieren). Anne-Sophie musste auf einem schmalen Grat wandeln, um ihrer Kreativität Ausdruck zu verleihen und gleichzeitig den Geist des Maison Pic zu bewahren.

Die Küchenchefin verlegte sich auf mehrere Kompromisse. Sie überarbeitete einige Rezepte, um Gerichte moderner und leichter zu gestalten (etwa jenes Wolfsbarschfilet, aber auch das Vorzeigedessert ihres Vaters, das Eissoufflé mit Orangen und Grand Marnier). Sie eröffnete ein weiteres Restaurant, Le Bistrot André, um die Speisen zu präsentieren, die den Ruf des Hauses begründeten.

Darüber hinaus setzte sie ganz in der Tradition ihres Vaters weiter auf Meeresfrüchte und bot ihre eigenen Kreationen an wie Hummer, Artischocken und Foie gras, deglaciert mit Sherryessig, oder Wolfsbarsch mit Austern, Gurken und Wodka-Zitrone. Mit den Konzepten von Bruch und Kontinuität drückten die Familie Pic und ihr Restaurant der Region Lyon ihren Stempel auf.

Anne-Sophie Pic in der Küche des Maison Pic in Valence

Letztlich sind die Wege einer Familie nicht immer vorgezeichnet oder verlaufen zumindest nicht so, wie es alle erwartet hätten. Während das Familienerbe für Alain zweifellos eine zu große Last war – die Kontinuität zwischen André und Jacques glich einer regelrechten Osmose –, so verstand es Anne-Sophie, diesen Schatz anzunehmen, zu verinnerlichen und zu modernisieren, um das Maison Pic mit neuem Leben zu erfüllen.

Degustationsmenü im Maison Pic in Valence

Strahlkraft der französischen Küche

»Europa betrachtet die Franzosen im Allgemeinen als das Volk, das sich in der Lebenskunst am weitesten entwickelt hat, folglich wurden ihre Sitten und Gebräuche mehr nachgeahmt und verstanden als die jeder anderen Nation. Über ihre Küche gibt es keine zwei Meinungen, denn jeder Mensch in Europa, der sich gutes Essen leisten kann, hat einen französischen oder in der französischen Küche ausgebildeten Koch. Ich kann Ihnen ohne Zögern versichern, dass sie der unseren weit überlegen ist. […] Die Vielgestaltigkeit, die französische Köche ein und derselben Sache verleihen, ist erstaunlich; sie bereiten hundert Gerichte auf hundert verschiedene Arten zu; alle sind ausgezeichnet. Die köstlichen Saucen, die sie bereiten, verleihen all ihrem Gemüse einen Geschmack, der unserem nur in Wasser gekochtem Gemüse fehlt.«

… so die Worte des englischen Agronomen Arthur Young, der Ende der 1780er-Jahre Frankreich besuchte. In diesen Zeilen bestätigt er, inwieweit die französische Esskultur ab dem 17. Jh. ganz Europa beeinflusste, als eine neue, originelle Küche entstand, die mit der alten Schule der Renaissance gebrochen hatte.

Ein Koch im 18. Jh., der einen Kapaun serviert

Ganz nach englischem Geschmack

Als Engländer war Young in besonderer Weise berufen zu diesem Befund. In den kulinarischen Abhandlungen, die im 17./18. Jh. auf der anderen Seite des Kanals veröffentlicht wurden, kam der französische Einfluss deutlich zum Ausdruck. Er zeigte sich zum Beispiel in einer erheblich geringeren Zahl an Gerichten, die Fisch oder Fleisch mit Zucker oder Früchten kombinierten. Diesen Weg hatten zuerst die Köche im Königreich der Bourbonen eingeschlagen. Gemäß diesem Vorbild erfanden sich auch die englischen Frikassees und Hackfleischzubereitungen neu.

Der französische Einfluss zeigte sich zudem im Vokabular, etwa in *The Complete Practical Cook* von Charles Carter (1730), in dem es von *bisques* (*Bisques of Pigeons*), *Pottages* (*Pottage la Roy* oder *Pottage La Reine*), *Terrenes*, *Dobes* (*Beef à la Dobe*) und *Ragousts* [sic] nur so wimmelt. Die Entwicklung, die sich nicht nur in Büchern manifestierte, zeigte sich auch in Dokumenten, Rechnungsbüchern, persönlichen Notizen oder auf Speisekarten, und zwar nicht nur in Adelskreisen, sondern auch in der Oberschicht.

In sämtlichen kulinarischen Traktaten Europas war dieser Einfluss spürbar. Im deutschsprachigen Raum war das

1791 in Graz veröffentlichte *Allerneueste Österreichische Kochbuch* gespickt mit französischen Ausdrücken, und der Einband versprach deutsche Erklärungen für »französische Begriffe und Vorgehensweisen«. In Portugal wurde das einzige im 18. Jh. veröffentlichte Kochbuch *Cozinheiro moderno ou nova arte de cozinha* 1780 von Lucas Rigaud verfasst, einem französischen Koch am königlichen Hofe Lissabons.

Übersetzungen französischer Werke trugen teils zur Verbreitung bei. *Le Cuisinier françois* (1651) wurde unter dem Titel *The French Cook* ins Englische übersetzt und bereits zwei Jahre nach Erscheinen des Originals veröffentlicht. Der *Pastissier françois* (1653) erschien 1656 als *The Perfect Cook*. Im Jahr 1702 wurde *The Court and Country Cook* veröffentlicht, Übersetzung von Massialots *Cuisinier roïal et bourgeois*, das neun Jahre zuvor in Frankreich erfolgreich erschienen war. In Schweden waren drei der vier im 17. Jh. veröffentlichten Kochbücher Adaptionen oder Übersetzungen französischer Werke. Ähnlich sieht es von Italien bis Polen aus.

Illustration aus dem Buch *Cuisine artistique* von Urbain Dubois, 1872

Europas Elite kocht nun französisch

Wichtiger als die Verbreitung durch Bücher war zweifellos die persönliche Weitergabe. Im Jahr 1666 bat Johan Sobieski, späterer König von Polen, nach einem Frankreich-Besuch seine Frau, »einen guten Koch zu finden, doch nicht irgendjemanden, sondern natürlich einen Franzosen«. Im Schweden des 18. Jh. bemühten sich Königsfamilie und Hochadel ebenso, französische Köche einzustellen. Und wie könnte man André Noël, Koch von Friedrich dem Großen (1712–1786) unerwähnt lassen?

Natürlich wurde der französische »Eindringling« nicht überall mit offenen Armen empfangen, wie Robert May bereits 1660 in seinem *Accomplisht Cook* beklagt:

> »Obwohl die Franzosen mit ihrem Feinsinn, nicht ohne eine gewisse Ahnungslosigkeit, einige Gentlemen unserer Nation mit Epigramm-Gerichten verzückten, die mehr geräuchert als gegart waren und derart auf seltsame Weise den Gaumen fesselten, dienten ihre improvisierten Experimente eher der Saucenbeigabe denn als einer zuträglichen Kost. Im Allgemeinen ist nicht alles, was als modisch bezeichnet wird, der Beachtung wert.«

In England wurde die französische Küche häufig als zu anspruchsvoll und kostspielig verspottet, im Gegensatz zur einfach-deftigen Kost der Briten. Hannah Glasse empörte sich dementsprechend in ihrem Werk *The Art of Cookery* (1747) über diese Vormachtstellung:

> »Ich habe von einem Koch gehört, der sechs Pfund Butter verbrauchte, um zwölf Eier zu braten, dabei weiß jeder, der etwas vom Kochen versteht, dass ein halbes Pfund völlig ausreicht […]. Aber das wäre ja nicht französisch. So groß ist die Dummheit unserer Zeit, dass man sich lieber von einem eingebildeten Franzosen hinters Licht führen lässt, als einen guten englischen Koch zu unterstützen!«

In sämtlichen Ländern waren diese Widerstände spürbar, ein Wechselspiel aus Anziehung und Zurückweisung, die übrigens eher zu einer kulinarischen Hybridisierung und zu komplexen Mischformen führte als zu einer reinen Übernahme der französischen Küche. Im 19. Jh. setzte sich diese Dynamik fort. Jahrzehntelang rekrutierten die Eliten des Kontinents ihr Köche in Frankreich. Von 1816 bis 1821 reiste Antonin Carême (1783–1833) im Dienste der europäischen Elite zwischen London, Aachen, Wien und Sankt Petersburg hin und her.

Einer der berühmtesten Köche Großbritanniens im 19. Jh. war Alexis Soyer (1810–1858). Nachdem er in verschiedenen Pariser Restaurants gearbeitet hatte, stand er im Dienste großer englischer Familien, bevor er 1837 oder 1838 die Küchen des Reform Club übernahm – Küchen der Londoner Clubs, ein bedeutender Treffpunkt der englischen Elite.

Diese Club-Küchen wurden meist von Franzosen geleitet. Und Urbain Dubois stand fast 20 Jahre lang im Dienst von Wilhelm I. (1797–1888), König von Preußen und späterer deutscher Kaiser.

Das Restaurant erobert die Welt

Doch ging das Phänomen weit über diese prominenten Beispiele hinaus. Die Zeitschrift *L'Art culinaire* schätzte in einem Artikel vom September 1890, dass auf der anderen Seite des Kanals 5000 französische Köche ihr Handwerk ausübten. Das Restaurant, diese französische Innovation, die Touristen aus dem Ausland im Paris der 1800er-Jahre so faszinierte, hatte die Welt erobert.

So wurde beispielsweise in Hamburg bereits Ende des 18. Jh. ein solches Etablissement erwähnt. In Warschau gab es ab den 1780er-Jahren Anzeigen für die neue Art von angeblich französisch inspirierten Bewirtungsbetrieben. In London schienen ab etwa 1810 die ersten *restaurateurs* und »Restaurants« aufzutauchen. In Brüssel bezeichneten sich 1816 zwei Lokale derart. Das französische oder Pariser Vorbild wurde zumindest häufig reklamiert – Eigentümer der Lokale waren Franzosen. Ein positiver Kreislauf: Der gute kulinarische Ruf von Paris förderte die Verbreitung des neuen Typs von Lokal. Diese Verbreitung wiederum stärkte das Ansehen der französischen Küche im Ausland.

Im Laufe des Jahrhunderts zogen Restaurants in allen Teilen der Welt Scharen französischer Köche an. Der aufkommende Luxustourismus verstärkte diesen Trend noch. Ende des 19 Jh. griffen die Grand- und Palasthotels, die in Kurbädern, an der Côte d'Azur und in europäischen Großstädten entstanden, auf französische Köche zurück. Bestes Beispiel: Escoffier, der u.a. im Londoner Savoy und im Carlton gearbeitet hatte. Er beanspruchte die Rolle eines Botschafters der französischen Küche und betonte in seinen *Souvenirs inédits* die Bedeutung des Phänomens:

> »Denn die Entwicklung der französischen Küche ist größtenteils den Tausenden von französischen Köchen zu verdanken, die in allen Teilen der Welt arbeiten. Sie gingen ins Ausland, um französische Produkte und die Kunst ihrer Zubereitung in den fernsten Ländern bekannt zu machen.
>
> Es ist mir eine große Genugtuung, zu dieser Entwicklung beigetragen zu haben. Im Laufe meiner Karriere habe ich rund 2000 Köche in der ganzen Welt ›ausgesät‹. Die meisten haben sich in diesen Ländern niedergelassen; zahllose Weizenkörner, so könnte man sagen, die in unkultivierte Gebiete gesät wurden. Frankreich fährt heute die Ernte ein.«

Die Amerikanerin Julia Child, berühmte Moderatorin der erfolgreichen TV-Sendung *The French Chef* (1963–1973)

Das amerikanische Beispiel

Das Beispiel der Vereinigten Staaten spricht Bände. Es begann damit, dass Thomas Jefferson, als er 1789 nach seiner Zeit als Pariser Botschafter zurückkehrte, zahlreiche Küchenutensilien sowie Käse, Sardellen, Essig, Nudeln, Olivenöl und 680 Flaschen Wein mitbrachte. Kaum überraschend, dass er während seiner Präsidentschaft im Weißen Haus (1801–1809) einen französischen Koch anstellte.

Ganz allgemein war damals die Küche der amerikanischen Spitzenrestaurants ebenso wie die der großen Hotels französisch geprägt. Das Paradebeispiel schlechthin ist das Delmonico's. Die Schweizer Brüder Delmonico eröffneten 1827 in New York ein Café mit Konditorei, das sie 1830 in ein Edelrestaurant umwandelten. Jahrzehntelang war der Gourmettempel mit seiner beeindruckenden, rund zehnseitigen und auf Französisch verfassten Speisekarte die renommierteste Adresse der Stadt.

Mehrere französische Köche, die sich in den Vereinigten Staaten niedergelassen hatten, veröffentlichten nun eigene Kochbücher. Felix Déliée, der für verschiedene New Yorker Clubs arbeitete, veröffentlichte 1884 *The Franco-American Cookery Book;* 1896 erschien *The Epicurian* von Charles Ranhofer, Küchenchef im Delmonico's. Auch die

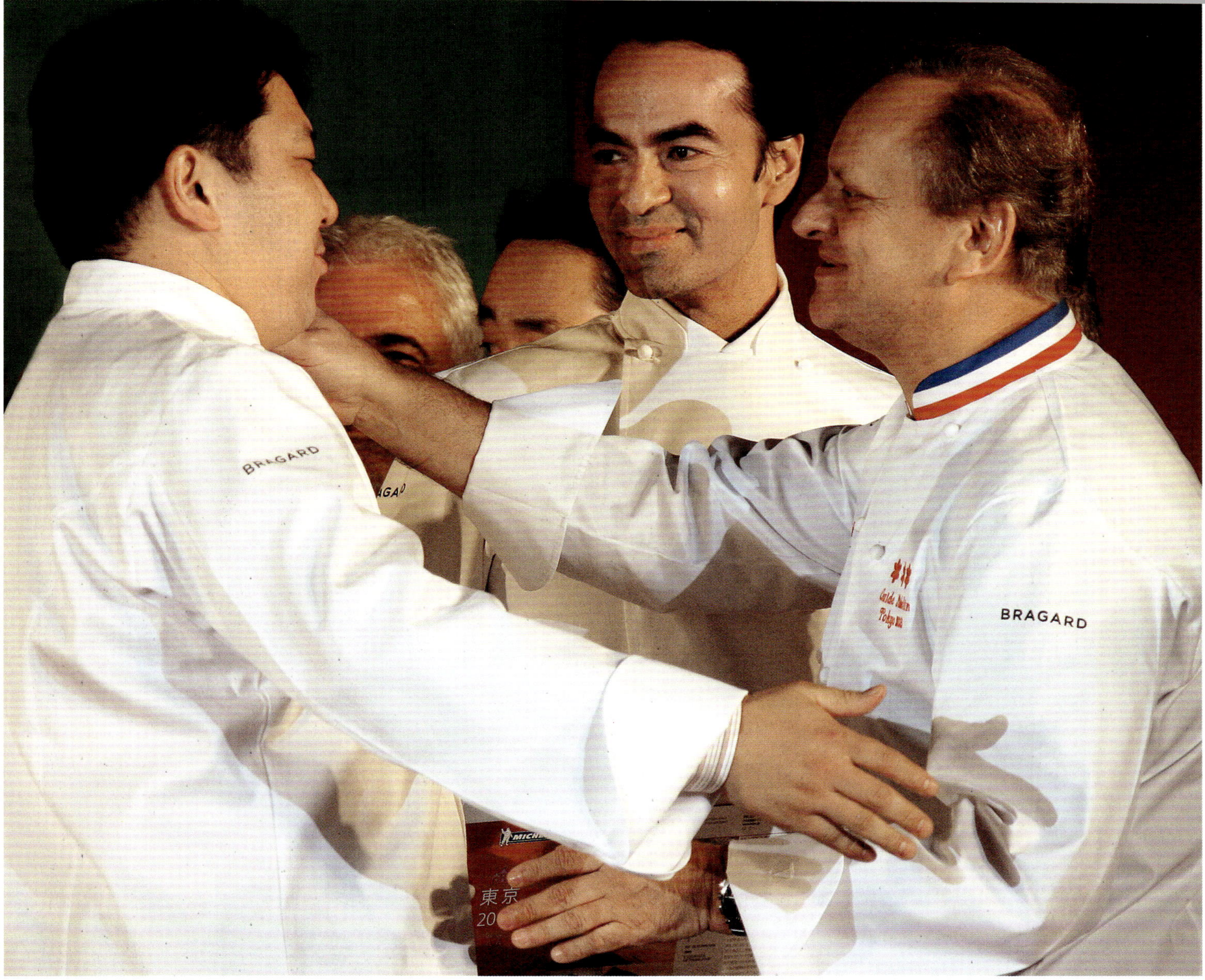

Die japanischen und französisch-vietnamesischen Köche Yuichiro Watanabe und Alain Verzeroli mit Joël Robuchon in Tokio, 2007

Fachzeitschriften räumten der französischen Küche Platz ein. Sie prägte größtenteils die amerikanischen Kochschulen. Im Jahr 1865 gründete Pierre Blot, selbst Autor zweier Kochbücher – *What to Eat, and How to Cook It* (1863) und *Hand-Book of Practical Cookery* (1867) – die New York Cooking Academy, erste französische Kochschule der USA.

Das Interesse beschränkte sich jedoch nicht auf die »klassische« französische Küche. Auch die Nouvelle Cuisine prägte die amerikanische Gastronomie. Das war vor allem dem *Gourmet Magazine*, Gastro-Kritiker *New York Times* Craig Claiborne und Alice Waters zu verdanken, die 1971 das Restaurant Chez Panisse in Berkely, Kalifornien, eröffnete. Auch der österreichische Wolfgang Puck, Küchenchef des Ma Maison in L.A., hatte mit seinem *Modern French Cooking for the American Kitchen* (1981) großen Erfolg.

Die französische Präsenz setzte sich im gesamten 20. Jh. fort. Einige Persönlichkeiten wie M.F.K. Fisher oder Julia Child, die sich bei einem Aufenthalt in Frankreich in Land und Küche verliebten, erreichten ein größeres Publikum als je zuvor. Julia Child veröffentlichte 1961 ihr Buch *Mastering the Art of French Cooking* und ihre Fernsehshow *The French Chef* (1963–1973) wurde ein großer Erfolg. In den 1990/2000er-Jahren sorgte Chefkoch Jacques Pépin auf den amerikanischen Bildschirmen für die Allgegenwart der französischen Küche.

Jahrzehntelang rekrutierten die Eliten ihre Köche in Frankreich.

Reichweite des französischen Einflusses

Im 20. Jh. wirkte die Strahlkraft der französischen Küche über ihre traditionelle Sphäre hinaus. Zwischen den Weltkriegen begannen japanische Luxushotels ihre Köche zur

Ausbildung nach Europa zu schicken, insbesondere nach Paris. Dieser Austausch fand während des japanischen Wirtschaftswunders seine Fortsetzung. Die Restaurants der Spitzenhotels blieben die interkulturelle Brücke der französischen Gastronomie, abgesehen von wenigen renommierten Häusern wie dem 1967 eröffneten Maxim's mit Pierre Troisgros an der Spitze. Im Laufe der 1970er-Jahre änderten sich die Dinge. Immer mehr Japaner kehrten nach ihrem Aufenthalt in Frankreich in ihre Heimat zurück, um in Tokio oder anderswo französische Restaurants zu eröffnen; und immer mehr Franzosen ließen sich ihrerseits auf dem Archipel nieder (Jacques Borie, André Passion u.v.m.).

Zur selben Zeit lud die Hotelfachschule Tsuji (gegründet 1960) viele renommierte französische Köche nach Japan ein, dort zu unterrichten (Bocuse, Guérard, Pic). Deren Interesse an Japan hat seit jenen Anfängen nicht nachgelassen. Alain Chapel eröffnete 1981 ein Restaurant in Kobe, Joël Robuchon 1989 in Tokio, Michel Bras 2002 auf der Insel Hokkaido. Mitte der 2000er-Jahre gründete Alain Ducasse in Osaka ein Ausbildungszentrum.

Das ist übrigens ein allgemeines Phänomen: Französische Köche wurden zu Unternehmern und ließen sich scharenweise im Ausland nieder – Laurent Suaudeau 1979 in Rio de Janeiro, Jean-Georges Vongerichten 1980 in Bangkok ... Joël Robuchon eröffnete ab den 1990er-Jahren bis zu seinem Tod im Jahr 2018 weltweit 27 Restaurants, die meisten seiner »Ateliers« entstanden in Nordamerika und Fernost – Las Vegas, Hongkong, Singapur, Schanghai, Taipeh, Bangkok ... Die mehr als 30 Restaurants von Alain Ducasse verteilen sich heute auf drei Kontinente.

Eine Esskultur im Wandel

Viele weitere Faktoren förderten die Strahlkraft der französischen Küche darüber hinaus: Zu nennen ist der *Guide Michelin*, der seit den 1950er-Jahren auch außerhalb Frankreichs und seit dem Jahr 2005 auch außerhalb Europas Sterne verteilt. Oder die unzähligen französischen Kochschulen, die in Asien und Amerika entstanden sind – die berühmteste ist dabei vermutlich Le Cordon Bleu. Die zahlreichen Ausländer, die sich in Frankreich ausbilden ließen und nach ihrer Rückkehr in ihre Heimat französische Techniken mit lokalem Know-how und Produkten verbinden, darunter Berühmtheiten wie der Katalane Ferran Adrià oder der Brite Gordon Ramsay.

Wenngleich die französische Küche scheinbar die Welt eroberte, blieb ihr Erfolg paradoxerweise relativ begrenzt – er beschränkt sich zu jeder Zeit auf einen kleinen Teil der Bevölkerung. Die französische Küche hat sich nirgendwo im Ausland als Volksküche etabliert; französische Gerichte haben keine Anerkennung erreicht, die mit der von japanischem Sushi oder italienischer Pizza vergleichbar wäre – die in ihrer globalisierten Form zugegebenermaßen auch nicht mehr viel mit ihren traditionellen Ursprüngen zu tun haben.

Die französische kulinarische Vorherrschaft scheint seit Mitte der 1990er-Jahre weitgehend verloren gegangen. Andere Küchen genießen mittlerweile internationale Anerkennung. Große Koch-Stars stellen ihre »nationalen« Besonderheiten heraus: Gastòn Acurio in Peru, René Redzepi mit seiner »Nordischen Küche« in Dänemark oder Dan Barber in den Vereinigten Staaten.

Nein, kaum jemand würde es wohl heute wagen, wie damals Antonin Carême auszurufen:

> »Frankreich ist das Mutterland der Gastlichkeit; seine Küche und seine Weine sind der Triumph der Gastronomie. Es ist das einzige Land der Welt mit gutem Essen; die Menschen aus dem Ausland sind davon überzeugt!«

Doch auch wenn diese Autorität nicht mehr aktuell ist, bleibt die französische Küche eine Referenz. Und sie weiß – heute mehr denn je – aus den internationalen Esskulturen zu schöpfen.

Im 20. Jh. wirkte die Strahlkraft der französischen Küche über ihre traditionelle Sphäre hinaus.

Geschichte der französischen Esskultur

MITTELALTER: Im germanischen Raum, einschließlich dem Elsass, ist die Herstellung von Sauerkraut bereits weitverbreitet. Der geriebene Kohl wurde mit Salz in Fässer geschichtet und fermentiert. Auch Zugabe von Gewürzen und Kräutern wie Wacholderbeeren, Dill, Salbei, Fenchel, Kerbel oder Meerrettich ist gebräuchlich.

13. JH.: Texte wie *Les Crieries de Paris* und *Concile d'Apostole* belegen den Verzehr von Brie-Käse in Paris.

14. JH.: Ein Sprichwort besagt: »In Dijon gibt es nur Senf.« Er wird bereits in Paris konsumiert.

FRÜHES 14. JH.: Erste Versionen des Manuskripts des Taillevent zugeschriebenen *Le Viandier*, des ältesten französischen Kochbuchs

1378: Am 6. Januar gibt Karl V., König von Frankreich, Kaiser Karl IV. und seinem Sohn Wenzel, König von Böhmen, im Grand-Salle du Palais de la Cité ein denkwürdiges Festmahl.

UM 1393: *Le Ménagier de Paris* stellt ein Rezept für Crêpes vor (aus Weizenmehl, Eiern, Wasser, Salz und Wein). Gebacken werden sie in einer Mischung aus Schmalz und Butter.

UM 1486: Erstes in Frankreich gedrucktes Kochbuch, eine Taillevent zugeschriebene Ausgabe von *Le Viandier*, bislang unveröffentlichte Version, herausgegeben von Caillot in Paris.

16. JH.: Der Teller ersetzt nach und nach das mittelalterliche Holzbrett (*tranchoir*). Doch erst um die Wende zum 17. Jh. verfügt in der Oberschicht jeder Gast über einen eigenen Teller.

16. JH.: Der französische Hochadel greift erstmals zur Gabel als individuelles Besteck, sie erlebt jedoch erst im 18. Jh. ihren endgültigen Siegeszug.

1539: Veröffentlichung des *Livre de Cuysine tresutile et prouffitable* (Pierre Sergent Paris), der einzigen in Frankreich gedruckten Neuerscheinung des 16. Jh. Mehrere Ausgaben unter verschiedenen Titeln folgen.

1552: Rabelais erwähnt in seinem *Quart Livre* das »Macaron«, ohne Angaben zu seiner Zusammensetzung.

1620ER-JAHRE: In der Region Cognac beginnt vermutlich die Herstellung von Weinbrand.

1651: François Pierre de La Varenne veröffentlicht *Le Cuisinier françois*. Das Werk illustriert die Entwicklung einer Küche, die sich von der Praxis des Mittelalters abwendet. Neuerungen: *Roux* (Mehlschwitze) zur Bindung von Saucen, stärkere Betonung des Geschmacks der Speisen, häufigere Verwendung von Butter und Sahne, Rückgriff auf lokale Aromaten und Kräuter, stärkere Präsenz von Gemüse.

1653: *Le Pastissier François* erscheint (unbekannte Urheberschaft). Das erste Werk, das sich ausschließlich der Konditorei widmet. Neben Zubereitungen, die aus heutiger Sicht kaum etwas mit Konditorei zu haben, enthält es viele Rezepte, deren Namen noch heute geläufig sind, wie Macarons, Gâteau feuilleté (Blätterteigkuchen), Massepain (Marzipan), Petits Choux (Windbeutel).

ZWEITE HÄLFTE 17. JH.: Die aus Amerika eingetroffenen Bohnen werden in Südfrankreich zu einem gängigen Konsumprodukt und ersetzen die traditionellen Hülsenfrüchte im *cassolo*, einem im Tongeschirr zubereiteten Ragout aus dem Languedoc und Vorläufer des Cassoulet.

31. AUGUST 1666: Das Parlament in Toulouse verbietet bei Androhung einer Geldstrafe den Verkauf von Käse als »echten Roquefort«, der nicht aus Roquefort stammt.

1686: Vermutlich in diesem Jahr eröffnet François Procope Couteau in der Rue Fossés-Saint-Germain, heute Rue de l'Ancienne-Comédie, ein Café. Le Procope gilt heute als das älteste Café von Paris.

LETZTES DRITTEL 17. JH.: Die ersten Champagner-Schaumweine kommen auf.

ZWEITE HÄLFTE 17.–18. JH.: Entstehung der »Grand Crus«. Die englische Elite, die den Weinen des Bordelais sehr zugetan ist, beginnt bestimmte Terroirs zu unterscheiden. Ganz besonders hoch in der Gunst der Londoner steht Haut-Brion (Pessac). Auch im Burgund entstehen im 18. Jh. erste Crus, dort jedoch dank der Begeisterung französischer Weinliebhaber, darunter Montrachet, Volnay, Chambertin und Vougeot.

1702: Thomas Corneille verfasst sein *Dictionnaire universel géographique et historique* (erschienen 1708) und erwähnt darin als Erster »die ausgezeichneten Käsesorten aus der Region Camembert«. Dementsprechend ein Hinweis auf den Herkunftsort, jedoch nicht auf ein spezifisches Herstellungsverfahren.

18. JH.: Das Tafelgeschirr, ein homogenes Set aufeinander abgestimmter Essutensilien, etabliert sich auf den Tafeln des Hochadels.

MITTE 17. JH.: Pariser Elite entdeckt die Eiscreme, die zunächst wahrscheinlich den heutigen Sorbets ähnelt.

1733: Vincent La Chapelle veröffentlicht *The Modern Cook* (London), das zwei Jahre später in französischer Übersetzung erscheint (*Le Cuisinier moderne*, Den Haag). Es enthält das erste Rezept für Blanquette de veau (»Kalbsblankett«).

1746: Joseph Menon veröffentlicht *La Cuisinière bourgeoise*, der unangefochtene kulinarische Bestseller des 18. Jh., von dem 122 Ausgaben (bis 1866) folgen sollten.

ZWEITE HÄLFTE 18. JH.: Aus einem *pot*, einem gewöhnlichen Kochtopf, der zum Kochen aufs Feuer (*feu*) gestellt wird, wird der »Pot-au-feu«, der »die Menge Fleisch, die in den Topf kommt« bezeichnet (*Dictionnaire de l'Académie*, 1798). Doch zunächst – und noch für lange Zeit – dient der Pot-au-feu vor allem der Zubereitung einer kräftigen Brühe und ist kein Gericht im eigentlichen Sinne.

1755: *Les Soupers de la cour* (Paris) erscheint, das erste Kochbuch, das ein Rezept mit Kartoffeln enthält.

MITTE DER 1760ER-JAHRE: Die Geburt des modernen Restaurants in Paris, eine Innovation, die Mathurin Roze de Chantoiseau zugeschrieben wird. Spätestens seit Beginn der 1770er-Jahre werden Gerichte aus einer Speisekarte ausgewählt, auf der die Preise vermerkt sind.

AB MITTE DER 1780ER-JAHRE: Das Palais-Royal wird zum Zentrum der Pariser Gastro-Szene mit namhaften Gastronomen wie Antoine Beauvilliers, Les Frères Provençeaux und Véry.

1780ER-JAHRE: Der Legende nach erfindet Jean-Pierre Clause die berühmte *pâté de foie gras en croûte* (Gänseleberpastete im Teigmantel), durch die Straßburg zu Ruhm gelangt. Sicher ist, dass Clause 1784 in die Konditorzunft aufgenommen wurde.

1790ER-JAHRE: Beginn der Trüffelzucht. *Tuber melanosporum* war bereits seit der Antike beliebt, wurde jedoch erst relativ spät kultiviert.

UM 1800: Vermutlich die Erfindung der Pommes frites. Händlerinnen beginnen auf dem Pont-Neuf frittierte Kartoffel-Beignets zu verkaufen, in Scheiben geschnittene Kartoffeln, die in siedendem Fett gebacken werden. Die Stäbchenform kam erst in den 1840er-Jahren auf.

1801: Erscheinungsjahr des Gedichtes *La Gastronomie ou l'Homme des champs à table* von Joseph Berchoux, in dem erstmals in der französischen Sprache der Begriff »Gastronomie« verwendet wird.

1803: Erste Ausgabe des *Almanach des gourmands* von Alexandre Balthazar Laurent Grimod de La Reynière.

UM 1803: Alexis Balaine eröffnet unweit von Les Halles (Pariser Markthallen) Le Rocher de Cancale, ein für seine Austern berühmtes Lokal.

1804: Der Schriftsteller August von Kotzebue verwendet in seinen Erinnerungen aus Paris erstmals den Begriff »Mayonnaise« – er spricht von einer »Hühnermayonnaise«.

1806: *Le Cuisinier impérial* (Paris) von André Viard erscheint, das erste französische Kochbuch, in dem Tomaten vorkommen, allerdings immer in Form einer Sauce.

1809: Der *Cours gastronomique* von Charles-Louis de Cadet de Gassicourt enthält die erste »Gastronomische Karte Frankreichs«, gezeichnet und graviert von Jean-François Tourcaty.

1811: Margarete Spörleins *Oberrheinisches Kochbuch* erscheint (Mülhausen). Der erste Teil wird 1829 in französischer Sprache unter dem Titel *La cuisinière du haut-Rhin* veröffentlicht und gilt als erstes französisches Regionalkochbuch.

1825: Jean Anthelme Brillat-Savarin veröffentlicht *Die Physiologie des Geschmacks oder Betrachtungen über das höhere Tafelvergnügen* (Paris), das erste Werk, das gutes Essen zum Gegenstand philosophischer Betrachtungen macht.

1830: Das erste Rezept für Bouillabaisse erscheint, eine »Bouil-abaïsse à la Marseillaise«, veröffentlicht von Charles Durand in *Le Cuisinier Durand* (Nîmes).

1830ER-JAHRE: Das Epizentrum der Pariser To-Gastronomie verlagert sich vom Palais-Royal auf die großen Boulevards – auf den Boulevard du Temple mit Le Cadran Bleu, vor allem aber auf den Boulevard des

Italiens mit dem Café Hardy, dem Café Anglais, dem Café Riche und dem Café de Paris.

1850ER-JAHRE: In den Lehrbüchern für Konditorei erscheinen die ersten Rezepte für Saint-Honoré, die den heute bekannten Versionen ähneln.

1855: Anlässlich der Weltausstellung in Paris bittet die Handelskammer in Bordeaux mehrere Weinmakler um eine Klassifizierung der Bordeaux-Weine. Diese Rangfolge schreibt eine damals gültige Preishierarchie fest.

1855: Baptiste-Adolphe Duval, Metzger in der Rue Coquillière, eröffnet in der Rue Montesquieu einen Bouillon. Das markiert den Beginn eines unglaublichen unternehmerischen Erfolgs. Im Jahr 1878 werden in den 16 Bouillons Duvals in Paris mehr als fünf Millionen Mahlzeiten serviert.

1850–1860: Beginn der modernen Austernzucht auf Initiative von Victor Coste (1807–1873), der u.a. Generalinspektor für die Fluss- und Küstenfischerei war. Bis dahin wurden Austern auf traditionelle Weise gefischt.

1856: Urbain Dubois und Émile Bernard veröffentlichen *La Cuisine classique, études pratiques, raisonnées et démonstratives de l'école française appliquée au service à la Russe*. Wenngleich das Werk versucht, den französischen und russischen Service miteinander in Einklang zu bringen, markiert es eine erste Hinwendung zum russischen Service.

1857: Die ersten Pavillons aus Glas und Metall von Victor Baltard werden als Les Halles eröffnet. Im Jahr 1874 sind sämtliche zehn Pavillons in Betrieb. Jeder Pavillon ist auf eine bestimmte Warengruppe spezialisiert – Geflügel und Wild, Butter und Eier, Fisch ...

1863: In Frankreich wird auf dem Plateau von Pujaut im Gard erstmals die Reblaus gesichtet. Die Krise sollte fast 30 Jahre andauern.

1867: Das *Grand dictionnaire universel* von Pierre Larousse (Band 2) führt aus, dass das Adjektiv *bourguignon* »verschiedene mit Wein zubereitete Gerichte« beschreibt und nennt das Beispiel »Bœuf bourguignon«, vermutlich die erste Verwendung dieses Begriffs überhaupt.

SPÄTES 19. – FRÜHES 20. JH.: Neue Etablissements prägen die Pariser Gastro-Szene, darunter Maxim's und Weber oder Lucas (später Lucas Carton) an der Place de la Madeleine und in der Rue Royale sowie Le Pavillon Ledoyen, Le Pavillon Élysée, das Laurent, Fouquet's , das Grand Cascade und das Pré Catelan auf den Champs-Élysées und im Bois de Boulogne. Nicht zu vergessen Le Tour d'Argent und Lapérouse am linken Seine-Ufer.

1880ER-JAHRE: Erste schriftliche Verwendung des Begriffs »Bistro«, ein Pariser Slang-Ausdruck sehr nebulöser Herkunft.

1879: Antoine Charabot, Koch bei M. Sanson, in der Rue Buci, kreiert den Bûche de Noël aus einem Genueser Biskuit und Mokka- oder Schokoladencreme.

1884: Escoffier trifft im Grand Hôtel von Monte-Carlo ein, in dem César Ritz der Direktor ist. Ihre Zusammenarbeit sollte die Entstehung mehrerer Luxushotels zeitigen (Savoy und Carlton in London, Ritz in Paris ...).

1896 (14. JANUAR): Geburtsstunde der Kochschule Le Cordon Bleu. Die Kurse sind zunächst den Abonnenten der Zeitschrift *La Cuisinière Cordon Bleu* vorbehalten, im Jahr zuvor gegründet von der Journalistin Marthe Distel.

1896: Eröffnung des Hotels Ritz an der Place Vendôme am 1. Juni. Als Symbol einer neuen Ära wird das Spitzenhotel zu einem Ort, an dem die große französische Küche geformt wird und ihren Ausdruck findet. Auguste Escoffier, damals bereits ein berühmter Koch, entwarf und organisierte die Ausstattung der Küchen und des Restaurants.

1899 (18. DEZEMBER): In einem Zeitungsartikel wird zum ersten Mal die »Tarte der Mademoiselle Tatin« erwähnt. Stéphanie Marie Tatin (1838–1917) und Geneviève Caroline Tatin (1847–1911) führten ein Hotel in Lamotte-Beuvron in der Sologne.

1900 (22. SEPTEMBER): Während der Weltausstellung in Paris gibt die Stadt im Tuileriengarten ein Bankett für die Bürgermeister Frankreichs, zu dem mehr als 22 000 Gäste erscheinen.

1903: Auguste Escoffier veröffentlicht seinen *Guide culinaire*, ein Referenzwerk der französischen Haute Cuisine im 20. Jh.

1904: Im *Manuel du boulanger et de pâtisserie-boulangère* von Étienne Favrais findet sich die erste bekannte Erwähnung des Begriffs »Baguette« als Bezeichnung für ein weißes Stangenbrot.

1905 (1. AUGUST): Gesetz über Betrug und Fälschung von Produkten oder Dienstleistungen. Es richtet sich insbesondere gegen den weitverbreiteten Betrug in der Weinbereitung, ein erster Schritt zur Etablierung der geschützten Herkunftsbezeichnung (AOP).

1912: Per Dekret wird in Thonon-les-Bains die École pratique d'industrie hôtelerie gegründet, die erste öffentliche Hotelfachschule.

1919 (6. MAI): Gesetz zum Schutz der Herkunftsbezeichnungen, demzufolge »jede Person, die der Ansicht ist, dass eine Bezeichnung zu ihrem direkten oder indirekten Nachteil verwendet wird [...], gerichtlich gegen ihre Verwendung vorgehen kann.«

ZWISCHENKRIEGSZEIT: Goldenes Zeitalter der *mères lyonnaises* (»Lyoner Mütter«), darunter Mère Brazier, Mère Bourgeois, Mère Blanc, Mère Jean ..., deren exzellenter Ruf sich ab Ende des 19. Jh. entwickelte und bis in die 1970er-Jahre fortbestand.

ZWISCHENKRIEGSZEIT: Im Zuge einer nie dagewesenen Aufwertung der Regionalküche entsteht die Vorstellung von einem Frankreich als das Käseland par excellence. Im Jahr 1920 verkündet Élisabeth de Gramont in ihrem *Almanach des bonnes choses de France*: »Die französischen Käsesorten sind die besten der ganzen Welt.«

1921: Curnonsky und Marcel Rouff bringen ihre Reihe von Regionalführern *La France gastronomique: guide des merveilles culinaires et des bonnes auberges françaises* heraus. Bis 1928 erscheinen 27 Bände, die gastronomische Porträts der verschiedenen Provinzen Frankreichs zeichnen.

1925 (26. JULI): Gesetz zum Schutze der Herkunftsbezeichnung (AOP) für Roquefort-Käse.

1930 (1. OKTOBER): In der Rue du Terrage in Paris eröffnet eine Lebensmittelschule, die auf die Berufe Bäcker, Metzger, Charcutier, Koch, Feinkosthändler, Konditor und Zuckerbäcker vorbereitet.

1932: Ginette Mathiot veröffentlicht *Je sais cuisinier* (mit Hélène Delage).

1932: Édouard de Pomaine moderiert auf Radio Paris die erste kulinarische Radiosendung Frankreichs.

1933: Der 1900 gegründete *Guide Michelin* führt die bis heute bekannte Klassifizierung ein: drei Sterne für »eine Reise wert«, zwei für »einen Umweg wert« und einen für »einen Stopp wert«. 23 Restaurants und Gaststätten sowohl in Paris als auch in der Provinz erhalten drei Sterne.

1934: In Nuits-Saint-George wird die »Confrérie des Chevaliers du Tastevin«, die »Weinbruderschaft der Ritter von Tastevin« gegründet, die erste Bruderschaft der Neuzeit.

1935: Gründung des Comité national des appellations d'origines (CNAO), aus dem 1947 das INAO (Nationales Institut für Herkunft und Qualität) hervorgeht.

1953: Im französischen Fernsehen wird mit *Les Recettes de M. X* die erste Kochsendung ausgestrahlt. Sie läuft ein Jahr lang, dann übernehmen Raymond Oliver und Catherine Langeais mit *Les Recettes du Chef*, eine Show, die 1955 in *Art et magie de la cuisine* umbenannt wird. Sie läuft bis 1966.

1957: Der Patissier Gaston Lenôtre eröffnet in der Rue d'Auteuil 44 in Paris seine erste Konditorei.

1960ER-JAHRE: Die Brüder Troisgros führen den Tellerservice ein, die Teller werden in der Küche angerichtet. Eine Innovation, die mit der Zeit alle großen Restaurants übernehmen.

1965: *Les recettes faciles* (Paris, Hachette) von Françoise Bernard erscheint.

1965: Paul Bocuse erhält mit 39 Jahren den dritten Stern für sein L'Auberge du Pont de Collonges.

1969: Das Magazin *Elle* bringt die ersten Rezeptkarten heraus. Verantwortliche Redakteurin ist Madeleine Peter.

1969: Les Halles als Großmarkt verlassen Paris und ziehen nach Rungis um. Die letzten Pavillons werden 1973 geräumt.

1973 (OKTOBER): Der *Gault-Millau* formuliert die Zehn Gebote der Nouvelle Cuisine.

1976: Michel Guérard veröffentlicht *La Grande Cuisine minceur* (Robert Laffont; *Die leichte Große Küche*)

1996: Pierre Hermé wird Chefkonditor des Hause Ladurée. Innerhalb weniger Jahre wird das Pariser Macaron, eine bereits seit Jahrzehnten existierende Spezialität, zu einem der wichtigsten kulinarischen Symbole der Stadt.

2004: Journalist Sébastien Demorand führt den Begriff der »Bistronomie« zur Beschreibung eines der wichtigsten Trends in der französischen Küche ein – eine Haute Cuisine, die sich der Klassiker der Bistro-Küche annimmt und neu interpretiert.

2010: Die UNESCO nimmt »Le Repas gastronomique«, das gemeinsame Essen der Franzosen zu festlichen Anlässen, in die Liste des immateriellen Kulturerbes der Menschheit auf.

Ausgewählte Werke

ABAD, Reynald, *Le grand marché: l'approvisionnement alimentaire de Paris sous l'Ancien Régime*, Paris, Fayard, 2002.

ADAMSON, Melitta Weiss (Hg.), *Regional Cuisines of Medieval Europe*, Londres, Routledge, 2013.

ARNAUD, Coline, *La Pâtisserie française (1870–1914): une révolution gastronomique*, Doktorarbeit an der Universität Paris-Saclay, verteidigt 2019.

AUSSUDRE, Matthieu, *La Nouvelle Cuisine Française: rupture et avènement d'une nouvelle ère culinaire*, Masterarbeit unter der Leitung von Marc de Ferrière le Vayer und Jean-Pierre Williot, Universität Tours, 2015.

AUSSUDRE, Matthieu, »*Le Rocher de Cancale, lieu symbolique du nouveau discours gourmand*«, *Romantisme*, 186, 2019/4, S. 11-19.

BARR, Luke, *Ritz and Escoffier: The Hotelier, The Chef, and the Rise of the Leisure Class*, New York, Clarkson Potter, 2018.

BEAUGÉ, Bénédict, *Plats du jour. Sur l'idée de nouveauté en cuisine*, Paris, Métailié, 2013.

BELLAMY, Charlotte, »French Cooks in Sweden (1740-1820)«, *Food and History*, 5/12, 2017, S. 205–228.

BÉRARD, Laurence, BARRAU, Jacques und MARCHENAY, Philippe, »Polenta, cassoulet et piperade, l'introduction des plantes du Nouveau Monde dans les cuisines régionales«, *Journal d'agriculture traditionnelle und de botanique appliquée*, 42/1, 2000, S. 65–80.

BÉNÉZET, Jean-Pierre, *Pharmacie et médicament en Méditerranée occidentale (XIIIe-XVIe siècles)*, Paris, H. Champion, 1999.

BIENASSIS, Loïc, CHEUCLE, Pierre, *Chez Marcel: Le retour du vrai bistrot*, Paris, Albin Michel, 2016.

BIENASSIS, Loïc, »Les chemins du patrimoine: de Notre-Dame au camembert«, in: Antonella Campanini, Peter Scholliers, Jean-Pierre Williot (Hg.), *Manger en Europe. Patrimoines, échanges, identités*, Brüssel, Peter Lang, 2011, S. 45–91.

BIENASSIS, Loïc, »La place et les usages du culinaire dans les revues régionalistes françaises de la Belle Époque«, *Volkskunde: Tijdschrift over de cultuur van het dagelijks leven*, 119-3, 2018, S. 279–301.

BIENASSIS, Loïc, CAMPANINI, Antonella, »Catherine de Médicis, la reine à la fourchette. L'élaboration d'un mythe. Essai d'historiographie (XVIIIe-XXe siècle)«, in: Florent Quellier und Pascal Brioist (Hg.), *La table de la Renaissance. Le mythe italien*, Rennes-Tours, PUR-PUFR, 2018, S. 29–88.

BIHL, Laurent, *Une histoire populaire des bistrots*, Paris, Nouveau Monde Éditions, 2023.

BIMBENET-PRIVAT, Michèle, »Vaisselle utilitaire d'orfèvrerie au XVIe siècle: caractéristique et typologie«, in: Fabienne Ravoire und Anne Dietrich (Hg.), *La cuisine et la table dans la France de la fin du Moyen Âge. Contenus et contenants*, Caen, Publications du CRAHM, 2009, S. 149–156.

BOISARD, Pierre, *Le Camembert, mythe français*, Paris, Odile Jacob, 2007.

BONAL, François, *Le Livre d'or du Champagne*, Lausanne, Éditions du Grand-Pont, 1984.

BOUCHEIX, Bernard, *Le monde merveilleux de Marie Quinton*, [Brioude], Éditions Créer, 2017.

BOUCHEIX, Bernard, *Les vénérables Mères lyonnaises: Guy, Brigousse, La Mélie, Fillioux, Bourgeois, Bizolon*, [Royat], Éditions Italique, 2018.

BRUCKER, Jérémie, »En toques! L'apparence des cuisinier-e-s, entre pratiques et représentations en France (XIXe-XXe siècle)«, *Food and History*, 15/12, 2017, S. 295–316.

CASTELLUCCIO, Stéphane, »La vie au château de Choisy. 1678–1789«, *Versalia. Revue de la Société des Amis de Versailles*, 9/1, 2006, S. 54–75.

CASTELLUCCIO, Stéphane, *Chaises et tables volantes au XVIIIe siècle*, Arles, Éditions Honoré Clair, 2023.

CHARBONNIER, Pierre, *Guillaume de Murol: un petit seigneur auvergnat au début du XVe siècle*, Clermont-Ferrand, Presses universitaires Blaise-Pascal, 1973.

CHATENIER, Nicolas, *Mémoires de chefs*, Paris, Textuel, 2012.

CHAZOULE, Carole, »L'histoire inachevée de la domestication truffière«, *Ruralia. Sciences sociales et mondes ruraux contemporains*, Juli 2004, [online], URL: https://ruralia.revues.org/1029 (abgerufen am 29.07.2024).

CHEVALLIER, Jim, *August Zang and the French Croissant: How Viennoiserie Came to France*, North Hollywood, Chez Jim Books, 2009.

CHEVALLIER, Jim, *Before the Baguette: The History of French Bread*, North Hollywood, Chez Jim Books, 2019.

CLOSSON, Monique, »Us et coutumes de la table du XIIe siècle au XVe siècle à travers les miniatures«, in *Manger et boire au Moyen Âge*, Paris, Belles Lettres, 1984, vol. 2, S. 21–32.

COLLAS, Benoît, *Le monde retrouvé des bouillons parisiens. La démocratisation du restaurant au siècle de la modernité* (1828–1914), Masterarbeit, Universität Paris 1 Panthéon-Sorbonne, 2021.

COLLECTIF *Inventaire du patrimoine culinaire de la France* (24 Bde), Paris, Albin Michel – Conseil national des arts culinaires, 1992–2012.

CORLAY, Jean-Pierre und CORLAY, Geneviève, »*Voyage d'exploration sur le littoral de la France et de l'Italie* (Victor Coste, 1861), oder »Prométhée au pays d'Ostrea«, *Cahiers Nantais*, 55–56, 2001, S. 289–307.

CSERGO, Julia, »L'émergence des cuisines régionales«, in: Jean-Louis Flandrin und Massimo Montanari (Hg.), *Histoire de l'alimentation*, Paris, Fayard, 1996, S. 823–841.

CSERGO, Julia, »Livre de cuisine et conscience régionale: l'exemple de l'*Oberrheinisches Kochbuch* de 1811«, *Papilles*, 1011, 1996, S. 155–169.

CSERGO, Julia, »Lyon, première capitale mondiale de la gastronomie» 1925–1935«, *Mutations (Autrement)*, November 2008, S. 33–49.

CULLEN, Louis Michael, *The Brandy Trade Under the Ancien Régime: Regional Specialisation in the Charente*, Cambridge, Cambridge University Press, 1998.

DAVID, Elizabeth, *Harvest of the Cold Months: The Social History of Ice and Ices*, Londres, Viking Penguin, 1994.

DELFOSSE, Claire, *La France fromagère (1850–1990)*, Paris, La Boutique de l'histoire, 2007.

DO PAÇO, David, »Les recettes et produits venus d'ailleurs sont-ils étrangers? L'appartenance à un savoir culinaire dans les livres de cuisine du Saint-Empire au XVIIIe siècle«, in: Michel Figeac, Christophe Bouneau (Hg.), *Circulation, métissage et culture matérielle (XVIe–XXe siècles)*, Paris, Classiques Garnier, 2017, S. 311–327.

DROUARD, Alain, *Histoire des cuisiniers en France XIXe-XXe siècle*, Paris, CNRS Éditions, 2004.

DROUARD, Alain, *Le mythe gastronomique français*, Paris, CNRS Éditions, 2016.

DROUARD, Alain, »Cuisiniers et cuisinières de maison bourgeoise (France, XIXe–XXe siècle)«, *Food and History*, 15/1-2, 2017, S. 255–272.

DUHART, Frédéric, *Du monde à l'assiette: mythologies alimentaires*, Paris, Dilecta, 2007

DUHART, Frédéric, *De confits en foies gras: une histoire des oies et des canards du Sud-Ouest*, Donostia (Saint-Sébastien)-Bayonne, Elkar, 2009.

DUMANOWSKI, Jarosław, »›À la française‹. Réception de la culture culinaire française en Pologne aux XVIIe et XVIIIe siècles«, in: Bruno Laurioux, Kilien Stengel (Hg.), *Le modèle culinaire français: Diffusion, adaptations, transformations, oppositions dans le monde (XVII–XXIe siècles)*, Tours, Presses universitaires François-Rabelais, 2021, S. 39–54.

EL GAMMAL, Jean, *Tables en vue: trois âges de la gastronomie, des années 1950 à nos jours*, Paris, Belles Lettres, 2018.

FARAH Berry, *Restauration historique des bases de la pâtisserie française*, [Montréal], Éditions Berry Farah, 2014.

FARAH, Berry, *Histoire inédite des pâtisseries françaises: tout ce que vous avez cru savoir de la pâtisserie n'est que légende*, [Montréal], Éditions Berry Farah, 2019.

FERRIÈRES, Madeleine, *Nourritures canailles*, Paris, Éditions du Seuil, 2007.

FERRIÈRES, Madeleine, »Terroirs: Jalons pour l'histoire d'un mot«, in: Giovanni Ceccarelli, Alberto Grandi und Stefano Magagnoli (Hg.), *Typicality in History: Tradition, Innovation, and Terroir*, Brüssel, Peter Lang, 2013, S. 23–45.

FICHOU, Jean-Christophe, »La cotriade, du quotidien au typique«, in: Jean-Yves Andrieux, Patrick Harismendy (Hg.), *L'assiette du touriste: une quête de l'authentique*, Tours, Presses universitaires François-Rabelais, 2013, S. 163–175.

FISCHLER, Claude, *L'homnivore: le goût, la cuisine et le corps*, Paris, O. Jacob, 2001.

FLANDRIN, Jean-Louis, »Internationalisme, nationalisme et régionalisme dans la cuisine des XIVe et XVe siècles: le témoignage des livres de cuisine«, in: *Manger et boire au Moyen Âge*, Paris, Belles Lettres, 1984, vol. 2, S. 75–91.

FLANDRIN, Jean-Louis, »Le sucré dans les livres de cuisine français, du XIVe au XVIIIe siècle«, *Journal d'agriculture traditionnelle et de botanique appliquée*, 35, 1988, S. 215–232.

FLANDRIN, Jean-Louis, »Problèmes, sources und méthodes d'une histoire des pratiques et des goûts régionaux avant le XIXe siècle«, in: Jean Peltre und Claude Thouvenot (Hg.), *Alimentation et régions*, Nancy, Presses Universitaires de Nancy, 1989, S. 347–361.

FLANDRIN, Jean-Louis, »Les fruits et légumes dans l'alimentation des élites sociales du XIVe au XVIIIe siècle«, in: Daniel Meiller, Paul Vannier (Hg.), *Le Grand livre des fruits et légumes: histoire, culture et usage*, Besançon, La Manufacture, 1991.

FLANDRIN, Jean-Louis, »Les heures des repas en France avant le XIXe siècle«, in: Maurice Aymard, Claude Grignon, Françoise Sabban (Hg.), *Le temps de manger: Alimentation, emploi du temps et rythmes sociaux*, Paris, Éditions de la Maison des sciences de l'homme, 1993, S. 197–226.

FLANDRIN, Jean-Louis, »Les légumes dans les livres de cuisine français du XIVe et XVIIIe siècle«, in: Allen-J. Grieco, Odile Redon, Lucia Tongiorgi Tomasi (Hg.), *Le monde végétal (XIIe-XVIIe siècles): Savoirs et usages sociaux*, Saint-Denis, Presses universitaires de Vincennes, 1995, S. 71–85.

FLANDRIN, Jean-Louis, »L'invention des grands vins francais et la mutation des valeurs œnologiques«, *Eighteenth-Century Life*, 23/2, 1999, S. 24–33.

FLANDRIN, Jean-Louis, *La blanquette de veau. Histoire d'un plat bourgeois*, Paris, Jean-Paul Rocher, 2002.

GALLI, Marika, *La conquête alimentaire du Nouveau Monde. Pratiques et représentations franco-italiennes de nouveaux produits du XVIe au XVIIIe siècle*, Paris, L'Harmattan, 2016.

GARCIA, Jean-Pierre, LABBÉ, Thomas und GRILLON, Guillaume, »La Bourgogne, terre des vins de terroir: construction et ressources d'une réputation«, in: Stefano Magagnoli, Philippe Meyzie (Hg.), *Réputation et marché*, Villeneuve-d'Ascq, Presses universitaires du Septentrion, 2022, S. 111–129.

GARRIER, Gilbert, *Histoire sociale et culturelle du vin*, Paris, Larousse, 2008.

GIBAULT, Georges, *Histoire des légumes*, Librairie horticole (Paris), 1912.

GIRVEAU, Bruno (Hg.) und CROSNIER LECONTE, Marie-Laure, *À table au XIXe siècle*, catalogue d'exposition (Paris, musée d'Orsay, 4 Dezember 2001–3 März 2002), Paris, RMN-Flammarion, 2001.

GODFROY-TAYART DE BORMS, Marion, *99 Champs-Élysées. Une histoire inédite du Fouquet's*, Paris, Barrière, 2019.

HACHE-BISSETTE, Françoise und SAILLARD, Denis (Hg.), *Gastronomie et identité culturelle française*, Paris, Nouveau Monde Éditions, 2011.

HARDING, Graham, »The making of modern champagne: how and why the taste for and the taste of champagne changed in nineteenth century Britain«, *Consumption Markets & Culture*, 24/1, 2021, S. 6–29.

HASENOHR, Geneviève, »Du bon usage de la galette des Rois«, *Romania*, 114/455, 1996, S. 445–467.

HUBBELL, Diana, »Meet Baked Alaska's Prototype, ›Alaska, Florida‹«, [online], URL: https://www.atlasobscura.com/articles/baked-alaska (abgerufen am 08.08.2024).

HYMAN, Mary, »Les ›menues choses qui ne sont de necessité‹: les confitures et la table«, in Carole Lambert, *Du manuscrit à la table. Essais sur la cuisine au Moyen Âge*, Montréal, Presses de Université de Montréal, 1992, S. 273–283.

HYMAN, Philip, »L'art d'accommoder les escargots«, *L'Histoire*, 85, August 1986, S. 40–44.

HYMAN, Mary und Philip, »Les cuisines régionales à travers des livres de recettes«, *Dix-huitième siècle*, 15, 1983, S. 65–74.

HYMAN, Mary und Philip, »Les associations de saveurs dans les livres de cuisine français du XVIe siècle«, in: Odile Redon, Line Sallmann und Sylvie Steinberg (Hg.), *Le désir et le goût. Une autre histoire (XIIIe–XVIIIe siècles)*, Saint-Denis, Presses universitaires de Vincennes, 2005, S. 135–150.

JOSSERAND, Claire, »Les menus de Louis XV au château de Choisy. Une étape dans l'invention du menu«, in: Caroline Poulain (Hg.), *Potage tortue, buisson d'écrevisses et bombe glacée …: histoire(s) de menus*, Paris, Agnès Viénot Éditions, 2011, S. 34–37

KARPIK, Lucien, »Le Guide rouge Michelin«, *Sociologie du travail*, 42, 2000, S. 369–389.

KRIKORIAN, Sandrine, *Les Menus de Choisy*, Paris, BoD, 2021.

LACHIVER, Marcel, *Vins, vignes et vignerons: histoire du vignoble français*, Paris, Fayard, 1997.

LAIR, Mathias und TOUSSAINT-SAMAT, Maguelonne, *Grande et petite histoire des cuisiniers, de l'antiquité à nos jours*, Paris, Laffont, 1989.

LAURIOUX, Bruno, »De l'usage des épices dans l'alimentation médiévale«, *Médiévales*, 5, 1983, S. 15–31.

LAURIOUX, Bruno, »Table et hiérarchie sociale à la fin du Moyen Âge«, in: Carole Lambert (Hg.), *Du manuscrit à la table. Essais sur la cuisine au Moyen Âge*, Montréal, University Press Montréal, 1992, S. 87–108.

LAURIOUX, Bruno, *Le règne de Taillevent: livres et pratiques culinaires à la fin du Moyen Âge*, Paris, Publications de la Sorbonne, 1997.

LAURIOUX, Bruno, »›Il n'est de bon bec qu'à Paris‹: La naissance d'une capitale gastronomique à la fin du Moyen Âge«, in: Claude Gauvard, Jean-Louis Robert (Hg.), *Être Parisien*, Paris, Publications de la Sorbonne, 2004, S. 209–229.

LAURIOUX, Bruno und MOIREZ, Pauline, »Pour une approche qualitative des comptes alimentaires: cour de France et cour de Rome à la fin du Moyen Âge«, *Food and History*, 4/1, 2006, S. 45–66.

LAURIOUX, Bruno, *Manger au Moyen Âge: pratiques et discours alimentaires en Europe au XIVe et XVe siècles*, Paris, Fayard, 2013.

LAURIOUX, Bruno, »Distinction et alimentation à la fin du Moyen Âge«, in: Jean-Philippe Genet, Ennio Igor Mineo (Hg.), *Marquer la prééminence sociale*, Paris, Publications de la Sorbonne, 2015, S. 323–345.

LAURIOUX, Bruno, »Au début était la liste: réputations, classements et écritures dans l'imaginaire gastronomique (Ier–XVIe siècle)«, in: Julia Csergo, Olivier Etcheverria (Hg.), *Imaginaires de la gastronomie*, [Chartres], Menu Fretin, 2020, S. 47–67.

LAURIOUX, Bruno, »Guillaume Tirel, dit Taillevent. Le premier des cuisiniers français«, *Les Amis du Vieux Saint-Germain. Conférences et activités*, 57, 2020, S. 70–90.

LAURIOUX, Bruno, »Manger par le menu: Fonctions et formes des listes de mets aux XIVe et XVe siècles«, in: Étienne Anheim, Laurent Feller, Madeleine Jeay, Giuliano Milani (Hg.), *Le pouvoir des listes au Moyen Âge – II: Listes d'objets/listes de personnes*, Paris, Éditions de la Sorbonne, 2020, (»Histoire ancienne et médiévale«), S. 177–194.

LEBEAUME, Joël, *L'enseignement ménager en France: sciences et techniques au féminin, 1880–1980*, Rennes, Presses universitaires de Rennes, 2014.

LECLANT, Jean, »Le café et les cafés à Paris (1644–1693)«, *Annales. Économies, sociétés, civilisations*, 6/1, 1951, S. 1–14.

LECLERCQ, Pierre, »Les grands mythes de la gastronomie: aux origines de la mayonnaise«, Universität Lüttich, 2018, [online], URL: www.news.uliege.be/cms/c_10547150/fr/les-grands-mythes-de-la-gastronomie-aux-origines-de-la-mayonnaise (abgerufen am 29.07.2024).

LECLERCQ, Pierre, »Les grands mythes de la gastronomie: L'histoire vraie de la pomme de terre frite«, Universität Lüttich, 2019, [online], URL: www.news.uliege.be/cms/c_10630394/en/les-grands-mythes-de-la-gastronomie-l-histoire-vraie-de-la-pomme-de-terre-frite (abgerufen am 04.08.2024).

LEGRAND D'AUSSY, Pierre Jean-Baptiste und ROQUEFORT-FLAMÉRICOURT, Jean-Baptiste, *Histoire de la vie privée des Français depuis l'origine de la nation jusqu'à nos jours*, Paris, Simonet, 1815.

LEHMANN, Gilly, »Le modèle culinaire français en Angleterre aux XVIIe et XVIIIe siècles: Adoption ou rejet, appropriation ou transformation?«, in: Bruno Laurioux, Kilien Stengel (Hg.), *Le modèle culinaire français: Diffusion, adaptations, transformations, oppositions dans le monde (XVII–XXIe siècles)*, Tours, Presses universitaires François-Rabelais, 2021, S. 21–37.

LEVASSEUR, Olivier, »Crus et terroirs ostréicoles (XVIIIe–XXe siècle)«, in: Jean-Yves Andrieux, Patrick Harismendy (Hg.), *L'assiette du touriste: une quête de l'authentique*, Tours, Presses universitaires François-Rabelais, 2013, S. 69–81.

MANE, Perrine, »Raisin, vin, vinaigre, verjus dans les traités culinaires … oder: Dans la vigne tout est bon«, *L'Atelier du Centre de recherches historiques. Revue électronique du CRH*, Juli 2014, [online], URL: http://journals.openedition.org/acrh/6000 (abgerufen am 29.07.2024).

MARTIN-FUGIER, Anne, »Les repas dans l'horaire quotidien des ménages bourgeois à Paris au XIXe siècle«, in: Maurice Aymard, Claude Grignon, Françoise Sabban (Hg.), *Le temps de manger: Alimentation, emploi du temps et rythmes sociaux*, Paris, Éditions de la Maison des sciences de l'homme, 1993, S. 227–232.

MEISS-EVEN, Marjorie, *Les Guise et leur paraître*, Tours, Presses universitaires François-Rabelais, 2018.

MESPLÈDE, Jean-François, *Trois étoiles au Michelin – nouvelle édition*, Paris, Grund, 2004.

MESPLÈDE, Jean-François, *Dictionnaire des cuisiniers*, [Lyon], Page d'écriture, 2010.

MEYZIE, Philippe, *La table du Sud-Ouest et l'émergence des cuisines régionales*, Rennes, Presses universitaires de Rennes, 2007.

MEYZIE, Philippe, »De l'auberge au traiteur. La restauration commerciale dans l'Europe moderne (XVIe–XIXe siècles)«, *Przeglad Historyczny* (Universität Warschau), CII (4), 2011, S. 661–674.

MEYZIE, Philippe, *L'unique et le véritable: réputation, origine et marchés alimentaires (vers 1680-vers 1830)*, Ceyzérieu, Champ Vallon, 2021

MICHEL, Dominique, »Glaces et boissons rafraîchissantes de la seconde moitié du XVIIe siècle au début du XIXe siècle (fabrication, types et usages)«, in: Aline Rousselle, (Hg.), *La Glace et ses usages*, Perpignan, Presses universitaires de Perpignan, 1999, S. 123–132.

MICHEL, Dominique, »Le dessert au XVIIe siècle«, *Dix-septième siècle*, Mai 2008, S. 655–662.

MONTENACH, Anne, »Être cuisinier à Lyon aux XVIIe et XVIIIe siècles. Contours et enjeux d'un métier de bouche«, *Food and History*, 15/1-2, 2017, S. 181–204.

MUSSET, Benoît, »Les vins de Champagne et leurs consommateurs: trois univers vinicoles et sociaux (1650–1830)«, in: Claire Desbois-Thibault, Werner Paravicini und Jean-Pierre Poussou (Hg.), *Le Champagne: une histoire franco-allemande,* Paris, PUPS, 2011, S. 93–129.

MUSSET, Benoît, »Entre salubrité, conservation et goût: définir le ›bon vin‹ en France (1560–1820)«, *Revue historique,* 677, 2016, S. 57-82.

NEIRINCK, Edmond und POULAIN, Jean-Pierre, *Histoire de la cuisine et des cuisiniers: techniques culinaires et pratiques de table, en France, du Moyen Âge à nos jours*, Cachan, Jacques Lanore, 1992.

NOTAKER, Henry, *A History of Cookbooks: From Kitchen to Page Over Seven Centuries,* Oakland, University of California Press, 2022.

ORY, Pascal, *Le discours gastronomique français*, Paris, Gallimard, 1998.

OUERFELLI, Mohamed, *Le sucre: production, commercialisation et usages dans la Méditerranée médiévale*, Leiden-Boston, BRILL, 2008.

PERRIER-ROBERT, Annie, *Dictionnaire de la gourmandise*, Paris, Laffont, 2012.

PITRAT, Michel, FOURY, Claude (Hg.), *Histoires de légumes: des origines à l'orée du XXIe siècle*, Paris, Editions Quae, 2003.

PLANHOL, Xavier de, *L'Eau de neige. Le tiède et le frais*, Paris, Fayard, 1995.

POINT, Fernand, *Ma gastronomie*, Paris, Flammarion, 2022 [1969], Vorwort von Patrick Henriroux.

PONCET, Fabrice, *Les beurres d'Isigny, aux origines d'une Normandie laitière,* Tours, Presses universitaires François-Rabelais, 2019.

POTTER, David, »Powches, Puffs and Profiteroles: Early Choux Paste Receipts«, *Petits Propos Culinaires*, 73, 2003, S. 25–40.

QUELLIER, Florent, »Identité gourmande de la Bretagne moderne«, *Société d'archéologie et d'histoire de l'Ille-et-Vilaine. Bulletin et mémoires*, 115, 2011, S. 123–140.

QUELLIER, Florent, *La table des Français: une histoire culturelle*, Rennes, Presses universitaires de Rennes, 2013.

QUELLIER, Florent, »L'engouement pour les légumes dans la France de la Renaissance: un goût d'Italie?«, in: Florent Quellier und Pascal Brioist (Hg.), *La table de la Renaissance. Le mythe italien,* Rennes-Tours, PUR-PUFR, 2018, S. 211–228.

QUINZIO Jeri, *Of Sugar and Snow. A History of the Ice Cream Making*, Berkeley und Los Angeles, University of California Press, 2009.

RAMBOURG, Patrick, »De la cuisine de rue au restaurant«, *Horizons Maghrébins – Le droit à la mémoire*, 55/1, 2006, S. 186–191.

RAMBOURG, Patrick, »Entre le cuit et le cru: la cuisine de l'huître, en France, de la fin du Moyen Âge au XXe siècle«, in: Élisabeth Ridel, Éric Barré und André Zysberg (Hg.), *Les nourritures de la mer, de la criée à l'assiette*, Caen, Centre de recherche d'histoire quantitative, Caen, 2007, S. 211–220.

RAMBOURG, Patrick, *Histoire de la cuisine et de la gastronomie françaises*, Paris, Perrin, 2009.

REDON, Odile, SABBAN, Françoise und SERVENTI, Silvano, *La Gastronomie au Moyen Âge: 150 recettes de France et d'Italie*, Paris, Stock, 1991.

REY, Marie-Pierre, *Le Premier des chefs, l'exceptionnel destin d'Antoine Carême,* Paris, Flammarion, 2021.

RODRÍGUEZ, José María Díaz, »El género literario gastronómico en Gran Bretaña en la primera mitad del siglo XIX«, *Historia Contemporánea*, 2014, S. 141–183.

ROULET, Claude, *Tout sur le Ritz!*, Paris, la Table ronde, 2016.

ROWLEY, Anthony, »*La Pyramide* à Vienne«, in Olivier Barrot et Pascal Ory (Hg.), *Entre deux guerres. La création française 1919–1939*, Paris, François Bourin, 1990, S. 535–547.

SABBAN, Françoise und SERVENTI, Silvano, *La Gastronomie à la Renaissance. 100 recettes de France et d'Italie*, Paris, Stock, 1997.

SCHLIENGER, Jean-Louis und BRAUN, Lucien, *Le Mangeur alsacien*, Strasbourg, La Nuée bleue, 1990.

SCHOLLIERS, Peter, »The Diffusion of the Restaurant Culture in Europe in the Nineteenth Century: The Brussels Connection«, *Food and History*, 7/2, 2009, S. 45–68.

SERVENTI, Silvano, *La grande histoire du foie gras,* Paris, Flammarion, 1993.

STANZIANI, Alessandro, »Wine Reputation and Quality Controls: The Origin of the AOCs in 19th Century France«, *European Journal of Law and Economics*, 18/2, 2004, S. 149–167.

TESTART, Alain, *L'amazone et la cuisinière: anthropologie de la division sexuelle du travail,* Paris, Gallimard, 2014.

UFFINDELL, Andrew, *Napoleon's Chicken Marengo: Creating the Myth of the Emperor's Favourite Dish*, Barnsley, Frontline Books, 2011.

VAN DEN EECKHOUT, Patricia, »Labour Organisation in Restaurant Kitchens: The Myth Escoffier«, in: Herbert L. Meiselman, (Hg.). *Handbook of Eating and Drinking: Interdisciplinary Perspectives,* Cham, Springer International Publishing, 2020, S. 1–12

VAN DYK, Garritt, *Commerce, Food, and Identity in Seventeenth-Century England and France: Across the Channel*, Amsterdam, Amsterdam University Press, 2022.

WAGNEUR, Jean-Didier, »Filles de lettres et hommes de brasseries. Mœurs gambrinales«, *Le Magasin du XIXe siècle*, 4, 2014, S. 76–82.

WALLACH, Jennifer Jensen, *How America Eats: A Social History of U.S. Food and Culture*, Plymouth, Rowman & Littlefield, 2013.

WHEATON, Barbara, »The Endangered Cuisinière Bourgeoise«, in: Harlan Walker (Hg.), *Disappearing Foods: Studies in Foods and Dishes at Risk*, Totnes, Prospect Books, 1995, S. 221–226.

WILLIOT, Jean-Pierre und DROUARD, Alain (Hg.), *Histoire des innovations alimentaires: XIXe et XXe siècles*, Paris, L'Harmattan, 2007.

WOLIKOW, Claudine, »La Champagne viticole, banc d'essai de la délimitation (1903-1927)«, *Territoires du vin*, Université de Bourgogne, février 2009, [online], URL: https://preo.u-bourgogne.fr/territoiresduvin/index.php?id=1444&lang=fr (abgerufen am 08.08.2024).

IMPRESSUM

BILDNACHWEIS

Sämtliche Abbildungen stammen aus den Archiven von Larousse (Ph. Coll. Archives Larousse), abgesehen von: © Shutterstock: S. 6, 7, 61, 63, 65 u., 109 o.l., 116u., 117u., 133, 139,147, 155u., 163u., 165, 167, 175, 185, 188u., 189, 192u., 195, 197, 203u., 205, 220, 221u., 223, 229, 231, 237u., 239, 243u., 249; © Musée des Beaux-Arts, Reims: S. 23 o.l. Christian Devleeschauwer, 1880. Franck Boncourt; CCØ Paris Musées/Musée Carnavalet, Paris: S. 24 et 25 h, 72, 77, 79, 84, 86 u.l., 87, 99, 101, 103, 112, 113o., 117o., 130, 133, 136, 140, 148, 151o., 156, 159o., 166, 183o., 198, 202, 203o., 205, 227u., 236 o.r.; © Mauritshuis, La Haye: S. 29, 38, 56, 180u.; © Rijksmuseum, Amsterdam: S. 30, 38, 57, 236 o.l.; © J. Paul Getty Museum, Los Angeles: S. 31, 46o., 47, 52, 53, 66u., 222; © Bridgeman Images: S. 34-35 Photo Josse, 39 Luisa Ricciarini, 45 Photo Josse, 59, 60, 76 und 155o. Christie's Images, 94 G.Dagli Orti/NPL-Dea Picture Library, 98 Look and Learn, 102 The Holbarn Archive, 120 Mitte u.u., 131 o.l. Stefano Bianchetti,132o.r. und 181 Archives Charmet, 135 Icas94/NPL-DeA Picture Library, 200 Estate of Gerald Bloncourt. All Rights reserved 2024, 224 Seine-Quiquerre, 228 Giovanni Conuzzi; Coll. National Library of Medicine: S. 40; Coll. Bibliothèque municipale, Lyon: S. 41, 176, 177; © Emmanuel Redon S. 46u.; © Metropolitan Museum of Art, New York: S. 51, 58, 115o.; © Grand Palais RMN (Château de Versailles)/Franck Raux: S. 55; © Alamy banque d'images: S. 62 World history archives, 89 piermags/POL24, 144 Soma, 145 Sotckbroker/MB1, 149 und 225 Image Professionals Gmbh, 167 Panther Media Gmbh, 204 Pixavril, 237u. Petr Kovalenkov, 246 Science history images; © Walters Art Museum: S. 65o.; Coll. Particulière: S. 67, 105, 186, 216; © Wellcome Images: S. 82; Coll. Library of Congress, Washington: S. 82, 83; Coll. BHVP: S. 86u.r., 104o., 212; Coll. Bibliothèque municipale, Dijon: S. 95; © DR: S. 104, 178, 227o.r.; Coll. Culinary Institute of America: S. 111, 215; Coll. National Library of Denmark, Copenhague: S. 124; © Adobe Stock: S. 139, 157, 193, 203u., 219, 221o.; © Akg-images: S. 142; © Stohrer: S. 161b; © National Gallery of Art, Washington: S. 164; Coll. Cornell University, Ithaca: S. 169; Coll. Mediatèca Occitana: S. 172; © Musées de Bretagne/Les Champs Livres: S. 190; © Anticstore: S. 196; © Gamma Rapho: 206 Eugène Kammerman, 211 Giancarlo Costa, 223 Alexandre Marchi, 233 Laurent Maous, 238 Daniel Simon, 239 o.l./r. Maurice Rougemont; © AFP: S. 230 Joel Saget, 237o. Grégoire Bernardi/Hans Lucas, 240 Pierre Verdy, 242 Philippe Lopez, 243 o. Philippe Merle, 247 Toshifumi Kitamura; © Only France: S. 243 u. Borchi-Ana

AUFMACHERSEITEN:

S. 8: *Banquet de noces* – Miniatur aus dem 15. Jh. Bibliothèque Nationale de France
S. 26: *Noces de Cana* – Gemälde von Michael Damaskinos, um 1560, Museum Correr, Venedig
S. 42: *Molière honoré par Louis XIV* – Gemälde von Jean-François Garneray, 1824, Comédie Française, Paris
S. 72: *Armenonville, le soir du Grand Prix* (Auszug), Gemälde von Henri Gervex, 1905, Museum Carnavalet, Paris
S. 206: Einblick ins Restaurant Le Grand Véfour in Paris, um 1960

Titel der Originalausgabe: *La grande histoire de la Gastronomie*. Erschienen bei: Editions Larousse, 21 rue de Montparnasse, 75006 Paris, Frankreich

Text: Loic Bienassis
Vorwort: Francois-Régis Gaudry
Fotografie: s. Bildnachweis
Design: Lucile Jouret

Für die deutsche Ausgabe:
Verantwortlich: Susanne Caesar
Übersetzung aus dem Französischen: Helmut Ertl
Lektorat, Produktion und Satz: Annika Genning
Umschlagadaption: Dominik Günzinger
Korrektorat: Susanne Langer-Joffroy

Printed in China

★★★★★

Sind Sie mit diesem Titel zufrieden? Dann würden wir uns über Ihre Weiterempfehlung freuen.

Erzählen Sie es im Freundeskreis, berichten Sie Ihrem Buchhändler oder bewerten Sie bei Onlinekauf. Wenn Sie Kritik, Korrekturen, Aktualisierungen haben, freuen wir uns über Ihre Nachricht an:

Christian Verlag GmbH
Postfach 40 02 09
D-80702 München
oder per E-Mail an

lektorat@verlagshaus.de

Unser komplettes Programm finden Sie unter:

www.christian-verlag.de

In diesem Buch wird aus Gründen der besseren Lesbarkeit das generische Maskulinum verwendet. Weibliche und anderweitige Geschlechteridentitäten werden dabei ausdrücklich mitgemeint, soweit es für die Aussage erforderlich ist.

Die Deutsche Nationalbibliothek verzeichnet diese Publikation in der Deutschen Nationalbibliografie; detaillierte bibliografische Daten sind im Internet über http://d nb.de abrufbar.

ISBN 978-3-98951-017-3